Sentieri

Volume 2

ATTRAVERSO L'ITALIA CONTEMPORANEA

Julia M. Cozzarelli
Ithaca College

VISTA
HIGHER LEARNING

Boston, Massachusetts

Publisher: José A. Blanco

Managing Editors: Rafael Ríos, Paola Ríos Schaaf (Technology)

Project Manager: Katie Wade

Editors: Isabelle Alouane, John DeCarli, Mónica González, Aliza Krefetz, Paula Orrego, Anne Wagner (Technology)

Production and Design Director: Marta Kimball

Design Manager: Susan Prentiss

Design and Production Team: Manuela Arango, Aracelly Arredondo, María Eugenia Castaño, Sarah Cole, Oscar Díez, Mauricio Henao, Jhoany Jiménez, Juan Moreno, Sónia Teixeira, Nicholas Ventullo, and Hamilton Zuleta

TO THE STUDENT

Welcome to **SENTIERI**, a brand-new introductory Italian program from Vista Higher Learning. In Italian the word **sentieri** means *paths*. The major sections in **SENTIERI** are paths planned to help you learn Italian and explore Italian culture in the most user-friendly way possible. In light of this goal, here are some of the features you will encounter in **SENTIERI**:

- A unique, easy-to-navigate design built around color-coded sections that appear completely on either one page or on two facing pages

- Abundant illustrations, photos, charts, graphs, diagrams, and other graphic elements, all created or chosen to help you learn

- Integration in each lesson of a video program entirely shot in Rome and specifically created for **SENTIERI**

- Clear, concise grammar explanations in an innovative format that allows you to see the full explanation as you work through the practice activities

- Practical, high-frequency vocabulary for use in real-life situations

- Abundant guided vocabulary and grammar activities to give you a solid foundation for communicating in Italian

- An emphasis on communicative interactions with a classmate, small groups, the whole class, and your instructor

- Systematic development of reading and writing skills, incorporating learning strategies and a process approach

- A rich, contemporary cultural presentation of the everyday life of Italian speakers

- Exciting integration of culture and multimedia through TV commercials and short films

- A full set of completely integrated print and technology ancillaries to make learning Italian easier

- Built-in correlation of all ancillaries, right down to the page numbers

SENTIERI is divided into twelve units. Each unit has two lessons followed by an end-of-unit **Avanti** section that includes a cultural presentation, skill-building components, and a list of active vocabulary. To familiarize yourself with the textbook's organization, features, and ancillary package, turn to page xii and read the **SENTIERI** At-A-Glance section.

TABLE OF CONTENTS

	contesti	fotoromanzo	cultura

strutture	sintesi	avanti

TABLE OF CONTENTS

		contesti	fotoromanzo	cultura

strutture	sintesi	avanti

TABLE OF CONTENTS

	contesti	fotoromanzo	cultura

strutture | sintesi | avanti

TABLE OF CONTENTS

		contesti	fotoromanzo	cultura

SENTIERI AT-A-GLANCE

UNIT OPENERS
outline the content and features of each unit.

La famiglia e gli amici

Per cominciare
- Quanti anni hanno?
- Dove sono?
- Che cosa prendono?
- Che cosa mostra Emily a Riccardo?

Per cominciare activities jump-start the units, allowing you to use the Italian that you already know to talk about the photos.

Unit Opener Photos highlight scenes from the **Fotoromanzo**, that depict the unit theme. They are snapshots of the characters that the students will come to know throughout the program.

Content thumbnails break down each unit into its two lessons and one **Avanti** section, giving you an at-a-glance summary of the vocabulary, grammar, cultural topics, and language skills covered in the unit.

CONTESTI
presents and practices vocabulary in meaningful contexts.

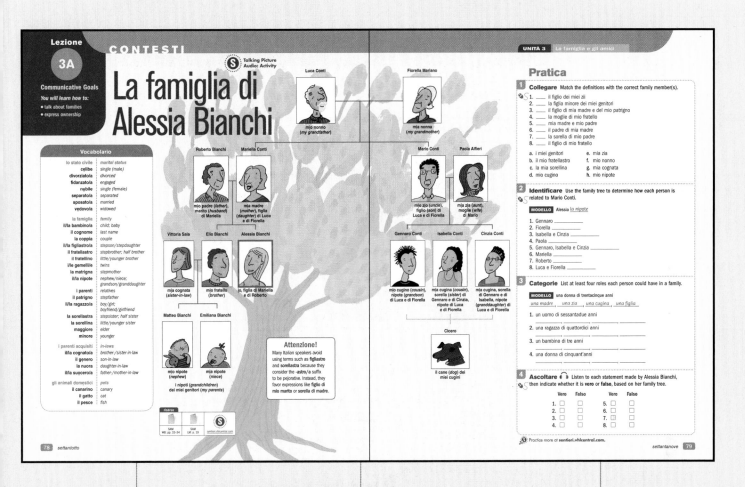

Communicative goals highlight the real-life tasks you will be able to carry out in Italian by the end of each lesson.

Risorse boxes let you know what print and technology ancillaries you can use to reinforce and expand on every section of every lesson.

Attenzione! boxes give you additional information about how and when to use certain vocabulary words, or grammar structures.

Contesti always contains one audio activity that accompanies either the **Pratica** or the **Comunicazione** section. **Pratica** activities follow a sound pedagogical sequence that alternates between recognition and production at the word level then at the sentence level.

Illustrations High-frequency vocabulary is introduced through expansive, full-color illustrations.

Vocabolario boxes call out other important theme-related vocabulary in easy-to-reference Italian-English lists.

The dot To teach proper pronunciation of new words, the **Contesti**, **Fotoromanzo**, **Cultura**, and **Strutture** vocabulary lists identify the stressed syllable of a word with a dot if the particular word does not follow the normal pronunciation pattern.

Mouse icons identify activities from the book that are also available on the Supersite with auto-grading.

Supersite icons show when additional activities or materials are available on the Supersite.

CONTESTI

also practices vocabulary using communication activities.

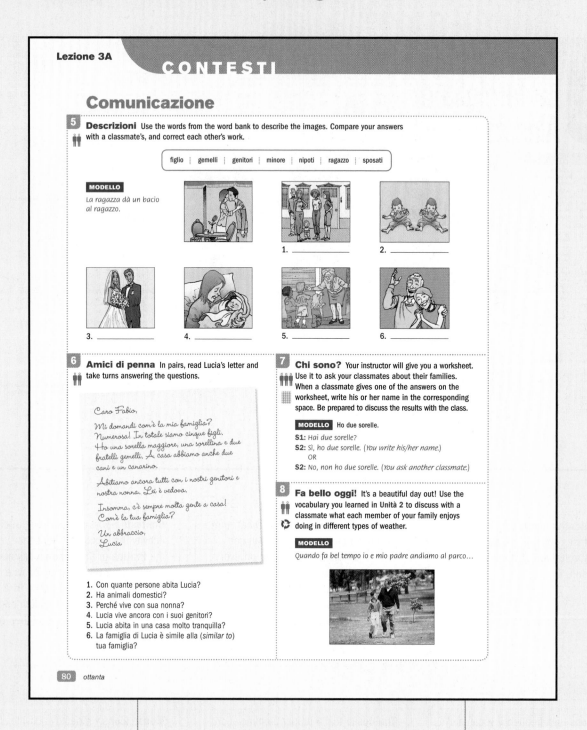

Lezione 3A

CONTESTI

Comunicazione

5 Descrizioni Use the words from the word bank to describe the images. Compare your answers with a classmate's, and correct each other's work.

| figlio | gemelli | genitori | minore | nipoti | ragazzo | sposati |

MODELLO
La ragazza dà un bacio al ragazzo.

1. _____
2. _____
3. _____
4. _____
5. _____
6. _____

6 Amici di penna In pairs, read Lucia's letter and take turns answering the questions.

Caro Fabio,

Mi domandi com'è la mia famiglia? Numerosa! In totale siamo cinque figli. Ho una sorella maggiore, una sorellina e due fratelli gemelli. A casa abbiamo anche due cani e un canarino.

Abitiamo ancora tutti con i nostri genitori e nostra nonna. Lei è vedova.

Insomma, c'è sempre molta gente a casa! Com'è la tua famiglia?

Un abbraccio,
Lucia

1. Con quante persone abita Lucia?
2. Ha animali domestici?
3. Perché vive con sua nonna?
4. Lucia vive ancora con i suoi genitori?
5. Lucia abita in una casa molto tranquilla?
6. La famiglia di Lucia è simile alla (*similar to*) tua famiglia?

7 Chi sono? Your instructor will give you a worksheet. Use it to ask your classmates about their families. When a classmate gives one of the answers on the worksheet, write his or her name in the corresponding space. Be prepared to discuss the results with the class.

MODELLO Ho due sorelle.

S1: Hai due sorelle?
S2: Sì, ho due sorelle. (*You write his/her name.*)
OR
S2: No, non ho due sorelle. (*You ask another classmate.*)

8 Fa bello oggi! It's a beautiful day out! Use the vocabulary you learned in Unità 2 to discuss with a classmate what each member of your family enjoys doing in different types of weather.

MODELLO

Quando fa bel tempo io e mio padre andiamo al parco…

Comunicazione also follows the recognition and production pedagogical sequence. In this section the activities make use of discourse-level prompts and allow you to use the vocabulary creatively in interactions with a partner, a small group, or the entire class.

Icons provide on-the-spot visual cues for various types of activities: pair, small group, re-entering, listening-based, video-related, handout-based, information gap, and internet activities. For a legend explaining all icons used in the student text, see page xxviii.

PRONUNCIA E ORTOGRAFIA
presents the rules of Italian pronunciation and spelling.

Practice Pronunciation and spelling practice is provided at the word- and sentence-levels. The final activity features illustrated sayings and proverbs so you can practice the pronunciation of the lesson vocabulary in an entertaining cultural context.

The headset icon at the top of the page indicates that the explanation and activities are recorded for convenient use in or outside of class.

Explanation The rules of Italian pronunciation and spelling are presented clearly with abundant model words and phrases. The orange highlighting feature focuses your attention on the target structure.

FOTOROMANZO

tells the story of a group of students living in Rome, Italy.

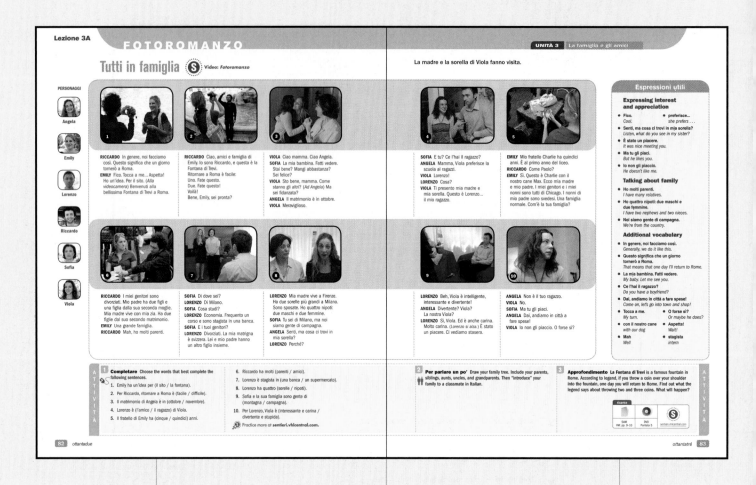

Personaggi The photo-based conversations take place among a cast of recurring characters—four college students, their landlady (who owns the boarding house), and her teenage son.

Fotoromanzo is a versatile component that can be assigned as homework, presented in class, or used as review. To learn more about the **Fotoromanzo** video, turn to page xxv.

Espressioni utili organizes new, active words and expressions by language function so you can focus on using them for real-life, practical purposes.

Conversations The conversations reinforce vocabulary from **Contesti**. They also preview structures from the upcoming **Strutture** section in context and in a comprehensible way.

ATTIVITÀ checks that the students understand the printed dialogue. The activities always follow the same format sequence — comprehension questions, communicative task, and research-based task.

CULTURA
explores cultural themes introduced
in CONTESTI and FOTOROMANZO.

In primo piano presents a main, in-depth reading about the lesson's cultural theme. Full-color photos bring to life important aspects of the topic, while charts with statistics and/or intriguing facts support the information.

L'italiano quotidiano presents additional vocabulary related to the lesson theme by presenting words and phrases that are used in everyday spoken Italian.

Ritratto showcases places, events, and products explaining their significance in the Italian culture, or it highlights the accomplishments of Italian people and how they contribute to their culture and the global community. This article is thematically linked to the lesson.

Un piccolo aiuto boxes provide handy, on-the-spot information that helps you get a better, fuller understanding of the cultural topic or provides helpful tips for reading and understanding Italian.

Costumi e usanze puts the spotlight on the people, places, and traditions of regions where Italian is spoken. This short article or note is thematically linked to the lesson.

Su Internet boxes, with provocative questions and photos, direct you to the **SENTIERI** Supersite where you can continue to learn about the topics in **Cultura**, and the lesson's theme.

SENTIERI AT-A-GLANCE

STRUTTURE

uses an innovative design to support the learning of Italian grammar.

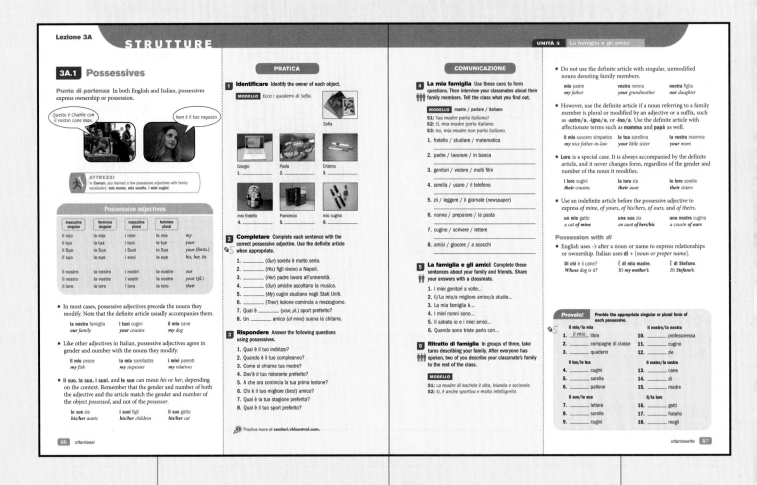

Text format Each lesson contains two or three grammar points. For each grammar point, the explanation and practice activities appear on two facing pages. Grammar explanations on the outside panels offer handy, on-page support for the activities in the central panels, giving you immediate access to essential information.

Graphics-intensive design Photos from the **SENTIERI** Video Program consistently integrate the lesson's **Fotoromanzo** episode with the grammar explanations. Additional photos, drawings, and graphic devices liven up activities and heighten visual interest.

Provalo! offers you your first practice of each new grammar point. The activity gets you working with the grammar point right away in simple, easy-to-understand formats.

Attrezzi boxes call out information you already learned or cross-references related topics you will see in future units.

Pratica activities provide a wide range of guided activities in contexts that combine the lesson vocabulary and previously learned material with the lesson's grammar point.

Comunicazione activities offer opportunities for creative expression using the lesson grammar and vocabulary. You should do these activities with a partner, in small groups, or with the whole class.

SINTESI

pulls the lesson together with **Ricapitolazione** and **Lo zapping**.

Ricapitolazione activities integrate the lesson's grammar points and vocabulary with previously learned vocabulary and structures, providing consistent, built-in review as you progress through the text. In all B lessons, this feature is two pages long to provide better coverage.

Pair and group icons call out the communicative nature of the activities. Situations, role plays, games, personal questions, interviews, and surveys are just some of the types of activities that you will be prompted to do.

Lo zapping presents Italian TV commercials supported by background information, images from the clips, and activities to help you understand and check your comprehension. This feature appears in a single-page format in the A lesson of Units 1 through 9.

Information gap activities, identified by the interlocking puzzle pieces, engage you and a partner in problem-solving situations. You and your partner each have only half of the information you need, so you must work together to accomplish the task at hand.

Re-entering icons call out the activities in which you will practice the lesson's grammar and vocabulary along with previously learned material.

Supersite icons mean that there is online support for **Lo zapping** on the **SENTIERI** Supersite. You can watch the commercials and the short films there. **Il mio dizionario** appears in the **Ricapitolazione** section of the B lesson in each unit. It offers the opportunity to increase your vocabulary and to personalize it at the same time.

SINTESI: Lo zapping cortometraggio
Units 10 through 12 feature short-subject dramatic films by contemporary Italian filmmakers.

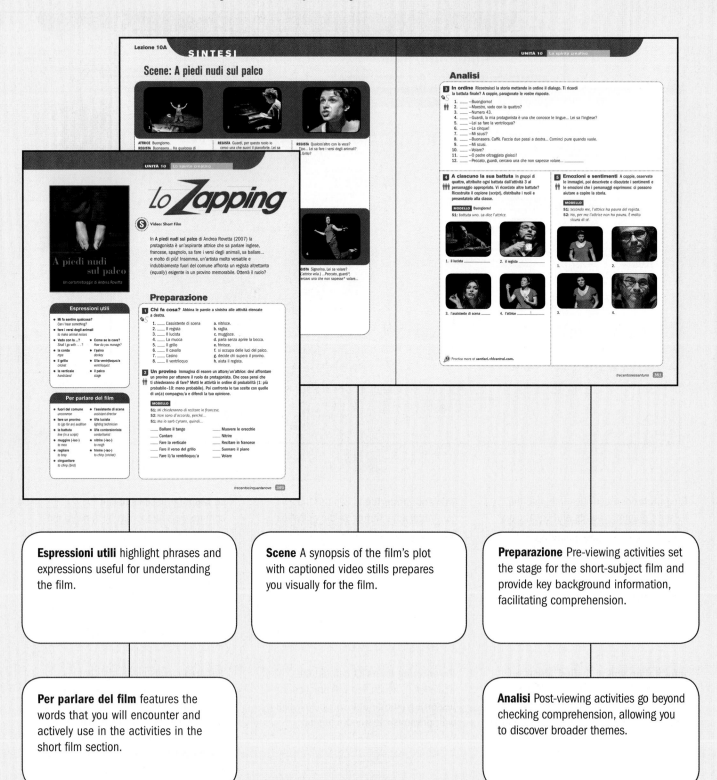

Espressioni utili highlight phrases and expressions useful for understanding the film.

Scene A synopsis of the film's plot with captioned video stills prepares you visually for the film.

Preparazione Pre-viewing activities set the stage for the short-subject film and provide key background information, facilitating comprehension.

Per parlare del film features the words that you will encounter and actively use in the activities in the short film section.

Analisi Post-viewing activities go beyond checking comprehension, allowing you to discover broader themes.

AVANTI

Panorama presents cultural information about Italy and other areas where Italian is spoken.

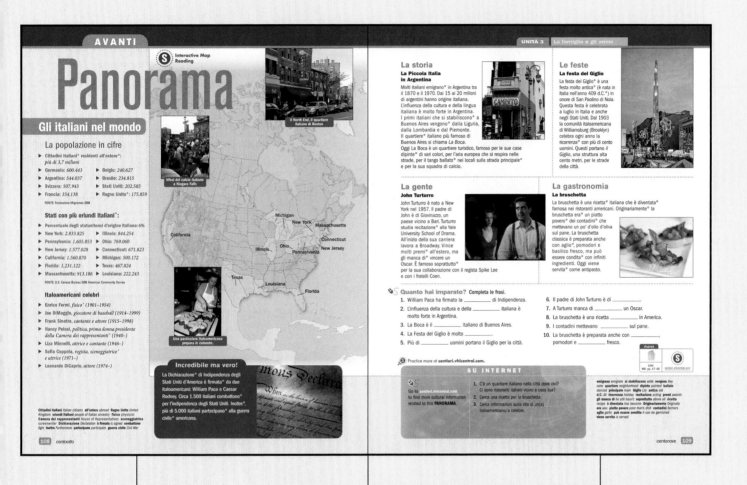

La popolazione/La città/La regione in cifre provides interesting key facts about the featured city or region.

Maps point out major cities, regions, and geographical features. They situate the featured region in the context of its immediate surroundings.

Readings A series of brief articles explores different aspects of the featured region's culture, such as history, landmarks, fine art, literature, and bits of everyday life.

Incredibile ma vero! highlights an intriguing fact about the featured place or its people.

Quanto hai imparato? activities check your understanding of key ideas, and **risorse** boxes reference additional activities in the **SENTIERI** Student Ancillary Manual.

Su Internet offers Internet, research-based activities on the **SENTIERI** Supersite for additional avenues of discovery.

AVANTI

Lettura develops reading skills in the context
of the unit's theme.

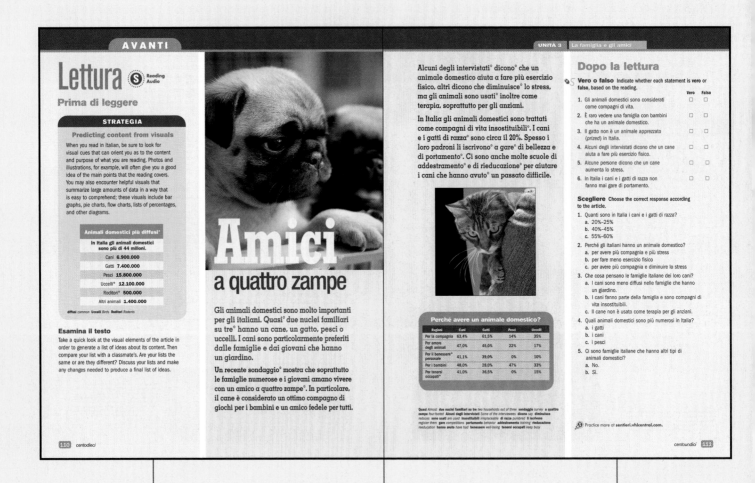

Prima di leggere presents valuable reading strategies and pre-reading activities that improve your reading abilities in Italian and English.

Readings are tied to the lesson theme and recycle vocabulary and grammar you have learned. The selections in Units 1–9 are cultural texts and those in Units 10–12 are literary pieces.

Dopo la lettura consists of post-reading activities that check your comprehension of the reading.

AVANTI

In ascolto and Scrittura develop listening and writing skills in the context of the unit's theme.

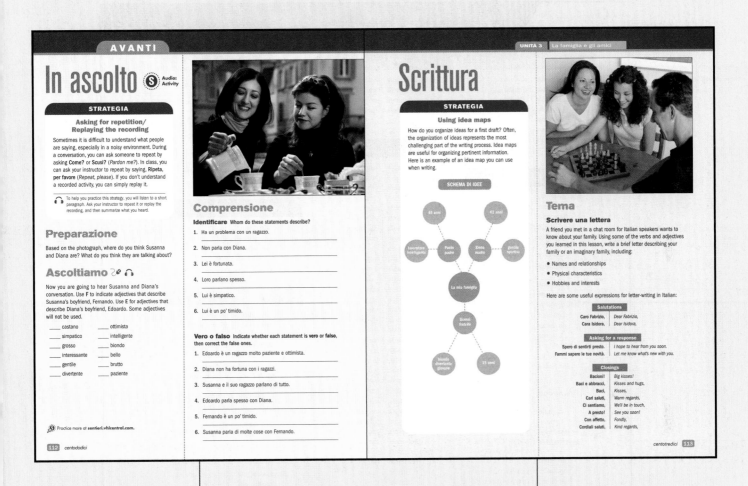

In ascolto uses a recorded conversation or narration to develop your listening skills in Italian. **Strategia** and **Preparazione** prepare you for listening to the recorded passage.

Ascoltiamo guides you through the recorded passage, and **Comprensione** checks your understanding of what you heard.

Strategia in **Scrittura** provides useful strategies that prepare you for the writing task presented in **Tema**.

Tema describes the writing topic and includes suggestions for approaching it. It also provides useful terms and/or phrases related to the writing task that may be useful in developing the topic.

SENTIERI AT-A-GLANCE

VOCABOLARIO
summarizes all the active vocabulary of the unit.

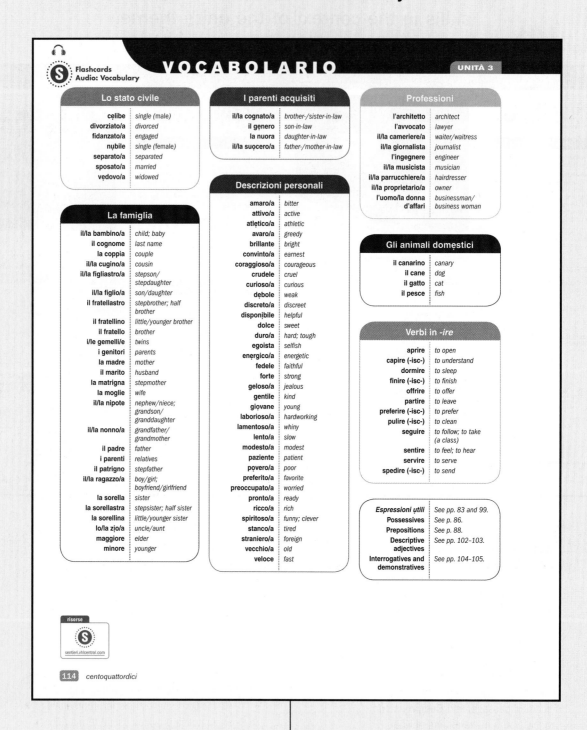

Flashcards
Audio: Vocabulary

VOCABOLARIO

Lo stato civile

celibe	single (male)
divorziato/a	divorced
fidanzato/a	engaged
nubile	single (female)
separato/a	separated
sposato/a	married
vedovo/a	widowed

La famiglia

il/la bambino/a	child; baby
il cognome	last name
la coppia	couple
il/la cugino/a	cousin
il/la figliastro/a	stepson/ stepdaughter
il/la figlio/a	son/daughter
il fratellastro	stepbrother; half brother
il fratellino	little/younger brother
il fratello	brother
i/le gemelli/e	twins
i genitori	parents
la madre	mother
il marito	husband
la matrigna	stepmother
la moglie	wife
il/la nipote	nephew/niece; grandson/ granddaughter
il/la nonno/a	grandfather/ grandmother
il padre	father
i parenti	relatives
il patrigno	stepfather
il/la ragazzo/a	boy/girl; boyfriend/girlfriend
la sorella	sister
la sorellastra	stepsister; half sister
la sorellina	little/younger sister
lo/la zio/a	uncle/aunt
maggiore	elder
minore	younger

I parenti acquisiti

il/la cognato/a	brother-/sister-in-law
il genero	son-in-law
la nuora	daughter-in-law
il/la suocero/a	father-/mother-in-law

Descrizioni personali

amaro/a	bitter
attivo/a	active
atletico/a	athletic
avaro/a	greedy
brillante	bright
convinto/a	earnest
coraggioso/a	courageous
crudele	cruel
curioso/a	curious
debole	weak
discreto/a	discreet
disponibile	helpful
dolce	sweet
duro/a	hard; tough
egoista	selfish
energico/a	energetic
fedele	faithful
forte	strong
geloso/a	jealous
gentile	kind
giovane	young
laborioso/a	hardworking
lamentoso/a	whiny
lento/a	slow
modesto/a	modest
paziente	patient
povero/a	poor
preferito/a	favorite
preoccupato/a	worried
pronto/a	ready
ricco/a	rich
spiritoso/a	funny; clever
stanco/a	tired
straniero/a	foreign
vecchio/a	old
veloce	fast

Professioni

l'architetto	architect
l'avvocato	lawyer
il/la cameriere/a	waiter/waitress
il/la giornalista	journalist
l'ingegnere	engineer
il/la musicista	musician
il/la parrucchiere/a	hairdresser
il/la proprietario/a	owner
l'uomo/la donna d'affari	businessman/ business woman

Gli animali domestici

il canarino	canary
il cane	dog
il gatto	cat
il pesce	fish

Verbi in -ire

aprire	to open
capire (-isc-)	to understand
dormire	to sleep
finire (-isc-)	to finish
offrire	to offer
partire	to leave
preferire (-isc-)	to prefer
pulire (-isc-)	to clean
seguire	to follow; to take (a class)
sentire	to feel; to hear
servire	to serve
spedire (-isc-)	to send

Espressioni utili	See pp. 83 and 99.
Possessives	See p. 86.
Prepositions	See p. 88.
Descriptive adjectives	See pp. 102–103.
Interrogatives and demonstratives	See pp. 104–105.

risorse

sentieri.vhlcentral.com

Recorded vocabulary The headset icon at the top of the page and the **risorse** box at the bottom of the page mean that the active lesson vocabulary is recorded for convenient study and practice on the **SENTIERI** Supersite.

THE *FOTOROMANZO* EPISODES

Fully integrated with your textbook, the **SENTIERI Fotoromanzo** contains twenty-four dramatic episodes, one for each lesson of the text. The episodes relate the adventures of four college students who are studying in Rome. They live at the **Pensione Marcella**, a boarding house. The video tells their story and the story of Marcella and her teenage son, Paolo.

The **Fotoromanzo** dialogues in each printed textbook lesson are actually an abbreviated version of the dramatic episode featured in the video. Therefore, each **Fotoromanzo** section can be used as preparation before you see the corresponding video episode, after it as review, or as a stand-alone section.

As you watch the video, you will first see the characters interact using the vocabulary and grammar you are studying. Their dialogues carefully incorporate new vocabulary and grammar with previously taught language. After the episode there is a **Riepilogo** segment that summarizes the key language functions and grammar points used in the dramatic episode.

THE CAST
Here are the main characters you will meet when you watch the **SENTIERI** Video:

 From Chicago
Emily

 From Abruzzo
Viola

 From Bari
Riccardo

 From Milan
Lorenzo

 From Rome
Marcella

 From Rome
Paolo

STUDENT ANCILLARIES

- **Student Activities Manual**

  The Student Activities Manual is divided into three sections: the Workbook, the Video Manual, and the Lab manual. The activities in the Workbook section provide additional practice of the vocabulary and grammar in each textbook lesson and the cultural information in each unit's **Avanti** section. The Video Manual section includes pre-viewing, while-viewing, and post-viewing activities for the **SENTIERI Fotoromanzo**, and the Lab Manual section contains activities for each textbook lesson that build listening comprehension, speaking, and pronunciation skills in Italian.

- **Lab Program MP3s***

  The Lab Program MP3s, which are available on CD or online, contain the recordings needed to complete the activities in the Lab Manual.

- **Textbook MP3s***

  The Textbook MP3s, which are available on CD or online, contain the recordings needed to complete the listening activities in **Contesti**, **Pronuncia e ortografia**, **In Ascolto**, and **Vocabolario** sections.

- **FOTOROMANZO* DVD**

  The **Fotoromanzo** DVD, available for purchase, comes with Italian and English subtitles for every episode.

- **Online Student Activities Manual**

  Incorporating the **SENTIERI** Video, as well as the complete Lab Program, this component delivers the Workbook, Video Manual, and Lab Manual online with automatic scoring. Instructors have access to the powerful Maestro® classroom management and gradebook tools that allow in-depth tracking of students' scores.

- **SENTIERI Supersite****

  Your passcode to the Supersite (sentieri.vhlcentral.com) gives you access to a wide variety of interactive activities for each section of every lesson of the student text; auto-graded activities for extra practice with vocabulary, grammar, video, and cultural content; reference tools; the **Lo zapping** TV commercials and short films; the **Fotoromanzo**; the Textbook MP3s, and the Lab Program MP3s.

*Also available on the Supersite

**Included with the purchase of a new Student Text

INSTRUCTOR ANCILLARIES

- **Instructor's Annotated Edition (IAE)**
  The IAE provides support for classroom teaching: expansions, variations, teaching tips, and the answer key to the textbook activities.

- **Workbook/Video Manual/Lab Manual Answer Key***

- **SENTIERI Instructor's DVD**
  This DVD contains the complete **SENTIERI Fotoromanzo** episodes with Italian and English subtitles.

- **Overhead Transparencies**
  The Overhead Transparencies consist of maps of Italy, the textbook's **Contesti** illustrations, and clock images to practice telling time from the Student Text. They are available on the Supersite only.

- **Sample Lesson Plans***
  The **SENTIERI** Sample Lesson Plans offer two different kinds of lesson plans: Language/Structure-Based Lesson Plans and Culture/Context-Based Lesson Plans. Both cover the core materials, but while the Language/Structure-Based Lesson Plans focus on vocabulary and grammar, the Culture/Context-Based Lesson Plans emphasize the cultural elements in each unit. The sample lesson plans are available only on the Supersite.

- **Testing Program***
  The Testing Program contains quizzes for every lesson, tests for every unit, mid-term exams, final exams, and optinal testing sections. There is one discrete-answer quiz and one quiz with several open-response items for every lesson for a total of 48 quizzes, 12 unit-level tests (1 for each unit), 4 mid-term exams (Units 1–3, 4–6, 7–9, and 10–12), and 5 final exams (3 for quarter system programs (Units 1–4, 5–8, and 9–12), and 2 for semester programs (Units 1–6 and 7–12). There are six optional testing sections per unit, and they cover separately the **Fotoromanzo** episodes, the **Cultura** readings, and the **Panorama** and **Lettura** sections in **Avanti**. The Testing Program also includes the answer key to all tests, quizzes, and exams. It is available in PDFs or customizable RTFs on the Supersite, or in print upon request.

- **Testing Program MP3s***
  These audio files provide the recordings of the Testing Program's listening sections, and they are available on CD or online.

- **SENTIERI Supersite**
  In addition to full access to the Student Supersite, the password-protected Instructor Supersite offers a robust course management system that allows instructors to assign and track student progress. The Supersite contains all the ancillaries listed here, and other resources, such as lesson plans.

*Also available on the Supersite

ICONS AND *RISORSE* BOXES

Icons

These icons in **SENTIERI** alert you to the type of activity or section involved.

Icons legend		
🎧 Listening activity/section		Ⓢ Additional content found on the Supersite: audio, video, and presentations
Activity also on the Supersite		Additional practice on the Supersite.
👥 Pair activity		Information Gap activity
👥👥 Group activity		Fogli d'attività
♻ Re-entering activity		

- The Information Gap activities and those involving **Fogli d'attività** (*activity sheets*) require handouts that your instructor will give you.

- The listening icon appears in **Contesti**, **Pronuncia e ortografia**, **In Ascolto**, and **Vocabolario** sections.

- The Supersite icon appears on pages for which there is additional online content, like audio, video, or presentations.

- The re-entering icon tells you that to finish a specific activity you will need to use vocabulary and/or grammar learned in previous lessons.

Risorse Boxes

Risorse boxes let you know exactly which print and technology ancillaries you can use to reinforce and expand on every section of every lesson in your textbook. They include page numbers when applicable. For a description of the ancillaries, see pages xxvi–xxvii.

Risorse boxes legend		
Workbook SAM WB: pp. 29–30		💿 Instructor's DVD DVD Puntata 5
Lab Manual SAM LM: p. 17		Ⓢ SENTIERI Supersite sentieri.vhlcentral.com
Video Manual SAM VM: pp. 219–220		

SUPERSITE — Powered by **MAESTRO**®

Free with the purchase of a new textbook, the **SENTIERI** Supersite provides a wealth of learning tools for students.

- Interactive practice activities with auto-grading and real-time feedback
  - 🗨️ directed practice from the textbook, including audio activities
  - 🔍 additional practice for each and every textbook section
- Audio practice
  - record-and-compare audio activities
  - all audio material related to the **SENTIERI** program
- Complete **Fotoromanzo** video
- Instructor led Voiceboard for class discussions

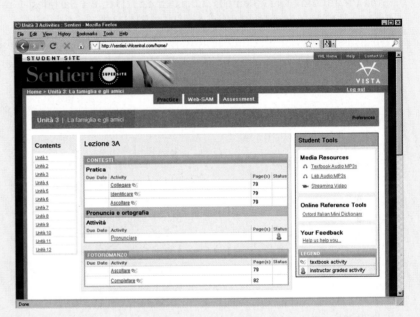

virtual interactive text

This virtual interactive text includes the complete Student Edition and integrated Supersite resources that can be accessed from any computer.

- Click right on the textbook page to complete mouse-icon activities online
- Access all assigned textbook activities 🗨️ via vText
- View and access all Supersite media resources
- Print vocabulary and grammar pages for use as study guides, take notes, and highlight important information
- Quickly search table of contents or browse by page number
- Automatically record completed textbook activities in the instructor gradebook

ACKNOWLEDGMENTS

On behalf of its author and editors, Vista Higher Learning expresses its sincere appreciation to the instructors nationwide who reviewed materials from **SENTIERI**. Their input and suggestions were vitally helpful in forming and shaping the program into its final, published form.

We also extend a special thank you to the contributing writers of **SENTIERI** whose hard work was central to the publication: Silvia Abbiati, Silvia Dupont, Colclough Sanders, Whitney Bryan, Gina Pietrantoni, Gaia Stentella, Lucia Ghezzi, Daniela Bartalesi-Graf, Alessandro Zafarana, Cristina Varisco, and Isa Orvieto.

We also express our gratitude to Rosemarye Grasso, Pamela Martinoli, Kris Swanson, Sandy Guadano, and Gina G. Protano (GGP Publishing, Inc.) for all the hard work and support they provided throughout the project.

Reviewers

Marie Bertola
De Anza College, CA

Kelly Blank
Xavier University, OH

Serafina Boggs
University of Oklahoma, OK

Beatrice Bongiorno
Bellevue College, WA

Dario Brancato
Concordia University, QC,
Canada

Paola Carlucci
Virginia Commonwealth
University, VA

Chiara Carnelos
University of California —
San Diego, CA

Victoria Cerati
Solano Community College, CA

Amy Chambless
University of North Carolina
at Chapel Hill, NC

Anne Cummings
El Camino CC, CA

Renée D'Elia-Zunino
University of Tennessee, TN

Maria Enrico
City University of New York —
Borough of Manhattan Community
College, NY

Giuseppe Faustini
Skidmore College, NY

Giuliana Fazzion
James Madison University, VA

Chiara Frenquellucci
Harvard, MA

Maria Galli Stampino
University of Miami, FL

Judith Garcia-Quismondo
Seton Hill University, PA

Cosetta Gaudenzi
University of Memphis, TN

John S. Geary
Northeastern Illinois University, IL

Samuel Ghelli
Kean University, NJ

Jacqueline Jill-Rito
Bethpage High School, NY

Linda Landrum Wofe
Northern Arizona University, AZ

Loredana Lo Bianco
California State University —
Fresno, CA

Domenico Maceri
Allan Hancock College, CA

Annachiara Mariani
University of Tennessee, TN

Carmela Mastragostino
Huntington High School, NY

Annamaria Monaco
Suffolk County Community
College, NY

Annalisa Mosca
University of Miami, FL

Stefania E. Nedderman
Gonzaga University, WA

Gloria Pastorino
Fairleigh-Dickinson, NJ

Nicholas Patruno
Bryn Mawr College, PA

Andrea Petri
Mira Costa College, CA

Teresa Picarazzi
The Hopkins School, CT

Joseph M. Poma
Rowan University, NJ

Giovanna Summerfield
Auburn University, AL

Nicoletta Tinozzi Mehrmand
University of California —
Riverside, CA

Anne Urbanic
University of Toronto, VC,
Canada

Patrick L. Vivirito
University of Notre Dame, IN

Paolo Volpe-Rinonapoli
Middle Tennessee State
University, TN

Liana Wagle
Wichita State Univesity, KS

Mary Watt
University of Florida, FL

Riassunto del Fotoromanzo

On the following pages, you will find summaries of the first twelve episodes of the **Sentieri Fotoromanzo**, presented in **Sentieri Volume 1**. Read the summaries and complete these activities.

1. Write an e-mail in Italian from Emily to her mother describing her first few months in Rome.

2. Choose two of the episode summaries and rewrite them in the past tense.

3. Based on the story so far, use your imagination to write a summary for **Puntata 13**.

FOTOROMANZO

Lezione 1A Puntata 1: Ciao, io sono...

Riccardo, Emily, Lorenzo e Viola arrivano alla *Pensione Marcella* a Roma. Qui conoscono Marcella e suo figlio Paolo. Emily registra il primo post del suo blog dall'Italia con l'aiuto di Marcella e Riccardo. Lorenzo si scontra con (*runs into*) Viola in città mentre litiga al telefono. Più tardi, i due ragazzi sono sorpresi di incontrarsi alla pensione.

Lezione 1B Puntata 2: Il primo giorno di scuola

Lorenzo e Riccardo si incontrano per caso all'università. Discutono dell'orario delle lezioni e delle loro impressioni su Viola ed Emily. Alla pensione, Viola ed Emily parlano delle loro città e Marcella dà a Emily la sua prima lezione su come si fa il vero caffè italiano. Viola è nervosa per il suo primo giorno di scuola e Marcella le dà coraggio (*offers her encouragement*).

Lezione 2A Puntata 3: Che cosa vuoi fare?

Marcella prepara la cena per gli studenti e gli domanda quali sono i loro progetti per il fine settimana. A Viola manca Capistrello ed è preoccupata per la scuola. Il suo unico piano (*plan*) è restare alla pensione per studiare, così Emily e Riccardo le propongono (*propose*) delle cose divertenti da fare a Roma. Anche Lorenzo pensa di restare alla pensione e di studiare con Viola.

Lezione 2B Puntata 4: Che tempo fa?

Emily e Viola assaggiano il caffè in un bar e parlano del tempo a Roma e a Chicago. Peter, un amico di Emily, le invia continuamente dei messaggi al cellulare e lei non sa come rispondere. Arriva Riccardo sullo scooter di Marcella. Prende il cellulare di Emily per rispondere a Peter. Lorenzo è ancora al telefono; litiga con qualcuno.

Lezione 3A Puntata 5: Tutti in famiglia

Riccardo ed Emily registrano un post per il blog alla Fontana di Trevi e parlano delle loro famiglie. Viola riceve la visita di sua madre Sofia e di sua sorella Angela alla pensione. Angela dice a Viola che si è fidanzata. Viola presenta Lorenzo a sua madre e sua sorella. Dice loro che è il suo ragazzo e Sofia fa un sacco di domande a Lorenzo. Alla fine, Viola confessa che lei e Lorenzo non stanno insieme.

Lezione 3B Puntata 6: Una serata in casa

Gli studenti passano la serata in casa alla pensione. Viola parla con Emily di Massimo, un ragazzo che segue le lezioni di pedagogia con lei. Emily è preoccupata perché Peter vuole venire a Roma. Lorenzo dice a Viola di stare attenta ai ragazzi di città e poi riceve un'altra telefonata. Alla fine, Riccardo scopre (finds out) chi è la persona che telefona continuamente a Lorenzo: una ragazza di nome Francesca.

Lezione 4A Puntata 7: Un brindisi per il laptop

Peter ha deciso di venire a Roma, ma Emily non vuole e non sa cosa dirgli. Riccardo prende in prestito (borrows) il laptop di Emily. Il computer si blocca mentre Riccardo chatta con Peter. Paolo riesce a riparare il computer e i ragazzi decidono di fare un blog della pensione. Così possono raccontare la loro vita a Roma agli amici e ai parenti.

Lezione 4B Puntata 8: Viva lo shopping

Emily e Viola fanno shopping insieme al mercato. Emily dice che Peter non viene più a Roma. Viola vuole comprare qualcosa da mettere al suo appuntamento con Massimo. Le ragazze comprano due collane e incontrano Lorenzo. Alla pensione, Riccardo aiuta Marcella a mettere in ordine alcuni vecchi vestiti. Marcella parla a Riccardo di suo marito Stefano, che è morto cinque anni fa. Marcella regala a Riccardo un vecchio maglione di Stefano.

Lezione 5A Puntata 9: La lista della spesa

Emily vuole preparare la cena per tutti alla pensione, così Riccardo, Marcella ed Emily vanno a fare la spesa. Intanto (*Meanwhile*), Viola registra un nuovo post sul blog e parla con Lorenzo dei rapporti tra uomini e donne. Lorenzo racconta a Viola che è uscito con Francesca per due anni, ma poi lei lo ha lasciato per un altro ragazzo.

Lezione 5B Puntata 10: Troppi cuochi guastano la cucina

Emily inizia a cucinare per tutti, ma Viola e Riccardo si offrono di aiutarla. Mentre Viola e Riccardo litigano sugli ingredienti, la pancetta brucia. Emily deve aggiungere altri ingredienti per cercare di salvare la cena. A tavola, tutti cercano di dire cose carine sul cibo e Viola versa (*spills*) accidentalmente dell'olio sulla camicia di Lorenzo.

Lezione 6A Puntata 11: Sbrigati, Lorenzo!

La mattina dopo la cena disastrosa, tutti vogliono usare il bagno alla stessa ora. Mentre Lorenzo si fa la barba, Riccardo, Emily e Viola aspettano impazienti nel corridoio (*hallway*). Viola ed Emily sono arrabbiate con Riccardo perché ha rovinato la cena, ma lui dice che si è divertito. Quando finalmente Lorenzo esce dal bagno, Viola sviene (*faints*).

Lezione 6B Puntata 12: Una visita medica

Marcella e gli altri studenti accompagnano Viola dal dottore e gli spiegano cosa è successo. Il dottore conclude che Viola ha avuto una leggera depressione e le prescrive delle medicine contro la nausea. Lorenzo e Riccardo comprano le medicine in farmacia e prendono anche dei fiori per Viola. Riccardo sostiene (*maintains*) che Lorenzo è innamorato di Viola, ma lui nega (*denies it*). Viola inizia a sentirsi a proprio agio a Roma.

Casa dolce casa

Per cominciare
- Dov'è Viola?
  a. in soggiorno b. in piazza c. in cucina
- La pensione è pulita o sporca?
- Viola spazza o lava i piatti?
- Viola è dentro l'appartamento o fuori?

Lezione 7A

Communicative Goals

You will learn how to:

- describe your home
- talk about future actions and events

A casa

S Talking Picture
Audio: Activity

Vocabolario

espressioni	expressions
affittare	to rent (owner)
prendere in affitto	to rent (tenant)
subaffittare	to sublet
trasferirsi/traslocare	to move

le parti della casa	parts of the house
l'armadio	closet; wardrobe
la cucina	kitchen
la dispensa	pantry
la mansarda	attic
la sala da pranzo	dining room
la stanza	room
lo studio	office; study

i mobili	furniture
il cassetto	drawer
il comodino	night table
la credenza	cupboard
il piano cottura	stove top
il quadro	painting
la scrivania	desk

Dove abiti?	Where do you live?
l'appartamento	apartment
il bilocale	two-room apartment
la camera doppia/singola	double/single room
il palazzo	apartment building; palace
il monolocale	studio apartment
la villa	single-family home; villa

posizione	location
a destra/sinistra	to the right/left
accanto (a)	next to
davanti (a)	in front of
dentro	inside
dietro (a)	behind
fuori	outside
sopra	above, over
sotto	below, under

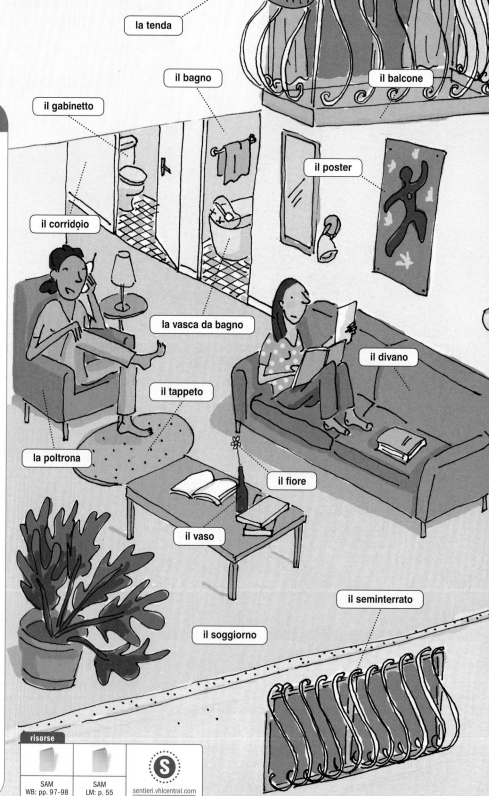

la tenda

il bagno

il balcone

il gabinetto

il poster

il corridoio

la vasca da bagno

il divano

il tappeto

la poltrona

il fiore

il vaso

il soggiorno

il seminterrato

risorse

SAM
WB: pp. 97–98

SAM
LM: p. 55

S sentieri.vhlcentral.com

Attenzione!

In Italy, the floors of a building are numbered beginning with the second floor (**il primo piano**). The ground floor is called **il pianterreno**.

la parete

lo scaffale

la lampada

la cassettiera

la camera da letto

il garage

Pratica

1 Le coppie Abbina una parte della casa con l'oggetto associato a quella stanza.

1. ____ la cucina
2. ____ il soggiorno
3. ____ la camera da letto
4. ____ il garage
5. ____ il bagno
6. ____ lo studio
7. ____ la finestra
8. ____ l'armadio

a. la tenda
b. l'automobile
c. la credenza
d. il gabinetto
e. il divano
f. il comodino
g. i vestiti
h. il computer

2 Mettere etichette Scrivi la parola che corrisponde a ogni parte del disegno.

1. _____   4. _____
2. _____   5. _____
3. _____   6. _____

3 Scegliere Cerchia (*Circle*) la parola che si associa meglio alla definizione che senti.

1. corridoio   cucina
2. parete   bagno
3. camera da letto soggiorno
4. studio   garage

5. dispensa   piano cottura
6. gabinetto   quadro
7. monolocale   villa
8. a sinistra   accanto

Practice more at **sentieri.vhlcentral.com**.

Comunicazione

4 **Dove abito** A coppie, fate a turno a usare le parole di ogni colonna per descrivere la vostra casa o camera o il vostro appartamento.

MODELLO

S1: *Il mio appartamento è abbastanza grande.*
S2: *Il mio appartamento non è grande, ma ha un bel balcone.*

A	B	C
la mia casa	(non) è	bagno
la mia camera nel dormitorio	(non) ha	balcone
il mio appartamento		camera da letto
		cucina
		garage
		scrivania
		soggiorno
		grande/piccolo
		vecchio/nuovo

5 **La casa di Donato** Donato parla della sua casa alla sua amica Marta. A coppie, mettete in ordine le frasi per creare una conversazione logica. Poi confrontate (*compare*) la vostra casa con quella di Donato.

_____ DONATO Sì! E uno studio dove teniamo (*we keep*) il computer. Abbiamo anche un lungo corridoio con tanti bei quadri alle pareti.

_____ MARTA Davvero? E dove abitavate prima?

_____ MARTA È vero, i vostri quadri sono molto belli. Mi piacciono anche i poster in camera tua. Che fortuna avere una casa così bella!

_____ DONATO Grazie, Marta. Ci siamo trasferiti in questa villa l'anno scorso.

_____ MARTA Avete anche una mansarda?

_____ MARTA Donato, ma che bella casa!

_____ DONATO Prima abitavamo in un appartamento in centro, però era piccolo. Allora abbiamo deciso di comprare una villa grande fuori città. Adesso abbiamo una cucina spaziosa, un soggiorno, una sala da pranzo, tre camere da letto e due bagni.

6 **La mia camera da letto** In gruppi di tre, fate a turno a confrontare la vostra camera da letto con quella nel disegno.

MODELLO

S1: *Nella mia camera c'è un letto, ma non c'è una scrivania e non ho un computer.*
S2: *Nella mia camera, c'è un computer, ma...*

7 **Inventario** Lavorate a coppie. L'insegnante vi darà due fogli diversi, ciascuno con metà delle informazioni sulla pianta (*floor plan*) del vostro nuovo appartamento e sugli oggetti che avete portato. Descrivete le informazioni che avete per identificare tutte le stanze dell'appartamento e decidete dove mettere tutti gli oggetti.

MODELLO

S1: *Ho sei forchette, sei coltelli e sei cucchiai.*
S2: *Li devi mettere in cucina. È la stanza alla sinistra del bagno. Ho...*

Pronuncia e ortografia

S Audio: Concepts, Activities
Record & Compare

🎧 *I segni diacritici*

---

da dà   **se sé**   **si sì**   **te tè**

In Italian, diacritical marks (**segni diacritici**) are an essential part of a word's spelling. They indicate how vowels are pronounced or distinguish between words with similar spellings but different meanings.

---

né... né   **affinché**   **benché**   **perché**

L'accento acuto (´) is sometimes used over the vowel **e** to indicate a closed **e** sound, similar to the *e* in the English word *they*. It is used in the words **né** (*neither*), **sé** (*self*), and with conjunctions ending in –**che**.

---

così   **è**   **là**   **andrò**

L'accento grave (`) indicates where the spoken stress falls, marks vocal emphasis on a vowel, differentiates between similarly spelled words, and is characteristic of certain forms of the future tense.

---

ciò   **giù**   **più**   **può**

L'accento grave is also used in certain monosyllabic words ending in two vowels. **L'accento grave** indicates that the spoken stress falls on the final vowel and that a diphthong is formed.

Pronunciare Ripeti le parole ad alta voce.

1. cioè	4. chissà	7. città	10. comodità
2. metà	5. finché	8. là	11. poiché
3. avrò	6. sé	9. dì	12. età

Articolare Ripeti le frasi ad alta voce.

1. Il suo papà vede il Papa.
2. Sì, voglio un tassì.
3. È vero! Andrò in Italia!
4. Hai già fatto i compiti?
5. La facoltà di lettere è lì.
6. Perché non può venire?

In casa sua ciascuno è re.[2]

Proverbi Ripeti i proverbi ad alta voce.

Casa che ha il buon vicino, val più qualche fiorino.[1]

VENDUTA

[1] A house with a good neighbor is worth more money. (lit. A house with a good neighbor is worth a few florins.)
[2] Everyone is king in his own home.

risorse

SAM
LM: p. 56   sentieri.vhlcentral.com

FOTOROMANZO

Riposo e svago Video: *Fotoromanzo*

PERSONAGGI

Emily

Lorenzo

Marcella

Massimo

Riccardo

Viola

In Piazza di Santa Maria in Trastevere...

EMILY Povera Viola, a letto malata, si perde la nostra giornata a Trastevere.

RICCARDO Viola. Viola non sa divertirsi. È felice solo quando sta sul divano a leggere. E vuole l'attenzione di tutti per lei.

EMILY Non lo dici sul serio, Riccardo. La tua cucina l'ha fatta star male. È per questo che sei arrabbiato.

Alla pensione...

MARCELLA Come ti senti, Viola?

VIOLA Molto meglio, grazie.

MARCELLA C'è Massimo.

VIOLA Massimo? Dove?

MARCELLA In soggiorno.

VIOLA Non mi può vedere in questo stato. Digli che sarò da lui fra qualche minuto.

MARCELLA Va bene.

VIOLA Ciao.

MASSIMO Ciao.

VIOLA Ciao. Siediti pure. Vuoi qualcosa da bere?

MASSIMO No, grazie. Ti ho portato gli appunti della lezione di ieri. Ecco.

VIOLA Grazie.

MASSIMO *(Indicando i fiori)* Te li ho presi dal fiorista vicino alla facoltà.

VIOLA Oh, Lorenzo! Ciao. Questo è Massimo. Mi ha portato gli appunti della lezione di ieri. *(Indicando i fiori)* E questi. Non è carino?

LORENZO Sei molto gentile, Massimo. Non è meglio se ti riposi un po', Viola?

MASSIMO *(A Viola)* Ti chiamo più tardi.

LORENZO Che c'è?

VIOLA Sei un cretino.

A Trastevere...

EMILY Questo è il mio primo morso a una vera pizza italiana. Hmm... squisita! Adoro questo posto!

RICCARDO Quale posto? Roma? Trastevere o la pizzeria?

EMILY Tutti e tre. Trastevere è figo.

EMILY Voglio prendere in affitto un appartamento qui quando finirà il semestre.

RICCARDO Dici sul serio?

EMILY Sì.

RICCARDO No, perché ho visto che c'è un appartamento in affitto.

A T T I V I T À

1 **Chi è?** A chi si riferiscono queste affermazioni? Emily, Massimo, Riccardo o Viola?

1. È a letto malata.
2. È felice solo quando sta sul divano a leggere.
3. È arrabbiato.
4. Ha portato dei fiori a Viola.
5. Chiama Viola più tardi.
6. Secondo lei, Lorenzo è un cretino!
7. È il suo primo morso a una vera pizza italiana.
8. Ha visto che c'è un appartamento in affitto.
9. Avrà bisogno di una doccia.
10. Vuole restare a Roma quando finirà il semestre.

Practice more at **sentieri.vhlcentral.com**.

Massimo visita Viola e Emily si innamora di Roma.

MASSIMO Come ti senti?
VIOLA Benissimo. Grazie per gli appunti. E per i fiori. Li metterò sul mio comodino.
MASSIMO Sai, ci sono dei giardini molto belli vicino alla facoltà. Appena starai meglio, ci andremo insieme.
VIOLA Sì, sarà bello.

MASSIMO Quando tornerai a lezione?
VIOLA Domani.
MASSIMO Le lezioni sono noiose senza di te.

EMILY A me basta una camera singola.
RICCARDO Avrai bisogno anche di una doccia.
EMILY E di un armadio. Un grande armadio.
RICCARDO E di una cucina.
EMILY E di un balcone.
RICCARDO Hmm, hmm... mobili!
EMILY Con una pizzeria a sinistra e un bar a destra.

RICCARDO Cosa diranno i tuoi?
EMILY Diranno sicuramente che sono pazza. Lo dirò subito a mia madre. Lo metteremo sul sito appena arriveremo a casa. *(Alla videocamera)* Mamma, resterò a Roma quando finirà il semestre!

2 **Per parlare un po'** Emily cerca casa. A coppie, scrivete un dialogo di almeno 15 battute (*lines*) tra Emily e una persona che ha un appartamento da dare in affitto. Presentate il vostro dialogo alla classe.

3 **Approfondimento** Trastevere è un noto rione (*district*) di Roma. Che cosa significa questo nome? Su quale riva (*bank*) del fiume Tevere si trova? Quale animale è rappresentato nel suo stemma (*coat of arms*)? Presenta le tue risposte alla classe.

risorse

SAM
VM: pp. 25–26

DVD
Puntata 13

sentieri.vhlcentral.com

ATTIVITÀ

IN PRIMO PIANO

Case per tutti i gusti

Come sono le case italiane? La struttura delle case italiane è di solito in cemento o in mattoni°. All'interno° ci sono raramente pavimenti° coperti di moquette°; quasi sempre ci sono mattonelle° e a volte legno° o marmo°.

Nelle grandi città ci sono numerosi palazzi con appartamenti dove in genere abitano le giovani famiglie, i lavoratori single e gli studenti. Nei piccoli centri è più facile vedere case monofamiliari°, come ville o villette a uno o più piani, dove di solito abitano le persone più anziane.

Le stanze tipiche nelle case italiane sono: una cucina, un soggiorno o sala da pranzo, uno o due bagni e due o più camere da letto. Nelle case monofamiliari spesso ci sono anche una cantina° e una soffitta°. I più fortunati hanno anche un garage. Le stanze più amate dagli italiani sono il soggiorno e la cucina. In soggiorno trascorrono° le ore di riposo, solitamente seduti su un comodo° divano davanti alla TV; in cucina si ritrovano° per mangiare, soprattutto durante la settimana, mentre la sala da pranzo è usata per le grandi occasioni.

In Italia non è molto comune trasferirsi da una città all'altra come negli Stati Uniti: per questo molti italiani sono proprietari di casa, spesso da generazioni. In genere, i giovani in cerca di una prima abitazione affittano una casa o un appartamento.

Per gli italiani è abbastanza comune avere una seconda casa; molte persone infatti possiedono° o affittano un appartamento o una casa al mare, in montagna, in campagna o ai laghi dove trascorrono le vacanze estive o invernali°. Gli italiani sono molto legati alla casa non solo per motivi sentimentali, ma anche per motivi pratici: la considerano un valido investimento economico!

Cosa fanno gli italiani in casa?

Si dedicano alla casa e ai suoi abitanti.	52,0%
Si dedicano agli hobby.	36,4%
Lavorano.	5,4%
Mangiano e dormono soltanto.	6,4%

FONTE: Mondocasablog

mattoni *bricks* **All'interno** *Inside* **pavimenti** *floors* **moquette** *carpet* **mattonelle** *floor tiles* **legno** *wood* **marmo** *marble* **monofamiliari** *single-family houses* **cantina** *cellar* **soffitta** *attic* **trascorrono** *they spend* **comodo** *comfortable* **si ritrovano** *they gather* **possiedono** *own* **estive o invernali** *summer or winter*

A T T I V I T À

1 **Vero o falso?** Indica se l'affermazione è **vera** o **falsa**. Correggi le affermazioni false.

1. I pavimenti delle case italiane tipicamente hanno mattonelle.
2. Le persone anziane, di solito, abitano in appartamenti.
3. I giovani, in genere, prendono in affitto gli appartamenti.
4. Tutti gli italiani hanno un garage.
5. Gli appartamenti hanno sempre una cantina e una soffitta.

6. La camera da letto è la stanza preferita degli italiani.
7. Gli italiani non si trasferiscono spesso da una città all'altra.
8. Molti italiani trascorrono le vacanze in una seconda casa.
9. Le seconde case sono nelle grandi città.
10. Gli italiani considerano la propria casa un investimento.

 Practice more at **sentieri.vhlcentral.com**.

L'ITALIANO QUOTIDIANO

Cerchiamo casa!

affittasi	*for rent*
vendesi	*for sale*
l'agenzia immobiliare	*real estate agency*
l'appartamento arredato	*furnished apartment*
l'ascensore	*elevator*
le bollette	*bills*
la caparra	*deposit*
il contratto	*contract; lease*
l'inquilino/a	*tenant*
il/la padrone/a di casa	*landlord/landlady*

COSTUMI E USANZE

Le case eccezionali d'Italia

In alcune regioni d'Italia ci sono delle case molto particolari, di origine antica.

Nella regione Puglia, per esempio, ci sono i **trulli**, abitazioni cilindriche, con un tetto° a forma di cono. La struttura è in pietra°, il colore è bianco e di solito hanno una sola stanza.

Il centro storico della città di Matera, in Basilicata, è famoso per i **sassi**, cioè case scavate° nella roccia tufacea°, presenti già nel Neolitico. Molti «sassi» hanno facciate° decorate.

Nella regione alpina del Trentino Alto-Adige troviamo i caratteristici **masi**, abitazioni rurali dei contadini° costituite da una stanza, un fienile° e una stalla°. Di solito sono fatti di legno o legno e pietra.

tetto *roof* **pietra** *stone* **scavate** *dug* **roccia tufacea** *tuff (porous rock)*
facciate *façades* **contadini** *farmers* **fienile** *barn* **stalla** *stable*

RITRATTO

Andrea Palladio

Andrea di Pietro della Gondola, conosciuto come Palladio, è stato un grande architetto italiano del XVI secolo. Nasce a Padova nel 1508, ma nel 1524 si trasferisce a Vicenza, dove matura come architetto. Tra il 1535 e il 1538 incontra il poeta e umanista° Gian Giorgio Trissino, che diventa suo mecenate° e amico. Dal 1540 inizia a lavorare come architetto e realizza° le sue opere più famose: Villa Godi; le logge della Basilica di Vicenza; Palazzo Chiericati; Villa Foscari, detta° «la Malcontenta°»; **Villa Capra**, detta «la Rotonda» e molte altre. Nel 1570 scrive *I quattro libri dell'architettura*. Muore nel 1580 e lascia molte opere incompiute°, come il Teatro Olimpico di Vicenza. Lo stile neoclassico di Palladio, con le sue innovazioni geometriche, è stato imitato in tutta Europa e anche negli Stati Uniti: la Casa Bianca e Monticello, il palazzo di Thomas Jefferson, sono infatti in stile palladiano.

umanista *humanist* **mecenate** *patron* **realizza** *creates* **detta** *known as*
Malcontenta *Discontent* **incompiute** *unfinished*

SU INTERNET

Cerca un annuncio per un appartamento in affitto in una città italiana.

Go to **sentieri.vhlcentral.com** to find more information related to this **CULTURA**.

AFFITTASI
APPARTAMENTO 76 mq.
RIFINITISSIMO/
339 8445754
333 8637791
RIVOLGERSI TEL.

---

2 **Completare** Completa le frasi.

1. Il nome completo di Andrea Palladio è _____.
2. Palladio si trasferisce a _____ nel 1524.
3. Il titolo del libro di Palladio è _____.
4. I «trulli» sono abitazioni tipiche della regione _____.
5. I «masi» del Trentino Alto-Adige sono abitazioni fatte in _____.
6. I _____ sono presenti già nel Neolitico.

3 **A voi** A coppie, discutete le seguenti domande.

1. Abiti in una casa monofamiliare o in un appartamento?
2. Qual è la tua stanza preferita?
3. Conosci luoghi con case antiche negli Stati Uniti?

risorse

sentieri.vhlcentral.com

A T T I V I T À

7A.1 The *futuro semplice*

Punto di partenza Use the future tense to talk about what *will happen*. Unlike in English, in Italian the future tense is expressed with one word.

Affitterò il mio appartamento a Bologna.
I am going to rent my apartment in Bologna.

Domani i miei amici **partiranno** per la Francia.
Tomorrow my friends will leave for France.

- The future tense endings are the same for all **-are**, **-ere**, and **-ire** verbs. To form the stem of regular **-are** verbs, change the characteristic **a** to **e** and drop the final **e**. For regular **-ere** and **-ire** verbs, simply drop the final **e**.

Future tense of regular verbs

	parlare	leggere	dormire
io	parlerò	leggerò	dormirò
tu	parlerai	leggerai	dormirai
Lei/lui/lei	parlerà	leggerà	dormirà
noi	parleremo	leggeremo	dormiremo
voi	parlerete	leggerete	dormirete
loro	parleranno	leggeranno	dormiranno

I bambini **dormiranno** bene.
The children will sleep well.

Metterai il vaso sul tavolo?
Will you put the vase on the table?

- Some **-are** verbs require additional spelling changes. Add an **h** to the future stem of verbs whose infinitives end in **-care** or **-gare** to maintain the hard **c** or **g** sound. Drop the **i** from the future stem of verbs whose infinitives end in **-ciare** or **-giare**.

Giocherete a carte in cucina.
You will play cards in the kitchen.

Non pagheranno l'affitto domani.
They will not pay the rent tomorrow.

A che ora **comincerà** la festa?
What time will the party start?

Mangeremo bene a casa tua.
We will eat well at your house.

- To form the future of **dare**, **fare**, and **stare**, drop the final **-e** and add the future endings to the stem.

Ti **darò** un poster se **farai** il letto.
I will give you a poster if you make the bed.

Maria **starà** a casa o uscirà?
Will Maria stay home or will she go out?

1 Completare Completa ogni frase con la forma corretta del futuro.

1. Io _____ (pagare) metà della cassettiera.
2. Ambrogio e Linda _____ (vedere) un nuovo appartamento domani.
3. Tu e Giuditta _____ (affittare) il bilocale.
4. Quando arriveranno gli ospiti, Francesco _____ (andare) a dormire in soggiorno.
5. A che ora (tu) _____ (cominciare) a pulire la tua camera?
6. Hanno deciso quale casa _____ (prendere) in affitto?
7. Noi _____ (trasferirsi) il mese prossimo.
8. Per quanti anni (tu) _____ (rimanere) in questo palazzo?

2 Trasformare Riscrivi ogni frase, sostituendo il verbo sottolineato con la forma corretta del futuro.

MODELLO Riccardo pulisce la cucina.
Riccardo pulirà la cucina.

1. D'estate vado a lavorare nella villa del signor Vacchetti.
2. I bambini riordinano la stanza velocemente.
3. Hai passato l'aspirapolvere (*vacuum cleaner*) prima di cena.
4. Noi viviamo in un appartamento accanto alla farmacia.
5. Emiliano legge un libro di cucina.
6. Avete usato la caffettiera dopo pranzo.

3 Creare Scegli delle parole da ogni colonna per creare frasi complete usando il futuro. Aggiungi altre parole quando necessario.

MODELLO *Dopo pranzo io berrò dell'acqua.*

A	B	C
i genitori	affittare	a carte
io	andare	a letto
io e la mia famiglia	bere	allo studio
l'agente immobiliare	dormire	con i genitori
Piera e Marcantonio	giocare	il cibo
tu	mettere	dell'acqua
tu e Greta	vedere	tre appartamenti
tu e i tuoi amici	venire	una villa

 Practice more at **sentieri.vhlcentral.com**.

COMUNICAZIONE

4 **Domande personali** Lavorate a coppie. A turno, fate le seguenti domande sui vostri piani (*plans*) futuri.

MODELLO

S1: *Cosa studierai l'anno prossimo?*
S2: *Studierò…*

1. Cosa studierai l'anno prossimo?
2. Cosa farai questo semestre?
3. Quali attività farai questo fine settimana?
4. Che tipo di vacanza vorrai fare quest'estate?
5. Cosa farai per il tuo prossimo compleanno?
6. Dove andrai dopo questa classe?
7. Dove vivrai l'anno prossimo?
8. Dove sarai e cosa farai tra dieci anni?

5 **La casa dei miei sogni** Lavorate a coppie. A turno, descrivete dove vivrete nel futuro. Sarà una casa o un appartamento? Quante stanze ci saranno? Sarà grande o piccola/o?

MODELLO

S1: *Io vivrò in un appartamento in centro. Sarà piccolo ma avrà…*

6 **Inchiesta** Chiedi ai tuoi compagni quali sono i loro progetti per l'anno prossimo. Scrivi le risposte. Poi, come classe, determinate qual è l'attività più popolare e quella meno popolare.

MODELLO

S1: *Cosa farai l'anno prossimo?*
S2: *Studierò ancora italiano.*
S3: *Io andrò…*

• Several common verbs have irregular stems in the future tense. These verbs drop the characteristic vowel from the stem before adding the future endings.

infinitive	future stem
andare	andr-
avere	avr-
cadere	cadr-
dovere	dovr-
potere	potr-
sapere	sapr-
vedere	vedr-
vivere	vivr-

Avremo i mobili nuovi la settimana prossima.
*We **will have** the new furniture next week.*

Michele e Giulia **andranno** a Napoli e **vivranno** insieme.
*Michele and Giulia **will go** to Naples and **live** together.*

• These verbs have irregular future-tense stems that do not follow a pattern.

infinitive	future stem
bere	berr-
essere	sar-
rimanere	rimarr-
venire	verr-
volere	vorr-

Non **rimarranno** a casa stasera.
*They **will** not **stay** at home tonight.*

E tu, dove **sarai** dopodomani?
*And where **will** you **be** the day after tomorrow?*

Avrai anche bisogno di una doccia.

Digli che sarò da lui fra qualche minuto.

| **Provalo!** | Completa la tabella con la forma corretta del futuro. |

		bere	essere	venire
1.	io	*berrò*	_____	verrò
2.	tu	berrai	_____	_____
3.	Lei/lui/lei	_____	sarà	_____
4.	noi	_____	saremo	verremo
5.	voi	berrete	sarete	_____
6.	loro	berranno	_____	verranno

STRUTTURE

7A.2 Usage of the *futuro semplice*

Punto di partenza The **futuro semplice** is generally used like the future tense in English; however, there are some exceptions.

- These words and expressions are commonly used to talk about the future in Italian.

Expressions commonly used with the future tense

domani	*tomorrow*	in futuro	*in the future*
dopodomani	*the day after tomorrow*	la settimana (il mese, l'anno) prossima/o	*next week (month, year)*
fra due giorni (una settimana, tre anni ecc.)	*in two days (a week, three years, etc.)*	presto	*soon*
fra poco	*in a little while*	questo weekend	*this weekend*

Cercherò un appartamento **questo weekend**.
*I will look for an apartment **this weekend**.*

I miei arriveranno a Bologna **fra tre giorni**.
*My parents will arrive in Bologna **in three days**.*

- The **futuro semplice** is frequently used after the adverbs **appena** (*as soon as*), **quando** (*when*), and **se** (*if*) when talking about future events or actions. Note that English typically uses the present tense in these cases. In Italian, use the future tense for both parts of the sentence.

Appena avremo i soldi, potremo trasferirci in un appartamento.
***As soon as we have** the money, we can move into an apartment.*

La mia compagna di camera pulirà il frigo **quando tornerà**.
*My roommate will clean the fridge **when she returns**.*

Italo mi scriverà **quando andrà** a Parigi.
*Italo will write to me **when he goes** to Paris.*

Cosa faranno **se non troveranno** una camera doppia?
*What will they do **if they don't find** a double room?*

Appena starai meglio, ci andremo insieme.

Resterò a Roma quando finirà il semestre.

1 **Scegliere** Scegli la forma corretta del futuro per completare il paragrafo seguente.

Fra due settimane, mio fratello Andrea (1. andranno / andrà) a trovare degli amici in Italia. La sua camera (2. sarà / saremo) vuota e io (3. potremo / potrò) finalmente usarla come voglio. Presto io e i miei amici (4. giocherete / giocheremo) con il computer di Andrea. Io non (5. dovrò / dovrà) più studiare in cucina. Questo weekend, i miei amici mi (6. aiuteremo / aiuteranno) a riordinare la camera e in futuro noi tutti (7. useranno / useremo) il divano e la poltrona quando dovremo studiare. Che bello, (8. sarà / sarò) davvero divertente!

2 **Completare** Completa ogni frase con la forma corretta del futuro.

1. Io potrò cucinare tante torte appena _____ (comprare) un forno nuovo.
2. I bambini potranno usare il computer se _____ (mangiare) le verdure.
3. Potrete dormire da noi quanto _____ (volere).
4. Potremo uscire insieme spesso se loro non _____ (traslocare).
5. Affitterò il suo appartamento quando Gino _____ (andare) in vacanza.
6. Studierò con te appena (tu) _____ (pulire) la tua stanza.

3 **Creare** Crea frasi complete al futuro usando gli elementi dati.

MODELLO

i miei genitori / comprare una poltrona / appena / avere più soldi
I miei genitori compreranno una poltrona appena avranno più soldi.

1. la mia camera / essere più interessante / se / comprare dei poster
2. io / potere pulire meglio / quando / avere una scopa (*broom*) nuova
3. Loretta e Dorella / leggere meglio / se / sostituire la lampada
4. tu / fare i compiti / appena / io / portarti gli appunti
5. noi / pagare l'affitto / quando / ricevere lo stipendio (*paycheck*)
6. voi / dovere comprare una stampante nuova / se / rompersi quella vecchia

Practice more at **sentieri.vhlcentral.com**.

4 **Quando?** A coppie, usate le seguenti espressioni per parlare di quali eventi vi aspettate nel futuro.

MODELLO

S1: *Cosa farai domani?*
S2: *Domani leggerò…*

domani	fra un mese
dopodomani	l'anno prossimo
fra due settimane	questo weekend

5 **Mi chiedo…** Lavorate a coppie. A turno, indovinate cosa faranno queste persone. Usate il futuro e siate creativi!

MODELLO

S1: *Cosa faranno Angelina Jolie e Brad Pitt la settimana prossima?*
S2: *Faranno un viaggio in Africa…*

1. Angelina Jolie e Brad Pitt
2. Arnold Schwarzenegger
3. Michael Phelps
4. Britney Spears
5. Rafael Nadal
6. Barack Obama
7. l'insegnante d'italiano
8. i tuoi amici

6 **La scena è pronta** In gruppi di tre, guardate questo disegno e descrivete cosa farà ogni membro della famiglia stasera. Usate la vostra immaginazione e scrivete almeno sei frasi.

MODELLO

Quando i genitori torneranno a casa…

• The **futuro semplice** is often used to conjecture or to express probability. This is referred to as the **futuro di probabilità** and is equivalent to English expressions in the present tense with *probably*, *must*, or *could*. Note that the **futuro di probabilità** actually refers to the present, not the future.

Dov'è Maria?	**Sarà** in cucina.
Where is Maria?	***She is probably** in the kitchen.*
Che ore sono?	**Saranno** le otto e mezza.
What time is it?	***It could be** 8:30.*
Chi è quella donna?	**Sarà** la nostra professoressa.
Who is that woman?	***She must be** our professor.*

Con chi abita Luigi?   Abiterà con Andrea.

• As in English, in Italian the present tense can be used instead of the future to express an action or event that will definitely take place, especially in the near future. This usage is most common in colloquial Italian.

Mia madre mi **porta** la cassettiera dopodomani.	Cosa **fate** questo weekend? **Andate** in centro?
*My mother **is bringing** me the dresser the day after tomorrow.*	*What **are you doing** this weekend? **Are you going** downtown?*

Provalo!   Metti le frasi seguenti in ordine di tempo. Usa **1** per indicare l'azione più vicina e **8** per indicare l'azione più lontana nel futuro.

1. <u> 1 </u> Domani telefonerò alla mia famiglia.
2. _____ Il mese prossimo comprerò un computer nuovo.
3. _____ L'anno prossimo andrò in vacanza da solo.
4. _____ Fra quattro anni troverò il lavoro dei miei sogni.
5. _____ Fra una settimana avrò un esame di chimica.
6. _____ Dopodomani mangerò nel mio ristorante preferito.
7. _____ Il semestre prossimo studierò ancora l'italiano.
8. _____ Questo weekend andrò al cinema con i miei amici.

STRUTTURE

7A.3 Double object pronouns

Punto di partenza You learned how to use direct object pronouns in **Lezione 5A** and indirect object pronouns in **Lezione 5B**. Now you will learn how to use these pronouns together.

DIRECT OBJECT	INDIRECT OBJECT		INDIRECT OBJECT PRONOUN	DIRECT OBJECT PRONOUN

Compro **il vaso** per **voi**.
*I am buying **the vase for you**.*

▶ **Ve lo** compro.
*I am buying **it for you**.*

- To use both pronouns in one sentence, place the indirect object pronoun first, followed by the direct object pronoun. Note that the -i in **mi**, **ti**, **ci**, and **vi** changes to an -e when these pronouns are used in combination with another pronoun. **Le**, **gli**, and **le** all combine with the direct object pronouns to form a single word beginning with **glie-**.

Pronomi doppi

indirect object pronouns	direct object pronouns				
	lo	la	li	le	ne
mi	me lo	me la	me li	me le	me ne
ti	te lo	te la	te li	te le	te ne
Le/gli/le	glielo	gliela	glieli	gliele	gliene
ci	ce lo	ce la	ce li	ce le	ce ne
vi	ve lo	ve la	ve li	ve le	ve ne
gli	glielo	gliela	glieli	gliele	gliene

Domenico **ti** porta una lampada.
Perché **te la** porta?
*Domenico is bringing **you** a lamp.*
*Why is he bringing it **to you**?*

Leo **mi** deve pagare l'affitto.
Non **me lo** paga mai in tempo!
*Leo must pay **me** the rent. He never pays it **to me** on time!*

- Use context to clarify to whom the indirect object refers.

La mamma manda i soldi **al figlio**. **Glie**li manda domani.
*Mom is sending money **to her son**. She'll send it **to him** tomorrow.*

Il figlio comprerà uno scaffale **per lei**. Un giorno **glie**lo comprerà.
*The son will buy **her** a bookshelf. Someday he will buy it **for her**.*

Ecco il gelato **per i bambini**. **Glie**lo puoi dare in cucina?
*Here is the ice cream **for the kids**. Can you give it **to them** in the kitchen?*

Professore, non **Le** posso dare i compiti. **Glie**li darò domani.
*Professor, I can't give you **my homework**. I will give it **to you** tomorrow.*

1 **Identificare** Scegli le parole corrette per completare ogni frase.

1. Noi daremo uno scaffale a lui.
   Noi (glielo / ce la) daremo.
2. Giannina stira (*irons*) le tende per Giacomo.
   Lei (ve le / gliele) stira.
3. Io ho dipinto un vaso a voi.
   Io (ce l' / ve l') ho dipinto.
4. Loro devono affittare i mobili per Bruno.
   Loro (glieli / me li) devono affittare.
5. Puoi portarmi le nuove tende?
   Puoi (portamele / portarmele)?
6. Anna mette il caffè nella caffettiera.
   Anna (glielo / ce lo) mette.

2 **Trasformare** Riscrivi ogni frase sostituendo l'espressione sottolineata con i pronomi doppi.

1. I genitori hanno affittato un appartamento per i figli Antonio e Gennaro.
2. Antonio e Gennaro descrivono le stanze a voi.
3. Voi portate un armadio a noi.
4. Voi regalate un quadro a me.
5. Io offro un pranzo a voi.
6. Antonio ha regalato una cassettiera a Gennaro.
7. Stamattina Gennaro si è fatto la barba nel bagno nuovo.
8. Il giorno dopo Antonio e Gennaro mostrano ai genitori un appartamento impeccabile!

3 **Rispondere** Rispondi alle domande usando i pronomi doppi.

1. Vuoi dare a me il tuo divano rosso? (no)
2. Ti sei lavato i capelli ieri? (sì)
3. Hai subaffittato la tua casa ai signori Giotti? (sì)
4. Puoi fare il letto per noi? (no)
5. Hai dato il cibo al gatto? (sì)
6. Si è lavato le mani prima di pranzo? (sì)
7. Ho portato il tappeto blu a te? (no)
8. Hai mostrato il monolocale ai clienti? (sì)

 Practice more at **sentieri.vhlcentral.com**.

COMUNICAZIONE

4 **Chi ti aiuta?** A coppie, fate domande su chi vi aiuta a fare certe cose. Potete usare le idee nella lista o sceglierne altre. Usate i pronomi doppi nelle vostre risposte.

MODELLO

S1: *Quando vai dai nonni, come ci vai?*
S2: *Mio padre mi presta la macchina.*
S1: *Quando te la presta?*
S2: *Me la presta il venerdì.*

fare il letto	pagare gli studi
lavare i vestiti	prestare i libri
mettere in ordine	pulire la cucina

5 **Domande personali** A coppie, domandate e rispondete a turno. Usate i pronomi doppi nelle vostre risposte.

MODELLO

S1: *Chi ti ha dato il regalo migliore per il tuo compleanno l'anno scorso?*
S2: *Me l'ha dato il mio amico Gerardo. Era…*

1. I tuoi genitori ti facevano vedere (*let you watch*) i film di Walt Disney quando eri piccolo/a?
2. I tuoi nonni ti insegnavano l'italiano da piccolo/a?
3. Chi ti cucinava la cena quando eri piccolo/a?
4. Chi comprava regali per te?
5. Chi ti ha comprato la tua prima bicicletta?
6. I tuoi amici ti facevano usare i loro giochi?

6 **Il negozio di mobili** A coppie, create un dialogo tra un cliente e un commesso in un negozio di mobili. Guardate la foto di questo salone del mobile (*furniture showroom*) e fate domande su quello che vedete. Usate i pronomi doppi quando possibile.

MODELLO

S1: *Mi piace quella lampada. Quanto costa?*
S2: *Costa 50 euro, ma gliela vendo per 40…*

- Like single object pronouns, double object pronouns precede conjugated verbs or are attached to infinitives. When pronouns are attached to the end of a verb, they form a single word.

  Ti porto i biscotti in soggiorno. **Te ne** porto due o tre?
  I'll bring you the cookies in the living room. Should I bring you two or three of them?

  Leo non mi vuole dare l'affitto. Deve dar**melo**! (**Me lo** deve dare!)
  Leo doesn't want to give me the rent. He must give it to me!

- The indirect object pronoun **loro** can also be used in double pronoun constructions, but it follows different rules. Always place **loro** after the verb and never attach it to other pronouns. With conjugated verbs, **loro** follows the verb and the direct object pronoun precedes the verb.

  Ecco il caffè. Non vuole portar**lo loro** Luisa? **Lo** lascerò **loro** in cucina.
  Here is the coffee. Luisa doesn't want to bring it to them? I'll leave it for them in the kitchen.

- Reflexive pronouns follow the pattern of indirect object pronouns when used in double pronoun constructions. The reflexive pronoun **si** changes to **se** when adding a direct object pronoun.

  Lia **si** rade le gambe in bagno. **Se** le rade ogni giorno.
  Lia shaves her legs in the bathroom. She shaves them every day.

  Mi lavo i capelli adesso. Non voglio lavar**meli** stasera.
  I'm washing my hair now. I don't want to wash it tonight.

- Remember that when direct object pronouns are used in the **passato prossimo**, the past participle must agree with the direct object, as you learned in **Lezione 5A**. Double object pronouns ending in -**lo** or -**la** are shortened before a vowel sound.

  Ho dato quella poltrona ad Anna. Glie**l'**ho dat**a** ieri.
  I gave that armchair to Anna. I gave it to her yesterday.

  Ieri si è lavata i capelli. Se **li** è lavat**i** alle dieci.
  Yesterday she washed her hair. She washed it at 10:00.

- When the adverb **ci** (*there*) is used in combination with **ne**, it becomes **ce** and precedes **ne**.

  Quanti studenti **ci** sono?
  How many students are there?

  Ce ne sono trenta.
  There are 30 of them.

Provalo! Riscrivi ogni frase usando i pronomi doppi.

1. Il professore rende gli esami a noi. *Il professore ce li rende.*
2. I tuoi genitori comprano il computer a te. _____
3. Chi ha dato a Giuseppina quella bella lampada? _____
4. Hanno prenotato le camere per voi. _____
5. Fai a me le domande. _____
6. Puoi mostrare la foto a Domenico e a Eleonora? _____

SINTESI

Ricapitolazione

1 La catena Lavorate in gruppi di quattro. Create a turno una catena di frasi. La prima persona dice cosa comprerà e per quale stanza. La seconda persona ripete e poi aggiunge un oggetto e una stanza. La terza persona ripete le prime due frasi e poi ne aggiunge una terza e così via.

MODELLO

S1: Io comprerò un tappeto per il soggiorno.
S2: Daniela comprerà un tappeto per il soggiorno, e io comprerò una credenza per...

2 Un mistero Crea una lista di cinque personaggi misteriosi che sono in vacanza in una villa in Toscana. Decidi in quale stanza della casa sono e cosa fanno. Poi, a coppie, chiedete a turno dove sono i personaggi. Date indizi (*clues*) se necessario.

MODELLO

S1: La mia prima persona si chiama Aldo Lucci. Dov'è?
S2: È in cucina?
S1: No, non è in cucina. Un indizio: Aldo legge un libro.
S2: Allora sarà in...!

3 Regali A coppie, guardate i disegni dei regali. Create una lista di persone e poi associate le persone con i regali. Descrivete a chi darete che cosa, usando i pronomi doppi quando possibile.

MODELLO

S1: Questo zaino è perfetto per mia sorella. Glielo comprerò per il suo compleanno!

1.   2.   3.

4.   5.   6.

4 Opposti A coppie, create una conversazione. Siete due compagni di stanza che vanno a vivere in un nuovo appartamento. Avete gusti diversi e non siete d'accordo su dove mettere i mobili né su come decorare la casa. Provate a trovare una soluzione.

MODELLO

S1: Dipingiamo (*Let's paint*) la cucina di verde e poi mettiamo questi poster. Saranno perfetti!
S2: No, no, no! Non posso vivere in una casa con la cucina verde!

5 Tra cinquant'anni Guarda le foto e pensa al futuro. Secondo te, come cambieranno questi elementi della vita quotidiana nei prossimi cinquant'anni? Scrivi due frasi per ogni categoria. Poi, in gruppi di tre, fate a turno a dire cosa avete scritto. Avete avuto le stesse idee? Avete qualcosa in comune? Mettete le vostre liste insieme e presentatele alla classe.

MODELLO

S1: In futuro tutti affitteranno, nessuno comprerà più una casa.
S2: In futuro, le persone indosseranno...

1. case

2. vestiti   3. tecnologia   4. macchine

6 Una festa per la casa nuova In gruppi di quattro, create una conversazione tra un padrone di casa e tre ospiti. Ogni ospite porta un regalo al padrone di casa per festeggiare la casa nuova. Usate i pronomi doppi quando possibile.

MODELLO

S1: Ciao! Che bella casa! Ecco... ho visto questo vaso e te l'ho comprato subito.
S2: Me l'hai comprato subito? Grazie, è bellissimo!

risorse		
SAM WB: pp. 99–104	SAM LM: pp. 57–59	sentieri.vhlcentral.com

S Video: TV Clip

Lo Zapping

Emmelunga

Per gli italiani la casa è il centro dei propri affetti° e un nido° dove rifugiarsi°. Non è necessario esserne proprietari per sviluppare un forte legame° con la propria abitazione. Basti dire che° è molto comune, in Italia, arredare° completamente un appartamento anche quando uno lo prende in affitto: dalla cucina alla camera da letto l'inquilino sceglie i mobili, che naturalmente porterà via con sé quando traslocherà. Mobilifici° e mobilieri° quindi non mancano in Italia. Si va° dalla piccola azienda a conduzione familiare° all'azienda con punti vendita° in tutta Italia, come nel caso di Emmelunga.

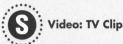

emmelunga

ABITARE ALL'ITALIANA

www.emmelunga.it

Numero Verde

(800-800.500

sconto 50% su una selezione di prodotti

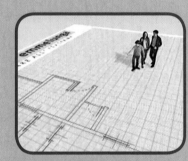

Emmelunga vi aiuta a progettare la vostra soluzione d'arredo°.

Paghi fra sei mesi a tasso° zero.

Comprensione Rispondi alle seguenti domande.

1. Fino a quando sarà valida l'offerta di Emmelunga?
2. Quali stanze potrai arredare pagando meno?
3. Con Emmelunga che cosa diventerà la casa che hai in mente?

Discussione In gruppi di tre fate la seguente attività.

1. Immaginate di essere una famiglia italiana di tre persone: i genitori e un(a) figlio/a. Scegliete il vostro ruolo. L'anno prossimo vi trasferirete in una villa monofamiliare. Ciascuno di voi sceglie una stanza da arredare, la descrive agli altri e deve convincerli ad accettare la sua idea. Usate il futuro il più possibile. Presentate la vostra conversazione in classe.

affetti *affection* **rifugiarsi** *to take refuge* **nido** *nest* **sviluppare un forte legame** *to develop close ties*
Basti dire che *Suffice it to say that* **arredare** *to furnish* **mobilifici** *furniture-makers* **mobilieri** *furniture-dealers*
Si va *They range* **a conduzione familiare** *family-run* **punti vendita** *retail stores* **soluzione d'arredo** *furnishing solution*
tasso (d'interesse) *interest rate*

Practice more at **sentieri.vhlcentral.com.**

Lezione

7B

Communicative Goals

You will learn how to:
• talk about household chores
• talk about appliances

CONTESTI

Le faccende

Talking Picture
Audio: Activity

Vocabolario

espressioni	*expressions*
apparecchiare la tavola	*to set the table*
fare i mestieri/le faccende	*to do household chores*
fare il bucato	*to do laundry*
mettere in ordine	*to tidy up*
passare l'aspirapolvere	*to vacuum*
sparecchiare la tavola	*to clear the table*
spolverare	*to dust*
sporcare	*to soil*
descrizioni	*descriptions*
Che casino!	*What a mess!*
È un porcile!	*It's a pigsty!*
impeccabile	*impeccable; perfectly clean*
macchiato/a	*stained*
pulito/a	*clean*
schifoso/a	*disgusting*
sporco/a	*dirty*
gli elettrodomestici	*appliances*
l'asciugatrice (f.)	*clothes dryer*
l'aspirapolvere (m.)	*vacuum cleaner*
la caffettiera	*coffee maker*
i fornelli	*stove top; burners*
la lavastoviglie	*dishwasher*
la lavatrice	*washing machine*
il tostapane	*toaster*
le parti della casa	*parts of the house*
il cortile	*courtyard*
il pavimento	*floor*
la scala	*stair; staircase*
il soffitto	*ceiling*
la terrazza	*terrace*
il tetto	*roof*

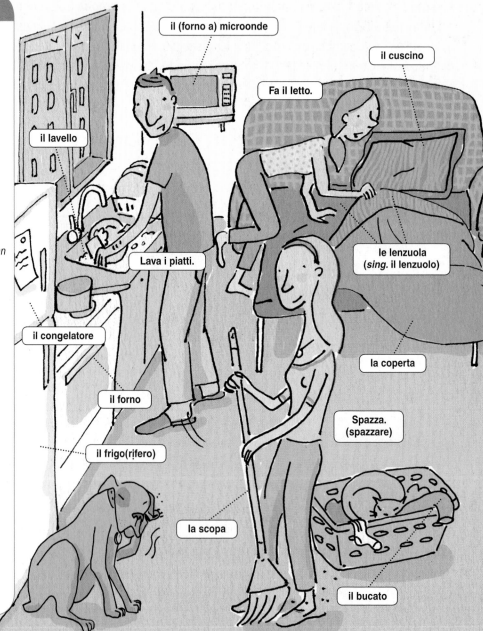

il (forno a) microonde

il cuscino

Fa il letto.

il lavello

Lava i piatti.

le lenzuola
(*sing.* il lenzuolo)

il congelatore

la coperta

il forno

Spazza.
(spazzare)

il frigo(rifero)

la scopa

il bucato

risorse

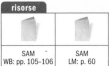
SAM
WB: pp. 105–106

SAM
LM: p. 60

sentieri.vhlcentral.com

Attenzione!

The compound words **aspirapolvere**, **lavastoviglie**, and **tostapane** are invariable. Their plural forms are identical to the singular.

Porta fuori la spazzatura.

il ferro (da stiro)

Stira. (stirare)

l'asse (*f.*) da stiro

Pratica

1 Trova l'intruso Trova la parola che non appartiene al gruppo.

MODELLO fare il letto, lenzuola, coperta, ⟨ferro⟩

1. forno, frigo, lavastoviglie, cuscino
2. soffitto, pavimento, tostapane, tetto
3. pulito, sporco, schifoso, macchiato
4. coperta, lenzuola, congelatore, cuscino
5. asciugatrice, bucato, lavatrice, scopa
6. caffettiera, scala, terrazza, cortile
7. mettere in ordine, sporcare, spazzare, passare l'aspirapolvere
8. microonde, fornelli, asse da stiro, tostapane

2 Analogie Completa ogni analogia con una parola della lista.

aspirapolvere	lavastoviglie	pulito	tavola
frigo	lavatrice	scopa	tostapane

1. piatto : lavastoviglie : : vestiti : _____
2. stirare : asse da stiro : : spazzare : _____
3. fare il letto : lenzuola : : pulire il pavimento : _____
4. cucinare : fornelli : : lavare i piatti : _____
5. sporcare : sporco : : mettere in ordine : _____
6. caffè : caffettiera : : pane tostato : _____

3 Completare Scegli la parola che completa meglio ogni frase.

1. Il pavimento è sporco. Ora prendo la (scopa / scala) e lo pulisco.
2. Per piacere, dammi lenzuola e coperte. Devo fare il (letto / congelatore).
3. Io apparecchio la tavola e tu la (stiri / sparecchi).
4. Questa stanza è sporca, è un vero (porcile / aspirapolvere)!
5. Metto la caffettiera sul (tostapane / fornello).
6. Che casino in camera nostra! Dobbiamo (sporcare / mettere in ordine).

4 Descrivere A coppie, discutete chi nelle vostre famiglie o nelle vostre case fa le faccende indicate.

MODELLO passare l'aspirapolvere

S1: *Di solito mia sorella passa l'aspirapolvere.*
S2: *Io passo sempre l'aspirapolvere!*

1. portare fuori la spazzatura
2. fare il bucato
3. lavare i piatti
4. fare le faccende
5. spolverare
6. stirare

 Practice more at **sentieri.vhlcentral.com**.

Comunicazione

5 **La riunione di famiglia** 🎧 Ascolta la signora Morelli che dice quali faccende, oggi, devono fare le differenti persone. Poi, a coppie, abbinate ogni persona con una faccenda.

1. ____ Francesco
2. ____ Giovanna
3. ____ la signora Morelli
4. ____ Matteo
5. ____ Gabriella
6. ____ Adele

a. portare fuori la spazzatura
b. passare l'aspirapolvere
c. fare i letti
d. lavare i piatti
e. stirare
f. fare il bucato

6 **È ora di lavorare!** In gruppi di tre, immaginate di vivere nell'appartamento del disegno. È un porcile! Decidete quali faccende ognuno/a di voi farà oggi. Poi decidete chi farà cosa ogni settimana per tenerlo pulito (*keep it clean*). Assegnate degli incarichi (*tasks*) settimanali a ogni persona del gruppo.

> **MODELLO**
>
> **S1:** *Chi laverà i piatti oggi?*
> **S2:** *Io laverò i piatti. E chi...?*

7 **La giornata di Maria** Lavorate a coppie. L'insegnante vi darà due fogli diversi con metà dei mestieri che ha fatto ieri Maria. Descrivete e paragonate a turno quello che ha fatto. Poi scrivete un breve paragrafo e descrivete tutti i mestieri che ha fatto ieri.

> **MODELLO**
>
> **S1:** *Ieri mattina, Maria doveva fare il bucato.*
> **S2:** *Sì! Allora...*

8 **La casa dei miei sogni** A coppie, fate a turno a descrivere il tipo di casa che avrete in futuro. Descrivete la casa, i mobili e gli elettrodomestici che ci saranno e chi farà i mestieri come cucinare, pulire e fare il bucato.

> **MODELLO**
>
> **S1:** *La mia casa sarà grandissima! Avrà dieci camere da letto, una piscina (pool) e un garage per quattro macchine.*
> **S2:** *La mia casa sarà piccola ma bella. Avrà...*

Pronuncia e ortografia

 Audio: Concepts, Activities
Record & Compare

🎧 Spelling changes to maintain the sound of *c* or *g*

---

cercare **incominciare** **pagare** **mangiare**

Certain classes of Italian verbs have regular spelling changes in order to maintain the hard or soft *c* or *g* sound of the infinitive.

---

abbraccerete **cominci** **mangerò** **viaggiamo**

In verbs ending in **-ciare** or **-giare**, the **i** is not stressed. It is dropped when the verb ending begins with **i** or **e**, to maintain the soft *c* or *g* sound.

---

scii **scieranno** **spierai** **spii**

When the **i** of the infinitive stem is stressed, as in **sciare**, the **i** is not dropped.

---

giocheranno **indichi** **spiegherà** **pieghiamo**

Verbs whose infinitive ends in **-care** or **-gare** require the addition of the letter **h** before adding a verb ending beginning with **e** or **i** in order to maintain the hard *c* or *g* sound.

Pronunciare Ripeti le parole ad alta voce.

1. pubblicherò
2. passeggeremo
3. invii
4. sporchiamo
5. incomincerai
6. ricercheranno
7. incoraggiamo
8. nevicherà
9. parcheggi
10. baci
11. mangiamo
12. festeggerete

Articolare Ripeti le frasi ad alta voce.

1. Parcheggerò la macchina.
2. Paghi il conto stasera?
3. Come spieghiamo l'incidente?
4. Scii abbastanza bene!
5. Cercheranno il libro domani.
6. Comincerà il lavoro a gennaio.

Proverbi Ripeti i proverbi ad alta voce.

Casa sporca, gente aspetta.[2]

Casa mia, casa mia, per piccina che tu sia, tu mi sembri una badia.[1]

[1] My home, my home, as small as you may be, you seem to me an abbey.
[2] A messy house invites unexpected guests.

FOTOROMANZO

Che porcile! Video: *Fotoromanzo*

la cameriera

Emily

Isabella

Lorenzo

Marcella

Riccardo

Viola

Alla pensione...

MARCELLA Che casino! Ci vorranno tre ore per mettere in ordine. Paolo, Paolo, Paolo. Quando imparerai a mettere in ordine? Ah, disgustoso.

RICCARDO Marcella. Non ti avevo visto.

MARCELLA Riccardo. Usa un piatto. Per favore.

MARCELLA Oh, scusa.

VIOLA Riccardo! Che schifo!

RICCARDO Sei proprio una lagna.

VIOLA Mangi così a casa tua?

MARCELLA Qual è il problema?

VIOLA Riccardo è un cafone. Da cinque minuti lo osservo mentre riempie il lavandino di briciole.

RICCARDO Durante gli ultimi quindici anni, ho lavato i piatti e portato fuori la spazzatura tutti i giorni. Per due famiglie.

Al bar...

EMILY Senta, scusi?

CAMERIERA Buongiorno, mi dica.

EMILY Vorrei un caffè, per favore. *(Alla webcam)* Da quando sono arrivata a Roma, ho provato più di 50 caffè. Negli ultimi tre mesi ne ho bevuti alcuni veramente buoni. Come sarà questo? Oh, ho dimenticato di ordinare un cornetto alla crema.

EMILY Ben caldo. Bel colore. Un po' amaro. Abbastanza buono. Hmm. 75. Il mio preferito fino a oggi l'ho bevuto a Trastevere... 98. Devo andarci più spesso. *(Alla cameriera)* Senta, scusi. Vorrei dell'acqua. *(Alla webcam)* Quando sono arrivata, ero sorpresa. Roma è così ospitale e dinamica. È una città antica, ma anche giovanile. Mi sento a casa in Italia. Mamma, mi devi permettere di restare qui.

EMILY *(Alla webcam)* Lorenzo? Anche Lorenzo è qui. Ma con chi? *(A Lorenzo)* Lorenzo. Ciao. Guarda, siamo in diretta su Internet!

LORENZO Ciao, Emily. Questa è Emily, è di Chicago e sta alla pensione.

EMILY Piacere di conoscerti, Francesca.

ISABELLA Francesca? Ma chi è Francesca?

1 Rispondere Rispondi alle seguenti domande con frasi complete.

1. Secondo Marcella, quante ore ci vorranno per mettere in ordine?

2. Che parola usa Riccardo per definire Viola?

3. Che parola usa Viola per definire Riccardo?

4. Che mestieri deve fare Riccardo?

5. Che mestieri deve fare Viola?

6. Quanti caffè ha provato Emily da quando è arrivata a Roma?

7. Quali aggettivi usa Emily per definire Roma?

8. Con chi è Lorenzo?

9. Da quando lavora sui motori Viola?

10. In quale stanza della casa è a suo agio Riccardo?

 Practice more at **sentieri.vhlcentral.com**.

Riccardo e Viola aiutano a pulire la pensione.

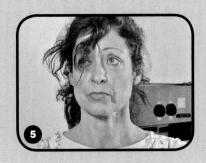

VIOLA Ho un'idea. Marcella, lascia che ti aiutiamo a pulire la pensione. Il più bravo avrà un premio.

RICCARDO Che premio? Venti euro! Le tue sono tutte chiacchiere, Viola.

VIOLA Sarà Marcella a scegliere il vincitore.

RICCARDO Dicci cosa dobbiamo fare.

MARCELLA Riccardo, pulisci il forno e i fornelli. Poi lava i piatti. Viola, passa l'aspirapolvere e spolvera in sala da pranzo e in soggiorno. Poi pulisci il pavimento. Ora, mettetevi al lavoro, questo posto è un porcile.

Alla pensione...

MARCELLA Cos'è successo? Tutto bene?

RICCARDO Spostati. Fammi vedere.

VIOLA Riccardo, non sai cosa fare.

RICCARDO Perché, tu sì?

VIOLA Lavoro sui motori da quando ho sei anni. Guarda tu stesso.

MARCELLA Grazie, Viola.

VIOLA Di niente, Marcella. Riccardo è a suo agio in cucina. Lui è bravo a scherzare. Io sono brava a riparare le cose. *(Esasperata)* Gli uomini!

Espressioni utili

Giving commands, directions, suggestions

- **Usa un piatto.**
  Use a plate.
- **Lascia che ti aiutiamo.**
  Let us help you.
- **Dicci cosa dobbiamo fare.**
  Tell us what to do.
- **Pulisci il pavimento.**
  Clean the floor.
- **Mettetevi al lavoro!**   • **Mi dica.**
  Get to work!   *Tell me.*
- **Senta.**   • **Spostati.**
  Listen.   *Move over.*

Time expressions

- **ci vorranno tre ore**
  it will take three hours
- **da cinque minuti**
  for five minutes
- **durante gli ultimi 15 anni**
  for the last 15 years
- **fino a oggi**
  so far

Additional vocabulary

- **Il più bravo avrà un premio.**
  The best one wins a prize.
- **Le tue sono tutte chiacchiere.**
  You're all talk.
- **ben caldo**   • **cafone**
  nice and hot   *slob, brute*
- **Mi sento a casa.**   • **riempie**
  I feel at home.   *he fills*
- **Siamo in diretta.**   • **briciole**
  We're live.   *crumbs*
- **È a suo agio.**   • **lagna**
  He feels at ease.   *whiner*
- **qualcos'altro**
  something else

2 **Per parlare un po'** In gruppi di tre, immaginate di vivere insieme nello stesso appartamento. Dovete ricevere ospiti *(guests)*, ma la vostra casa è un porcile! Fate una lista delle cose da fare e decidete quali mestieri deve fare ogni persona.

3 **Approfondimento** Il caffè in Italia si beve in molti modi. Fai una ricerca e scopri la differenza tra un caffè espresso, un caffè ristretto, un caffè lungo, un cappuccino e un caffellatte. Prepara una presentazione su queste differenze.

risorse

SAM
VM: pp. 27–28

DVD
Puntata 14

sentieri.vhlcentral.com

A T T I V I T À

IN PRIMO PIANO

Un aiuto con i mestieri

Quali elettrodomestici ci sono nelle case italiane? Gli italiani usano il microonde? E l'asciugatrice? Se pensate di trascorrere un periodo di tempo in Italia, in una casa o in un appartamento, è bene parlare degli elettrodomestici che troverete o... non troverete!

In una cucina italiana tipicamente ci sono grandi e piccoli elettrodomestici. Tra i grandi elettrodomestici c'è il piano cottura, di solito a gas, con i fornelli con la fiamma° e un forno elettrico o a gas. Sono pochi gli italiani che hanno un forno a microonde; i pochi che lo hanno lo usano in genere solo per scaldare° o scongelare° i cibi.

Abbastanza rara è anche la lavastoviglie. I piatti si lavano a mano° nel lavello e si mettono ad asciugare nello scolapiatti° che si trova, quasi sempre, sopra il lavello. Il tritarifiuti° non esiste nelle cucine italiane. Il frigorifero c'è anche se non è enorme come il frigo americano, perché le case italiane sono piccole; le famiglie italiane hanno spesso un congelatore in più° per le scorte° di cibo.

Tra i piccoli elettrodomestici c'è il tostapane, non utilizzato così comunemente come in America. Sono molto diffusi, invece, il frullatore°, lo sbattitore° per fare i dolci e il robot da cucina°.

Nelle case italiane non esiste una stanza per fare il bucato. In ogni abitazione c'è una lavatrice, di solito in bagno oppure in cucina, ma il bucato si asciuga al sole su pratici stendini°. Essenziali, però, sono il ferro da stiro e l'asse da stiro per avere vestiti sempre perfetti e fare bella figura.

fiamma *flame* **scaldare** *to warm up* **scongelare** *to defrost* **si lavano a mano** *are washed by hand*
scolapiatti *dish drying rack* **tritarifiuti** *garbage disposal* **in più** *extra* **scorte** *supplies* **frullatore** *blender*
sbattitore *mixer* **robot da cucina** *food processor* **stendini** *drying rack* **casalinghe/i** *housewives/househusbands*

Il lavoro dentro e fuori casa

	DONNE	UOMINI
Ore settimanali dedicate ai lavori di casa	21	6
Ore settimanali dedicate al lavoro fuori casa	32	42
Percentuale di casalinghe/i°	23,9%	0,2%

FONTE: iomimpegno.it

A T T I V I T À

1 **Vero o falso?** Indica se l'affermazione è **vera** o **falsa**. Correggi le affermazioni false.

1. Il forno delle cucine italiane è sempre elettrico.

2. Gli italiani usano il microonde per cucinare i cibi.

3. In quasi tutte le cucine italiane c'è lo scolapiatti.

4. I frigoriferi italiani sono piccoli.

5. Lo sbattitore è un piccolo elettrodomestico.

6. Il tostapane è usato spesso come in America.

7. Gli italiani usano lo sbattitore elettrico per fare il bucato.

8. La lavatrice è in bagno o in cucina.

9. Il bucato si asciuga con l'asciugatrice.

10. L'asse da stiro è usato per asciugare i vestiti.

 Practice more at **sentieri.vhlcentral.com.**

Aiuti per la casa

la balia	nanny
la collaboratrice domestica	maid
il falegname	carpenter
l'idraulico	plumber
l'imbianchino	painter
il lavavetri	window cleaner
il muratore	bricklayer
lo spazzacamino	chimney sweep
il tecnico del telefono/ televisore/computer	telephone/TV/computer repairman/woman

Benvenuti!

Gli italiani amano stare in compagnia di familiari e amici e le occasioni per farlo sono molte. Per le occasioni importanti i «padroni di casa°» si organizzano in anticipo° e si riuniscono° con gli ospiti intorno a

una tavola imbandita°. Generalmente gli ospiti portano un regalo che varia da un'occasione all'altra: per Natale regali più grandi e importanti; per un caffè o una cena a casa di amici basta un mazzo° di fiori, una bottiglia di buon vino o un dolce.

A differenza del° costume americano, in Italia non capita° spesso di avere ospiti per molti giorni; le visite sono brevi ma molto frequenti.

padroni di casa hosts **in anticipo** in advance **si riuniscono** they gather **imbandita** laid for a feast **mazzo** bouquet **A differenza del** Differently from **capita** happens

Alfonso Bialetti e la Moka Express

Al mattino è difficile trovare una cucina italiana senza una caffettiera sul fornello che emana° un forte e inconfondibile° aroma di caffè. Il marchio° legato alla caffettiera è senza dubbio quello della Bialetti, azienda° che nasce negli anni '20 in Piemonte dall'idea di Alfonso Bialetti. Alfonso presenta, nel 1933, la prima **Moka Express**, design Art Déco, per fare il caffè espresso in casa. La fama dell'azienda cresce grazie anche ad un'attenta campagna pubblicitaria° in TV, in cui viene presentato l'*Omino con i Baffi*°, che diventa il simbolo del nome Bialetti.

In una Moka c'è un serbatoio° con una valvola di sicurezza° per l'acqua che deve essere scaldata; un serbatoio a forma di imbuto° che contiene la polvere° di caffè; un filtro che separa la polvere di caffè dall'acqua; un serbatoio per il caffè liquido; un coperchio° e un manico°.

emana gives off **inconfondibile** unmistakable **marchio** brand **azienda** company **campagna pubblicitaria** ad campaign **Omino con i Baffi** Little Man with a Moustache **serbatoio** container **valvola di sicurezza** safety valve **imbuto** funnel **polvere** grinds **coperchio** lid **manico** handle

SU INTERNET

Cerca informazioni su Alberto Alessi e i suoi prodotti per la casa.

Go to sentieri.vhlcentral.com to find more information related to this **CULTURA**.

2 Completare Completa le frasi.

1. L'azienda Bialetti nasce in _____.
2. La prima caffettiera Moka Express nasce nel _____.
3. Il simbolo della Moka è _____.
4. Per ricevere ospiti nelle occasioni importanti, gli italiani si organizzano _____.
5. Generalmente gli ospiti portano _____.
6. Per una cena con gli amici il regalo può essere _____.

3 A voi A coppie, discutete le seguenti domande.

1. Che tipo di caffè preferisci bere?
2. In quali occasioni visiti la tua famiglia?
3. Porti un regalo quando visiti gli amici?

risorse

S

sentieri.vhlcentral.com

ATTIVITÀ

7B.1 The informal imperative

Punto di partenza The **imperativo** is the form of a verb that is used for commands, requests, suggestions, and for giving directions or instructions. The informal imperative consists of the **tu**, **noi**, and **voi** forms only.

Porta fuori la spazzatura!
Take out the trash!

Mettete l'acqua nella caffettiera.
Put the water in the coffee maker.

- The affirmative imperative forms of regular verbs are identical to the present tense, except that the **tu** form of **-are** verbs ends in **-a** rather than **-i**.

Informal imperative of regular verbs

	parlare	leggere	dormire	finire
tu	parla	leggi	dormi	finisci
noi	parliamo	leggiamo	dormiamo	finiamo
voi	parlate	leggete	dormite	finite

Lava i piatti, Mariarosa!
Wash the dishes, Mariarosa!

Usate il forno, ragazzi!
Use the oven, guys!

- The **noi** imperative corresponds to English expressions with *Let's*.

Finiamo questo lavoro!
Let's finish this work!

Sparecchiamo la tavola!
Let's clear the table!

- **Essere** and **avere** are irregular in the informal imperative.

The informal imperative of *avere* and *essere*

	avere	essere
tu	abbi	sii
noi	abbiamo	siamo
voi	abbiate	siate

Abbiate pazienza!
Be patient!

Sii buono, Giovanni!
Be good, Giovanni!

- A few verbs have irregular **tu** forms that can be used interchangably with the regular present-tense forms. **Dire** has an irregular form only.

andare	dare	dire	fare	stare
va' (vai)	da' (dai)	di'	fa' (fai)	sta' (stai)

Va' (Vai) a letto subito!
Go to bed immediately!

Su, **fa' (fai)** le faccende!
Come on, do the chores!

PRATICA

1 **Completare** Completa ogni frase con la forma corretta dell'imperativo informale.

1. Martina, _____ (partecipare) al dibattito!
2. Gioia e Veronica, _____ (mandare) gli inviti per la festa!
3. Cosa facciamo stasera? _____ (andare) al cinema!
4. Bernardo, non _____ (parlare) mentre mangi!
5. Artemisia, _____ (finire) le faccende!
6. Bambini, non _____ (scrivere) sui muri!
7. Ragazzi, (noi) non _____ (telefonare) a Roberto!
8. Diana, _____ (dire) la verità.

2 **Creare** Crea una frase per ogni disegno usando l'imperativo informale.

1. noi / sparecchiare la tavola

2. Marco / stirare

3. voi / riciclare la spazzatura

4. ragazze / fare il bucato

5. Luca / spazzare i pavimenti

6. Rosa / fare il letto

3 **Trasformare** Riscrivi le frasi seguenti come ordini, usando l'imperativo informale.

MODELLO Giovanni fa il letto.
Giovanni, fai il letto!

1. Maria canta musica lirica.
2. Gina finisce la pasta.
3. I bambini non colorano i disegni.
4. Tu mi dici cosa è successo.
5. Gerardo e Cristiano lavano la macchina.
6. Marina non ascolta la musica rock.
7. La mia mamma e il mio papà mi scrivono un'e-mail.
8. Claudia e Giuditta comprano una pianta per la casa nuova.

 Practice more at **sentieri.vhlcentral.com**.

COMUNICAZIONE

4 **Che porcile!** A coppie, immaginate di essere coinquilini (*roommates*). Dovete pulire il vostro appartamento perché i vostri genitori verranno a farvi visita. Guardate i disegni e, a turno, datevi ordini su quello che dovete fare.

MODELLO

S1: *Guarda la camera! Riordina subito!*
S2: *Va bene, ma tu lava i piatti!*

 1.   2.   3.

 4. 5. 6.

5 **Un consiglio** A coppie, scrivete una lista di otto consigli che potete dare a uno studente straniero che viene dall'Italia per studiare alla vostra scuola.

MODELLO

S1: *Porta vestiti pesanti per l'inverno!*
S2: *Non studiare il venerdì sera!*

6 **Simone dice** In gruppi di cinque, giocate a «Simone dice». Uno studente dà ordini usando le forme dell'imperativo del tu, voi, e noi. Gli altri studenti fanno cosa dice il leader, ma solo se lui/lei inizia la frase con «Simone dice». Cambiate leader dopo cinque frasi.

MODELLO

S1: *Simone dice: «Rita e Agostino, ballate!»;*
«Caterina, canta!»

alzare il braccio destro/sinistro	chiudere gli occhi
alzarsi	saltare
ballare	sedersi
cantare	toccarsi il naso

• Attach object and reflexive pronouns to the end of the informal imperative form.

Ecco la pizza. Mangia**la**! Lava**te**vi le mani, bambini!
*Here is the pizza. Eat **it**!* *Wash your hands, children!*

• When using the commands **va'**, **da'**, **di'**, **fa'**, and **sta'** with attached object pronouns, drop the apostrophe and double the initial letter of the pronoun, except in the case of **gli**.

Hai un segreto? **Dimmelo**! Non hai fatto il letto? **Fallo** subito!
You have a secret? *You didn't make your bed?*
Tell it to me! **Do it** at once!

Antonio, dove sei? Lucia non ha la scopa?
Stammi vicino. **Dagliela**!
Antonio, where are you? *Lucia doesn't have the broom?*
Stay close **to me.** **Give it to her!**

• To form the negative **voi** and **noi** imperative forms, simply place **non** before the verb.

Non dormite fino a tardi. **Non facciamo** niente stasera!
Don't sleep late. **Let's not do** anything tonight!

• The negative **tu** imperative, however, is expressed differently. To form it, place **non** before the infinitive form of the verb.

Sergio, **non bere** troppo! **Non sporcare** la terrazza, Luca.
*Sergio, **don't drink** too much!* **Don't dirty** the terrace, Luca.

• With the negative imperative forms, either place object and reflexive pronouns before the verb or attach them to the end. Because the negative **tu** form is an infinitive, remember to drop the final **-e** when attaching pronouns to it.

Va bene, non **dirmelo**/ È un porcile. Non **ci** entrate/
non **me lo** dire! Non entrate**ci**.
*OK, don't tell **it** to me!* *It's a pigsty. Don't go in **there**.*

Non beviamo**lo**./ Non portar**gliela**./
Non **lo** beviamo. Non **gliela** portare!
*Let's not drink **it**.* *Don't bring **it** to them!*

Provalo! Scegli la forma corretta dell'imperativo informale per completare ogni frase.

1. Ragazzi, (guarda /(guardate)) la televisione nel soggiorno.
2. Mamma, (prepari / prepara) il ferro per stirare.
3. Francesco, (mi aiuti / aiutami) a pulire la stanza.
4. Fabio, (trasloca / traslochi) nella casa accanto alla nostra.
5. Gino, (subaffitti / subaffitta) l'appartamento insieme a noi.
6. Beatrice e Daniela, (porti / portate) fuori la spazzatura prima di cena.
7. Senti, Teresa, (vendiamo / vende) quel divano; è orribile.
8. Chiara, (ti siedi / siediti) su quella poltrona.

7B.2 The formal imperative

Punto di partenza In **Strutture 7B.1** you learned the informal imperative. Use the formal imperative to give commands, directions, and suggestions to a person you address using **Lei**.

- The formal imperative forms correspond to **Lei** and **Loro**. Form the **Lei** imperative by dropping the **-o** ending of the first person present-tense form and adding **-i** to **-are** verbs and **-a** to **-ere** and **-ire** verbs.

Formal imperative of regular verbs

	parlare	leggere	dormire	finire
Lei	parli	legga	dorma	finisca
Loro	parlino	leggano	dormano	finiscano

- Remember that **Loro**'s use is limited to very formal situations. The imperative form of **voi** is much more commonly used to address a group.

Apra la porta, signorina!
Open *the door, Miss!*

Compri l'asciugatrice, signore!
Buy *the clothes dryer, Sir!*

Si siedano, signori!
Be seated, *gentlemen!*

Sedetevi, signori!
Sit down, *gentlemen!*

- For verbs that are irregular in the first person present, change the final **-o** to **-a**.

Signorina, **venga** in cucina
e **beva** un'aranciata.
Miss, ***come*** *into the kitchen*
and ***drink*** *an orange soda.*

Esca subito, dottore!
Vada con Giuseppe.
Go out *at once, Doctor!*
Go *with Giuseppe.*

Faccia il bucato, per favore.
Do *the laundry, please.*

Dica la verità!
Tell *the truth!*

- Some common verbs are irregular in the formal imperative.

Irregular formal imperative forms

avere	dare	essere	sapere	stare
abbia	dia	sia	sappia	stia

Stia tranquillo! Li lavo io.
Be calm. *I'll wash them.*

Abbia pazienza, signora!
Be *patient, Miss!*

1 **Completare** Completa la tabella con le forme mancanti (*missing*) dell'imperativo formale.

	Lei	Loro
1. stirare	stiri	_____
2. mettere	metta	_____
3. avere	_____	abbiano
4. sporcare	_____	sporchino
5. sapere	sappia	_____
6. pulire	pulisca	_____
7. stare	_____	stiano
8. venire	_____	vengano

2 **Trasformare** Riscrivi le frasi seguenti usando l'imperativo formale.

MODELLO Il signor D'Andreo pulisce la stanza.
Signor D'Andreo, pulisca la stanza!

1. Il signor Gemma telefona ai suoi figli.
2. La signora Todi scrive all'avvocato.
3. Il dottor Angiotti si siede per primo.
4. La signora è paziente.
5. Il professore ci dà il libro.
6. Il signor Guidi mi fa questo favore.
7. I professori vengono al teatro con noi.
8. Il dottor Treviso riceve il premio alla carriera.

3 **Creare** Usa gli indizi dati per scrivere frasi complete usando l'imperativo formale.

MODELLO

Signora Rossi / non / preoccuparsi / di lavare i piatti
Signora Rossi, non si preoccupi di lavare i piatti.

1. signora / non affittare / quell'appartamento
2. signor Pozzi / andare a vedere / quella villa
3. signora Rosa / vendere / il monolocale
4. signora Logni / pulire / la cucina
5. signor Gentili / non fare / il letto
6. signor Fabietti / traslocare / il mese prossimo
7. professore / guardare / questo quadro
8. signora / mostrare / questa bella sala da pranzo

 Practice more at **sentieri.vhlcentral.com.**

COMUNICAZIONE

4 Un consiglio A coppie, leggete la seguente lettera scritta a un giornale (*newspaper*) e poi scrivete una risposta. Dovete dare almeno sei consigli. Usate l'imperativo formale.

MODELLO

Non si preoccupi se il suo compagno di camera non pulisce tutti i giorni. Rimanga ottimista…

Cara Angela,
    Ho un grosso problema con il mio compagno di stanza, Clemente. A Clemente non piace pulire la sua camera. Non lava mai i piatti, non usa l'aspirapolvere e in bagno c'è sempre tanta confusione. I suoi vestiti sono dappertutto (*everywhere*) e quando gli chiedo di portare fuori la spazzatura o di sparecchiare la tavola, si arrabbia e dice che lo farà dopo… alla fine lo faccio sempre io! Ho bisogno di un consiglio. Mi dica cosa posso fare!
    La ringrazio,
    Giulio

5 Genitori in visita A coppie, create una conversazione tra uno studente e la madre del suo compagno di stanza. La madre è venuta a trovare il figlio, ma lui ora è a lezione. La madre chiede cosa può fare mentre aspetta e lo studente dà consigli. Usate l'imperativo formale con la madre.

MODELLO

S1: *Signora Russo, prego, entri. Vuole dell'acqua?*
S2: *Grazie Enrico. Non ti preoccupare, sto bene. Enrico, dimmi cosa posso fare mentre aspetto…*

6 Al negozio di elettrodomestici A coppie, create una conversazione tra un cliente e un commesso. Il cliente vuole comprare degli elettrodomestici grandi: un congelatore, una lavatrice, una lavastoviglie e un'asciugatrice. Il commesso assiste il cliente. Usate l'imperativo formale e i verbi dati.

MODELLO

S1: *Ha bisogno di aiuto?*
S2: *Sì, grazie. Ho bisogno di comprare degli elettrodomestici. Mi mostri gli ultimi modelli.*
S1: *Certo! Guardi qui…*

| ascoltare | dare | guardare | spiegare |
| aspettare | dire | mostrare | venire |

- To form the **Loro** imperative of all regular or irregular verbs, drop the **-o** ending of the first person present-tense form and add **-ino** to **-are** verbs and **-ano** to **-ere** and **-ire** verbs.

  Guardino che bella villa!   **Vedano** com'è grande il cortile.
  Look what a beautiful villa!   **See** how large the courtyard is.

- To make a negative formal command, add **non** before the affirmative form. No other changes are necessary.

  Non dica niente a mia madre!   **Non faccia** rumore.
  Don't say anything to my mother!   **Don't make** noise.

- Unlike with informal commands, object and reflexive pronouns precede formal commands. The only exception is the indirect object pronoun **loro**.

  Si svegli, signore. Vuole il caffè? **Ne prenda** un po'.
  Wake up, Sir. Do you want some coffee? **Have some**.

  Le bambine faranno i letti. **Gli dia** (**Dia loro**) le lenzuola.
  The girls will make the beds. **Give them** the sheets.

- Here are some common expressions using the formal imperative.

Common imperatives in the *Lei* form

Si accomodi.	*Make yourself comfortable.*	Guardi.	*Look.*
		Mi passi…	*Pass me . . .*
Aspetti.	*Wait.*	Prenda.	*Take/Have.*
Mi dia…	*Give me . . .*	Non si preoccupi.	*Don't worry.*
Mi dica.	*Tell me./May I help you?*	Senta.	*Listen.*
		Mi scusi.	*Excuse me.*

- Words such as **prego** and **pure** can be used to soften a command or to offer encouragement.

  Prego, si accomodi!   Venga **pure**!
  Please, make yourself comfortable!   Come in, **by all means**!

Provalo! Scegli la forma corretta dell'imperativo formale per completare ogni frase.

1. Professore, (passa /(passi)) l'aspirapolvere dopo la lezione!
2. Signora, (pulisci / pulisca) i fornelli!
3. Per favore, mi (dai / dia) la scopa!
4. Signori, (facciano / faccia) attenzione!
5. Mi (scusa / scusi), dov'è il ferro da stiro?
6. Dottori, (spazzino / spazzi) il laboratorio!
7. (Siamo / Sia) paziente, sarà tutto impeccabile tra due minuti!
8. Signora Paoletti, (stira / stiri) le lenzuola, per favore!

7B.3 Time expressions

Punto di partenza You have already learned how to talk about the past, the present, and the future. Now you will learn to talk about the duration and sequence of actions and events.

- In **Lezione 2B**, you learned to use **da** with the present tense to express the starting point or the duration of an ongoing action or event. **Da** is equivalent to *since* or *for* in similar English expressions.

> Stiro i suoi vestiti **da** un'ora.
> *I have been ironing his clothes **for** an hour.*

> È **da** ieri che Maurizia riordina.
> *Maurizia has been tidying up **since** yesterday.*

- Use the preposition **per** to indicate the duration of an action or event.

> Passo l'aspirapolvere **per** mezz'ora e finisco.
> *I'll vacuum **for** half an hour and I'll be finished.*

> Carlo ha abitato in quella casa **per** sei anni.
> *Carlo lived in that house **for** six years.*

- To describe how long something *lasts*, use the verb **durare**. It is generally used with **essere** in compound forms.

> Il film **è durato** due ore e mezzo.
> *The movie **lasted** two and a half hours.*

> Quanto **durerà** questo freddo?
> *How long **will** this cold weather **last**?*

- **Durante** corresponds to the English word *during*.

> **Durante** il film Anna ha parlato al telefonino.
> ***During** the movie Anna spoke on her cell phone.*

> Non andate sulla terrazza **durante** il temporale!
> *Don't go onto the terrace **during** the thunderstorm!*

- To express how much time an event or activity takes, use the expressions **volerci** and **metterci**. The **ci** in both expressions is idiomatic and does not change form.

Ci vogliono due ore per pulire questa stanza.
It takes two hours to clean this room.

Ci ho messo tre ore per pulirla, ma finalmente ho finito.
I spent three hours cleaning it, but I'm finally done.

1 Identificare Completa le frasi seguenti con **da**, **per** o **durante**.

> **MODELLO** Legge quel libro __da__ due ore.

1. Ha fatto i compiti _____ quaranta minuti, poi è andato a giocare.
2. Non spendere tutti i soldi _____ le vacanze.
3. Abbiamo atteso la tua telefonata _____ due giorni!
4. Non puoi parlare ad alta voce _____ il film.
5. Studio in questa città _____ due anni.
6. Ho vissuto in Italia _____ sette anni.
7. Devi sorridere (*smile*) spesso _____ l'intervista.
8. _____ sei mesi bevo due litri d'acqua al giorno.

2 Completare Completa la seguente conversazione con le forme corrette di **durare**, **volerci** e **metterci**.

PAMELA Ciao Lucio, come stai?

LUCIO Così così. Ho l'influenza e _____ già da tre giorni.

PAMELA Oh no, mi dispiace! _____ pazienza.

LUCIO Sì, lo so.

PAMELA Anch'io ho avuto l'influenza e non è divertente!

LUCIO Quanto _____ la febbre?

PAMELA Un paio (*couple*) di giorni. Hai preso delle medicine? Quanto tempo _____ l'aspirina per farti stare meglio?

LUCIO Sì, ho preso le medicine, ma l'effetto _____ solo poche ore.

PAMELA Vai a dormire, _____ tanto riposo quando sei malato!

LUCIO Grazie, buonanotte!

3 Rispondere Rispondi alle domande seguenti usando gli indizi dati.

1. Per quanto tempo David ha abitato qua? (3 mesi)
2. Da quanti anni siete sposati? (10 anni)
3. Per quanti giorni viaggiate durante l'estate? (13 giorni)
4. Quanto tempo ci vuole per pulire il frigorifero? (2 ore)
5. Quanto tempo avete perso nell'ufficio? (15 minuti)
6. Da quanti anni esiste questo programma? (9 anni)
7. Quanto tempo ci metti a prepararti la mattina? (1 ora)
8. Quanto tempo lavori prima di mangiare? (5 ore)

S Practice more at **sentieri.vhlcentral.com**.

COMUNICAZIONE

4 **Lavoro e piacere** Lavorate a coppie. Fate, a turno, le seguenti domande su quanto tempo ci vuole a fare certe attività e su come passate il vostro tempo libero. Perdete molto tempo o lo organizzate bene?

MODELLO

S1: *Quanto tempo ci vuole a fare i compiti d'italiano?*
S2: *Ci vuole un'ora.*

1. Quanto tempo ci vuole ogni giorno per fare i compiti?
2. Quanto tempo passi a parlare al telefono?
3. Quante ore perdi a giocare al computer?
4. Quanto tempo passi a guardare la TV ogni giorno?
5. Quanti minuti ci vogliono per andare in classe dal tuo dormitorio o appartamento?
6. Quante ore risparmi usando un computer per fare i compiti?
7. Quanti minuti ci metti per alzarti la mattina?
8. Quanto tempo dedichi allo sport ogni settimana?

5 **Quando?** Lavorate a coppie. Parlate, a turno, di cosa fate prima, durante e dopo la vostra prima classe del giorno.

MODELLO

S1: *Cosa fai prima della tua prima classe?*
S2: *Faccio la doccia e faccio colazione. E tu?*
S1: *Mi alzo alle 8 e poi...*

6 **Una storia** In gruppi di tre, scrivete una breve storia su una famiglia che cambia casa dopo dieci anni. Dite che cosa devono fare per vendere la loro vecchia casa e cosa devono fare per preparare la nuova casa. Usate quante più (*as many*) espressioni temporali possibili.

MODELLO

I signori Zenetti hanno vissuto in questa casa per dieci anni. L'anno scorso hanno deciso di venderla...

comprare nuovi elettrodomestici	portare fuori la spazzatura
dipingere (*to paint*) le stanze	pulire il cortile
lavare il pavimento	riparare (*to repair*) il tetto
lavare le tende	...

- **Volerci** refers to, and agrees with, the time *required* to do something. Use the third person singular or plural forms only, depending on the noun that follows it. **Volerci** takes **essere** in compound tenses like the **passato prossimo**.

  Ci vogliono tre ore per pulire l'appartamento, ma **ci vuole un minuto** solo per sporcarlo.
  *It **takes three hours** to clean the apartment, but **it** only **takes a minute** to dirty it.*

  C'è voluta mezz'ora per stirare. Perché **ci sono volute due ore** per spazzare?
  *It **took a half hour** to iron. Why did it **take two hours** to sweep?*

- **Metterci**, on the other hand, expresses how long a person *spends* doing something, so the verb must agree with the person completing the action. **Metterci** takes **avere** in compound tenses.

  Io ci metto un'ora per fare il bucato.
  *I **spend** an hour doing the laundry.*

  Ci hanno messo un minuto per riordinare. È ancora un porcile!
  *They **spent** one minute tidying up. It is still a pigsty!*

- To talk about someone doing one action before another, use **prima di** + [*infinitive*]. Use **dopo** + [*past infinitive*] to express doing something afterwards. Form the past infinitive with **avere** or **essere** + [*past participle*].

  Finisci le faccende **prima di uscire** con gli amici.
  *Finish your chores **before going out** with your friends.*

  Puoi uscire **dopo aver finito** le faccende.
  *You can go out **after finishing** your chores.*

- Use the verbs **passare** (*to spend*), **perdere** (*to waste*), and **risparmiare** (*to save*) with **tempo** and other time references.

  Abbiamo perso troppo tempo in cucina.
  ***We wasted** too much time in the kitchen.*

  Romeo e Giulietta **passano** molte ore nel cortile.
  *Romeo and Giulietta **spend** many hours in the courtyard.*

Provalo! **Scegli la parola o espressione corretta per completare ogni frase.**

1. Vendo biscotti (da / per) quattro anni.
2. Siamo state a casa di Maria (prima di / per) due ore.
3. (Ci vogliono / Durano) tre ore per andare a New York in macchina.
4. Non usate il cellulare (da / durante) la lezione!
5. (Ci ho messo / È durata) mezza giornata per memorizzare la poesia.
6. Ho aspettato l'autobus (per / da) venti minuti.
7. La lezione (ci mette / dura) cinquanta minuti.
8. Parlano al telefono (da / durante) venti minuti.

SINTESI

Ricapitolazione

1 Consigli A coppie, parlate dei seguenti problemi. Una persona parla dei problemi della colonna A, l'altra parla dei problemi della colonna B. A turno, datevi consigli usando l'imperativo informale.

MODELLO

S1: Ho perso il mio libro d'italiano!
S2: Pulisci la tua stanza e lo troverai!

A	B
1. La pasta è pronta, ma non trovo una forchetta pulita.	1. Ho perso i biglietti del treno per domani.
2. Non c'è posto per la macchina in garage, ma non voglio lasciarla per strada.	2. I miei amici vengono a cena stasera, ma il frigo è vuoto.
3. Non riesco a studiare in camera mia.	3. Non trovo il libro che ho preso in biblioteca.
4. L'anno prossimo non avrò i soldi per affittare questa villa.	4. Ho una festa stasera, ma i miei vestiti preferiti sono sporchi.

2 I traslocatori In gruppi di tre, create una conversazione tra due traslocatori (*movers*) e il padrone di casa, il signor Tedesco. I traslocatori chiedono dove mettere ogni elettrodomestico e il signore risponde. Usate gli elettrodomestici della lista o altri che volete. Usate l'imperativo formale.

MODELLO

S1: Signor Tedesco, dove metto la lavatrice?
S2: La metta lì, in quell'angolo (*corner*).

asciugatrice	forno
aspirapolvere	frigorifero
congelatore	lavastoviglie

3 Le faccende Lavorate a coppie. L'insegnante vi darà due fogli diversi, ciascuno con metà delle informazioni sul tempo che diverse persone hanno impiegato a fare le faccende. A turno, fate domande su cosa ha fatto ogni persona e quanto tempo ci ha messo.

MODELLO

S1: Quanto tempo ci ha messo Sofia a fare le sue faccende?
S2: Sofia ci ha messo due ore a lavare i vestiti.

4 Un albergo di lusso A coppie, create un opuscolo (*brochure*) per un albergo di lusso in una località famosa. Usate l'imperativo formale per incoraggiare i possibili cliente a svolgere varie attività mentre stanno all'albergo. Usate foto o disegni per rendere l'opuscolo più attraente!

MODELLO

Visiti la Toscana!

Si rilassi nelle nostre stanze di lusso che includono frigorifero, microonde e caffettiera!...

ALBERGO LA TOSCANA

approfittare (*to take advantage*)	non fare le faccende
distrarsi (*to amuse oneself*)	non preoccuparsi
divertirsi	rilassarsi
godersi (*to enjoy*) le vacanze	riposare

5 La compagna di stanza A coppie, scrivete la storia di due compagne di stanza: una che è molto brava e l'altra che non è brava affatto (*at all*). Come hanno passato la giornata? Si sono organizzate bene o no? Scrivete la storia usando dettagli su cosa hanno fatto e per quanto tempo.

MODELLO

Mariella si è alzata alle sette di mattina. Alle nove aveva già studiato per due ore...

6 Un'inchiesta L'insegnante ti darà un foglio con una lista di diverse attività. Chiedi ai tuoi compagni se hanno fatto quelle attività nell'ultimo mese. Quando qualcuno dice di sì, scrivi il suo nome accanto all'attività. Trova una persona per ogni attività.

MODELLO

S1: Hai guardato la televisione per più di tre ore ieri sera?
S2: No, l'ho guardata solo due ore!

7 **Il nuovo arredatore** In gruppi di tre, create una conversazione tra una famiglia e un arredatore (*interior designer*) che aiuta a rifare la cucina. Usate l'imperativo formale o informale come necessario.

MODELLO

S1: *Signorina Di Masso, prego, entri.*
S2: *Secondo me, dobbiamo…*
S1: *Amore, lascia parlare lei prima. Ascoltiamo le sue idee!*

ascoltare	osservare
cambiare colore	smettere (*to stop*)
guardare	smontare (*to take down*)
montare (*to put up*)	spostare (*to move*)

8 **L'ufficio del dottore** A coppie, create una conversazione tra dottore e paziente. Il paziente descrive i suoi sintomi e il dottore dà consigli su cosa fare. Usate l'imperativo formale. Scambiate poi i ruoli e trovate nuovi problemi.

MODELLO

S1: *Dottore, per favore, mi aiuti! Ascolti quali sono i miei sintomi e mi dia un consiglio.*
S2: *Signor Tinetti, si calmi. Non si preoccupi, sono un esperto!*

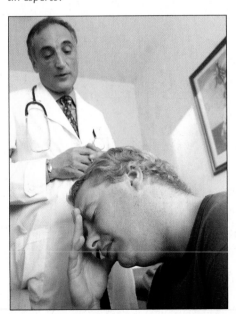

Il mio di·zio·na·rio

Aggiungi al tuo dizionario personalizzato cinque parole relative alle case o all'ambiente domestico.

il campanello

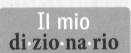

traduzione
doorbell

categoria grammaticale
sostantivo (m.)

uso
Il postino suona il campanello.

sinonimi
/

antonimi
/

risorse		
SAM WB: pp. 107–112	SAM LM: pp. 62–64	**S** sentieri.vhlcentral.com

Panorama

S Interactive Map
Reading

Le isole

Sardegna

La regione in cifre

▶ **Superficie:** *24.090 kmq*

▶ **Popolazione:** *1.665.617*

▶ **Industrie principali:** *turismo, agricoltura, petrolchimica°, tessile, metallurgia*

▶ **Città principali:** *Cagliari, Sassari, Quartu Sant'Elena, Olbia, Alghero*

Sardi celebri

▶ **Eleonora d'Arborea,** *regina° di Sardegna (1340–1404)*

▶ **Grazia Deledda,** *scrittrice e vincitrice del Premio Nobel (1871–1936)*

▶ **Antonio Gramsci,** *filosofo, scrittore e politico (1891–1937)*

▶ **Renato Soru,** *fondatore di Tiscali (società di telecomunicazioni°) e politico (1957–)*

Sicilia

La regione in cifre

▶ **Superficie:** *25.703 kmq*

▶ **Popolazione:** *5.029.683*

▶ **Industrie principali:** *agricoltura, turismo, pesca°, cantieristica, petrolchimica*

▶ **Città principali:** *Palermo, Catania, Messina, Siracusa, Marsala*

Siciliani celebri

▶ **Archimede di Siracusa,** *matematico e inventore (287 a.C.–212 a.C.)*

▶ **Luigi Pirandello,** *scrittore e vincitore del Premio Nobel (1867–1936)*

▶ **Natalia Ginzburg,** *scrittrice (1916–1991)*

▶ **Maria Grazia Cucinotta,** *attrice (1968–)*

petrolchimica *petrochemical industry* **regina** *queen* **società di telecomunicazioni**
telecommunications company **pesca** *fishing* **inquinamento** *pollution*
rifiuti *trash* **asini** *donkeys* **terreno pianeggiante** *level ground*

le acque turchesi
in Sardegna

l'Etna in Sicilia: il vulcano
più alto del continente europeo

il Duomo di
Palermo (Sicilia)

Incredibile ma vero!

Meno inquinamento° per la raccolta dei rifiuti°: a Castelbuono, in Sicilia, i rifiuti sono raccolti con… asini°! È una soluzione economica ed ecologica allo stesso tempo. Ogni asino lavora su terreno pianeggiante°, per non più di cinque ore, portando solo cento chili. Un asino costa un massimo di €2.800 all'anno: un vero affare!

L'architettura

Costruzioni religiose o militari?

I nuraghi sono costruzioni a forma di torre che risalgono al 1800 avanti Cristo e sono caratteristici della Sardegna. Ci sono diversi tipi di nuraghi e ogni tipo ha dimensioni diverse. Una torre può essere alta anche 20 metri. All'interno ci sono uno o più corridoi e una o più stanze. Non sappiamo di sicuro che cosa siano° questi nuraghi. Ci sono diverse teorie: alcuni archeologi dicono che i nuraghi erano costruzioni militari per la difesa dell'isola, altri dicono che i nuraghi erano troppo freddi e umidi per viverci e che, invece, erano costruzioni religiose usate per le cerimonie.

Le tradizioni

Un carnevale misterioso

A Mamoiada, in Sardegna, tutti gli anni viene celebrato un carnevale molto speciale. Non ci sono le belle maschere di Venezia o di Viareggio; qui, i protagonisti sono i Mamuthones e gli Issohadores. I primi° indossano una maschera di legno nera e camminano su due file° parallele. I secondi° camminano all'esterno dei Mamuthones e fanno finta° di catturare come prigionieri le persone del pubblico. È una tradizione antichissima° che rappresenta probabilmente un evento storico. Oggi è una cerimonia solenne° a cui partecipa tutto il paese. I mamoiadini dicono «Senza Mamuthones non c'è carnevale»!

Il clima

Caldo, umido e tanto vento

In generale il clima della Sicilia è tipico mediterraneo, con estati calde e inverni non troppo freddi. Un fenomeno particolare della Sicilia è «lo scirocco»: un vento caldo che parte dal deserto del Sahara, in Africa, e arriva fino all'Italia. Lo scirocco è un fenomeno dell'autunno e della

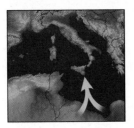

primavera. Porta sabbia° dal deserto e può anche raggiungere° i 100 km/ora. Frequentemente crea problemi di salute; per esempio, causa debolezza°, mancanza° di concentrazione e depressione, qualche volta anche febbre. È spesso necessaria una terapia speciale per aiutare le persone in queste stagioni.

La gastronomia

Il cannolo: un piccolo tubo°

I cannoli sono nati vicino a Palermo, forse in un monastero°. Una leggenda dice che risalgono addirittura° al tempo della dominazione araba. All'inizio erano preparati per il Carnevale, ma oggi si trovano tutto l'anno. I cannoli sono fatti di una pasta° fritta riempita di ricotta e frutta candita°. Gli emigrati italiani che sono venuti in America li hanno portati con loro ma li hanno adattati e cambiati a seconda della disponibilità° degli ingredienti. I cannoli sono probabilmente i dolci siciliani più famosi negli Stati Uniti.

Quanto hai imparato? Completa le frasi.

1. Nella città di Castelbuono gli asini _____.
2. Gli asini di Castelbuono lavorano per non più di _____ al giorno.
3. I _____ sono costruzioni a forma di torre.
4. I nuraghi erano costruzioni _____.
5. I Mamuthones e gli Issohadores sono i protagonisti del Carnevale di _____.
6. I Mamuthones indossano _____ di legno nera.
7. Lo scirocco viene dal deserto del _____.
8. _____ può causare debolezza e depressione.
9. All'inizio i cannoli erano preparati per _____.
10. I cannoli sono fatti di una pasta fritta riempita di _____.

risorse

SAM
WB: pp. 113–114

sentieri.vhlcentral.com

 Practice more at **sentieri.vhlcentral.com**.

Go to **sentieri.vhlcentral.com** to find more cultural information related to this **PANORAMA**.

SU INTERNET

1. Cerca informazioni su Grazia Deledda e trova il libro che le ha fatto vincere il Premio Nobel. Leggi il riassunto e poi decidi se hai voglia di leggere tutto il libro o no e perché.
2. Cerca informazioni sui costumi dei Mamuthones e degli Issohadores e sul loro ruolo durante il Carnevale.
3. Fai una ricerca su Internet per scoprire quali sono i cibi tipici della cucina siciliana.

siano are **I primi** The former **file** lines **I secondi** The latter **fanno finta** they pretend **antichissima** very ancient **solenne** solemn **sabbia** sand **raggiungere** reach **debolezza** weakness **mancanza** lack **tubo** tube **monastero** monastery **addirittura** even **pasta** dough **frutta candita** candied fruit **disponibilità** availability

Lettura  Reading Audio

Prima di leggere

Esamina il testo Leggi i titoli del testo. Che tipo di documento è questo? A coppie, create una lista di informazioni che, secondo voi, potrete trovare in ciascuna sezione del documento.

Titoli Guarda i titoli seguenti e indica in poche parole il possibile argomento (*topic*) del testo corrispondente. Secondo te, dove sono stati trovati questi titoli (in un giornale, una rivista, un opuscolo, una guida ecc.)?

Questa settimana a Roma:

Un nuovo ristorante per la catena McDonald's

Problemi enormi per la spazzatura nei cortili

Gli ultimi scandali dell'attrice Maura de Bianchi

---- linea dell'autobus

Le ville di Hollywood

Hotel La Luna, 2 ½ stelle, ottimi prezzi, vicino alla stazione

---

VISITIAMO ROMA VILLA BORGHESE

UNA STORIA ANTICA

L'area dov'è la Villa oggi era già di proprietà della famiglia Borghese nel 1580. Il cardinale Scipione Borghese voleva creare una «villa di delizie» con il giardino più grande di Roma. Grazie a diversi architetti e giardinieri, la Villa è stata completata nel 1633. Il complesso è rimasto invariato° fino al 1776 quando il principe Marcantonio IV (1730-1800) ha apportato molti cambiamenti°. Il cambiamento più grande è stato la realizzazione del Giardino del Lago. Questo giardino è uno dei pochi esempi di giardino all'inglese° in area romana ed è ricco di piante esotiche, come, per esempio, alberi di banane e bambù. Nel 1901 il complesso è stato comprato dal Re d'Italia, che lo ha passato al comune di Roma nel 1903. Il parco è stato aperto al pubblico il 12 luglio di quell'anno.

UN MUSEO PREZIOSO

L'interno di Villa Borghese è oggi un museo d'arte. Ci sono dipinti° e sculture di molti artisti, per esempio Antonello da Messina, Giovanni Bellini, Raffaello, Tiziano, Correggio, Caravaggio, Bernini e Canova. La collezione è stata iniziata dal cardinale Borghese all'inizio del XVII secolo. Scipione Borghese amava l'arte del Rinascimento e l'arte contemporanea. Non gli piaceva l'arte medievale, ma invece gli piaceva molto la scultura antica. Nel 1700 il successore di Scipione Borghese, Marcantonio Borghese, ha rinnovato° l'edificio in stile neoclassico per evidenziare° meglio le prestigiose opere d'arte che vi erano presenti.

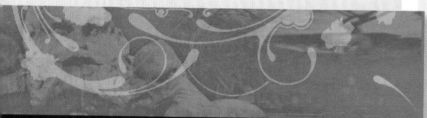

Un Giardino Incredibile

Villa Borghese è un grande parco di Roma, il terzo in ordine di grandezza°. Nel parco ci sono giardini, laghi, fontane, templi, monumenti ed edifici. Particolarmente interessante è il Tempio di Esculapio, realizzato all'inizio del Novecento° ad imitazione dell'originale tempio greco. Il Tempio si trova su una piccola isola nel mezzo del lago (nel Giardino del Lago). Il lago stesso ha molte piante, pesci e tartarughe°, una vera attrazione per molti bambini! Un altro elemento caratteristico del luogo è l'orologio ad acqua, costruito su progetto di padre Giovanni Battista Embriaco nel 1873. All'interno del giardino c'è anche un teatro che offre spettacoli durante l'estate. Non dimentichiamo, poi, i giardini segreti, che erano giardini privati, dei veri capolavori° che includono piante rare ed esotiche di incredibile bellezza.

Villa Borghese in Cifre

Il parco di Villa Borghese si estende su circa ottanta ettari° per un perimetro di sei chilometri. Al suo interno ci sono nove ingressi, quindici edifici, sei giardini, trentacinque fontane, trentotto monumenti, quattro musei e 485.000 visitatori (nel 2007)! Nel Parco c'è anche il Bioparco, uno zoo tra i più grandi d'Europa, che ospita più di mille animali. Molto interessante è anche il Cinema dei Piccoli: con sessantatré posti, uno schermo di cinque metri per due metri e mezzo e un'area di 71,52 m², nel 2005 è stato inserito nel Guinness dei Primati con la definizione di «edificio più piccolo del mondo adibito a° spettacoli cinematografici».

invariato *unchanged* **cambiamenti** *changes* **all'inglese** *English style* **dipinti** *paintings* **ha rinnovato** *renewed* **evidenziare** *highlight* **grandezza** *size* **Novecento** *1900s* **tartarughe** *turtles* **capolavori** *masterpieces* **ettari** *hectares* **adibito a** *used for*

Dopo la lettura

 Vero o falso? Indica se ogni affermazione è **vera** o **falsa**. Correggi le affermazioni false.

1. Villa Borghese è stata completata nel 1580.
   _____

2. Il parco è diventato pubblico nel 1873.
   _____

3. La collezione artistica di Villa Borghese è iniziata nel 1600.
   _____

4. Scipione Borghese amava l'arte medievale.
   _____

5. Il Tempio di Esculapio è nel Giardino del Lago.
   _____

6. I giardini segreti hanno sculture e dipinti antichi.
   _____

7. Il Bioparco è grande circa ottanta ettari.
   _____

8. Il Cinema dei Piccoli è il teatro più piccolo del mondo.
   _____

Rispondere Rispondi alle seguenti domande con frasi complete. Scrivi le risposte su un foglio.

1. Che cos'è il Giardino del Lago?
2. Cos'è successo nel 1901?
3. Le opere di quali artisti sono nel museo di Villa Borghese?
4. Chi era Marcantonio Borghese e cosa ha fatto?
5. Cosa c'è nel parco di Villa Borghese?
6. Cosa ha fatto Giovanni Battista Embriaco?
7. Quante persone hanno visitato Villa Borghese nel 2007?
8. Che cos'è il Bioparco?

I personaggi della Villa Borghese In gruppi di tre, scegliete uno dei personaggi menzionati nel testo e fate ricerca su di lui. Preparate un rapporto scritto e presentatelo alla classe. Potete usare la biblioteca o l'Internet.

 Practice more at **sentieri.vhlcentral.com**.

In ascolto S Audio: Activity

Using visual cues

Visual cues like illustrations and headings provide useful clues about what you will hear.

 To practice this strategy, you will listen to a passage related to the image. Jot down the clues the image gives you as you listen.

Preparazione

Cosa vedi nelle tre fotografie a destra? Secondo te, di che cosa parlano Benedetta, la cliente, e Vieri, l'agente immobiliare?

Ascoltiamo

Ascolta la conversazione. Vieri parlerà alla signora Benedetta di tre case. Guarda la pubblicità e marca l'opzione che Vieri le mostrerà per prima.

1. Rif. 520: ___
2. Rif. 521: ___
3. Rif. 522: ___

AFFITTASI

 Appartamento in città, moderno, con balcone, 1.200 € (Rif. 520)

 3 stanze, giardino, 15 minuti dal parco di Villa Borghese, 950 € (Rif. 521)

 Casa in periferia (*suburb*), grande, cucina con frigo, forno e microonde, aria condizionata, 1.200 € (Rif. 522)

Comprensione

I dettagli Dopo aver ascoltato il dialogo una seconda volta, completa la tabella con le informazioni richieste.

	Dove?	Casa o appartamento?	Con o senza mobili?	Numero di camere da letto?	Garage?	Giardino?
Alloggio (*House*) 1						
Alloggio 2						
Alloggio 3						

Quale scelgono i Boldini? Leggi la descrizione della famiglia Boldini. Decidi quale casa o appartamento sceglierà questa famiglia e spiega il perché della tua decisione.

   Il signor Boldini lavora in centro. Non è importante quanto tempo ci mette per tornare a casa, ma la sera dopo il lavoro è molto stanco e non vuole fare le faccende in casa o in giardino. Per fortuna la signora Boldini adora cucinare e pulire. La sua casa è sempre impeccabile, perché passa spesso l'aspirapolvere. Hanno una figlia di tredici anni che ama invitare gli amici a casa per giocare. Poco prima di cercare casa i Boldini hanno comprato una macchina nuova: una grossa BMW che è sicuramente costata un sacco di soldi!

Scrittura

STRATEGIA

Making an outline

When we write to share information, an outline can serve to separate topics and subtopics, providing a framework for presenting the information. Consider the following excerpt from an outline of a brochure presenting a house for sale.

I. La casa
   A. Stanze
      1. La cucina
      2. Le camere da letto
      3. Il soggiorno
   B. Giardino
   C. Gli extra

II. La zona
   A. La regione
   B. I dintorni (*surroundings*)

Schema d'idee

Idea maps can be used to create outlines. The major sections of an idea map correspond to the Roman numerals in an outline. The minor sections correspond to the outline's capital letters, and so on. Consider the idea map that led to the outline above.

Tema

Scrivere un opuscolo

Sei un agente immobiliare (*real estate agent*) e vuoi vendere una casa. Per attirare (*attract*) clienti devi descrivere tutte le caratteristiche della casa. Usa uno schema d'idee per aiutarti a definire il contenuto della tua presentazione. Ecco degli esempi di informazioni che puoi includere nell'opuscolo.

- titolo interessante

- presentazione generale della casa: quanto è grande e in che stile è (piccola, grande, tradizionale, contemporanea ecc.)

- luogo in cui si trova e descrizione della zona (vicino a una città, vicino al mare, in campagna ecc.)

- numero delle stanze e delle camere da letto

- breve descrizione delle stanze più importanti

- mobili, se ci sono

- garage, se c'è

- giardino, se c'è

- altre informazioni utili (elettricità, telefono, sistema di sicurezza ecc.)

- prezzo richiesto dalla persona che vende

Le parti della casa

l'armadio	closet; wardrobe
il bagno	bathroom
il balcone	balcony
la camera da letto	bedroom
il corridoio	hallway
il cortile	courtyard
la cucina	kitchen
la dispensa	pantry
il garage	garage
la mansarda	attic
la parete	wall
il pavimento	floor
la sala da pranzo	dining room
la scala	stair; staircase
il seminterrato	basement; garden-level apartment
il soggiorno	living room
il soffitto	ceiling
la stanza	room
lo studio	office; study
la terrazza	terrace
il tetto	roof

I mobili

il cassetto	drawer
la cassettiera	dresser
il comodino	night table
la credenza	cupboard
il divano	couch
il fiore	flower
il gabinetto	toilet
la lampada	lamp
il letto	bed
il piano cottura	stove top
la poltrona	armchair
il poster	poster
il quadro	painting
lo scaffale	bookshelf
la scrivania	desk
il tappeto	carpet
la tenda	curtain
la vasca da bagno	bathtub
il vaso	vase

Abitare

l'appartamento	apartment
il bilocale	two-room apartment
la camera doppia/singola	double/single room
il palazzo	apartment building; palace
il monolocale	studio apartment
la villa	single-family home; villa
affittare	to rent (owner)
prendere in affitto	to rent (tenant)
subaffittare	to sublet
trasferirsi/ traslocare	to move

Sporcare e pulire

l'asse (f.) da stiro	ironing board
il bucato	laundry
la coperta	blanket
il cuscino	pillow
il lavello	kitchen sink
le lenzuola (sing. il lenzuolo)	sheets
la scopa	broom
apparecchiare la tavola	to set the table
fare i mestieri/ le faccende	to do household chores
fare il letto	to make the bed
fare il bucato	to do laundry
lavare i piatti	to wash the dishes
mettere in ordine	to tidy up
passare l'aspirapolvere	to vacuum
portare fuori la spazzatura	to take out the trash
sparecchiare la tavola	to clear the table
spazzare	to sweep
spolverare	to dust
sporcare	to soil
stirare	to iron

Per descrivere

Che casino!	What a mess!
È un porcile!	It's a pigsty!
impeccabile	impeccable; perfectly clean
macchiato/a	stained
pulito/a	clean
schifoso/a	disgusting
sporco/a	dirty

Gli elettrodomestici

l'asciugatrice (f.)	clothes dryer
l'aspirapolvere (m.)	vacuum
la caffettiera	coffee maker
il congelatore	freezer
il ferro (da stiro)	iron
i fornelli	stovetop; burners
il forno	oven
il (forno a) microonde	microwave oven
il frigo(rifero)	fridge
la lavastoviglie	dishwasher
la lavatrice	washing machine
il tostapane	toaster

Le posizioni

a destra/sinistra	to the right/left
accanto (a)	next to
davanti (a)	in front of
dentro	inside
dietro (a)	behind
fuori	outside
sopra	above, over
sotto	below, under

Espressioni utili	See pp. 235 and 251.
Expressions used with the future	See p. 240.
Double object pronouns	See p. 242.
Common formal imperatives	See p. 257.
Time expressions	See pp. 258–259.

Sì, viaggiare!

Per cominciare

- I ragazzi sono in vacanza o al lavoro?
- Prendono il sole o guidano una macchina?
- Devono prendere il treno per andare al Colosseo o possono andare a piedi?
- Emily legge una guida turistica o un testo di economia?

Lezione

8A

Communicative Goals

You will learn how to:

- talk about cars and driving
- talk about public transportation

CONTESTI

Il trasporto

**Talking Picture
Audio: Activity**

Vocabolario

espressioni	*expressions*
allacciare	*to buckle (seatbelt)*
avere un incidente	*to have/be in an accident*
colpire (-isc-)	*to hit*
essere in panne	*to break down*
frenare	*to brake*
noleggiare	*to rent (car)*
parcheggiare	*to park*
riparare	*to repair*

i mezzi di trasporto	*means of transportation*
la barca	*boat*
il camion	*truck*
la metro(politana)	*subway*
il motorino	*scooter*
la nave	*ship*
il pullman	*bus; coach*
il tassì, il taxi	*taxi*
il traghetto	*ferry*
il treno	*train*

guidare la macchina	*driving a car*
l'autista	*driver*
l'autostrada	*highway*
i freni	*brakes*
la frizione	*clutch*
il limite di velocità	*speed limit*
la multa	*fine*
la patente	*driver's license*

il trasporto pubblico	*public transportation*
il binario	*track; platform*
la biglietteria	*ticket office/window*
il biglietto	*ticket*
il controllore	*ticket collector*
la fermata	*(bus/train) stop*
l'orario	*timetable*
convalidare	*to validate (ticket)*
prima/seconda classe	*first/second class*

benzina|diesel verde

la stazione di servizio

la macchina

il baule

Fa benzina.

il volante

il cofano

la cintura di sicurezza

il motore

la portiera

il meccanico (la meccanica *f.*)

Ha bucato una gomma. (bucare)

risorse

SAM
WB: pp. 115–116

SAM
LM: p. 65

sentieri.vhlcentral.com

Attenzione!

In Italy, distance is calculated in kilometers (**chilometri**). Convert from kilometers to miles (**miglia**) with this formula: mi = km × 0.62. Convert from miles to kilometers with this formula: km = mi × 1.61.

120 km = 74 mi
50 mi = 81 km

il traffico

il vigile urbano
(la vigile urbana *f.*)

i tergicristalli

il vetro

i fari

Pratica

1 **Le coppie** Abbina ogni verbo con l'espressione adatta.

1. ____ allacciare
2. ____ fare benzina
3. ____ frenare
4. ____ riparare la macchina
5. ____ fare la multa
6. ____ guidare la macchina

a. la stazione di servizio
b. il meccanico
c. la vigile urbana
d. il volante
e. la cintura di sicurezza
f. i freni

2 **Mettere etichette** Etichetta ogni foto con una parola del vocabolario della lezione.

1. _____

2. _____

3. _____

4. _____

5. _____

6. _____

3 **Ordinare** Scrivi i numeri per mettere nell'ordine corretto le seguenti frasi.

1. ____ allacciare la cintura di sicurezza
2. ____ cambiare la gomma bucata
3. ____ bucare una gomma
4. ____ aprire la portiera e salire in macchina
5. ____ andare alla stazione di servizio
6. ____ guidare la macchina

4 **Rispondere** 🎧 Ascolta ogni frase, poi scegli una delle due opzioni e rispondi ad ogni domanda con frasi complete.

1. vigile / controllore _____
2. stazione di servizio / biglietteria _____
3. orario / binario _____
4. patente / multa _____
5. camion / barca _____
6. frizione / tergicristallo _____

 Practice more at **sentieri.vhlcentral.com.**

CONTESTI

Comunicazione

5 **Che cosa è successo?** A coppie, guardate il disegno e leggete l'articolo del giornale. Poi rispondete alle seguenti domande.

12 Notizie locali

Ieri mattina, alle ore nove e trenta, c'è stato un incidente in centro. Un camion ha colpito una macchina blu al semaforo (*traffic light*) dell'incrocio (*intersection*) tra via Pascoli e corso Indipendenza. Alla guida del camion c'era un uomo di Firenze che non ha notato il semaforo rosso. In macchina c'erano tre studenti universitari di Perugia, che fortunatamente indossavano la cintura di sicurezza. La macchina, a causa del colpo, ha colpito un motorino parcheggiato lì vicino. Per fortuna, non ci sono stati feriti (*injuries*). Sul luogo dell'incidente sono arrivati subito i vigili urbani che hanno dato una multa all'autista del camion. Tutti e tre i veicoli sono stati portati dal meccanico più vicino per essere riparati.

1. Che cosa è successo ieri mattina alle nove e trenta?
2. Quali sono i veicoli coinvolti (*involved*)?
3. Chi guidava i veicoli?
4. Chi ha causato l'incidente? Perché?
5. Che cosa ha colpito la macchina blu?
6. Ci sono stati feriti?
7. Chi è arrivato sul luogo dell'incidente?
8. Dove sono stati portati i veicoli?

6 **Le sette differenze** Lavorate a coppie. L'insegnante vi darà due fogli diversi, ciascuno con un disegno. Descrivete a turno i vostri disegni e fate domande per trovare le sette differenze fra i disegni.

MODELLO

S1: Vedo tre tassì.
S2: Anch'io vedo tre tassì. C'è anche una fermata dell'autobus.
S1: Io non vedo una fermata dell'autobus...

7 **I mezzi di trasporto** In gruppi di tre, parlate dei diversi mezzi di trasporto che usate per andare in questi posti. Poi fate una lista dei mezzi di trasporto più usati dal gruppo. Paragonate la vostra lista con quella di un altro gruppo.

MODELLO

S1: Per andare in centro, prendo la metropolitana.
S2: Veramente? Io ci vado in motorino.
S3: Io preferisco andare a piedi, ma...

mezzi	posti
a piedi	casa di un amico in campagna
in autobus	supermercato
in bicicletta	biblioteca
in macchina	centro
in metropolitana	un altro stato
in motorino	città vicina
in taxi	cinema
in treno	???

Pronuncia e ortografia

Audio: Concepts, Activities Record & Compare

🎧 *Consonanti doppie*

quell**o**	**fa**nn**o**	**porre**	**pa**ss**o**

In Italian, all consonants (except **q** and **h**) can be written as a single or double consonant. When a consonant is doubled, it is emphasized and held longer than a single consonant.

- -

sono	**so**nn**o**	**sete**	**se**tt**e**

It is important to pronounce single and double consonants correctly. Some words are differentiated only by the doubled consonant.

- -

Damm**eli!**	**Di**mm**i!**	**Fa**ll**o!**	**Va**cc**i!**

When object pronouns (except **gli**) are attached to the informal **tu** commands **da'**, **di'**, **fa'**, **sta'**, and **va'**, the initial consonant of the pronoun is doubled.

- -

contradd**ire**	**contra**tt**empo**	**sopra**cc**iglio**	**sopra**tt**utto**

When forming compound words beginning with **contra-** (*against*) or **sopra-** (*above, over*), the initial consonant of the attached word is usually doubled.

Pronunciare Ripeti le parole ad alta voce.

1. sopravvivere
2. mamma
3. latte
4. terra
5. farro
6. lettera
7. fissare
8. vero
9. verrò
10. spalla
11. dammi
12. sanno

Articolare Ripeti le frasi ad alta voce.

1. Fammi un favore!
2. Quello è un libro molto interessante.
3. È stata una serata bellissima.
4. Sono solo le sette, ma ho sonno.
5. La ragazza chiama la mamma.
6. La nonna di Gianni prepara il caffè.

Proverbi Ripeti i proverbi ad alta voce.

Chi va e torna, fa buon viaggio.[1]

Viaggiando e leggendo s'impara.[2]

[1] He who goes and comes back has a nice trip.
[2] One learns by traveling and reading.

FOTOROMANZO

C'eravamo tanto amati Video: *Fotoromanzo*

Emily

Francesca

Lorenzo

Marcella

Riccardo

Viola

RICCARDO Dov'è il mio cellulare? Porca miseria!

MARCELLA Che succede? È andato via più di due ore fa.
VIOLA Non ti preoccupare, Marcella. Starà bene.
MARCELLA Sono più arrabbiata che preoccupata.

EMILY Viola, indovina! Ho visto Lorenzo in un bar con una ragazza.
VIOLA Francesca?
EMILY È quello che ho pensato io, ma non era lei.
VIOLA E chi era? Era carina?
EMILY Non lo so. Sì, molto carina. Non carina come te. È già tornato?
VIOLA Era qui prima, ma poi è andato via.

In piazza della Rotonda...
LORENZO Ciao, Francesca. Com'è andato il viaggio?
FRANCESCA Un traffico incredibile. Le autostrade sono intasatissime, ma è anche peggio a Milano.
LORENZO Ho pensato molto a noi due, Francesca.
FRANCESCA Anche io.

RICCARDO Il motore ha cominciato a fare *bababaaa*. Lo sai riparare, Viola?
VIOLA Forse.
RICCARDO Viola, per favore.
VIOLA Che cosa mi dai in cambio?
RICCARDO Tutto ciò che vuoi. Sul serio!
VIOLA Da tempo desidero un lettore MP3.
EMILY Viola!

FRANCESCA Tu ed io non possiamo stare insieme.
LORENZO E sei venuta a Roma per dirmi questo?
FRANCESCA Lorenzo. Io ti amo, ma... Ma siamo la peggior coppia del mondo. Vogliamo cose diverse.
LORENZO Lo so.
FRANCESCA Perciò, niente più telefonate. Abbi cura di te, Lorenzo. Ciao.

1 **Vero o falso?** Decidi se le seguenti affermazioni sono vere o false.

1. Marcella è arrabbiata.
2. Emily ha visto Riccardo con una ragazza in un ristorante.
3. Riccardo è andato via con la macchina di Marcella.
4. Secondo Emily, Riccardo guida male.
5. Emily dice che Riccardo è un bravo ragazzo.

6. Francesca dice che in autostrada non c'era traffico.
7. Viola desidera un lettore MP3.
8. Francesca e Lorenzo sono una coppia bellissima.
9. Viola ripara lo scooter.
10. Marcella è delusa di Riccardo.

 Practice more at **sentieri.vhlcentral.com**.

Lo scooter di Marcella si è guastato.

VIOLA Hai parlato con Riccardo?

EMILY L'ultima volta è stata stamattina.

VIOLA Hai il suo numero di cellulare?

EMILY Dov'è? Cos'è successo?

VIOLA Se n'è andato con lo scooter di Marcella circa due ore fa.

EMILY Fa sempre così. Non ti preoccupare, guida bene.

VIOLA Stavo riparando l'aspirapolvere e lui mi voleva aiutare, al solito suo. Gli ho detto che non sapeva farlo. È un idiota.

EMILY Riccardo ama strafare, ma è un bravo ragazzo.

VIOLA Non m'interessa. È il tuo migliore amico, non il mio.

RICCARDO Emily? Emily, ci sei? Emily!

VIOLA Lo scooter è come nuovo adesso.

RICCARDO Grazie, Viola.

VIOLA Di niente. Ora sei in debito con me.

EMILY Prendi l'autobus domani!

EMILY Marcella.

MARCELLA Riccardo, ti posso parlare un momento?

RICCARDO Marcella, posso spiegarti. Viola...

MARCELLA Sei irresponsabile e immaturo! Sono molto delusa.

Espressioni utili

Comparatives and superlatives

- **più di**
  more than
- **più arrabbiata che preoccupata**
  more angry than worried
- **non carina come te**
  not as pretty as you
- **migliore**
  best
- **intasatissime**
  very crowded
- **È anche peggio a Milano.**
  It's even worse in Milan.
- **la peggior coppia del mondo**
  the worst couple in the world
- **Lo scooter è come nuovo adesso.**
  The scooter is as good as new now.

Additional vocabulary

- **Porca miseria!**
  Darn!
- **Indovina!**
  Guess what!
- **È andato via./Se n'è andato.**
  He left.
- **da tempo desidero**
  I've always wanted
- **Perciò, niente più telefonate.**
  So, no more phone calls.
- **Abbi cura di te.**
  Take care of yourself.
- **circa**
  about
- **al solito suo**
  as usual
- **strafare**
  to overdo things
- **Ci sei?**
  Are you there?
- **in cambio**
  in exchange
- **tutto ciò**
  everything
- **Sul serio!**
  No kidding!
- **delusa**
  disappointed

2 **Per parlare un po'** A coppie, scrivete una conversazione tra due fidanzati che hanno deciso di rompere il loro fidanzamento. Scrivete almeno 15 battute (*lines*) e poi presentatelo ai vostri compagni di classe.

3 **Approfondimento** In Italia ci sono molte autostrade, ma anche molte tangenziali (*circular roads*) e alcuni trafori (*tunnels*). Fai una ricerca e spiega la differenza tra autostrade, tangenziali e trafori. Poi trova il nome di tre di queste strade e scopri quali posti collegano. Presenta i tuoi risultati alla classe.

risorse

SAM
VM: pp. 29–30

DVD
Puntata 15

sentieri.vhlcentral.com

ATTIVITÀ

IN PRIMO PIANO

In treno o in autobus?

Come viaggiano gli italiani? Quali mezzi di trasporto preferiscono?

I mezzi di trasporto pubblico sono certamente molto usati in Italia: sono convenienti°; collegano° ogni singolo paese°, cittadina° e città; diminuiscono l'intasamento° dei centri storici e fermano spesso nel centro della città.

I mezzi pubblici hanno certo tanti vantaggi, ma molti italiani usano comunque l'auto. Nonostante gli inconvenienti del traffico, i pedaggi° e il parcheggio, c'è sempre chi preferisce la libertà e la flessibilità di prendere la propria macchina, per non essere limitati dagli orari e dai percorsi degli autobus o dei treni.

Gli autobus sono urbani (se viaggiano all'interno di una città), extraurbani (se collegano una città con i paesi vicini) o interurbani (se collegano diverse città). I treni sono invece regionali (se si fermano in ogni stazione), interregionali (se collegano solo i paesi più grandi) oppure Intercity ed Eurostar (se fermano solo nelle città principali). Più° un treno o un autobus è locale, più è usato dai pendolari° (lavoratori o studenti) e meno° è costoso, mentre su treni Intercity o autobus interurbani è facile, specialmente in estate, viaggiare in mezzo a turisti stranieri.

Una particolarità dei treni e degli autobus è che i biglietti devono essere comprati° e timbrati° prima di iniziare il viaggio sull'autobus o sul treno. Le macchinette, che timbrano la data e l'ora sul biglietto, si trovano nelle stazioni dei treni e a bordo degli autobus. I biglietti generalmente hanno una validità di un'ora per gli autobus e sei ore per i treni: ecco perché devono essere timbrati, per determinare quando è iniziato il viaggio.

E se avete dimenticato di timbrare prenderete una bella multa!

I pendolari in Italia			
	AUTO/MOTO	TRENO	AUTOBUS
Percentuale di pendolari che usa i mezzi di trasporto	9,1%	14,8%	76,1%

FONTE: trasporti.gov.it

convenienti *cheap* **collegano** *they connect* **paese** *village* **cittadina** *town* **intasamento** *gridlock* **pedaggi** *tolls* **interno** *within* **Più** *The more* **pendolari** *commuters* **meno** *the less* **devono essere comprati** *must be purchased* **timbrati** *validated*

A T T I V I T À

1 **Vero o falso?** Indica se l'affermazione è **vera** o **falsa**. Correggi le affermazioni false.

1. I mezzi pubblici italiani sono costosi.

2. I treni e gli autobus collegano città, cittadine e piccoli paesi.

3. In città è spesso difficile trovare parcheggio.

4. Molti italiani preferiscono usare l'auto più che i mezzi pubblici.

5. Le stazioni dei treni sono lontane dal centro.

6. Gli autobus interurbani collegano il centro con i paesi vicini.

7. I treni Intercity sono meno costosi dei regionali.

8. In estate molti turisti usano treni regionali e autobus urbani.

9. I biglietti devono essere timbrati perché sono a tempo.

10. Una persona che non timbra il biglietto deve pagare una multa.

Practice more at **sentieri.vhlcentral.com.**

L'ITALIANO QUOTIDIANO

In viaggio

l'abbonamento	*subscription; pass*
il capolinea	*terminus*
la coincidenza	*connection*
la fermata a richiesta	*stop on request*
il passaggio a livello	*level crossing*
la prenotazione	*reservation*
il rimborso	*refund*
il senso unico	*one way*
il supplemento	*supplement, excess fare*
la tariffa	*fare*

COSTUMI E USANZE

Un viaggio particolare

Molte città italiane sono antiche, così i mezzi di trasporto a volte devono adattarsi alla loro speciale struttura. Alcune città costruite su una collina° hanno **scale mobili**° (Belluno e Perugia) o **funicolari**° (Genova e Napoli) invece dell'autobus per andare in centro.

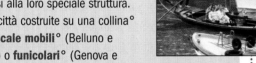

I mezzi pubblici di Venezia sono i più insoliti°: se i **vaporetti**° (più grandi) e i **motoscafi**° (più piccoli) sono usati come autobus, i **ferry-boat** funzionano come linee extraurbane fra la città e alcune isole. Se preferite la **gondola** ma non volete spendere molto, nessun problema: un servizio pubblico di **traghetti** vi porta da una parte all'altra del Canal Grande per 50 centesimi°.

collina *hill* **scale mobili** *escalators* **funicolari** *funiculars* **insoliti** *unusual* **vaporetti** *large motorboats* **motoscafi** *motorboats* **centesimi** *cents*

RITRATTO

Ferrari: l'uomo e la macchina

Enzo Ferrari nasce a Modena nel 1898. Nel 1920 inizia a correre° come pilota per l'Alfa Romeo. La madre di Francesco Baracca (un aviatore, eroe della Prima Guerra Mondiale) gli consegna°, dopo una gara°, il simbolo che suo figlio portava sull'aereo da guerra°. «Lo metta sulla sua auto: Le porterà fortuna°», disse° al giovane pilota. È il marchio° della futura Scuderia° Ferrari: un cavallo rampante°.

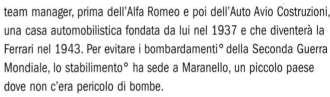

Dopo la nascita del figlio Dino, Enzo Ferrari smette° di fare il pilota e diventa team manager, prima dell'Alfa Romeo e poi dell'Auto Avio Costruzioni, una casa automobilistica fondata da lui nel 1937 e che diventerà la Ferrari nel 1943. Per evitare i bombardamenti° della Seconda Guerra Mondiale, lo stabilimento° ha sede a Maranello, un piccolo paese dove non c'era pericolo di bombe.

La Scuderia Ferrari, diretta da Enzo Ferrari fino alla sua morte nel 1988, ha vinto da allora molte gare e vari titoli mondiali di Formula Uno.

correre *to race* **consegna** *gives* **gara** *race* **aereo da guerra** *fighter plane* **Le porterà fortuna** *It will bring you luck* **disse** *she said* **marchio** *trademark* **Scuderia** *Racing team* **cavallo rampante** *rearing horse* **smette** *stops* **bombardamenti** *bombings* **stabilimento** *plant*

SU INTERNET

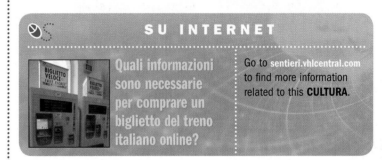

Quali informazioni sono necessarie per comprare un biglietto del treno italiano online?

Go to **sentieri.vhlcentral.com** to find more information related to this **CULTURA**.

---

2 **Completare** Completa le frasi.

1. Il simbolo della Ferrari è un _____.
2. Enzo Ferrari ha cominciato la sua carriera come _____ nel 1920.
3. La sede della Ferrari è a _____.
4. A _____ puoi andare in centro in funicolare.
5. A Venezia, invece degli autobus extraurbani ci sono i _____.
6. In _____ puoi passare il Canal Grande per pochi soldi.

3 **A voi** A coppie, discutete le seguenti domande.

1. Usi spesso i mezzi di trasporto pubblico? Quali?
2. Hai mai usato mezzi di trasporto particolari, come scale mobili, funicolari, motoscafi o altro? Racconta la tua esperienza.
3. Qual è il tuo mezzo di trasporto preferito? Perché?

risorse

sentieri.vhlcentral.com

ATTIVITÀ

STRUTTURE

8A.1 Comparatives of equality

Punto di partenza Comparatives of equality (**comparativi di uguaglianza**) are used to indicate that two people, things, or qualities are equal. In Italian, comparisons of equality are expressed with (**così**)... **come** and (**tanto**)... **quanto**.

Lei è **così** alta **come** lui.
*She is **as tall as** he is.*

È **tanto** gentile **quanto** ubbidiente.
*He is **as kind as** he is obedient.*

- With adjectives or adverbs, use either of the following constructions. Both are equivalent to *as* + [*adjective/adverb*] + *as* in English.

(**così**) + [*adjective or adverb*] + **come**
(**tanto**) + [*adjective or adverb*] + **quanto**

- **Così** and **tanto** are optional in these constructions with adjectives and adverbs, and are frequently omitted.

Rita guida (**tanto**) **bene quanto** Mario.
*Rita drives **as well as** Mario.*

La mia macchina era (**così**) **bella come** la tua.
*My car was **as beautiful as** yours.*

L'autobus non sarà **veloce come** il taxi.
*The bus won't be **as fast as** a taxi.*

La cintura è **necessaria quanto** i freni.
*The seatbelt is **as necessary as** the brakes.*

- When using pronouns after **come** and **quanto**, use disjunctive pronouns, which you learned in **Lezione 4A**.

È bello **come me** il tuo ragazzo?
*Is your boyfriend **as** handsome **as I** am?*

L'autista è **tanto** brava **quanto te**.
*The driver is **as good as you** are.*

---

1 **Completare** Completa la seguente conversazione con la forma corretta di **tanto** e **quanto**.

BIANCA Hai sentito che la principessa Teresa ha organizzato una mostra di tutte le sue cose personali?

ANTONIA Sì! Ho letto che ha (1) _____ collane (2) _____ braccialetti e anche (3) _____ giochi (*games*) (4) _____ un negozio intero!

BIANCA Secondo me è (5) _____ viziata (*spoiled*) (6) _____ sua sorella Ludovica. Loro la mattina si alzano (7) _____ lentamente (8) _____ pigramente e sicuramente non lavorano (9) _____ (10) _____ giocano!

ANTONIA Che bello essere una principessa!

2 **Creare** Crea frasi con il comparativo di uguaglianza.

> **MODELLO** Giovanni / riparare / macchine / Giulia
> *Giovanni ripara tante macchine quanto Giulia.*

1. i professori / lavorare / intensamente / studenti
2. i cani / essere / fedeli / gatti
3. Lorella / guardare / commedie / documentari
4. la tecnologia / servire / per imparare / per lavorare
5. questo libro / essere / lungo / noioso
6. io / bere / acqua naturale / bibite gassate

3 **Descrivere** Usa le informazioni date per fare paragoni (*comparisons*) tra Tommaso e Teresa. Usa il comparativo di uguaglianza.

> **MODELLO** lavorare
> *Tommaso lavora tanto quanto Teresa.*

1. felice
2. macchine
3. abbronzarsi
4. studiare il fine settimana
5. estroverso/a
6. il traffico
7. le vacanze
8. fare sport

 Practice more at **sentieri.vhlcentral.com**.

COMUNICAZIONE

4 Gemelli A coppie, descrivete due gemelli che sono molto simili. Includete informazioni sulla loro personalità, aspetto fisico, interessi e cose che hanno. Usate il comparativo di uguaglianza.

> **MODELLO**
>
> *Federico è tanto serio quanto Flavia. Lei è tanto alta quanto lui e...*

5 Cose in comune A coppie, fatevi domande per scoprire cosa avete in comune. Usate il comparativo di uguaglianza quando trovate un aspetto simile.

> **MODELLO**
>
> **S1:** *Quante ore al giorno studi l'italiano?*
> **S2:** *Lo studio due ore al giorno. E tu?*
> **S1:** *Anch'io! Io studio tante ore quanto te.*

classi	giacche
dormire	scarpe
fare esercizio	studiare
fare shopping	uscire
fratelli e sorelle	viaggiare

6 Due città A coppie, guardate queste foto di Roma e di New York. Usate a turno il comparativo di uguaglianza per fare quanti più paragoni possibili.

affollato (*crowded*)	bello	negozi	stressante
antico	edifici	persone	traffico

> *Riccardo è tanto simpatico quanto divertente.*

> *Non è carina come te.*

- When comparing nouns, use only **tanto... quanto** (*as many/ much... as*). Note that **tanto** and **quanto** agree in gender and number with the nouns that follow them, and **tanto** cannot be omitted.

> In questa città ci sono **tanti motorini quante macchine**.
> *In this city there are **as many scooters as cars**.*

> Ho visto **tanti controllori** sul treno **quanti passaggeri**.
> *I saw **as many ticket collectors** on the train **as passengers**.*

- To make comparisons with verbs, use **(tanto) quanto** (*as much as*) together after the verb. **Tanto** is optional.

> Dottore, Lei non **guida (tanto) quanto** me.
> *Doctor, you don't **drive as much as** I do.*

> Giosuè **ha frenato (tanto) quanto** l'altra autista.
> *Giosuè **braked as much as** the other driver.*

> Viaggia **tanto quanto** voi?
> *Does she travel **as much as** you do?*

> Ha speso **quanto** me per il pieno.
> *He spent **as much as** I did on gas.*

Provalo! | **Scegli la forma corretta per completare le frasi seguenti.**

1. Rita guida (tanto / tanti) bene (quanto / quante) Mario.
2. Questa università è (tanta / tanto) grande (quanta / quanto) l'università dove vai tu.
3. Edoardo mangia (così / come) educatamente (così / come) Giorgio.
4. Anna ha (tanto / tanti) pantaloni (quante / quanti) gonne.
5. Questo computer si blocca (tante / tanto) (quanto / quanti) quel computer.
6. Lucilla è (così / come) bella (così / come) Maria.
7. Ti piace nuotare (tanta / tanto) (quante / quanto) giocare a tennis?
8. Alessandro è (tanti / tanto) intelligente (quanto / quante) divertente.

STRUTTURE

8A.2 Comparatives of inequality

Punto di partenza You have already learned how to form comparisons of equality. Use comparatives of inequality to compare two people, things, or qualities that are not equal.

- To compare two subjects in relation to the same quality, use the construction **più** + [*adjective, adverb, or noun*] + **di** to express *more . . . than.*

  La nave è **più grande di** una barca.
  The ship is bigger than a boat.

  Hai preso **più multe di** Michele.
  You got more fines than Michele.

- Use the construction **meno** + [*adjective, adverb, or noun*] + **di** to express *less/fewer . . . than.*

  Una gondola è **meno veloce di** un traghetto.
  A gondola is slower than a ferry.

  Ha avuto **meno incidenti di** Isa?
  He had fewer accidents than Isa?

- When using a definite article after **di**, remember to use **preposizioni articolate**. You learned how to do this in **Lezione 3A**.

  Il suo motorino sarà più nuovo **del** mio.
  His scooter must be newer than mine.

  Questo biglietto era meno costoso **dell'**altro.
  This ticket was less expensive than the other.

- When using a pronoun after **di**, use the disjunctive pronoun.

  Il meccanico avrà più esperienza **di me**.
  The mechanic probably has more experience than I.

  La professoressa non ha viaggiato meno **di Lei**.
  The professor did not travel less than you.

- To compare two nouns, verbs, adjectives, etc. in relation to the same subject, use **che** instead of **di**.

  A Siena ci sono **più macchine che barche**.
  In Siena there are more cars than boats.

  A New York, usavano **meno la metro che il taxi**.
  In New York, they used to use the subway less than taxis.

  Gli è piaciuto **meno andare in treno che guidare**.
  He liked taking the train less than driving.

  La biglietteria è **più spesso chiusa che aperta**.
  The ticket window is more often closed than open.

- To express *more/fewer* than a certain number, use **più/meno di** + [*number*].

  Ho **più di otto** persone in macchina.
  I have more than eight people in my car.

  La stazione ha **meno di sei** binari.
  The station has fewer than six tracks.

PRATICA

1 Completare Completa ogni frase con la forma corretta del comparativo. Fai attenzione alle preposizioni articolate quando necessario!

1. La musica classica è _____ rilassante _____ musica rock. (più)
2. Il treno è _____ veloce _____ aereo. (meno)
3. Nino è _____ divertente _____ serio. (più)
4. Parigi è considerata _____ romantica _____ Londra. (più)
5. Noleggiare una macchina è _____ costoso _____ comprarla. (meno)
6. La prima classe è _____ lussuosa (*luxurious*) _____ seconda classe. (più)
7. Preferisco mangiare _____ broccoli _____ cioccolato. (meno)
8. Diora si comporta (*behaves*) _____ bene _____ Martina. (meno)

2 Creare Crea delle frasi con i comparativi usando gli indizi dati.

MODELLO motorino / pullman (piccolo)

Un motorino è più piccolo di un pullman.

1. le torte della nonna / le torte del supermercato (buono)
2. Giovanni / Piero (piccolo)
3. Anna guida la macchina / Daniela guida la macchina (male)
4. il tuo successo / il mio successo (grande)
5. io parlo italiano / tu parli italiano (bene)
6. questi spaghetti / quelle lasagne (cattivo)

3 Rispondere Rispondi alle domande con frasi complete.

1. Ha più posti una macchina o la metropolitana?
2. Cos'è meglio: viaggiare in aereo o in barca?
3. È meno costoso l'ostello della gioventù o un albergo a cinque stelle?
4. È più avventuroso guidare la macchina o prendere il treno?
5. Cos'è più divertente: sciare o andare al mare?
6. È più rilassante il servizio in camera o un ristorante?
7. È peggio perdere l'aereo o partire in ritardo?
8. Cos'è migliore per una crociera: una barca o una nave?

Practice more at **sentieri.vhlcentral.com**.

COMUNICAZIONE

4 **Mezzi di trasporto** In gruppi di tre, discutete i mezzi di trasporto che vedete nelle foto. Paragonate i vantaggi e gli svantaggi (*advantages and disadvantages*) di ciascuno usando i comparativi.

MODELLO

S1: È meno costoso viaggiare in bicicletta che in macchina.
S2: È vero, ma le macchine sono migliori delle biciclette perché sono più veloci.

1.   2.   3.

4.   5.   6.

5 **Cos'è meglio?** A coppie, paragonate il lavoro di un tassista (*taxi driver*) e di un vigile urbano. Includete i vantaggi e gli svantaggi di ciascun lavoro.

MODELLO

S1: È meglio guidare un taxi: è più divertente.
S2: Forse, ma un vigile urbano non lavora tante ore quante un tassista.

dare multe	pericoloso
flessibile	regolare
guidare	sicuro
parlare alle persone	stare in piedi

6 **Le nostre vite** A coppie, fate domande su com'è una vostra giornata tipica. Poi riassumete la discussione usando i comparativi. Includete informazioni sulle vostre attività, le vostre classi, cosa mangiate, quanto dormite ecc.

MODELLO

S1: Io mangio la pizza tre volte alla settimana, e tu?
S2: La mangio una volta alla settimana. Tu mangi la pizza più spesso di me.

Irregular comparatives

● Some common adjectives and adverbs have both regular and irregular comparative forms.

Irregular comparatives

Adjective		Comparative	
buono/a	*good*	migliore	*better*
cattivo/a	*bad*	peggiore	*worse*
grande	*big*	maggiore	*bigger*
piccolo/a	*small*	minore	*smaller*

Adverb		Comparative	
bene	*well*	meglio	*better*
male	*badly*	peggio	*worse*

Una bici è **migliore** di una moto.
*A bike is **better** than a motorcycle.*

Com'è che guidi **peggio** di me?
*How is it that you drive **worse** than I do?*

● As with all adjectives, irregular comparative forms of adjectives agree in number with the nouns they modify. Remember that adverbs are invariable.

Quei fari sono **peggiori** di questi?
*Are those headlights **worse** than these?*

Mangiamo **meglio** di te in vacanza.
*We eat **better** than you on vacation.*

● Use the regular comparative forms of **grande** and **piccolo/a** to denote size. The irregular forms **maggiore** and **minore** are frequently used to mean *older* and *younger* in reference to family members. They can also mean *greater* and *lesser*.

Il Suo baule era **più grande** del mio.
*Your trunk was **bigger** than mine.*

Chiara è **minore** di me, ma ha problemi **maggiori**.
*Chiara is **younger** than I, but her problems are **greater**.*

Provalo! Scegli la forma corretta per completare le seguenti frasi.

1. Firenze è meno grande ((di)/ che) San Francisco.
2. Quella pizza ha più formaggio (di / che) pomodori.
3. Giada studia più velocemente (di / che) attentamente.
4. La classe del professor Gini è più noiosa (della / che la) classe del professor Paci.
5. Mi piace più leggere (di / che) guardare la televisione.
6. L'estate è più calda (dell' / che l') inverno.
7. In estate fa più caldo (di / che) in inverno.
8. Tu parli italiano più velocemente (di / che) me.

8A.3 Superlatives

Punto di partenza You have learned to use comparatives to compare qualities of two people or items. Use superlatives to express the highest or lowest degree of a quality within a group.

- Superlatives are *relative* or *absolute*. Use relative superlatives to express the most or the least degree of a subject's quality in relation to other subjects within a particular group. Use absolute superlatives to express the idea of *very* or *extremely*.

relative superlative	absolute superlative
La Ferrari è **la più bella di** tutte le macchine italiane.	Sì, ed è una macchina **velocissima**!
*The Ferrari **is the most beautiful of** all Italian cars.*	*Yes, and it is a **very fast** car!*

- Form the relative superlative of adjectives using the construction below.

[*definite article*] + **più/meno** + [*adjective*]

La città di Roma è **la più grande**.	L'autobus numero 64 è **il più affollato**.
*The city of Rome is **the biggest**.*	*Bus number 64 is **the most crowded**.*

- Use **di** after the superlative to express *in* or *of*.

È la Vespa **il più famoso dei** motorini italiani?	Una bici è **il meno costoso dei** mezzi di trasporto.
*Is the Vespa **the most famous of the** Italian scooters?*	*A bike is **the least expensive of the** modes of transportation.*

- When using the relative superlative to describe a noun, place the noun between the definite article and **più/meno**. With adjectives that generally precede the noun (see **Lezione 3B**), place the noun after the adjective in the superlative construction.

Qual è **l'autostrada più lunga** d'Italia?	Questa sarà **la vacanza meno divertente** della mia vita.
*Which is **the longest highway** in Italy?*	*This will be **the least enjoyable vacation** of my life.*
La via Appia è **la più vecchia strada** di Roma.	Quali sono **i più bravi autisti** della classe?
*The Appian Way is **the oldest street** in Rome.*	*Who are **the best drivers** in the class?*

- When forming the relative superlative with adverbs, do not include the definite article. Use the phrase **di tutti** to differentiate it from the comparative form.

più/meno + [*adverb*] + **di tutti**

Luciano guida **meno attentamente di tutti**.	È vero, ma lui guida **più lentamente di tutti**.
*Luciano **drives less carefully than everyone**.*	*That's true, but he drives **slower than everyone**.*

PRATICA

1 **Completare** Completa ogni frase con la forma corretta del superlativo.

1. Sei _____. (buono)
2. Viaggiare in macchina è _____. (noioso)
3. Piera è la mia sorella _____. (piccolo)
4. La vacanza in Italia è stata _____ di tutte! (corto)
5. I miei compagni di viaggio erano _____. (interessante)
6. Secondo te, tra le città italiane, Milano è _____? (grande)
7. L'autista guida _____. (lentamente)
8. La temperatura _____ è 25 gradi. (piccolo)

2 **Trasformare** Riscrivi ogni frase al superlativo indicando il contrario.

MODELLO Questa è la macchina più costosa.
Questa è la macchina meno costosa.

1. Questo è il taxi più lento della città!
2. La prima classe è la parte più affollata del treno.
3. Questa barca è il mezzo di trasporto più grande.
4. La metropolitana è il mezzo più puntuale della città.
5. L'ascensore A è più veloce dell'ascensore B.
6. Fare la valigia è più facile che disfarla (*unpacking it*).

3 **Creare** Usa gli indizi dati per creare frasi con i superlativi.

MODELLO

Superlativo assoluto: traghetto / veloce
Questo traghetto è velocissimo.
Superlativo relativo: traghetto / veloce / d'Italia
Questo traghetto è il più veloce d'Italia.

Superlativo assoluto

1. treno / sporco
2. pullman / lento
3. pensione / accogliente (*welcoming*)
4. parcheggio / caro

Superlativo relativo

5. camion / rumoroso / i mezzi di trasporto
6. ostello della gioventù / economico / alberghi
7. crociera / romantica / vacanze
8. tassista / impaziente / autisti

 Practice more at **sentieri.vhlcentral.com**.

COMUNICAZIONE

4 Mezzi di trasporto A coppie, discutete i vari mezzi di trasporto. Scrivete le vostre opinioni e poi paragonatele con le opinioni di un'altra coppia.

MODELLO

S1: *Secondo me il treno è il mezzo di trasporto più divertente.*
S2: *Secondo me l'aereo è il modo migliore di viaggiare...*

| caro | divertente | lento | pericoloso | sicuro |
| comune | economico | noioso | raro | veloce |

5 Fare shopping A coppie, create una conversazione tra un cliente che cerca una macchina nuova e la persona che vende le macchine. Discutete diversi modelli di macchine e paragonateli usando i superlativi.

MODELLO

S1: *Sto cercando la macchina meno costosa di tutte.*
S2: *Abbiamo macchine economiche, ma questa Ferrari è la macchina più elegante del mondo! È la più sicura e anche...*

6 Categorie In gruppi di tre, discutete quali persone famose rientrano (*fit*) nelle seguenti categorie. Poi riassumete le vostre opinioni e scrivete il nome della persona per ogni categoria.

Qualità	Persona famosa
il/la più elegante	
il/la più sportivo/a	
il/la più divertente	
il/la più generoso/a	
il/la più bravo/a	
il/la più fidato/a (trustworthy)	
il/la più antipatico/a	

• Form the absolute superlative of an adjective either with **molto** or by adding the suffix **-ssimo/a** to the adjective's masculine plural form.

–È stato **molto lungo** il viaggio?
–Sì, è stato lunghissimo.
–*Was the trip* ***very long?***
–*Yes, it was* ***very long.***

La nave era **molto moderna**: le camere erano **modernissime**.
The ship was ***very modern:*** *the rooms were* ***extremely modern.***

• Similarly, form the absolute superlative of an adverb either with **molto** or by dropping the final vowel and adding the suffix **-issimo**. Unlike the adjective form, this form is invariable.

Il tassista guida **molto bene**.
The taxi driver drives ***very well.***

Stavo **malissimo** in quella barca.
I was feeling ***very ill*** *on that boat.*

• Some adjectives and adverbs have irregular superlative forms in addition to their regular forms.

Irregular superlatives

Adjective	Relative superlative	Absolute superlative
buono/a	il/la migliore	ottimo/a
cattivo/a	il/la peggiore	pessimo/a
grande	il/la maggiore	massimo/a
piccolo/a	il/la minore	minimo/a

Adverb	Relative superlative	
bene	meglio di tutti	(regular only)
male	peggio di tutti	(regular only)

Il motorino è un **ottimo** mezzo di trasporto. Quali sono **le** marche **migliori**?
The scooter is an ***excellent*** *mode of transportation. What are* ***the best*** *brands?*

Il ristorante in cui abbiamo cenato ieri era **pessimo** (**molto cattivo/cattivissimo**).
The restaurant where we ate dinner last night was ***very bad.***

Provalo! **Scegli la forma corretta per completare le frasi seguenti.**

1. Questo treno è (il più / i più) veloce (che / di) tutti.
2. Il limite di velocità su quella strada era (meno basso che / bassissimo).
3. La crociera era (la più / il più) emozionante (che l' / dell') estate.
4. Questa valigia è (molto / che) pesante.
5. Il traffico alle 17.00 è (le più / il più) terribile (della /che la) giornata.
6. La bicicletta di Nicola è (la più / le più) vecchia (della / di) tutte.
7. L'albergo dove siamo stati era (carissimo / più caro di).
8. Bernardo viaggia (più / il più) spesso (di / che) tutti.

SINTESI

Ricapitolazione

1 **Paragoni** A coppie, paragonate quello che vedete nelle foto. Siate creativi e usate quanti più comparativi possibili. Lavorate poi con un'altra coppia e parlate di cosa avete scritto.

MODELLO

S1: Il taxi è più costoso del motorino.
S2: Il motorino è più divertente del taxi.

2 **Una pubblicità** In gruppi di tre, disegnate la macchina del futuro e fate una lista delle sue caratteristiche, incluso un nome. Scrivete poi una pubblicità e paragonate la vostra macchina alle macchine sul mercato di oggi.

MODELLO

S1: «Futura» ha sei ruote. Ha più ruote delle macchine di ora.
S2: È molto più veloce delle macchine disponibili oggi.

3 **Dieci anni fa** A coppie, parlate della vostra vita dieci anni fa e paragonatela alla vostra vita di oggi. Cosa fate più spesso? Cosa fate meno spesso? Fate quanti più paragoni possibili.

MODELLO

S1: Io studio più seriamente di dieci anni fa.
S2: Io leggo più libri e...

dormire	amici
fare esercizio	libri
guardare la TV	tecnologia
leggere	tempo libero
mangiare	vestiti
studiare	videogiochi

4 **Posti** In gruppi di tre, decidete quali posti nella vostra città, stato o regione rientrano (*fit*) meglio nelle seguenti categorie. Poi, come classe, paragonate i risultati. Votate per decidere su un solo posto per categoria!

MODELLO

S1: Secondo me, Columbia River Gorge è il posto più bello dell'Oregon.
S2: Sì, ma l'Oregon Coast è anche più bella.

alla moda	brutto	noioso
bello	divertente	storico

5 **Ho pochi soldi!** A coppie, create una lista di posti da raccomandare a un nuovo studente della vostra scuola. Quali sono i posti più economici per fare shopping? Quali sono i migliori per mangiare o ballare? Quali sono i peggiori e i più costosi?

MODELLO

S1: Il posto più economico per mangiare è Rudy's Diner.
S2: Un altro posto molto conveniente è Mel's Barbecue.

6 **Alla stazione** A coppie, create una conversazione tra una persona che lavora alla stazione dei treni e una persona che vuole comprare un biglietto del treno. Guardate la tabella e fate quante più domande possibili su tutte le opzioni.

MODELLO

S1: Quale treno è il più veloce da Milano a Roma?
S2: Il treno delle 15.00 è il più veloce, ma è al completo.

Partenze			ferroviario nazionale		
Partenza	**Arrivo**	**Durata viaggio**	**Tipo di biglietto**	**Prenotazione**	**Status**
14.30	18.15	3 ore 45 min.	solo prima classe	no	
15.00	18.00	3 ore	prima/ seconda	sì	completo
15.45	22.00	6 ore 15 min.	prima/ seconda	no	
16.22	20.22	4 ore	solo prima classe	sì	completo
17.00	22.20	5 ore 20 min.	prima/ seconda	no	

risorse

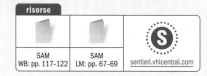

| SAM WB: pp. 117–122 | SAM LM: pp. 67–69 | sentieri.vhlcentral.com |

 **Video: TV Clip**

Lo Zapping

e.t.m. pullman turistico

La sigla e.t.m. sta per Etruria Trasporti e Mobilità. Questa azienda si occupa del° trasporto pubblico della città di Civitavecchia, in provincia di Roma. Con gli scuolabus e.t.m. i bambini di Civitavecchia vanno a scuola e con gli autobus la gente va da una parte all'altra della città. Ci sono anche i pullman e.t.m., che portano i turisti a visitare i dintorni° della città. Infatti il servizio di trasporto e.t.m. copre anche il territorio circostante°: l'Etruria. È questo l'antico nome di quella parte dell'Italia centrale dove, a partire più o meno dall'VIII secolo a.C., ha abitato il popolo degli Etruschi, più tardi inglobato° nella civiltà romana.

—Colombo! Ci serve° una soluzione!

—Ma quali caravelle° e caravelle! C'è il pullman e.t.m.!

Comprensione Rispondi alle domande.

1. Che cosa non trova Cristoforo Colombo?
2. Secondo Colombo, per che cosa stanno le lettere e.t.m.?
3. Qual è la soluzione al loro problema?
4. Dove ti porta e.t.m.?

Discussione A coppie, parlate dei seguenti temi.

1. Che cosa sapete di Cristoforo Colombo? Preparate cinque domande (dovete sapere le risposte!) e fatele a un'altra coppia. Chi sa di più?
2. Trovate altri modi originali di spiegare l'acronimo e.t.m.
3. Provate a indovinare per che cosa stanno questi acronimi italiani: F.I.A.T., R.A.I., C.A.P.

Practice more at **sentieri.vhlcentral.com.**

si occupa del *is involved in* i dintorni *surroundings* circostante *surrounding* inglobato *included* Ci serve *We need* caravelle *caravels*

Communicative Goals

You will learn how to:

- talk about travel
- talk about vacations and tourism

In vacanza

Talking Picture
Audio: Activity

Vocabolario

nell'aeroporto	*at the airport*
gli arrivi	*arrivals*
la classe turistica/economica	*tourist/economy class*
il controllo passaporti	*passport control*
il documento	*ID; document*
la dogana	*customs*
il passeggero	*passenger*
le partenze	*departures*
il ritardo	*delay*
il visto	*visa*
il volo	*flight*
andata e ritorno	*round-trip*
puntuale	*on-time*
all'estero	*abroad*

le vacanze	*vacations*
la crociera	*cruise*
il giorno festivo	*public holiday*
la settimana bianca	*ski vacation*
il villaggio turistico	*resort*
fare il ponte	*to take a long weekend*
fare la valigia	*to pack a suitcase*

gli alloggi	*lodgings*
l'albergo (a cinque stelle)	*(five-star) hotel*
l'ascensore (*m.*)	*elevator*
la chiave	*key*
il/la cliente	*customer, client*
l'ostello della gioventù	*youth hostel*
la pensione	*boarding house*
il posto disponibile	*vacancy*
il servizio in camera	*room service*
annullare	*to cancel*
prenotare	*to make a reservation*
al completo	*full; no vacancies*

l'uscita

Legge la mappa.

la spiaggia

sole e mare

Si abbronza. (abbronzarsi)

il mare

i viaggiatori

la carta d'imbarco

l'agente di viaggio

il giornale

il bagaglio a mano

Corriere

risorse

SAM
WB: pp. 122–123

SAM
LM: p. 70

sentieri.vhlcentral.com

Atterra.
(atterrare)

Decolla.
(decollare)

l'aereo

Partono in
vacanza.

Fanno la fila.

Il Mondo

Pratica

1 Analogie Scegli la parola o l'espressione che meglio completa ogni analogia.

1. abbronzarsi : spiaggia : : volare : (l'aereo / la crociera)
2. puntuale : in ritardo : : decollare : (atterrare / abbronzarsi)
3. albergo a 5 stelle : pensione : : villaggio turistico : (controllo passaporti / ostello della gioventù)
4. posto disponibile : al completo : : prenotare : (annullare / fare la valigia)
5. arrivi : partenze : : servizio in camera : (salire in ascensore / andare a un ristorante)
6. controllo passaporti : documento : : camera chiusa : (dogana / chiave)

2 Categorie Metti ogni parola nella categoria giusta.

carta d'imbarco	ostello della gioventù	spiaggia
controllo passaporti	posto disponibile	villaggio turistico
crociera	servizio in camera	volo

albergo   aeroporto   vacanza

_____   _____   _____

_____   _____   _____

_____   _____   _____

3 Abbinare Abbina ogni parola con la sua definizione.

1. _____ la chiave
2. _____ fare il ponte
3. _____ la settimana bianca
4. _____ in ritardo
5. _____ la crociera
6. _____ al completo

a. sette giorni passati a sciare
b. serve per entrare in camera
c. una vacanza in nave
d. senza disponibilità
e. non puntuale
f. prendere un lungo fine settimana di vacanza

4 Rispondere Rispondi alle domande con frasi complete. Poi, a coppie, paragonate le vostre risposte.

1. Preferisci prenotare una vacanza da un agente di viaggio o su Internet? Perché?
2. Quale posto preferisci per le vacanze: il mare, la montagna, la campagna o la città? Perché?
3. Come ti piace passare il tempo quando fai un viaggio lungo? (leggere un libro, ascoltare la musica ecc.)
4. Di solito vai in vacanza con pochi o tanti bagagli? Cosa non lasci mai a casa?
5. Sei mai stato/a all'estero? Dove?
6. Quale bagaglio a mano porti quando voli?

Practice more at **sentieri.vhlcentral.com.**

CONTESTI

Comunicazione

5 **Annunci** 🎧 Ascolta gli annunci. Poi, a coppie, abbinate ogni annuncio a una delle seguenti frasi.

1. _____ I passeggeri del pullman per Perugia stanno per (*are about to*) partire.
2. _____ I passeggeri arriveranno in ritardo a Firenze.
3. _____ I passeggeri per Chicago stanno per essere imbarcati.
4. _____ I passeggeri americani passano il controllo passaporti.
5. _____ I passeggeri per Roma stanno per partire.

6 **All'aeroporto** Lavorate a coppie. L'insegnante vi darà due fogli diversi, ciascuno con metà delle informazioni sul tabellone (*message board*) in un aeroporto. A turno, fate domande per completare i vostri tabelloni con le informazioni mancanti.

MODELLO

S1: *Di che cosa hanno bisogno i passeggeri per imbarcarsi sull'aereo?*
S2: *Hanno bisogno delle carte d'imbarco. Qual è il numero del volo di... ?*

7 **Descrizioni** A coppie, scrivete una descrizione per ogni disegno. Includete il maggior numero di dettagli possibile. Poi, con un'altra coppia, fate a turno a leggere le descrizioni dell'altra coppia e a indovinare quale disegno descrive ognuna.

MODELLO

È sera. La ragazza ha una valigia...

1.

2.

3.

4.

5.

6.

Pronuncia e ortografia

Audio: Concepts, Activities Record & Compare

🎧 The letters *d*, *l*, *p*, and *t*

dopo	me**l**a	**p**iccolo	tan**t**o

In Italian, the consonants **d**, **l**, **p**, and **t** have a slightly different pronunciation than they do in English.

data	**d**ico	**d**ormire	se**d**ia

The Italian **d** is voiced and pronounced by touching the tip of the tongue to the upper teeth, at the gum line. Unlike in English, the Italian **d** has no aspiration (audible breath) that follows.

largo	**l**etto	**l**ibro	so**l**o

The Italian **l** is pronounced in the front of the mouth. The tip of the tongue always touches the upper teeth when pronouncing **l** in Italian.

ca**p**o	**P**isa	**p**orta	**p**rendo

The English *p* is often followed by a puff of air, but the Italian **p** is never aspirated.

can**t**o	**t**ivù	**t**reno	tu**tt**o

Like **d**, the Italian **t** is pronounced with the tip of the tongue touching near the gum line of the upper teeth and is never aspirated. However, the **t** is voiceless.

🖱️🎧 Pronunciare Ripeti le parole ad alta voce.

1. tardi
2. dire
3. passare
4. lampada
5. paese
6. itinerario
7. edificio
8. lunedì
9. foto
10. dare
11. tonno
12. colazione

🖱️🎧 Articolare Ripeti le frasi ad alta voce.

1. Prendo il treno alle otto.
2. Il ragazzo di Lisa è di Torino.
3. Questo pane è duro!
4. La porta del duomo è chiusa.
5. Non trovo il dottore!
6. La lettera della zia è sul tavolo.

Chi si volta e chi si gira, sempre a casa va a finire.[2]

🖱️🎧 Proverbi Ripeti i proverbi ad alta voce.

Né di venere né di marte, non si sposa né si parte.[1]

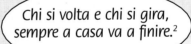

[1] One neither marries nor leaves on Friday and Tuesday.

[2] No matter where you go, home is always waiting. (lit. Those who go around and those who take trips always end up back home.)

risorse

SAM
LM: p. 71

sentieri.vhlcentral.com

Amici, romani, cittadini Video: *Fotoromanzo*

PERSONAGGI

Emily

Lorenzo

Riccardo

Viola

VIOLA Prima della fine del semestre, devi venire a casa mia con me.

EMILY Sì, mi piacerebbe vedere Capistrello insieme a te.

RICCARDO Allora devi venire anche a Bari. Da lì potremmo prendere il traghetto per la Grecia. Ho dei cugini lì.

EMILY Sei un vero viaggiatore, Riccardo.

RICCARDO Lorenzo?

LORENZO Cosa?

VIOLA Sei mai stato in Grecia?

LORENZO Sì. Ho visto quasi tutta l'Europa con mio padre. Poi, andiamo spesso a sciare a Zermatt con la famiglia della mia matrigna.

EMILY Sei stato anche negli Stati Uniti?

LORENZO No.

RICCARDO Io vorrei andare a San Francisco.

EMILY Però il viaggio in aereo da Roma è molto lungo.

VIOLA A me piacerebbe visitare New Orleans.

EMILY Un mio amico frequenta l'università lì. Potremmo andarci tutti insieme per le vacanze!

RICCARDO Francesca?

EMILY Anch'io l'ho pensato, ma non era lei.

LORENZO Io volevo presentartela, ma non mi hai dato il tempo di parlare. Si chiama Isabella. Suo padre e mio padre sono soci d'affari.

EMILY Allora era un pranzo di lavoro?

LORENZO Siamo amici. Lei sa di Francesca. Ti stavamo prendendo in giro.

VIOLA Questo non è carino, Lorenzo.

LORENZO Mi dispiace, Emily. A Isabella piace fare degli scherzi ogni tanto. Avresti dovuto vedere la tua faccia! «Chi è Francesca?»

EMILY Non mi piace questo modo di scherzare.

RICCARDO Cos'è successo con Francesca?

LORENZO È stata a Roma, ha detto che voleva vedermi. Siamo stati insieme per due anni, così ho deciso di darle un'altra possibilità. E mi ha detto che ha conosciuto un altro ragazzo.

VIOLA Un nuovo ragazzo dopo quell'altro?

1 **Chi è?** A chi si riferiscono queste affermazioni? Emily, Lorenzo, Riccardo o Viola?

1. Vuole vedere Capistrello.

2. Secondo Emily, è un vero viaggiatore.

3. Ha visto quasi tutta l'Europa.

4. Ha un amico a New Orleans.

5. Vuole conoscere meglio la storia e la cultura di Roma.

6. Deve chiedere scusa a Marcella.

7. Non ama il modo di scherzare di Lorenzo e Isabella.

8. Ha dato a Francesca un'altra possibilità.

9. Secondo Riccardo incontrerà una ragazza migliore.

10. Ha bisogno di un caffè.

 Practice more at **sentieri.vhlcentral.com**.

I ragazzi fanno progetti per le vacanze.

EMILY Nel Medioevo, la gente prendeva marmo da qui per costruire chiese, palazzi e monumenti.
VIOLA Marcella ha ragione. Dovremmo conoscere meglio la storia e la cultura di Roma mentre viviamo qui.
EMILY Dovresti chiederle scusa.
RICCARDO L'ho fatto.
EMILY Un'altra volta.

LORENZO Perché? Cos'è successo?
VIOLA Riccardo ha preso lo scooter e l'ha rotto.
RICCARDO E adesso Marcella ce l'ha con me.
VIOLA Ma dai, Riccardo, è successo martedì. Sono passati quattro giorni.
EMILY Lo stesso giorno che ti ho visto al bar con... ma chi era quella ragazza?

RICCARDO Lei non fa per te. Ne incontrerai una migliore.
EMILY Dovresti rimanere da solo per un po'. Prenditi un po' di tempo. Io mi sto divertendo così tanto. Peter non mi manca affatto.

VIOLA Lorenzo. Mi dispiace. Non avrebbe dovuto farti questo.
LORENZO Grazie.
EMILY Ho bisogno di un caffè.
RICCARDO Tutte le strade portano a un caffè.

Espressioni utili

Using the conditional

- **Mi piacerebbe vedere Capistrello.**
  I would like to see Capistrello.
- **Potremmo prendere il traghetto.**
  We could take the ferry.
- **Io vorrei andare a San Francisco.**
  I'd like to go to San Francisco.
- **Dovremmo conoscere meglio la storia e la cultura di Roma.**
  We should learn more about Roman history and culture.
- **Dovresti chiederle scusa.**
  You should apologize to her.
- **Avresti dovuto vedere la tua faccia.**
  You should have seen your face.
- **Non avrebbe dovuto farti questo.**
  She shouldn't have done that to you.

Additional vocabulary

- **Medioevo** | **marmo**
  Middle Ages | *marble*
- **soci d'affari**
  business partners
- **Sono passati quattro giorni.**
  It's been four days.
- **Ti stavamo prendendo in giro.**
  We were pulling your leg.
- **Questo non è carino.**
  That's not nice.
- **Ho deciso di darle un'altra possibilità.**
  I decided to give her another chance.
- **Lei non fa per te.**
  She's not good for you.
- **Ne incontrerai una migliore.**
  You'll find someone better.
- **Io mi sto divertendo così tanto. Peter non mi manca affatto.**
  I'm having so much fun. I don't miss Peter at all.

2 **Per parlare un po'** Emily, Viola, Lorenzo, Riccardo, Massimo e Paolo decidono di fare una vacanza insieme. In gruppi di tre, scrivete un paragrafo in cui indicate la data della partenza, la destinazione, la lunghezza del viaggio, i mezzi di trasporto che prenderanno, dove alloggeranno e qualsiasi altro dettaglio necessario.

3 **Approfondimento** Riccardo dice che «tutte le strade portano a un caffè». Questa espressione ricorda il celebre modo di dire «tutte le strade portano a Roma». Traduci questa frase, poi fai una ricerca e spiega che cosa vuole dire. Trova anche il nome di tre importanti strade romane. Presenta la tua risposta alla classe.

risorse

SAM
VM: pp. 31–32

DVD
Puntata 16

sentieri.vhlcentral.com

ATTIVITÀ

IN PRIMO PIANO

Una vacanza su misura°

Dove alloggiare° in Italia? Albergo, ostello o pensione? È difficile rispondere a questa domanda in un paese che offre attrattive molto varie.

In molte regioni, ad esempio, per rilassarsi esistono zone termali° dove ci si può° rilassare e divertire. Chi invece ama la natura deve sapere che il 15% del territorio italiano è Parco Nazionale: mare, montagna, boschi° e colline° dove fare escursioni, visite naturalistiche e sport. Il modo migliore per vivere una vacanza rilassante è alloggiare in un agriturismo, cioè una fattoria° che affitta stanze e serve cibo prodotto dal padrone di casa°: un modo per conoscere le specialità tipiche a prezzi abbastanza economici!

Se invece visitate una città, potete scegliere fra alberghi, pensioni, ostelli o Bed & Breakfast. Gli ostelli, la sistemazione° più economica e amata dai giovani, offrono sistemazioni in camerate° fino a 20 letti, anche se quasi tutti hanno camere private con due e quattro letti. Il bagno è in comune, ma in alcuni ostelli si può avere anche una camera con bagno privato. Costando poco, gli ostelli sono spesso al completo ed è meglio prenotarli in anticipo°.

Anche i B&B, camere in case private con colazione inclusa, sono economici e molto diffusi, ma a volte sono in realtà hotel costosi. Un'alternativa, più comune nelle località turistiche di mare o di montagna, è la pensione, cioè un albergo di media categoria che offre la possibilità di cenare (mezza pensione) o cenare e pranzare (pensione completa), a buon prezzo e in un'atmosfera casalinga° e informale.

Quanto agli° alberghi, ce ne sono dappertutto, per tutte le esigenze° e tutti i prezzi. Non rimane che° fare le valigie!

su misura *custom-made* **alloggiare** *to stay* **zone termali** *spas* **ci si può** *one can*
boschi *woods* **colline** *hills* **fattoria** *farm* **padrone di casa** *owner*
sistemazione *accomodation* **camerate** *dormitories* **in anticipo** *in advance*
casalinga *homey* **Quanto agli** *As for* **esigenze** *requirements*
non rimane che *there's nothing left to do but*

Cosa offre un...

	PASTI	BAGNO	SISTEMAZIONE	PREZZO MEDIO PER NOTTE
Ostello	No	Non sempre	Camerata	€17
Agriturismo	Prodotti tipici	Non sempre	Camera-appartamento	€25
B&B	Colazione	Non sempre	Camera	€60
Pensione	Colazione; possibilità di pranzo e cena	60% delle camere	Camera	€30
Albergo 3 stelle	Colazione; possibilità di ristorante	80% delle camere	Camera	€70

FONTI: voyagertraveller.com, bbplanet.it, romaonline.net, ostellionline.org

1 **Vero o falso?** Indica se l'affermazione è **vera** o **falsa**. Correggi le affermazioni false.

1. In Italia esistono molte zone termali.
2. Non ci sono molte possibilità di organizzare una vacanza a contatto con la natura.
3. Tutti i Parchi Nazionali italiani sono in montagna.
4. In un agriturismo si possono trovare e comprare prodotti tipici di una regione.
5. Ci sono degli agriturismi anche nelle città.
6. Negli ostelli ci sono solo camerate con i bagni in comune.
7. Gli ostelli sono spesso al completo e bisogna prenotarli in anticipo.
8. A volte, degli alberghi si presentano come B&B.
9. Le pensioni sono solo nelle grandi città.
10. Non è difficile trovare un albergo in Italia.

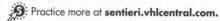

Practice more at **sentieri.vhlcentral.com**.

L'ITALIANO QUOTIDIANO

Oh, no! I negozi sono chiusi!

Capodanno	*1 gennaio*
Epifania	*6 gennaio*
Pasqua e Pasquetta°	*marzo-aprile*
Festa della Liberazione	*25 aprile*
Festa del Lavoro	*1 maggio*
Festa della Repubblica	*2 giugno*
Ferragosto	*15 agosto*
Ognissanti°	*1 novembre*
Immacolata Concezione	*8 dicembre*
Natale	*25 dicembre*
Santo Stefano	*26 dicembre*
Festa del Santo Patrono	*differente in ogni città*

Pasqua e Pasquetta *Easter Sunday and Monday* **Ognissanti** *All Saints' Day*

COSTUMI E USANZE

Un fine settimana diverso

Dove vanno gli italiani per scoprire il proprio paese?

Le **escursioni naturalistiche** (laghi, colline o piccole isole) sono molto amate e spesso diventano **escursioni gastronomiche**: come non assaggiare la cioccolata piemontese o la pasta con le sarde° alla siciliana?

Chi ama l'arte° organizza invece brevi viaggi in **piccole cittadine** come le città medievali dell'Umbria o del Veneto. E se il giorno di vacanza è uno solo? Beh, ogni **grande città** è circondata° da luoghi poco noti° ma che valgono° un viaggio: in realtà il problema più grande è decidere dove andare.

sarde *pilchards (fish similar to sardines)* **Chi ama l'arte** *Art lovers*
circondata *surrounded* **noti** *known* **valgono** *are worth*

RITRATTO

San Clemente: 900 anni di turismo

La vita nel Medioevo era diversa da quella di oggi, ma una cosa è rimasta uguale: la voglia di viaggiare e la necessità di trovare poi un posto dove dormire.

La gente allora viaggiava per affari o per i pellegrinaggi°. Uno degli scali° internazionali più importanti era il porto di Venezia. La città non era grande, così molte piccole isole della laguna erano usate come «ospitali», cioè edifici per ospitare° i viaggiatori che aspettavano la loro nave. Spesso questi ospitali erano gestiti° da monaci°, perciò vicino all'albergo c'era spesso un monastero. Uno di questi era sull'isola di **San Clemente**.

La prima traccia° di un albergo a San Clemente è del 1131. La chiesa che esiste ancora oggi è del 1311 e durante il '700° i monaci hanno continuato a decorare la chiesa e a costruire edifici e giardini. Oggi, dopo un lavoro di restauro°, l'isola è ancora un albergo, dov'è possibile alloggiare negli stessi spazi usati dai turisti di 900 anni fa.

pellegrinaggi *pilgrimages* **scali** *ports of call* **ospitare** *to provide lodging for* **erano gestiti** *were run* **monaci** *monks* **traccia** *sign; trace* **il '700** *the 1700s* **restauro** *restoration*

SU INTERNET

Cerca i nomi di tre famose spiagge italiane e trovale su una mappa.

Go to **sentieri.vhlcentral.com** to find more information related to this **CULTURA**.

---

2   **Completare** Completa le frasi.

1. Nel Medioevo la gente viaggiava per _____ e per i pellegrinaggi.

2. San Clemente è un'isola nella _____ di Venezia.

3. Dal _____ esiste un «ospitale» a San Clemente.

4. La Festa della Repubblica si festeggia il _____.

5. La _____ è un piatto tipico della Sicilia.

6. Nel Veneto e nell'Umbria è possibile visitare molte città _____.

3   **A voi** A coppie, discutete le seguenti domande.

1. Preferisci una vacanza culturale, rilassante o naturalistica?

2. Hai mai fatto una vacanza in un agriturismo? E in una zona termale? Se sì, prova a descriverla. Se no, prova a immaginare se potrebbe (*could*) piacerti.

3. Quale regione d'Italia vorresti (*would you like*) visitare? Perché?

risorse

sentieri.vhlcentral.com

STRUTTURE

8B.1 The present conditional

Punto di partenza The present conditional (**il condizionale presente**) expresses what you *would* do or what *would* happen under certain circumstances. As in English, the conditional is also used to express polite requests in Italian.

Mi piacerebbe vedere Capistrello insieme a te.

Io vorrei andare a San Francisco.

- The conditional in Italian uses the same verb stems as the future tense (see **Lezione 7A**); only the endings are different.

Condizionale presente

	parlare	leggere	dormire
io	parlerei	leggerei	dormirei
tu	parleresti	leggeresti	dormiresti
Lei/lui/lei	parlerebbe	leggerebbe	dormirebbe
noi	parleremmo	leggeremmo	dormiremmo
voi	parlereste	leggereste	dormireste
loro	parlerebbero	leggerebbero	dormirebbero

A Firenze **parleremmo** sempre l'italiano.
*In Florence **we would** always **speak** Italian.*

Dormirei qui, ma non c'è una camera disponibile.
I would sleep here, but there is no vacancy.

- As with the future tense, remember to change **a** in the stem of **-are** verbs to **e** in the conditional.

Prenoterebbero la camera doppia?
Would they reserve the double room?

Mi abbronzerei, ma non andiamo in spiaggia.
I would get a tan, but we aren't going to the beach.

- Note that the spelling changes for forming the future tense of verbs ending in **-care**, **-gare**, **-ciare**, and **-giare** apply to the conditional as well.

Non **dimenticherebbe** i Suoi bagagli a mano.
You would not **forget** your carry-on luggage.

Mangeremmo qui, ma non c'è il servizio in camera.
We would eat here, but there is no room service.

PRATICA

1 Completare Completa le frasi seguenti con la forma corretta del condizionale.

1. Io _____ (fare) una prenotazione in un albergo a cinque stelle, ma non ho abbastanza soldi.
2. Gli amici _____ (noleggiare) una Ferrari, ma io preferisco viaggiare in pullman.
3. Tu _____ (viaggiare) sempre in prima classe, ma la tua famiglia preferisce la seconda.
4. Tu e Ilaria _____ (prendere) un taxi, ma Gino vuole andare in metropolitana.
5. Noi _____ (cercare) un meccanico, ma tu vuoi riparare la macchina da solo.
6. Chiara _____ (parcheggiare) all'aeroporto, ma costa troppo.
7. I passeggeri _____ (essere) pronti, ma l'aereo è in ritardo.
8. Tu _____ (comprare) un biglietto andata e ritorno, ma non sai quanto starai via.

2 Trasformare Riscrivi le frasi seguenti usando il condizionale.

1. Susanna si abbronza sulla spiaggia.
2. Amilcare e Daniela partono per l'Italia.
3. Io dormo in un ostello della gioventù.
4. Le piace andare all'estero.
5. Ti aspetto al controllo passaporti.
6. Bevi tanta acqua sulla spiaggia.
7. Vogliamo prenotare la pensione «Mariuccia».
8. Il vigile mi fa la multa.

3 Creare Crea delle frasi complete per dire cosa farebbero queste persone. Usa il condizionale presente.

1. noi / andare in vacanza oggi
2. i genitori / passare la giornata in albergo
3. il traffico / bloccare la città
4. tu / ordinare il servizio in camera
5. Gianni / visitare tutti i musei
6. voi / perdere la chiave
7. io / rispettare il limite di velocità
8. tu / usare i tergicristalli quando piove

 Practice more at **sentieri.vhlcentral.com.**

COMUNICAZIONE

4 **Un milione di euro** A coppie, immaginate di avere un milione di euro. A turno, fate le seguenti domande e dite se fareste o no queste cose.

MODELLO

S1: Voleresti in prima classe?
S2: No! È uno spreco (*waste*) di soldi. Però mangerei in ristoranti di lusso…

1. Faresti una crociera intorno al mondo?
2. Chiederesti il servizio in camera?
3. Prenoteresti un albergo a quattro o cinque stelle?
4. Assumeresti (*Would you hire*) un autista personale?
5. Noleggeresti una Lamborghini decapottabile (*convertible*)?
6. Partiresti per una vacanza di sei mesi?

5 **Un mondo migliore?** In gruppi di tre, dite come sarebbe il mondo senza le cose elencate. Usate le idee date e anche delle idee vostre.

MODELLO compiti

Senza compiti, gli studenti sarebbero molto felici!

aerei	telefoni
computer	televisione
macchine	…

6 **Tempo a disposizione** A coppie, nominate cinque posti che vorreste visitare con tanto tempo a disposizione (*available*). Cosa fareste in quei paesi o in quelle città? Paragonate poi le vostre risposte come classe: qual è la destinazione più popolare?

MODELLO

S1: Io andrei a Capri e passerei la giornata al mare.
S2: Io andrei sulle Alpi, in una località montana, e scierei.

• Verbs with irregular stems in the future use the same irregular stems in the conditional.

Ci **andresti** con un biglietto di andata e ritorno.
You would go *there with a round-trip ticket.*

Sarebbe meglio partire in anticipo. **Vorrei** essere puntuale.
It would be *better to leave early.* ***I would like*** *to be on time.*

• Use the conditional to make a polite request or to soften a question or demand.

Vorrei vedere il Suo passaporto. Me lo **darebbe**, per favore?
I would like *to see your passport.* ***Would you give*** *it to me, please?*

Sarebbe possibile prenotare una camera con bagno?
Would it be *possible to reserve a room with a bathroom?*

• To introduce a phrase explaining why a conditional action might not be carried out, use the conjunction **ma** (*but*).

Leggerei la mappa prima di partire, **ma non la trovo**.
I would read the map before leaving, ***but I can't find it.***

Starebbe in un ostello della gioventù, **ma vuole una camera singola**.
She would stay in a youth hostel, ***but she wants a single room.***

• Note that in English *would* can also mean *used to*, in the sense of past habitual action. However, to express past habitual actions in Italian, remember to use the imperfect.

Anni fa, **facevamo** una crociera ogni estate.
Years ago, ***we would (used to) go*** *on a cruise every summer.*

BUT   **Faremmo** una crociera domani, ma non abbiamo soldi.
We would go *on a cruise, tomorrow, but we have no money.*

 ATTREZZI
In **Lezione 6B**, you learned how to use the **imperfetto** to describe what *used to* happen.

Provalo! | **Indica la forma corretta del condizionale per ciascuno dei verbi indicati.**

 1. io (mandare, perdere, finire) *manderei, perderei, finirei*

2. Luisa (andare, volere, preferire) _____

3. tu e Gabriele (dire, bere, vedere) _____

4. loro (lavorare, scegliere, cominciare) _____

5. tu (alzarsi, potere, servire) _____

6. noi (avere, giocare, pulire) _____

7. Antonio (parlare, essere, dimenticare) _____

8. voi (potere, mangiare, pagare) _____

STRUTTURE

8B.2 The past conditional

Punto di partenza The past conditional (**il condizionale passato**) is equivalent to *would have talked/gone/made, etc.* in English. It is used to talk about hypothetical situations in the past.

Sarei restata un'altra notte, ma l'albergo era al completo.
I would have stayed another night, but the hotel was full.

Avrei prenotato in anticipo, ma non avevo i soldi.
I would have reserved early, but I didn't have the money.

● To form the past conditional tense of a verb, use the present conditional of **avere** or **essere** + [*past participle*]. Use the same auxiliary verb (**avere** or **essere**) as you would use with that verb in the **passato prossimo**.

Condizionale passato

	leggere	partire
io	avrei letto	sarei partito/a
tu	avresti letto	saresti partito/a
Lei/lui/lei	avrebbe letto	sarebbe partito/a
noi	avremmo letto	saremmo partiti/e
voi	avreste letto	sareste partiti/e
loro	avrebbero letto	sarebbero partiti/e

Sei ancora qui? Io **sarei** già **partita** per la festa.
You're still here? I would have left for the party already.

Avrebbe letto il romanzo in spiaggia, ma l'aveva già perso.
She would have read the novel at the beach, but she had already lost it.

● Remember that the past participle of verbs that take **essere** must agree with the subject in gender and number.

Anna, ti **saresti messa** una giacca o una felpa?
Anna, would you have put on a jacket or a sweatshirt?

I ragazzi **sarebbero stati** in vacanza, ma il volo è stato cancellato.
The boys would have been on vacation, but the flight was cancelled.

PRATICA

1 **Completare** Completa le frasi con la forma corretta del condizionale passato.

1. Il nostro gruppo _____ (noleggiare) una macchina grande.
2. Noi _____ (chiedere) informazioni al vigile.
3. Gli aerei _____ (decollare) in orario.
4. Giulio _____ (fare benzina) regolarmente.
5. Tu _____ (aspettare) due ore alla dogana.
6. Io _____ (partire) a luglio.
7. Tu e Valeria _____ (convalidare) i biglietti.
8. Loro _____ (riparare) le macchine.

2 **Trasformare** Riscrivi le frasi. Cambia il condizionale presente in condizionale passato.

1. Comprerebbero una piantina (*street map*) della città.
2. Telefoneresti al meccanico.
3. L'aereo atterrerebbe alla pista numero tre.
4. La padrona della pensione porterebbe degli asciugamani puliti.
5. Cambierei la gomma bucata.
6. Prenderemmo l'autostrada.
7. Vi abbronzereste in montagna.
8. Registreresti il cliente.

3 **Creare** Usa le parole di ogni colonna per creare frasi complete al condizionale passato. Aggiungi le parole che vuoi per completare le frasi.

MODELLO

L'aereo sarebbe decollato in tempo, ma un passeggero era malato.

A	B	C
io	abbronzarsi	costare troppo
tu	arrivare in orario	dover lavorare
l'aereo	comprare i biglietti	essere chiuso/a
noi	decollare in tempo	essere al completo
l'autista	fare la fila	essere in panne
Fabio e Lidia	fare il ponte	essere malato/a
tu e io	fare una prenotazione	fare freddo
tu e i tuoi amici	noleggiare una macchina	non avere tempo
l'agente di viaggi	parcheggiare all'albergo	preferire un taxi

 Practice more at **sentieri.vhlcentral.com**.

COMUNICAZIONE

4 **Situazioni** A coppie, leggete ciascuna situazione e dite cosa avreste fatto voi in quella circostanza.

MODELLO Hai lasciato la valigia sull'aereo.

S1: *Sarei tornato sull'aereo per cercarla.*
S2: *Avrei chiesto aiuto a un assistente di volo.*

1. Non trovavi il passaporto.
2. Hai preso la valigia di un'altra persona.
3. Hai dimenticato di prenotare il pasto vegetariano.
4. La persona accanto a te in aereo ha russato (*snored*) tutta la notte.
5. Avevi un appuntamento importante e il treno era terribilmente in ritardo.
6. Hai dimenticato di timbrare il biglietto del treno.

5 **Una vacanza fantastica** In gruppi di tre, immaginate che un gruppo di amici con gusti molto diversi dai vostri abbiano fatto (*took*) un viaggio in Italia. Oggi vi raccontano cosa hanno fatto. E voi? Cosa avreste fatto? Usate queste foto e aggiungete idee vostre.

MODELLO

S1: *Io avrei passato tutti i giorni sulla spiaggia.*
S2: *Io avrei prenotato quell'albergo...*

6 **La mia vita** A coppie, parlate di cosa avreste fatto di diverso nel passato. Scrivete almeno cinque cose. Poi, come classe, paragonate le vostre idee: ci sono molti rimpianti (*regrets*) in comune?

MODELLO

S1: *Io avrei studiato di più al liceo.*
S2: *Io avrei passato più tempo con i miei amici...*

● Use the past conditional to talk about what *would have* happened or what someone *would have* done under certain conditions.

Avrei portato il regalo, ma ho perso i miei bagagli.
I would have brought the gift, but I lost my luggage.

Sarebbe stato più facile andare da un agente di viaggio.
It would have been easier to go to a travel agent.

Sarebbero andati all'estero, ma non avevano il visto.
They would have gone abroad, but they didn't have a visa.

Avremmo speso meno soldi per l'albergo.
We would have spent less money for the hotel.

Pina **sarebbe arrivata** prima, ma ha perso la chiave della stanza.
*Pina **would have arrived** earlier, but she lost the room key.*

Giulio non **avrebbe perso** la chiave.
*Giulio **would** not **have lost** the key.*

● When restating what someone else said (indirect discourse), use the past conditional to express a future action from the perspective of the past. This is unlike English, which uses the present conditional in such situations.

direct discourse	indirect discourse
Hai affermato: «Porteranno le carte d'imbarco». *You asserted: "They will bring the boarding passes."*	Hai affermato che **avrebbero portato** le carte d'imbarco. *You asserted that **they would bring** the boarding passes.*
Ugo ha detto: «Arriverò alle tre». *Ugo said, "I will arrive at 3:00."*	Ugo ha detto che **sarebbe arrivato** alle tre. *Ugo said **he would arrive** at 3:00.*

Provalo! Indica la forma corretta del condizionale passato di ogni verbo indicato.

1. Vittoria (fare, leggere, partire) _____ *avrebbe fatto, avrebbe letto, sarebbe partita*
2. io (andare, prepararsi, ricevere) _____
3. voi (sentire, guardare, credere) _____
4. tu (uscire, regalare, essere) _____
5. io e i miei amici (controllare, rimanere, sapere) _____
6. tu e Filomena (dormire, votare, passeggiare) _____
7. Luca (chiudere, vedere, svegliarsi) _____
8. noi (sperare, diventare, offrire) _____

8B.3 Dovere, potere, and volere in the conditional

Punto di partenza The verbs **dovere**, **potere**, and **volere** have special meanings in the present and past conditional tenses.

- As you learned in **Strutture 8B.1**, present conditional forms are often used to soften the force of a request or suggestion. These forms are commonly used with **dovere**, **potere**, and **volere**.

Vorrei un caffè, per piacere.
I would like a coffee, please.

Tina, **potresti aiutarmi**?
Tina, could you help me?

Potremmo prendere il traghetto per la Grecia.

Dovresti chiederle scusa.

- The conditional of **dovere** can be expressed with *should* or *ought to* in English. Its meaning is slightly less forceful than the present indicative, which implies duty or obligation.

Dovreste fare la fila.
You should wait in line.

Dovete fare la fila.
You must wait in line.

- When used in the past conditional, **dovere** is equivalent to *should have* or *ought to have* in English.

Ragazzi, **avreste dovuto** aspettare due ore?
Guys, should you have waited two hours?

Avremmo dovuto fare la fila. Adesso non ci sono più biglietti!
We should have waited in line. Now there are no more tickets!

- The present conditional of **potere** means *could* or *might*, in contrast to the present indicative *can* or *may*.

Potremmo fare il ponte?
Could we take a long weekend?

Possiamo fare il ponte?
Can we take a long weekend?

- When used in the past conditional, **potere** is equivalent to *could have* in English.

Avremmo potuto fare il ponte! Perché siamo venuti al lavoro?
We could have taken a long weekend! Why did we come to work?

Non avreste potuto conoscere il nuovo capo. È arrivato oggi.
You couldn't have met the new boss. He arrived today.

PRATICA

1 Scegliere Scegli la forma corretta di **dovere**, **potere** o **volere** per completare la conversazione.

SONIA Scusa, (1.) (potresti / dovreste) aiutarmi con il bagaglio a mano?

ANNA Certo! Ecco qui... dove vai?

SONIA Vado alle Cinque Terre.

ANNA Bello! (2.) (Vorrei / Dovreste) visitarle anch'io!

SONIA (3.) (Dovrei / Dovresti)! Sono bellissime!

ANNA Ho fame. (4.) (Vorrei / Vorresti) qualcosa da mangiare? In prima classe c'è un ottimo ristorante.

SONIA D'accordo, andiamo! Poi forse noi (5.) (potremmo / dovrebbero) stare un po' in prima classe.

ANNA Viaggiare in prima classe è il mio sogno. I biglietti (6.) (potreste / dovrebbero) costare meno così sarebbe fattibile (*feasible*) per noi!

2 Completare Decidi se il contesto di ogni frase vuole **dovere**, **potere** o **volere** al condizionale. Poi completa le frasi.

1. Io _____ tanto andare in vacanza con voi!

2. Mi scusi, signora, _____ aiutarmi con la valigia?

3. La settimana bianca è finita. Ora tu _____ davvero ricominciare a lavorare!

4. Per favore, ragazzi, _____ allacciarvi la cintura di sicurezza?

5. Noi _____ partire con te, ma non possiamo.

6. Loro _____ controllare se hanno tutti i documenti prima di partire.

7. Laura lavora a giugno e ad agosto, ma _____ andare in crociera a luglio.

8. Io _____ chiamare un taxi; è troppo tardi per andare a piedi.

3 Creare Crea frasi al condizionale presente o passato usando gli indizi dati.

1. io / potere pagare la multa per te (presente)

2. tu e Giacomo / dovere accendere i fari (presente)

3. io / volere portare un bagaglio a mano (passato)

4. i miei genitori / volere comprare una barca (presente)

5. tu / potere cambiare la prenotazione (passato)

6. noi / dovere presentare la patente al vigile (passato)

 Practice more at **sentieri.vhlcentral.com**.

COMUNICAZIONE

4 Programmi di viaggi A coppie, parlate di alcuni viaggi che vorreste fare e discutete se potreste o dovreste farli. Spiegate perché andreste o non andreste. Ciascuno di voi dovrebbe parlare di almeno tre viaggi diversi.

MODELLO

S1: Io vorrei andare a sciare in Italia.
S2: Vorrei venire anch'io, ma devo stare a casa a studiare.

5 Passeggeri A coppie, guardate i disegni di questi passeggeri. Sceglietene uno e create una conversazione che quel passeggero potrebbe avere con un compagno di viaggio. Usate **dovere**, **volere** e **potere** il più possibile.

MODELLO

S1: Va a Milano?
S2: Sì.
S1: Dovrebbe visitare il teatro alla Scala e vedere un'opera.
S2: Mi piacerebbe molto! Potrebbe dirmi di più sulla città?

6 La vostra lista Crea una lista di cose che vorresti e non vorresti fare la settimana prossima. Poi, a coppie, paragonate le vostre liste e parlate delle vostre attività. Create una lista combinata da presentare alla classe.

MODELLO

S1: Mi piacerebbe andare a trovare mia nonna.
S2: Che bello! Potresti stare un fine settimana intero?
S1: Sarebbe bello, ma devo studiare per un esame.

- The present conditional of **volere** means *would like*, in contrast to the more direct *want* of the present indicative.

  Vorrei fare una crociera.
  I would like to go on a cruise.

  Voglio fare una crociera.
  I want to go on a cruise.

- When used in the past conditional, **volere** is equivalent to *would have liked* in English.

  Avrei voluto fare una crociera, ma invece sono andata in montagna.
  I would have liked to go on a cruise, but I went to the mountains instead.

  I miei amici non **avrebbero voluto** fare la crociera con me.
  My friends **would** not **have liked** to go on the cruise with me.

- As in the **passato prossimo**, the choice of whether to use **essere** or **avere** with **dovere**, **potere**, and **volere** in the past conditional should be determined by the infinitive that follows it, although the use of **avere** in all cases is becoming more common. Use **avere** if there is no infinitive at all.

  Signorina, **avrebbe voluto visitare** i monumenti?
  Miss, **would you have liked to visit** the monuments?

  Sarebbero potuti andare in città, ma sono andati in spiaggia.
  They could have gone to the city, but they went to the beach.

ATTREZZI

In **Lezione 6B**, you learned that **dovere**, **potere**, and **volere** also have special meanings in the **passato prossimo** and the **imperfetto**.

Provalo! Completa la tabella con la forma corretta del condizionale presente o passato.

Condizionale presente:

		potere	dovere	volere
1.	io	potrei	dovrei	_____
2.	tu	potresti	_____	vorresti
3.	Lei/lui/lei	_____	dovrebbe	vorrebbe
4.	noi	_____	dovremmo	_____
5.	voi	potreste	_____	_____
6.	loro	potrebbero	_____	vorrebbero

Condizionale passato:

		potere	dovere	volere
7.	io	avrei potuto	_____	_____
8.	tu	_____	avresti dovuto	avresti voluto
9.	Lei/lui/lei	_____	avrebbe dovuto	_____
10.	noi	avremmo potuto	_____	avremmo voluto
11.	voi	_____	avreste dovuto	_____
12.	loro	avrebbero potuto	_____	avrebbero voluto

SINTESI

Ricapitolazione

1 **Situazioni** A coppie, scegliete tre situazioni relative ai viaggi. Poi immaginate cosa farebbero tre persone diverse in queste situazioni.

Situazioni	Persone
albergo al completo	il presidente
bagagli persi	i tuoi amici
gomma bucata	l'insegnante d'italiano
incidente sull'autostrada	un attore di Hollywood
macchina in panne	l'Uomo Ragno (*Spiderman*)
partenza in ritardo	tuo padre

2 **Consigli per viaggiare** A coppie, create una lista di consigli per delle persone che vengono a visitare la vostra città. Quale mezzo di trasporto dovrebbero prendere? Dove dovrebbero stare? Cosa dovrebbero visitare? Date almeno cinque consigli. Poi paragonate la vostra lista con quella d'un altro gruppo.

MODELLO

S1: *Dovrebbero venire in macchina, perché non c'è un aeroporto vicino alla città.*
S2: *Dovrebbero stare almeno tre giorni. Potrebbero visitare...*

3 **Il mio ultimo viaggio** In gruppi di tre, parlate dell'ultimo viaggio che avete fatto. Cosa fareste di nuovo? Cosa non fareste mai più? Cosa avreste dovuto fare? Cosa vorreste fare la prossima volta?

MODELLO

S1: *Io sono andato a New York. Starei nello stesso albergo, ma dovrei prenotare prima.*
S2: *Io sono andata in California. Non avrei dovuto visitare Los Angeles per prima, perché non ho avuto tempo per le altre città. La prossima volta vorrei...*

4 **Cosa potrebbe succedere?** Lavorate a coppie. L'insegnante vi darà due fogli diversi, ciascuno con metà delle informazioni su situazioni e possibili risultati. Fate domande a turno per completare tutte le informazioni.

MODELLO

S1: *La macchina è in panne.*
S2: *Dovresti chiamare un meccanico!*

5 **Un lungo fine settimana** A coppie, parlate di un vostro lungo fine settimana. Cosa vi sarebbe piaciuto fare ma non avete fatto? Cosa non avreste voluto fare? Date almeno tre esempi per ciascuna categoria.

MODELLO

S1: *Sarei voluta andare alla spiaggia e non avrei voluto dormire in un ostello.*
S2: *Mi sarebbe piaciuto dormire di più. Non avrei voluto studiare durante quel fine settimana!*

6 **Un'inchiesta** L'insegnante ti darà un foglio con diverse categorie relative ai viaggi. Chiedi ai tuoi compagni di classe cosa raccomanderebbero per ciascuna categoria. Poi, come classe, discutete i risultati.

MODELLO

S1: *Dove andresti per visitare la città più interessante?*
S2: *Io andrei a Firenze. C'è così tanta arte!*

7 **Giro d'Italia** A coppie, parlate di un viaggio che vorreste fare in Italia. Guardate le foto e discutete il vostro itinerario. Dove vorreste cominciare? Come viaggereste? Cosa fareste in ogni città?

MODELLO

S1: Io andrei a Pompei.
S2: Buon'idea! Dovremmo viaggiare in prima classe o in classe economica?

Pompei

1. Roma

2. Pisa

3. Assisi

4. Firenze

5. Cinque Terre

6. Milano

8 **Tanti soldi e tanto tempo!** In gruppi di tre, discutete cosa potreste fare e comprare con molti soldi e tempo a disposizione. Discutete almeno cinque idee. Poi paragonate la vostra lista con la classe.

MODELLO

S1: Io comprerei una macchina nuova.
S2: Io cercherei una casa enorme con sei camere da letto.
S3: Io viaggerei e andrei nei paesi più lontani.

Comprare	dei vestiti, una casa, apparecchi elettronici, ...
Visitare	gli Stati Uniti, l'Italia, ...
Aiutare	la famiglia, gli amici, i poveri, ...

Il mio dizionario

Aggiungi al tuo dizionario personalizzato cinque parole relative al trasporto e alle vacanze.

timbrare

traduzione
to stamp

categoria grammaticale
verbo

uso
Non dimenticare di timbrare il biglietto prima di salire sul treno!

sinonimi
bollare, convalidare

antonimi
/

risorse

| SAM WB: pp. 125–130 | SAM LM: pp. 72–74 | sentieri.vhlcentral.com |

Panorama

Interactive Map Reading

Burano

Murano

Venezia

La città in cifre

▶ **Superficie delle acque:** *398.888 kmq*

▶ **Superficie della terra:** *15.684 kmq*

▶ **Superficie totale:** *414.573 kmq*

▶ **Popolazione:** *270.098*

▶ **Numero di canali:** *circa 150*

▶ **Numero di ponti:** *più di 400*

Venezia è una città come nessun'altra. Costruita su più di cento isole nella laguna di Venezia, è fatta di ponti e canali invece che di strade e viali. Sin dal Medioevo, nell'epoca della Serenissima Repubblica, Venezia è sempre stata una meta° di viaggiatori e commercianti, provenienti da° paesi lontani e dalle altre regioni italiane. Questa città romantica e misteriosa è veramente un posto unico!

▶ **Da non perdere:** *la Basilica di San Marco, il Ponte di Rialto, il Ponte dei Sospiri, il Canal Grande, il Palazzo Ducale, la Peggy Guggenheim Collection, Ca' Pesaro*

Veneziani celebri

▶ **Antonio Vivaldi,** *prete° e compositore (1678–1741)*

▶ **Carlo Goldoni,** *drammaturgo° e scrittore (1707–1793)*

▶ **Giacomo Casanova,** *avventuriero° e scrittore (1725–1798)*

▶ **Carla Thorneycroft,** *baronessa, filantropa e mecenate° (1914–2007)*

▶ **Mago Silvan,** *illusionista° (1935–)*

▶ **Monica «Moony» Bragato,** *musicista (1980–)*

il ponte di Rialto

VIA DELLA LIBERTÀ

Laguna Veneta

Canale delle Fondamente Nuove

Isola di San Michele

Madonna dell'Orto

Il Ghetto

Isola del Tronchetto

Parco Savorgnan

Ponte degli Scalzi

Il Canal Grande

Stazione di Santa Lucia

Ponte degli Scalzi

Ca' d'Oro

Piazzale Roma

Giardini Papadopoli

Ca' Pesaro

Ponte della Costituzione

Santa Maria Gloriosa dei Frari

Ponte di Rialto

Campo dei Santi Giovanni e Paolo

Scuola di San Giorgio degli Schiavoni

Arsenale

Rio Terà dei Pensieri

Scuola Grande di San Rocco

Campo San Polo

Mercato di Rialto

Piazza San Marco

il Palazzo Ducale RIVA DEGLI SCHIAVONI VIA GARIBALDI

Isola di San Pietro

Canale di Fusina

Gallerie dell'Accademia

Ponte dell'Accademia

Basilica de San Marco

Canale di San Marco

Sacca Fisola

Collezione P. Guggenheim

Basilica di Santa Maria della Salute

Chiesa di San Giorgio Maggiore

Canale della Grazia

Giardini Pubblici

Canale della Giudecca

Chiesa del Redentore

La Giudecca

Parco delle Rimembranze

le famose gondole

la basilica di San Marco

Incredibile ma vero!

Un fenomeno tipico di Venezia è quello dell'«acqua alta». In autunno e in inverno l'alta marea° può inondare° parzialmente la città. Durante le maree più intense (che possono raggiungere i 140 cm o più), il comune attrezza la città con delle passerelle° e le persone possono comunque muoversi come se niente fosse°!

meta *destination* **provenienti da** *coming from* **prete** *priest* **drammaturgo** *playwright* **avventuriero** *adventurer* **filantropa** *philanthropist* **e mecenate** *philanthropist and patron of the arts* **illusionista** *magician* **marea** *tide* **inondare** *flood* **passerelle** *gangways* **come se niente fosse** *as if nothing happened*

L'artigianato

Burano: la città dei merletti°

Burano è in provincia di Venezia e si trova a circa nove chilometri a nord della città. Burano è composta da quattro piccole isole unite da ponti. L'arte del merletto ha origini molto antiche e ha reso Burano famosa fin dal 1500. Una tecnica particolare di lavorazione° del merletto, che è diventata famosa in tutta Europa, si chiama «punto di Burano». Alla fine del 1800 è stata creata la Scuola del Merletto, per tramandare° quest'arte così antica e particolare. Oggi è possibile apprezzare i merletti in molte lavorazioni, per esempio su tovaglie, fazzoletti° e vestiti.

Le feste

Il Carnevale di Venezia

Il Carnevale di Venezia è una delle feste più conosciute al mondo ed è diverso da qualsiasi altro carnevale che conoscete. Risale al decimo° secolo, ma solo nel 1296 il Carnevale è stato dichiarato una festa pubblica. Il cuore delle celebrazioni è Piazza San Marco, ma ci sono eventi organizzati in tutta la città. La festa dura per circa dieci giorni prima della Quaresima°. In questo periodo potete vedere maschere fantastiche con colori brillanti e vestiti incredibili. Originariamente le maschere erano usate per nascondere° l'identità delle persone, oggi solo per motivi estetici. È un evento da non perdere: buon divertimento!

La storia

La Repubblica di Venezia

La Serenissima Repubblica di Venezia è il nome di un antico stato dell'Italia nordorientale, la cui° capitale era Venezia. Nel Medioevo la città diventò° molto potente, grazie soprattutto alla sua posizione

geografica. Venezia è stata una delle più importanti Repubbliche Marinare° e una città con un'autonomia politica basata sulla prosperità economica. Nel 1500 diversi personaggi importanti europei si unirono° per fermare questo potere. Il declino finale arrivò° nel 1797, con l'invasione di Napoleone Bonaparte. Venezia è stata annessa° al Regno d'Italia nel 1866.

Gli animali

Attrazione turistica o pericolo°?

Piazza San Marco è famosa per la sua bellezza, l'architettura, la storia e... i piccioni°! Venezia è la casa di circa 40.000 piccioni, e Piazza San Marco vede circa 13.500 piccioni al giorno. I piccioni, certamente, creano problemi sanitari, ma anche problemi ai monumenti, perché i loro escrementi sono dannosi° per materiali come legno e pietra. I piccioni, inoltre, sfregiano° le statue, perché la pietra aiuta il loro sistema digestivo. Dal 2008 è illegale dare da mangiare° ai piccioni, ma molti veneziani e turisti non rinunciano a questa tradizione. I danni° sono calcolati in milioni di euro ogni anno.

 Quanto hai imparato? Completa le frasi.

1. L'alta marea a Venezia si verifica (*happens*) in _____.
2. Le maree molto intense possono raggiungere _____.
3. «Il punto di Burano» è una tecnica di lavorazione dei _____.
4. La città di _____ è famosa per i merletti.
5. _____ è una festa veneziana famosa in tutto il mondo.

6. Le maschere di Carnevale erano usate per _____ l'identità.
7. La _____ Repubblica di Venezia era un antico stato.
8. Nel _____ Venezia è diventata parte del Regno d'Italia.
9. A Venezia ci sono circa 40.000 piccioni, in Piazza San Marco _____ al giorno.
10. I piccioni di Piazza San Marco creano danni di _____ ogni anno.

risorse

SAM
WB: pp. 131–132 | sentieri.vhlcentral.com

 Practice more at **sentieri.vhlcentral.com.**

SU INTERNET

Go to **sentieri.vhlcentral.com** to find more cultural information related to this **PANORAMA**.

1. Perché il Ponte dei Sospiri ha questo nome? Fai una ricerca su Internet e scrivi un piccolo paragrafo da presentare alla classe.
2. Burano è molto famosa per i merletti, ma anche per altre cose. Cerca altre informazioni sulla città e la sua economia.
3. Cerca fotografie delle maschere del Carnevale di Venezia. Scegline una e portala in classe. Descrivila e spiega perché ti piace.

merletti *lace* **lavorazione** *production* **tramandare** *to hand down* **fazzoletti** *handkerchiefs* **decimo** *tenth* **Quaresima** *Lent* **nascondere** *hide* **la cui** *whose* **diventò** *became* **Repubbliche Marinare** *Maritime Republics* **si unirono** *united* **arrivò** *arrived* **è stata annessa** *was annexed* **pericolo** *danger* **piccioni** *pigeons* **dannosi** *harmful* **sfregiano** *scrape* **dare da mangiare** *to feed* **danni** *damages*

Lettura  Reading Audio

Prima di leggere

Esamina il testo Guarda il testo e descrivi il formato. Secondo te, di che cosa parla il testo? Trova le parole ed espressioni seguenti nel testo e prova a indovinare cosa vogliono dire.

scavi	Salto indietro nel tempo.
sistemazione	non sarà tralasciato niente
innumerevoli	C'è l'imbarazzo della scelta.

Esperienza personale 👥 Hai mai partecipato a una vacanza organizzata? Dove? Quando? Com'era? Ti sei divertito/a? Se no, perché? Discuti l'esperienza con un(a) compagno/a di classe.

In giro per l'Italia settentrionale

Viaggio organizzato in Nord Italia dal 15 al 26 maggio: 12 giorni, 3.000 euro tutto compreso!

GIORNO 1 Milano
Incontro a Milano alle dieci presso l'Albergo Duomo. Pranzo alla pizzeria La Torre di Babele per parlare del viaggio. Nel pomeriggio, visita guidata al Duomo di Milano e dintorni°. Cena in albergo.

GIORNO 2 Milano – Angera
Visita alla chiesa quattrocentesca di Santa Maria delle Grazie (inclusa visita al *Cenacolo*, cioè il famoso dipinto di Leonardo *L'ultima cena*!). Nel pomeriggio, viaggio in pullman verso il paese di Angera.

GIORNO 3 Angera – Como
Nella mattinata, visita alla Rocca di Angera, sul Lago Maggiore. Pranzo al sacco°. Nel pomeriggio visita al Museo della Bambola°, che presenta una delle collezioni più ricche d'Europa. Nella sera viaggio a Como in pullman.

GIORNO 4 Como

Visita di chiese, monumenti e scavi archeologici per una giornata piena di storia e di arte. È consigliata una gita in battello° sul lago di Como. Costo extra, non incluso nel pacchetto.

GIORNO 5 Como – Milano

Colazione a Como. Ritorno a Milano. Giornata libera per visitare Milano e fare shopping. Biglietti per uno spettacolo al famoso Teatro alla Scala sono disponibili per un costo extra di 80 euro a persona.

GIORNO 6 Milano – Verona

Incontro alla stazione di Milano alle 8.30. Arrivo a Verona e sistemazione in albergo. Visita delle innumerevoli attrazioni della città. Cena in albergo.

GIORNO 7 Verona – Venezia

Salto indietro nel tempo. Visita della Verona di Shakespeare: da non perdere! Nel pomeriggio spostamento e arrivo a Venezia.

GIORNO 8 Venezia

Giornata a Venezia per visitare le meraviglie di questa città. Da San Marco al Ponte dei Sospiri non sarà tralasciato niente! Uso del traghetto per gli spostamenti e passeggiata per il centro storico. Per un prezzo extra sono disponibili gite in gondola. Cena fuori e notte in un Bed & Breakfast.

GIORNO 9 Venezia – Bologna

Viaggio in treno a Bologna. Bologna è chiamata «la dotta°, la grassa, la rossa»… Scopri perché durante questa bellissima gita!

GIORNO 10 Bologna – Parma

Da Bologna a Parma, antica città di origini etrusche che offre moltissimi monumenti e luoghi di interesse.

GIORNO 11 Parma

Giornata intera passata a Parma per visitare quanto più possibile! C'è l'imbarazzo della scelta: chiese, palazzi, parchi, teatri e molto di più. Notte all'albergo La Cittadella.

GIORNO 12 Parma – Milano

Mattinata libera. Alle 11.30 ritrovo alla stazione per tornare a Milano. E per finire… una bella festa! Tutti invitati all'Albergo Palazzo Sforza dove saranno offerti aperitivi, antipasti e tanta musica per concludere in bellezza questa fantastica avventura!

dintorni *surroundings* **Pranzo al sacco** *Bag lunch* **Bambola** *Doll* **battello** *boat* **dotta** *learned*

Dopo la lettura

Le domande dell'insegnante Immagina di aver deciso di fare questo viaggio organizzato. Parlane con l'insegnante. Rispondi alle domande in base al testo. Usa frasi complete!

1. Che cosa è compreso nel prezzo?
   _____

2. Quali mezzi di trasporto userete?
   _____

3. Quali città visiterete il 16 maggio?
   _____

4. Dove dormirete durante questo viaggio?
   _____

5. Cosa farete a Venezia?
   _____

6. Cosa visiterete dopo Bologna?
   _____

7. Quali sono i costi extra durante il viaggio?
   _____

8. Come concluderete il viaggio?
   _____

Sì, andiamo in Italia! In gruppi di tre, preparate una conversazione basata su questa situazione. Passerai tre settimane in Italia e hai deciso di partecipare al viaggio organizzato che parte da Milano insieme a un amico. Tu e il tuo amico chiamate l'agenzia di viaggi per chiedere più informazioni. Fate domande sul viaggio e chiedete dettagli sulle città che visiterete, le gite e le attività, gli alberghi, i trasporti ecc.

- A te piace fare gite in montagna, ma al tuo amico piace fare shopping e andare a teatro.

- L'agente di viaggio vi spiegherà perché questo viaggio in Nord Italia piacerà a tutti e due.

- Chiedete all'agente di trovare un biglietto aereo dalla vostra città a Milano.

- Chiedetegli anche di trovare un albergo a Milano per stare una settimana in più dopo il viaggio organizzato.

- L'agente vi suggerirà quali posti interessanti potete visitare e vi dirà cosa c'è da fare a Milano.

- Spiegate all'agente che vorreste anche avere del tempo libero durante le tre settimane.

Practice more at **sentieri.vhlcentral.com.**

In ascolto **S** Audio: Activity

STRATEGIA

Recognizing the genre of spoken discourse

You will encounter many different types of spoken discourse in Italian. For example, you may hear a political speech, a radio interview, a commercial, a message on an answering machine, or a news broadcast. Try to identify the context of what you hear so that you can activate your background knowledge about that type of discourse and identify the speakers' motives and intentions.

 To practice this strategy, you will listen to two short selections. Identify the genre of each one.

Preparazione

Quando andate in vacanza, chi decide dove andare? Chi fa le prenotazioni? Usate un'agenzia di viaggi o usate l'Internet?

Ascoltiamo 🌐 🎧

Ascolta la pubblicità una volta. Poi ascoltala una seconda volta e scrivi le informazioni mancanti. Aggiungi anche altre informazioni che senti per ogni viaggio.

Paese (città/regione)	Numero di giorni/ settimane	Prezzo per persona	Dettagli supplementari
1.	3 giorni		
2. Dublino			
3.		1.500 euro	
4.	3 settimane	2.000 euro	
5. Alpi			

 Practice more at **sentieri.vhlcentral.com**.

Comprensione

Dove vanno? Lavori all'agenzia Dappertutto. Di' dove possono andare le seguenti persone e perché.

1. Ho solo cinque giorni liberi e vorrei andare nel nord Europa.

_____

2. Vorrei andare fuori dall'Europa. Ho un mese di tempo e parlo inglese. Non mi piace molto il mare.

_____

3. Ci piace molto la montagna e vorremmo restare in Italia.

_____

4. Abbiamo solo tre giorni e non siamo mai stati nel Nord Italia.

_____

5. Il mio sogno è andare in Irlanda!

_____

6. Ho 600 euro e una settimana di tempo: dove posso andare?

_____

7. Adoro il mare e posso spendere fino a un massimo di 1.600 euro.

_____

Il tuo viaggio Hai deciso di fare uno dei viaggi proposti dall'agenzia Dappertutto. Oggi è l'ultimo giorno del tuo viaggio e vuoi scrivere una cartolina (*postcard*) a un tuo amico che parla italiano. Raccontagli del tuo viaggio. Dove sei andato/a? Che cosa hai fatto? Perché hai scelto quel viaggio? Ti sei divertito/a?

Scrittura

STRATEGIA

Expressing and supporting opinions

Written reviews are just one of the many kinds of writing that require you to state your opinions. In order to convince your reader to take your opinions seriously, it is important to support them as thoroughly as possible. Details, facts, examples, and other forms of evidence are necessary. In a hotel review, for example, it is not enough just to rate the hotel and service. Readers will want details about the rooms, the kind of service you received, the amenities the hotel offers, the restaurants it has, its location, and the type of atmosphere you encountered. If you were writing a concert or album review, what kinds of details might your readers expect to find?

It is easier to include details that support your opinions if you plan ahead. Before going to a place or event that you are planning to review, write a list of questions that your readers might ask. Decide which aspects of the experience you are going to rate, and list the details that will help you decide upon a rating. You can then organize these lists into a questionnaire and a rating sheet. Bring these forms with you to remind you of the kinds of information you need to gather in order to support your opinions. Later, these forms will help you organize your review into logical categories. They can also provide the details and other evidence you need to convince your readers of your opinions.

Tema

Scrivere una recensione

Scrivi una recensione su un albergo. Prima, scrivi il nome dell'albergo e dove si trova, poi parla delle categorie seguenti. Infine dai la tua opinione sull'albergo. Secondo te quante stelle dovrebbe avere?

- **Informazioni generali**
  Com'è l'albergo? Quando entri, ti sembra pulito, in ordine e invitante? Qual è la tua impressione generale?

- **Camere**
  Quante camere ci sono nell'albergo? Quante camere singole e quante doppie? Sono grandi o piccole? Descrivi una delle stanze: Cosa c'è nella stanza? È nuova o vecchia? Ha bisogno di essere modernizzata o va bene così? C'è un bagno privato? C'è la vasca o la doccia? Il bagno ha bisogno di riparazioni? Cosa puoi vedere dalla finestra?

- **Comodità**
  C'è un ascensore? C'è un televisore, un telefono e una sveglia in ogni camera? C'è una piscina e una palestra? Fai una lista di tutte le altre comodità che l'albergo offre.

- **Servizio e atmosfera**
  Com'è il servizio? Lo staff dell'albergo è cortese? Le persone sono sempre pronte ad aiutare? La reception è aperta 24 ore al giorno? C'è un'atmosfera rilassante o no?

- **Prezzi**
  Quali sono i prezzi per i diversi tipi di stanza? Quando iniziano e quando finiscono l'alta e la bassa stagione? Ci sono offerte speciali ogni tanto?

- **Altre informazioni**
  C'è un ristorante? È buono? È costoso? Che tipo di cucina offre? L'albergo offre un servizio di trasporto da e per l'aeroporto? Scrivi anche un numero di telefono che i futuri clienti possono chiamare per fare una prenotazione.

Flashcards
Audio: Vocabulary

Nell'aeroporto

l'aereo	airplane
l'agente di viaggio	travel agent
gli arrivi	arrivals
il bagaglio a mano	carry-on baggage
la carta d'imbarco	boarding pass
la classe turistica/ economica	tourist/economy class
il controllo passaporti	passport control
il documento	ID; document
la dogana	customs
il giornale	newspaper
le partenze	departures
il passeggero	passenger
il ritardo	delay
l'uscita	exit
il viaggiatore	traveler
il visto	visa
il volo	flight
atterrare	to land
decollare	to take off
fare la fila	to wait in line
andata e ritorno	round-trip
puntuale	on-time
all'estero	abroad

In albergo

l'albergo (a cinque stelle)	(five-star) hotel
l'ascensore (m.)	elevator
la chiave	key
il/la cliente	customer; client
l'ostello della gioventù	youth hostel
la pensione	boarding house
il posto disponibile	vacancy
il servizio in camera	room service
annullare	to cancel
prenotare	to make a reservation
al completo	full; no vacancies

Guidare la macchina

l'autista	driver
l'autostrada	highway
il baule	trunk
la cintura di sicurezza	seatbelt
il cofano	hood
il faro	headlight
i freni	brakes
la frizione	clutch
la gomma	tire
il limite di velocità	speed limit
la macchina	car
il/la meccanico/a	mechanic
il motore	engine; motor
la multa	fine
la patente	driver's license
la portiera	(car) door
la stazione di servizio	service station
il tergicristallo	windshield wiper
il traffico	traffic
il vetro	windshield
il/la vigile urbano/a	traffic officer
il volante	steering wheel
allacciare	to buckle (seatbelt)
avere un incidente	to have/be in an accident
bucare una gomma	to get a flat tire
colpire (-isc-)	to hit
essere in panne	to break down
fare benzina	to get gas
frenare	to brake
noleggiare	to rent (car)
parcheggiare	to park
riparare	to repair

Espressioni utili	See pp. 275 and 291.
Comparatives of equality	See pp. 278–279.
Comparatives of inequality	See pp. 280–281.
Superlatives	See pp. 282–283.

I mezzi di trasporto

la barca	boat
il camion	truck
la metro(politana)	subway
il motorino	scooter
la nave	ship
il pullman	bus; coach
il tassì, il taxi	taxi
il traghetto	ferry
il treno	train

Le vacanze

la crociera	cruise
il giorno festivo	public holiday
il mare	sea
la settimana bianca	ski vacation
la spiaggia	beach
il villaggio turistico	resort
abbronzarsi	to tan
fare il ponte	to take a long weekend
fare la valigia	to pack a suitcase
leggere la mappa	to read a map
partire in vacanza	to go on vacation

Il trasporto pubblico

il binario	track; platform
la biglietteria	ticket office/window
il biglietto	ticket
il controllore	ticket collector
la fermata	(bus/train) stop
l'orario	timetable
convalidare	to validate (ticket)
prima/seconda classe	first/second class

risorse

sentieri.vhlcentral.com

La vita in città

Per cominciare
- Dove sono Riccardo ed Emily?
- Il cameriere gli dà indicazioni o gli serve un gelato?
- Dove vorrebbero andare i ragazzi?

Communicative Goals

You will learn how to:

● ask for and give directions
● talk about parts of a city

In centro

Talking Picture
Audio: Activity

Vocabolario

espressioni	expressions
attraversare	to cross (the street)
costruire (-isc-)	to build
dare un passaggio	to give (someone) a ride
le indicazioni	*directions*
l'angolo	corner
l'isolato	block
il marciapiede	sidewalk
la rotonda	traffic circle, rotary
la strada	street
le strisce (pedonali)	crosswalk
in centro	*downtown*
il centro commerciale	mall; shopping center
la chiesa	church
il chiosco	newsstand; kiosk
il grande magazzino	department store
il locale notturno	nightclub
il negozio	store
il paese	town
la piscina	pool
la gente	*people*
il pedone	pedestrian
il/la poliziotto/a	police officer
il/la pompiere/a	firefighter
il sindaco	mayor
lo/la spazzino/a	street sweeper; garbage collector
Dove si trova...?	*Where is . . . ?*
girare	to turn
proseguire	to continue
di fronte a	across from
diritto	straight
fino a	until
lontano da	far from
qui vicino	nearby
verso	toward
vicino a	close to

il ponte

Sale le scale.
(salire)

Scende le scale.
(scendere)

la statua

la fontana

EST SUD NORD OVEST

Si perde.
(perdersi)

Si orienta.
(orientarsi)

risorse

SAM
WB: pp. 133–134

SAM
LM: p. 75

sentieri.vhlcentral.com

Attenzione!

In Italian, the word **paese** can mean both *country* and *small town or village*. You will need to use context to determine the correct meaning.

il semaforo

l'incrocio

la via

la cabina telefonica

la panchina

Pratica

1 Abbinare Abbina ogni attività con il posto associato.

1. _____ nuotare
2. _____ ballare
3. _____ fare una telefonata
4. _____ sedersi
5. _____ comprare il giornale
6. _____ guidare la macchina

a. la panchina
b. la piscina
c. la strada
d. il chiosco
e. il locale notturno
f. la cabina telefonica

2 Mettere etichette Etichetta ogni foto con una parola dal vocabolario della lezione.

1. _____

2. _____

3. _____

4. _____

5. _____

6. _____

3 Definizioni Scegli dal vocabolario della lezione la parola più adatta per ogni definizione.

> **MODELLO** Su questo camminano i pedoni. *il marciapiede*

1. È una persona che cammina. _____
2. Può essere rosso, giallo o verde. _____
3. Da questa esce molta acqua. _____
4. Questa persona spegne gli incendi (*fires*). _____
5. È un sinonimo di *continuare*. _____
6. Le persone ci vanno per nuotare. _____
7. È un centro con tanti negozi. _____
8. Le persone vanno in questo posto di notte. _____

Practice more at **sentieri.vhlcentral.com**.

CONTESTI

Comunicazione

4   **In città**   A coppie, usate parole ed espressioni di ogni colonna per formare sei frasi.

MODELLO   *I miei genitori vanno in chiesa tutte le domeniche.*

A	B	C	D
io	andare	il centro commerciale	da piccolo/a
i miei amici e io	attraversare	la chiesa	durante il fine settimana
i miei genitori	ballare	il grande magazzino	la settimana scorsa
i pedoni	fare spese	il locale notturno	ogni giorno
gli spazzini	nuotare	il marciapiede	venerdì sera
tutti	pulire	la piscina	???

5   **Indicazioni**   A coppie, chiedete e date indicazioni a turno su come arrivare nei seguenti posti.
Il vostro punto di partenza è indicato sulla mappa dalla X.

MODELLO

S1: *Scusi, come arrivo alla Fontana di Nettuno?*
S2: *Vada diritto, poi attraversi... Poi giri a...*
S1: *Grazie.*

1. Università per Stranieri
2. locale notturno «Lo Zoo»
3. Fontana di Nettuno
4. il chiosco
5. centro commerciale «Quadrifoglio Verde»
6. la piscina

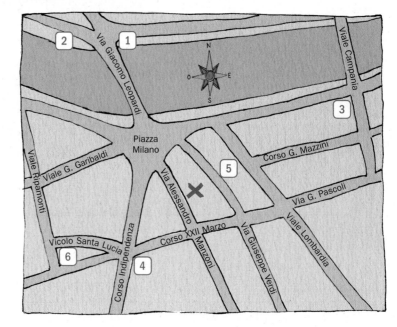

6   **Conversazioni**   Ascolta ogni conversazione.
Poi, a coppie, decidete il luogo in cui si svolge
(*takes place*).

1. il centro commerciale / il ponte
2. la cabina telefonica / il locale notturno
3. la piscina / il negozio
4. il chiosco / la strada
5. la panchina / la rotonda
6. le strisce pedonali / la cabina telefonica

7   **Parole crociate**   Lavorate a coppie. L'insegnante
vi darà due fogli diversi, ciascuno con uno schema
di parole crociate incompleto. Fatevi domande per
trovare le parole mancanti, che sono tratte da (*come
from*) questa lezione e dalle **Unità 7** e **8**.

MODELLO

S1: *Che cos'è il numero due?*
S2: *È un posto dove molti cattolici vanno ogni domenica.*

Pronuncia e ortografia

**Audio: Concepts, Activities
Record & Compare**

Parole affini I

abili**ty**	**abil**i**tà**	**founda**t**ion**	**fonda**z**ione**

Cognates, or **parole affini**, are words in different languages that share a common origin and similar form. Learning the relationship between word endings in Italian and English will help you recognize cognates and expand your vocabulary in Italian.

famigli**a**	**farmac**i**a**	**dignitar**i**o**	**biolog**i**a**
family	*pharmacy*	*dignitary*	*biology*

Words ending in **-ia** and **-io** in Italian are often equivalent to words ending in *-y* in English. The suffix **-ia** is used in many words that describe a field of study.

citt**à**	**comuni**t**à**	**speciali**t**à**	**universi**t**à**
city	*community*	*speciality*	*university*

Words ending in **-tà** in Italian are often equivalent to words ending in *-ty* in English.

coincidenz**a**	**pazien**z**a**	**senten**z**a**	**violen**z**a**
coincidence	*patience*	*sentence*	*violence*

Words ending in **-nza** in Italian are often equivalent to words ending in *-nce* in English.

attenz**ione**	**comunica**z**ione**	**men**z**ione**	**na**z**ione**
attention	*communication*	*mention*	*nation*

Words ending in **-zione** in Italian are often equivalent to words ending in *-tion* in English.

Pronunciare Ripeti le parole ad alta voce.

1. qualità
2. finanza
3. azione
4. mentalità
5. qualificazione
6. frazione
7. essenza
8. semplicità
9. trigonometria
10. frammentario
11. affinità
12. trilogia

Articolare Ripeti le frasi ad alta voce.

1. La farmacia è in centro.
2. È più importante la qualità o la quantità?
3. Hai studiato per l'esame di psicologia?
4. È necessario dormire otto ore.
5. Abbia pazienza, per favore!
6. Il negozio fa una promozione questa settimana.

Proverbi Ripeti i proverbi ad alta voce.

Chi va piano, va sano e va lontano.[1]

Onestà con gentilezza, supera ogni bellezza.[2]

[1] Slowly but surely. (lit. He who goes slowly goes safely and goes far.)
[2] Honesty with kindness is superior to every kind of beauty.

risorse

SAM
LM: p. 76

sentieri.vhlcentral.com

FOTOROMANZO

Come si va in Piazza di Spagna? Video: *Fotoromanzo*

PERSONAGGI

Il cameriere

Emily

Riccardo

RICCARDO Buongiorno, signora Eriksson. Signora Rufo-Eriksson. Sono io, Riccardo. Emily mi ha detto che Lei parla un po' l'italiano, perciò Le dirò perché sua figlia dovrebbe restare a Roma dopo la fine del semestre. Innanzitutto Emily è una studentessa e una coinquilina responsabile.
EMILY E poi?

RICCARDO Perderà peso perché beve solo caffè e non sa cucinare.
EMILY Riccardo!
RICCARDO Puoi tagliare l'ultima parte.
EMILY Lo farò di sicuro. Andiamo a prendere un caffè al bar che ho visto all'angolo?
RICCARDO Come non detto: conserva l'ultima parte.

EMILY Ci sono così tante cose che non abbiamo visto: chiese, fontane, statue, piazze. Dove potremmo andare dopo?
RICCARDO Mi scusi. Come si va in Piazza di Spagna?
CAMERIERE È facile da qui. Allora, si segue questa strada finché si arriva a un semaforo. Poi gira a sinistra, passa un chiosco e continua diritto.

RICCARDO Fammi orientare.
EMILY Questo è l'incrocio in cui dovremmo girare a sinistra.
RICCARDO In questa strada? Sei sicura?
EMILY Qua c'è il semaforo. È questa la strada che dobbiamo prendere.

EMILY Quella è la fontana della Barcaccia. È bellissima.
RICCARDO Nel diciassettesimo secolo, tutta la piazza era territorio spagnolo. Pronti? Via!

EMILY Centotrentotto gradini. Siamo arrivati fino a Trinità dei Monti! Siete tornati amici con Marcella?
RICCARDO Non la vedo da qualche giorno.
EMILY La stai evitando.
RICCARDO Ha parlato con te?
EMILY Di te, No. Parliamo soprattutto dell'Italia.
RICCARDO Ah.

A T T I V I T À

1 **Vero o falso?** Decidi se le seguenti affermazioni sono vere o false.

1. La signora Rufo-Eriksson non parla italiano.
2. Emily è una studentessa responsabile.
3. Emily cucina molto bene.
4. Riccardo chiede indicazioni per arrivare al Colosseo.
5. Secondo Riccardo, Lorenzo è testardo.
6. I ragazzi girano a sinistra all'incrocio.
7. Riccardo ha visto Marcella ieri
8. Emily e Marcella parlano molto dell'Italia.
9. Riccardo è affezionato a Marcella.
10. Il cameriere aveva ragione.

 Practice more at **sentieri.vhlcentral.com**.

Riccardo ed Emily vanno a Piazza di Spagna.

RICCARDO Grazie mille.

CAMERIERE Si figuri. Roma è più bella quando si è innamorati, eh? Non state insieme?

EMILY No.

RICCARDO Ma quando mai!

CAMERIERE Davvero? Che peccato.

EMILY Hmm, niente male. Ottantadue. Riccardo?

RICCARDO Cento. Scrivilo. Cento.

RICCARDO Ma quel cameriere è pazzo.

EMILY Che cosa crede? Non siamo mica Lorenzo e Viola.

RICCARDO Quei due non potrebbero mai stare insieme.

EMILY Ma si piacciono o no?

RICCARDO Penso di sì. Ma non staranno mai insieme perché Lorenzo è troppo stupido e Viola è invece troppo testarda.

EMILY Che cosa possiamo fare per farvi fare pace?

RICCARDO Niente. Non mi perdonerà mai.

EMILY Le passerà, vedrai. Sei molto affezionato a lei, vero? Mi dispiace. Non mi piace vederti così triste, Riccardo.

RICCARDO Uh, il cameriere aveva proprio torto.

EMILY Su questo non c'è dubbio!

RICCARDO Puah!

EMILY Puah!

RICCARDO Amici?

EMILY Amici.

Espressioni utili

Giving directions

- **Come si va...?**
  How do you get to . . . ?
- **Si segue questa strada finché si arriva...**
  You follow this street until you get to . . .
- **Questo è l'incrocio in cui dovremmo girare.**
  This is the intersection where we should turn.
- **È questa la strada che dobbiamo prendere.**
  This is the street we should take.

Additional vocabulary

- **quando si è innamorati**
  when you're in love
- **Ma quando mai!**
  No way!
- **Davvero? Che peccato.**
  Really? What a shame.
- **nel diciassettesimo secolo...**
  in the seventeenth century . . .
- **Sono io, Riccardo.**
  It's me, Riccardo.
- **coinquilina**
  roommate
- **perciò**
  so
- **innanzitutto**
  first of all
- **perderà peso**
  she'll lose weight
- **tagliare**
  to cut
- **Lo farò di sicuro.**
  I definitely will.
- **Come non detto.**
  Never mind.
- **Si figuri.**
  You're welcome.
- **niente male**
  not bad
- **testarda**
  stubborn
- **Pronti? Via!**
  Ready? Go!
- **gradini**
  steps
- **La stai evitando.**
  You're avoiding her.
- **Le passerà.**
  She'll come around.
- **Puah!**
  Yuck!

2 **Per parlare un po'** Immaginate che Riccardo sia *(were)* un turista nella vostra città. A coppie, scrivete un paragrafo in cui gli indicate quali sono i tre posti migliori da visitare e in cui gli spiegate come arrivarci partendo dalla vostra scuola.

3 **Approfondimento** Trova su Internet la mappa di una città italiana. Poi scegli un posto interessante (un monumento, un museo, una chiesa, un palazzo ecc.) in questa città e scopri come arrivarci dalla stazione ferroviaria o dall'aeroporto più vicino. Presenta la tua ricerca alla classe.

risorse

SAM
VM: pp. 33–34

DVD
Puntata 17

sentieri.vhlcentral.com

A T T I V I T À

IN PRIMO PIANO

Ci vediamo in piazza!

La piazza è il cuore che batte° di ogni città e paese di Italia. Sia i greci che° i romani, fin dai tempi più antichi, hanno attribuito a questo luogo un ruolo fondamentale nella vita delle città: lo stesso che possiamo osservare ancora oggi.

Da un punto di vista° urbanistico° la piazza è un luogo centrale, limitato ma facilmente accessibile. Da un punto di vista sociale la piazza è senza dubbio il luogo della democrazia, dove la popolazione si ritrova° e può esprimersi°. La versatilità di questo spazio è evidente negli eventi religiosi e mondani° che hanno luogo° in piazza.

Nelle piazze si trovano, in genere, chiese, cattedrali e basiliche, ma anche municipi° e altri edifici amministrativi e politici. Le feste in onore dei santi patroni avvengono° in piazza, così come gli scioperi°. Ed è sempre in questo luogo che i candidati politici presentano i loro comizi° prima delle elezioni.

Grazie alla sua accessibilità, la piazza è anche il luogo ideale per il commercio. Negozi e banche spesso si trovano nelle sue vicinanze° e, ancora adesso, in molte città e paesi, è qui che si svolge° il mercato settimanale. In estate molte piazze si trasformano in arene per eventi offerti al pubblico° di ogni età: concerti, esposizioni d'arte, cinema all'aperto e attività per i bambini.

Non importa se la piazza è grande come quella di San Marco a Venezia o antica come la piazza Navona di Roma o piccola e semplice come quella di un paesino in montagna; gli italiani adorano tutte le loro piazze! Qui si incontrano con gli amici per un caffè o un aperitivo, per fare due chiacchiere° e magari° dare due calci° al pallone; infine, per i più vanitosi°, non c'è posto migliore per guardare e farsi guardare°!

batte *beats* **Sia... che...** *Both . . . and . . .* **punto di vista** *point of view* **urbanistico** *city-planning* **si ritrova** *gather* **esprimersi** *express themselves* **mondani** *social* **hanno luogo** *take place* **municipi** *city halls* **avvengono** *take place* **scioperi** *strikes* **comizi** *rallies* **nelle sue vicinanze** *nearby* **si svolge** *takes place* **pubblico** *audience* **fare due chiacchiere** *have a chat* **magari** *perhaps* **calci** *kicks* **vanitosi** *vain* **farsi guardare** *let people look at you*

1 **Vero o falso?** Indica se l'affermazione è **vera** o **falsa**. Correggi le affermazioni false.

1. I greci e i romani non avevano le piazze nelle loro città.

2. Le piazze hanno di solito una posizione centrale.

3. In piazza ci sono solo edifici amministrativi o politici.

4. I candidati politici usano le piazze durante le campagne elettorali.

5. La piazza non è un luogo adatto per il commercio.

6. In molte città il mercato settimanale si svolge in piazza.

7. La piazza è un luogo di divertimento solo per gli adulti.

8. Agli italiani piacciono solo le piazze grandi e importanti.

9. Gli italiani frequentano i bar in piazza.

10. La piazza è anche un luogo per i vanitosi.

 Practice more at **sentieri.vhlcentral.com.**

L'ITALIANO QUOTIDIANO

Camminare in città

l'aiuola	flower bed
il centro storico	downtown
il chiosco per le informazioni	information booth; tourist office
l'isola pedonale	pedestrian area
le mura	city walls
il quartiere	neighborhood
il vicolo	alley
a due passi da	not far from
dietro l'angolo	around the corner

COSTUMI E USANZE

Un santo per città

La tradizione di venerare° un santo protettore in ogni città e paese in Italia ha origini antiche e pagane. Il santo protettore, o patrono, protegge la città e garantisce salute e benessere ai cittadini che lo celebrano in un giorno particolare. Oltre alle manifestazioni religiose° e alle processioni in onore del Santo, la popolazione, in genere, festeggia con concerti, parate°, giochi popolari e fuochi d'artificio°. Tra i santi patroni «più famosi» ci sono **San Gennaro** a Napoli, **Sant'Ambrogio** a Milano e **San Pietro** e **San Paolo** a Roma.

Il santo patrono non protegge soltanto le città, ma anche alcune categorie di persone. **San Valentino**, patrono di Terni, ad esempio, è considerato da tutti il santo protettore degli innamorati!

venerare *worshiping* **manifestazioni religiose** *religious events* **parate** *parades* **fuochi d'artificio** *fireworks*

RITRATTO

Urbino: la «città ideale»

Durante il Rinascimento°, con lo studio dei classici latini e greci, in particolare di Platone° e di Aristotele, torna anche il mito° dello «stato ideale» governato saggiamente° da filosofi che abitano in «città ideali». L'architettura della «città ideale» si ispira a figure geometriche assolute unite a figure classiche che creano un'immagine di rigore, equilibrio° e bellezza. Le strade sono rettilinee° e si incrociano° perpendicolarmente. La visione finale deve avere un effetto di prospettiva. Un esempio è la città di **Urbino**, nelle Marche, definita «città ideale del Rinascimento». Qui possiamo ammirare alcuni elementi dell'architettura ideale nel **Palazzo Ducale**, voluto dal Duca Federico di Montefeltro nel XV secolo. Il cortile è rettangolare, circondato° da colonne con capitelli corinzi°. Sopra il colonnato°, in un perfetto equilibrio di forme e colori, ci sono archi e finestre in marmo° bianco che creano un effetto di luce contrastante con il colore rosa delle mura.

Rinascimento *Renaissance* **Platone** *Plato* **mito** *myth* **saggiamente** *wisely* **equilibrio** *balance* **rettilinee** *rectilinear* **si incrociano** *they intersect* **circondato** *surrounded* **capitelli corinzi** *Corinthian capitals* **colonnato** *colonnade* **marmo** *marble*

SU INTERNET

Cerca tre foto di edifici realizzati seguendo i principi dell'architettura ideale.

Go to **sentieri.vhlcentral.com** to find more information related to this **CULTURA**.

---

2 Completare Completa le frasi.

1. L'architettura della «città ideale» è caratterizzata da _____.

2. In una «città ideale» la visione finale deve avere un effetto di _____.

3. A Urbino si osservano dei dettagli dell'architettura ideale nel _____.

4. La tradizione del santo protettore ha origini _____.

5. Il _____, o patrono, protegge la città e garantisce salute e benessere ai cittadini.

6. I santi protettori proteggono le città e anche alcune _____.

3 A voi A coppie, discutete le seguenti domande.

1. Nella tua città esiste un luogo con le caratteristiche della piazza?

2. Secondo te, quali problemi non esistono in una «città ideale»?

3. Quali sono le caratteristiche dell'architettura ideale che preferisci e perché?

risorse

sentieri.vhlcentral.com

ATTIVITÀ

STRUTTURE

9A.1 Si impersonale and si passivante

Punto di partenza In Italian, impersonal sentences have an unspecified subject and are used to refer to people in general. In English, this idea is frequently expressed with *one, people, you,* and *they.*

- In Italian, use the pronoun **si** with the third-person singular form of the verb to express an impersonal meaning. Note that a number of English translations are possible.

Si va spesso in quel paese in estate.	Senza piscina non **si nuota** tanto.
People often **go** to that town in summer.	*Without a pool, **people** don't **swim** much.*
One often **goes** to that town in summer.	*Without a pool, **one** doesn't **swim** much.*
They/You often **go** to that town in summer.	*Without a pool, **they/you** don't **swim** much.*

- The impersonal construction is commonly used to request or give information, instructions, and permission.

Come **si scrive** «striscia»?	Come **si dice** «pedone» in inglese?
*How **do you spell** "striscia"?*	*How **do you say** "pedone" in English?*
—Come **si fa** a scendere le scale?	**Si potrà** entrare nel centro commerciale a mezzogiorno.
—**Si deve** girare a destra.	
—*How **can one** go downstairs?*	***People will be able** to enter the mall*
—*One must** turn right.*	*at noon.*

- When a reflexive verb is used impersonally, use the pronoun combination **ci si** to avoid repeating the pronoun **si**.

Ci si divertiva in quel locale notturno.	Qui non **ci si perderebbe** mai.
***People used to have fun** in that nightclub.*	*Here **one would** never **get lost**.*

- In spoken Italian, the **si** construction is sometimes used to mean **noi**.

Dove **si va** domani?	Stasera non **si esce**?
*Where **are we going** tomorrow?*	*Aren't **we going out** tonight?*

- When the verb used in an impersonal **si** construction has an expressed subject, it is called the **si passivante** and is equivalent to the passive voice. Compare the following.

Compro le riviste al chiosco.	**Le riviste si comprano** al chiosco.
I buy the magazines at the kiosk.	*The magazines are bought at the kiosk.*

PRATICA

1 Completare Usa il si impersonale per completare ogni frase.

1. Non _____ (capire) quando parli così.
2. Come _____ (rispondere) all'insegnante? In italiano!
3. In biblioteca _____ (studiare) silenziosamente.
4. Con gli occhiali _____ (leggere) meglio.
5. Come _____ (scrivere) velocemente al computer?
6. Oggi _____ (pagare) con la carta di credito.
7. Stasera _____ (cenare) in sala da pranzo.
8. Non _____ (guidare) bene con la neve.

2 Trasformare Riscrivi le frasi usando il si passivante.

1. Compro le scarpe.
2. Guarda le statue.
3. Danno un passaggio ai turisti.
4. Aspetta i pedoni.
5. Spediamo le lettere.
6. Attraversano la strada alla rotonda.
7. Cerchiamo il ponte.
8. Prendiamo un caffè.

3 Creare Crea un cartello (*sign*) o un annuncio pubblicitario per ogni informazione.

MODELLO attraversare / strada / qui
Si attraversa la strada qui.

1. stare / in silenzio / in chiesa
2. andare / diritto / per dieci metri
3. scendere / le scale / a destra
4. usare / strisce pedonali / al semaforo
5. non / buttare (*to throw*) monete / nella fontana
6. scendere / le scale / per andare al centro commerciale
7. non / dare da mangiare / ai piccioni
8. mangiare bene / alla «Melanzana rossa»

: Practice more at **sentieri.vhlcentral.com.**

COMUNICAZIONE

4 **In centro** A coppie, descrivete cosa fanno le persone in questi posti. Usate il si impersonale e il si passivante.

MODELLO

S1: *Si comprano vestiti nuovi al centro commerciale.*
S2: *Al locale notturno invece, si...*

1. il centro commerciale
2. il chiosco
3. la stazione di polizia
4. le strisce pedonali
5. la cabina telefonica
6. la piscina
7. il locale notturno
8. l'incrocio

5 **Chi è?** In gruppi di quattro, fate a turno a descrivere e a indovinare diversi oggetti e luoghi del vocabolario della lezione. Usate il si impersonale e il si passivante.

MODELLO

S1: *Spesso si trova in una piazza.*
S2: *È una statua?*
S1: *No...*

6 **Direzioni** A coppie, scegliete quattro posti della vostra città o del vostro campus. Dite a turno come si arriva in ogni posto da casa vostra o dal vostro dormitorio. Usate il si impersonale e il si passivante.

MODELLO

Io vivo all'angolo di Via Principale e Via Centrale. Per andare in biblioteca si va diritto fino all'angolo di Via Centrale. Si cammina per tre isolati e poi si gira a destra. Si passano tre semafori e....

- English translations of the passive **si** construction can also resemble the impersonal **si**.

Si costruiranno presto i ponti.	**Si vede** ancora quella statua?
They will construct the bridges soon.	*Can one still see that statue?*
(The bridges will be constructed soon.)	*(Can that statue still be seen?)*

- If the **si passivante** is followed by a plural subject, use the third-person plural form of the verb. Use the third-person singular form with singular subjects.

Là **si vendono** delle belle scarpe.	A Firenze **si vedranno** molti turisti.
Some nice shoes are sold there.	*Many turists will be seen in Florence.*
(They sell some nice shoes there.)	*(You will see many tourists in Florence.)*
Si restaurava la chiesa più piccola.	**Si mangia** il gelato ogni giorno in estate.
The smallest church was being restored.	*Ice cream is eaten every day in the summer.*
(They were restoring the smallest church.)	*(People eat ice cream every day in the summer.)*

- In Italy, **si** constructions are often seen on signs, posted notices, and advertisements. Note that in such uses **si** is often attached to the verb to save space, as seen in the first two photos below.

Provalo! Scegli l'opzione corretta per completare le seguenti frasi usando il si impersonale e il si passivante.

1. Non (si rivela / (si rivelano)) mai i segreti degli altri!
2. In questo negozio (si parla / si parlano) italiano.
3. (Si legge / Si leggono) le istruzioni prima di iniziare il progetto.
4. A teatro non (si risponde / si rispondono) al cellulare.
5. In vacanza (ci si alza / si alza) dopo le dieci.
6. La sera (si deve accendere / si devono accendere) le luci.
7. Il fine settimana (ci si rilassa / gli si rilassano) senza lezioni.
8. Dopo molte ore al computer (si legge / si leggono) con più fatica.

9A.2 Relative pronouns

Punto di partenza Relative pronouns link two phrases together into a longer, more complex sentence. The second phrase gives additional information about the first phrase. Although relative pronouns are sometimes omitted in English, in Italian they must be used.

Non devi attraversare **al semaforo**.
You mustn't cross at the traffic light.

Il semaforo non funziona.
The traffic light doesn't work.

Non devi attraversare al semaforo **che** non funziona.
*You mustn't cross at the traffic light **that** doesn't work.*

- Here are some common Italian relative pronouns.

I pronomi relativi

| che | who, whom, that, which | cui | whom, which |
| chi | those who, the one(s) who | quello/quel che (ciò che) | that which, what |

- **Che** is invariable and can refer to either people or things.

Quando vedremo **la chiesa**?
When will we see the church?

Mi piace **la chiesa**.
I like the church.

Quando vedremo la chiesa **che** mi piace?
*When will we see the church **that** I like?*

Ecco la donna **che** ha lavorato al negozio.
*Here is the woman **who** worked at the store.*

Ti siedi sulla panchina **che** si trova vicino alla fontana?
*Are you sitting on the bench (**that is**) located near the fountain?*

- After a preposition, use **cui**, not **che**.

Dov'è **il poliziotto**?
Where is the police officer?

Mario ha parlato **con il poliziotto**.
*Mario spoke **with the police officer**.*

Dov'è il poliziotto **con cui** Mario ha parlato?
*Where is the police officer **with whom** Mario spoke?*

- Note that the relative pronoun **che** can never be used after a preposition.

La statua **che** abbiamo studiato è famosa.
*The statue (**that**) we studied is famous.*

BUT

Questa è la chiesa **in cui** si trova la statua.
*This is the church **in which** the statue is found.*

PRATICA

1 **Associare** Completa le frasi con il pronome relativo appropriato. Usa ogni pronome una volta sola.

| che | con cui | la ragione per cui |
| chi | in cui | quello che |

1. Ho letto tutto _____ ha scritto.
2. La macchina _____ sono venuta qui è molto vecchia.
3. La casa _____ vivono è molto elegante.
4. Questa è _____ non voglio mai uscire con te!
5. Il computer _____ usiamo è di mio padre.
6. Pronto, _____ parla?

2 **Completare** Completa la seguente conversazione con che, cui, dove e chi.

ANNA Qual è la chiesa (1) _____ andate di solito?

LISA San Pietro; è la chiesa (2) _____ ti ho fatto vedere ieri. È molto bella e (3) _____ va lì una volta, ci torna sempre!

ANNA San Pietro è di fronte al negozio in (4) _____ ci siamo fermati domenica scorsa, giusto?

LISA Sì, giusto. Ed è accanto al grande magazzino (5) _____ abbiamo comprato il regalo per Giovanna.

ANNA Per (6) _____?

LISA Per Giovanna, la mia amica, quella (7) _____ hai conosciuto l'altra sera in discoteca.

ANNA Sì, mi ricordo, è molto simpatica. È una persona con (8) _____ mi piacerebbe uscire di nuovo.

3 **Combinare** Usa un pronome relativo per combinare le due frasi.

MODELLO

Questo è un pedone. Ho visto il pedone all'incrocio.
Questo è il pedone che ho visto all'incrocio.

1. Mi piace la libreria nuova. Siamo andati alla libreria stamattina.
2. Ho mangiato un'ottima pesca. Ho comprato la pesca al mercato.
3. Questo è Francesco. Ho studiato con Francesco per l'esame d'italiano.
4. Cristoforo Colombo era un esploratore. Cristoforo Colombo ha scoperto l'America.
5. L'Italia è un paese. In Italia si parla italiano.
6. Questa è una scuola elementare. Io sono andato in questa scuola da piccolo.

 Practice more at **sentieri.vhlcentral.com**.

COMUNICAZIONE

4   Posti   A coppie, fate la lista dei vostri sei posti preferiti: negozi, centri commerciali, ristoranti ecc. Poi scrivete una frase su ogni posto usando diversi pronomi relativi, come nel modello.

MODELLO

S1: *Bar Due è un locale dove vanno tutti gli studenti italiani.*

S2: *Rusty, invece, è una discoteca che è famosa per la musica dal vivo (live music) e dove io e i miei amici andiamo spesso…*

5   Opinioni   Lavorate a coppie. Date a turno la vostra opinione sulle seguenti cose, attività, persone e posti. Usate i pronomi relativi.

MODELLO   primavera

S1: *La primavera è la stagione che preferisco perché mi piacciono molto i fiori.*

S2: *Non mi piace la primavera perché è la stagione in cui ho molte allergie.*

1. colazione
2. navigare su Internet
3. il/la mio/a compagno/a di stanza
4. lunedì
5. la classe d'italiano
6. l'Italia
7. il presidente degli Stati Uniti
8. l'insegnante d'italiano

6   Memoria a catena   In gruppi di quattro, fate a turno a costruire la frase più lunga che potete. La prima persona crea una frase. La seconda ripete e aggiunge un'altra frase usando un pronome relativo. La terza aggiunge un'altra frase e un pronome relativo. Quando non vi ricordate più tutta la frase, ricominciate da capo!

MODELLO

S1: *Conosco uno studente italiano.*

S2: *Conosco uno studente italiano che vive nel dormitorio Houston.*

S3: *Conosco uno studente italiano che vive nel dormitorio Houston, dove vivo anch'io…*

- Like **che**, **cui** is invariable and can refer either to people or things. Note that, when referring to people, the English equivalent is *whom* rather than *who*.

  Parliamo **del** pedone. Il pedone **di cui** voglio parlare si chiama Giorgio.
  *Let's talk **about the** pedestrian. The pedestrian **of/about whom** I want to talk is named Giorgio.*

  Va' **al** centro commerciale. Il centro commerciale **a cui** devi andare è lontano da casa mia.
  *Go **to** the mall. The mall **to which** you must go is far from my house.*

- The phrase **la ragione per cui** is equivalent to *the reason why*. It is often translated simply as *why* in English.

  La Fontana di Trevi è **la ragione per cui** studia la scultura italiana.
  *The Trevi Fountain is **(the reason) why** he studies Italian sculpture.*

  Questa cartina terribile è **la ragione per cui** mi sono persa!
  *This terrible map is **(the reason) why** I got lost!*

- In spoken Italian, **dove** (*where*) is frequently used instead of **in cui** when referring to a place.

  Le è piaciuto il ristorante **dove** (**in cui**) abbiamo mangiato ieri sera?
  *Did you like the restaurant **where** (**in which**) we ate last night?*

  Non è quello il locale **dove** (**in cui**) abbiamo speso troppo?
  *Isn't that the pub **where** (**in which**) we spent too much?*

- In the uses described above, **che** and **cui** refer to a specific noun mentioned earlier in the same sentence. In contrast, **quello che/ciò che** can refer to an object or concept that has not yet been specified. The forms are invariable, although **quello che** is often shortened to **quel che**.

  Ciò che vedi è una rotonda.
  ***What** you see is a traffic circle.*

  Non è **quello che** pensi!
  *It's not **what** you think!*

- As a relative pronoun, **chi** refers only to people and is equivalent to *those who*, *people who*, and *he who*, especially in proverbs. Use **chi** with third-person singular verb forms.

  Chi dorme non piglia pesci.
  ***Those who** sleep do not catch fish.*

  Chi tardi arriva male alloggia.
  ***He who** arrives late lodges badly.*

Provalo!   Scegli l'opzione che completa meglio ogni frase.

1. Mi piacciono le persone (che / cui) sono aperte e oneste.
2. Il libro (cui / che) leggiamo in classe è molto interessante.
3. Non capisco (chi / ciò che) dici.
4. Il caffè (chi / che) preferisco è forte e senza zucchero.
5. Franco è l'amico di (cui / chi) ti ho parlato.
6. Per me va bene fare (quello che / quello a cui) vuoi tu.

SINTESI

Ricapitolazione

1 **Dove si trova...?** Lavorate a coppie. Dite a turno dove si trovano le seguenti cose nella vostra città. Usate il si impersonale e il si passivante.

> **MODELLO**
>
> **S1:** Dove si trova una vecchia chiesa?
> **S2:** Si possono trovare due vecchie chiese nel centro storico...

1. una vecchia chiesa
2. una grande fontana
3. una piscina pubblica
4. una statua famosa
5. un edificio con molte scale
6. un incrocio con strisce pedonali ma senza semaforo

2 **Descrizione di un lavoro** A coppie, scegliete una professione presentata in questa lezione o in una lezione precedente. Poi scrivete una descrizione di questa professione usando il si impersonale e il si passivante.

3 **La ragione** Lavorate a coppie. Dite a turno perché fate certe cose. Usate le azioni della lista e altre di vostra scelta.

> **MODELLO**
>
> **S1:** Perché vai in classe?
> **S2:** Vado in classe perché si imparano tante cose e si fanno molte attività.

1. andare in classe
2. studiare per un esame
3. uscire con gli amici
4. comprare vestiti nuovi
5. fare un favore a un amico
6. dormire il fine settimana

4 **Definizioni** Lavorate a coppie. Una persona sceglie una parola dal vocabolario della lezione e la definisce, mentre l'altra persona deve indovinarla. Poi scambiate i ruoli. Usate il si impersonale, il si passivante e i pronomi relativi.

> **MODELLO**
>
> **S1:** È dove si attraversa la strada.
> **S2:** Sono le strisce pedonali?
> **S1:** No. È un posto in cui si incontrano due strade. A volte, si trova un semaforo qui.
> **S2:** È un incrocio!

5 **Un'inchiesta** Usate l'inchiesta seguente per fare domande e trovare almeno un(a) compagno/a di classe per ogni categoria.

> **MODELLO**
>
> **S1:** Sei una persona che attraversa la strada fuori dalle strisce pedonali?
> **S2:** No! Io attraverso sempre sulle strisce pedonali!

Sei una persona che...	Nome
1. attraversa sempre sulle strisce pedonali?	Pietro
2. beve acqua dalle fontane?	
3. chiede indicazioni agli sconosciuti (strangers)?	
4. si perde facilmente in una città nuova?	
5. dà sempre un passaggio agli amici?	
6. va in bicicletta sul marciapiede?	
7. non ama le piscine pubbliche?	
8. non riporta i video alla videoteca (video rental shop) in tempo?	

6 **Pubblicità** A coppie, create un opuscolo per la vostra città. Usate il si impersonale e il si passivante per descrivere cosa si può fare e cosa si può vedere. Usate i pronomi relativi per combinare frasi e aggiungere più dettagli.

> **MODELLO**
>
> Nella mia città si può visitare il centro dove si trovano molti edifici in stile moderno...

Architettura e natura, una combinazione vincente!

risorse		
SAM WB: pp. 135–138	SAM LM: pp. 77–78	**S** sentieri.vhlcentral.com

Video: TV Clip

Lo Zapping

Le città i mercati

In Italia il mercato è una tradizione secolare°, con le sue bancarelle° e i suoi venditori più o meno vocianti°. È qui che si possono trovare le verdure più fresche e la frutta più saporita, ma anche abbigliamento e casalinghi°. «Chi più ne ha più ne metta°!» È il caso del mercato di Cesena, uno dei più grandi (ben 200 bancarelle!) e più frequentati della Romagna, i cui ambulanti° si sono riuniti nel consorzio «Le città i mercati». Gli ambulanti coordinano così gli sforzi° tesi a° valorizzare questo evento bisettimanale. In Emilia Romagna, infatti, la tradizione cooperativistica è radicata°: qui si sa da tempo che l'unione fa la forza!

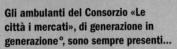
Gli ambulanti del Consorzio «Le città i mercati», di generazione in generazione°, sono sempre presenti...

Al mercato trovi tutto quello che fa per te°.

Comprensione Rispondi alle domande.

1. Secondo la pubblicità, che cosa si può fare al mercato oltre agli acquisti?
2. In che giorni i venditori ambulanti del consorzio sono presenti al mercato di Cesena?
3. Che cosa si trova al mercato di Cesena?

Discussione Discutete a coppie le seguenti domande.

1. Secondo te, perché nello spot si dice che il mercato di Cesena è un grande salotto?
2. Nel tuo paese esistono mercati come quello di Cesena? Dove? Quando? Quali sono le differenze?

secolare *age-old* bancarelle *stands* vocianti *noisy* casalinghi *household objects*
Chi più ne ha più ne metta *etcetera (lit. If anyone has something to add, go ahead.)*
(venditori) ambulanti *street vendors* tesi a *aimed at* sforzi *efforts* radicata *deep-rooted*
di generazione in generazione *generation after generation* fa per te *is right for you*

Practice more at **sentieri.vhlcentral.com.**

9B

Communicative Goals

You will learn how to:

- talk about errands and banking
- talk about places and businesses in town

Le commissioni

 Talking Picture Audio: Activity

Vocabolario

espressioni	*expressions*
chiedere un prestito	*to ask for a loan*
depositare il denaro	*to deposit money*
fare delle commissioni	*to run errands*
firmare	*to sign*
inviare	*to send*
pagare con assegno	*to pay by check*
pagare con carta di credito/debito	*to pay with a credit/debit card*
pagare in contanti	*to pay in cash*
ricevere	*to receive*
riempire un modulo	*to fill out a form*
ritirare dei soldi	*to withdraw money*

la posta	*mail*
la busta	*envelope*
la cartolina	*postcard*
il francobollo	*stamp*
l'indirizzo	*address*

in banca	*at the bank*
il conto bancario	*bank account*
il conto corrente	*checking account*
il conto risparmio	*savings account*
la moneta	*coin; change*

i luoghi	*places*
il comune	*town hall*
il fiorista	*flower shop; florist*
il fotografo	*photo shop; photographer*
la lavanderia	*laundromat*
la profumeria	*perfume/cosmetics shop*
la questura	*police headquarters*
l'ufficio informazioni	*(tourist) information office*
la videoteca	*video store*

la cartoleria

Cartoleria Patti

SALDI

Internet c@fé
spazio connessione

Gioielleria Martino

Posteitaliane

la gioielleria

l'ufficio postale

l'Internet café

LETTERE

il pacco

la cassetta delle lettere

Imbuca una lettera. (imbucare)

l'edicola

la rivista

risorse

SAM WB: pp. 139–140

SAM LM: p. 79

sentieri.vhlcentral.com

il salone di bellezza

il postino
(la postina f.)

la posta

la banca

la banconota

la cassa automatica

Attenzione!

Bancomat is one of the largest ATM networks in Italy, and many Italians refer to an ATM as **il bancomat**, rather than **la cassa automatica**.

Pratica

1 Trova l'intruso
Trova la parola che non appartiene al gruppo.

MODELLO busta, (moneta), cartolina, pacco

1. comprare, pagare con assegno, inviare, pagare in contanti
2. banconota, moneta, cassa automatica, posta
3. fotografo, postino, fiorista, assegno
4. imbucare, edicola, inviare, busta
5. francobollo, gioielleria, videoteca, salone di bellezza
6. chiedere un prestito, conto corrente, comune, depositare il denaro

2 Associazioni
Di' dove andresti per comprare le seguenti cose.

1. in _____
2. in _____
3. dal _____

4. dal _____
5. in _____
6. all' _____

3 Vero o falso?
Ascolta le frasi e decidi se sono **vere** o **false**.

	Vero	Falso		Vero	Falso
1.	☐	☐	5.	☐	☐
2.	☐	☐	6.	☐	☐
3.	☐	☐	7.	☐	☐
4.	☐	☐	8.	☐	☐

4 Definire
Scrivi una frase completa per definire ognuno dei seguenti termini.

MODELLO cassa automatica

È una macchina che puoi usare per ritirare dei soldi dal conto corrente.

1. Internet café _____
2. cassetta delle lettere _____
3. postino/a _____
4. edicola _____
5. lavanderia _____
6. questura _____

Practice more at **sentieri.vhlcentral.com**.

Comunicazione

5 **Fare commissioni** A coppie, mettete le seguenti frasi nell'ordine corretto per creare una conversazione logica.

_____ GIULIA Sì, devo assolutamente dirti cosa ho visto in gioielleria! Allora, andiamo!

_____ GIULIA Posso venire con te all'ufficio postale. Anch'io devo spedire una lettera. Poi voglio passare in banca a ritirare dei soldi, perché non ho contanti.

_____ SILVIA Buona idea! Così potremo parlare un po'.

_____ SILVIA Devo fare alcune commissioni. Voglio spedire un pacco e delle lettere. Poi devo cercare un regalo di compleanno per mio fratello.

_____ SILVIA Se vuoi c'è una cassa automatica qui vicino. Anch'io ho appena ritirato dei soldi.

_____ SILVIA Perfetto, andiamo!

_____ GIULIA Ciao, Silvia, che cosa fai di bello in centro?

_____ GIULIA Bene, allora andiamo prima alla cassa automatica. Poi, quando abbiamo finito le nostre commissioni, possiamo andare a prendere un caffè insieme!

---

6 **La giornata di Anna** Lavorate a coppie. L'insegnante vi darà due fogli diversi, ciascuno con metà delle informazioni riguardo ai posti dove Anna deve andare oggi. Descrivete a turno le sue attività e completate i vostri fogli.

MODELLO

Alle dieci Anna va all'ufficio postale a comprare dei francobolli. Poi...

7 **La città perfetta** In gruppi di tre, fate una lista dei 15 posti che dovrebbero essere presenti nella vostra città perfetta. Poi fate un disegno della città in cui li mostrate. Usate il disegno seguente o fatene uno vostro. Preparatevi a mostrare il vostro disegno alla classe e a descrivere i diversi posti che avete incluso.

MODELLO

S1: _Per me la città perfetta deve avere un Internet café._

S2: _Buona idea! Io vorrei anche una buona pasticceria._

S3: _Bah, non è così importante! Quello di cui abbiamo bisogno è..._

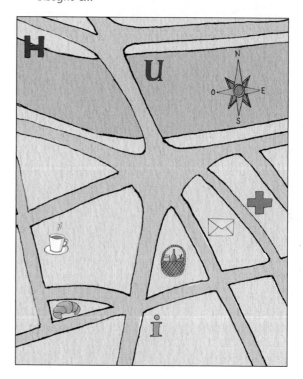

Pronuncia e ortografia

**Audio: Concepts, Activities
Record & Compare**

🎧 *Parole affini II*

essenziale	**natur**ale	**parzi**ale	**speci**ale
essential	*natural*	*partial*	*special*

Italian words ending in **-ale** are often equivalent to English words ending in *-al*.

ciclista	**ottim**ista	**pian**ista	**special**ista
cyclist	*optimist*	*pianist*	*specialist*

Italian words ending in **-ista** are often equivalent to English words ending in *-ist*.

caratterizzare	**econom**izzare	**organ**izzare	**simpat**izzare
characterize	*economize*	*organize*	*sympathize*

Italian words ending in **-izzare** are often equivalent to English words ending in *-ize*.

famosa	**gel**oso	**gener**oso	**nerv**osa
famous	*jealous*	*generous*	*nervous*

Italian words ending in **-oso/a** are often equivalent to English words ending in *-ous*.

Pronunciare Ripeti le parole ad alta voce.

1. delizioso
2. finalizzare
3. oculista
4. abituale
5. artificioso
6. linguista
7. collegiale
8. specializzare
9. glorioso
10. editoriale
11. pessimista
12. invidiosa

Articolare Ripeti le frasi ad alta voce.

1. L'esame finale sarà difficile.
2. Posso italianizzare questa parola inglese?
3. Vai dal dentista oggi.
4. Questo risotto è delizioso.
5. È famoso questo libro?
6. Perché dovete analizzare tutto?

Proverbi Ripeti i proverbi ad alta voce.

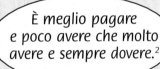

È meglio pagare
e poco avere che molto
avere e sempre dovere.[2]

A mente curiosa
e sagace il troppo
riposo non piace.[1]

[1] To a curious and wise mind, too much
rest is not pleasing.
[2] It is better to pay and have little
than to have a lot and always owe.

risorse

SAM
LM: p. 80

sentieri.vhlcentral.com

FOTOROMANZO

Un pomeriggio in centro Video: *Fotoromanzo*

PERSONAGGI

Lorenzo

Viola

VIOLA (*Al telefono*) Ciao, Massimo, come stai? ...Alla posta. Ho comprato dei francobolli e spedito un pacco a mia madre. ...Beh, ho diverse cose da fare. In banca, in tintoria. Stasera? Ma non devi lavorare? Sì, mi piacerebbe vederti. Alle sette? Ho una lezione domani mattina. Facciamo alle sei? ...Ci vediamo lì. Benissimo. A dopo.

LORENZO Viola.
VIOLA Ciao.
LORENZO Ciao. Che cosa fai qui?
VIOLA Ho un conto corrente in questa banca e dovevo ritirare dei soldi al bancomat. È qui che lavori?
LORENZO Sì. Lavorando guadagno crediti per l'università.
VIOLA Io dovrei andare a...

LORENZO È stato bello l'altro giorno.
VIOLA Che cosa?
LORENZO Il Foro. Noi tutti insieme. Sono stato molto bene.
VIOLA Davvero? Sei sempre così distante da tutti gli altri alla pensione.
LORENZO Lo so. Sono troppo serio a volte.

VIOLA Che c'è, hai qualche problema con lei?
LORENZO Con Emily? No, io non ho problemi con nessuno. Semplicemente, siamo diversi.
VIOLA Altroché!
LORENZO Ti va di fare due passi? Marcella ha detto che abbiamo tutti bisogno di un po' più di cultura.

VIOLA E sto leggendo un libro sulla commedia dell'arte. È molto interessante. Alcune foto dei costumi potrebbero dare delle idee a mia madre per l'abito da sposa di mia sorella.
LORENZO Tua madre farà l'abito di tua sorella?

VIOLA L'ha fatto anche per le altre tre mie sorelle. Un giorno, ne farà uno anche per me.
LORENZO Per quando ti sposerai con Massimo?
VIOLA Perché dici queste cose?
LORENZO Scusa. Dovrei lasciare le battute a Riccardo. Marcella è ancora arrabbiata con lui, vero?
VIOLA Sì.

A T T I V I T À

1 **Rispondere** Rispondi alle seguenti domande.

1. Che cosa ha fatto Viola alla posta?
2. Dove deve ancora andare Viola?
3. Dove lavora Lorenzo?
4. Com'è il caffè?
5. Secondo Marcella, di che cosa hanno bisogno tutti?

6. Che libro legge Viola?
7. Chi farà l'abito da sposa per la sorella di Viola?
8. Con chi è ancora arrabbiata Marcella?
9. Secondo Lorenzo, com'è Riccardo?
10. Con chi ha un appuntamento Viola?

 Practice more at **sentieri.vhlcentral.com**.

Lorenzo e Viola si incontrano in centro.

LORENZO Senti, io ho finito di lavorare per oggi. C'è un buon bar in fondo alla strada. Potremmo provare il loro caffè per Emily. Mi dispiace per quello che è successo con Isabella.

VIOLA Però era divertente.

LORENZO «Chi è Francesca?»

LORENZO Com'è il caffè?

VIOLA Ottimo. Devo dire a Emily di questo bar. Non lo conosce ancora.

LORENZO Vuole davvero andare in tutti i bar di Roma?

VIOLA Penso proprio di sì. Ne ha già visitati tanti.

LORENZO Non avrebbe mai dovuto prendere il suo scooter.

VIOLA Lo so, ma sono diventati ottimi amici.

LORENZO È impossibile essere arrabbiati con lui. Io ci ho provato. È così rozzo, ma è un bravo ragazzo e poi è proprio divertente.

VIOLA Oh, no! Massimo! Che ora è? Devo andare!

(Si baciano.)

VIOLA Devo andare. Massimo mi aspetta. Sono in ritardo. Ciao.

LORENZO Ah, accidenti.

Espressioni ụtili

Indefinite words

- **tutti gli altri**
  everyone else
- **Sono troppo serio a volte.**
  I'm too serious sometimes.
- **Ne ha già visitati tanti.**
  She's already been to a lot of them.
- **qualche problema**
  some problem
- **alcune foto**
  some photos

Expressing negation

- **Non ho problemi con nessuno.**
  I don't have a problem with anyone.
- **Non avrebbe mai dovuto prendere il suo scooter.**
  He never should have taken her scooter.

Additional vocabulary

- **tintorịa**
  dry cleaner
- **Facciamo alle sei?**
  How's six o'clock?
- **È qui che lavori?**
  This is where you work?
- **Lavorando guadagno crediti per l'università.**
  I earn college credits working here.
- **in fondo alla strada**
  down the street
- **Ti va di fare due passi?**
  Do you feel like going for a walk?
- **L'ha fatto anche per le altre tre mịe sorelle.**
  She made one for my other three sisters.

Altroché! *Absolutely!*	**sto leggendo** *I'm reading*
l'abito da sposa *wedding dress*	**lasciare le battute** *to leave the jokes*
Io ci ho provato. *I've tried.*	**rozzo** *crude*

---

2 **Per parlare un po'** A coppie, fate programmi per una giornata in centro. Scrivete un dialogo in italiano di almeno 15 battute *(lines)* in cui decidete dove andare, spiegate il perché delle vostre scelte e anche come intendete arrivarci.

3 **Approfondimento** Fai una ricerca sulla commedia dell'arte e rispondi alle seguenti domande. Quando è nata? Che cosa significa *arte*? Con quali altri nomi veniva chiamata *(was it called)*? Quali sono le tematiche principali della commedia dell'arte? Come si chiamano alcune maschere *(recurring characters)*?

risorse

SAM VM: pp. 35–36	DVD Puntata 18	**S** sentieri.vhlcentral.com

ATTIVITÀ

IN PRIMO PIANO

Contanti o carta di credito?

Qual è il rapporto degli italiani con i soldi? Gli italiani sono per tradizione un popolo di risparmiatori°. Per l'amministrazione del denaro e per pagare alcune spese, la maggior parte degli italiani utilizza i servizi offerti dalle banche o dalle Poste Italiane, come il conto corrente e il conto di risparmio.

Il primo° permette di depositare e prelevare° denaro ed effettuare pagamenti°. Il secondo permette di depositare una somma° che matura interessi° nel tempo. Con l'apertura° di un conto corrente la banca, di solito, offre al cliente un libretto di assegni°, la domiciliazione delle utenze°, carte di credito e, a volte, anche un fido bancario°.

Per le compere giornaliere, come la spesa, il giornale o la colazione al bar, di norma°, si usano i contanti. Gli italiani non usano gli assegni con la stessa frequenza degli americani; li usano solo per pagare grosse somme, come l'affitto mensile della casa oppure le rate dell'automobile. Pagare con la carta di credito o con la carta di debito diventa sempre più comune e tanti negozi e ristoranti sono pronti a ricevere pagamenti di questo tipo.

Cosa comprano gli italiani con la carta di credito? In genere fanno acquisti di un certo valore, come le spese mensili nei centri commerciali e gli acquisti online che, negli ultimi cinque anni, hanno registrato un grosso aumento°. La carta prepagata° è un nuovo tipo di carta molto richiesto. Per ottenerla non è necessario avere un conto corrente; si paga semplicemente la cifra desiderata al momento dell'acquisto della carta. Per questo motivo è molto usata dai giovani e dagli studenti. Comporta, però, spese per l'attivazione e non ha garanzie in caso di smarrimento°.

Cosa comprano gli italiani online?

viaggi	47,8%
prodotti per l'elettronica	15,8%
prodotti per lo sport e il tempo libero	13,3%
assicurazioni	11,6%
prodotti alimentari	5,0%
libri, CD, DVD	3,2%

FONTE: La Stampa e Casaleggio Associati

risparmiatori *savers* **Il primo** *The former* **prelevare** *withdraw* **effettuare pagamenti** *to make payments* **somma** *sum*
matura interessi *earns interest* **apertura** *opening* **libretto di assegni** *checkbook* **domiciliazione delle utenze** *automatic bill pay*
fido bancario *line of credit* **di norma** *normally* **grosso aumento** *large increase* **prepagata** *prepaid* **smarrimento** *loss*

A T T I V I T À

1 **Vero o falso?** Indica se l'affermazione è **vera** o **falsa**. Correggi le affermazioni false.

1. Agli italiani piace risparmiare denaro.
2. Le Poste Italiane e le banche offrono servizi molto diversi.
3. Il conto corrente permette di prelevare denaro.
4. Gli italiani usano gli assegni per pagare grosse somme di denaro.
5. I pagamenti con le carte di credito non sono molto comuni in Italia.

6. Gli italiani usano le carte di credito per le piccole spese di tutti i giorni.
7. La carta di credito è usata per gli acquisti online.
8. Una carta usata particolarmente da giovani e studenti è la carta di debito.
9. Per ottenere la carta prepagata è necessario avere un conto corrente.
10. La carta prepagata richiede spese di attivazione.

Practice more at **sentieri.vhlcentral.com.**

L'ITALIANO QUOTIDIANO

In banca e all'ufficio postale

il bancomat	*ATM*
l'investimento	*investment*
la posta prioritaria	*priority mail*
la raccomandata	*registered letter*
la rata	*installment; payment*
lo sportello	*window (teller)*
il tasso di interesse	*interest rate*
èssere al verde	*to be broke*
fare la coda	*to wait in line*
pagare le bollette	*to pay the bills*

COSTUMI E USANZE

Edicole e tabaccherie

Le **edicole** e le **tabaccherie** sono due punti vendita° presenti in genere in ogni centro abitato°. L'edicola può essere un negozio o un chiosco per la vendita di quotidiani° e riviste di ogni genere: settimanali o periodici per adulti e bambini e per ogni tipo di hobby. Molte edicole oggi vendono anche cartoline e piccoli articoli da regalo° e di cartoleria. In passato le tabaccherie si chiamavano «Sali e Tabacchi» perché vendevano anche il sale, ma oggigiorno vendono sigari°, sigarette°, biglietti per il trasporto pubblico, francobolli e valori bollati°. Oggi nelle tabaccherie è anche possibile comprare i biglietti per varie lotterie°, pagare le multe, il bollo auto° e il canone annuale° per la televisione.

punti vendita *points of sale* **centro abitato** *community* **quotidiani** *daily papers* **articoli da regalo** *gifts* **sigari** *cigars* **sigarette** *cigarettes* **valori bollati** *revenue stamps* **lotterie** *lotteries* **bollo auto** *vehicle registration* **canone annuale** *annual subscription fee*

RITRATTO

La famiglia Benetton

Il marchio di abbigliamento United Colors of Benetton è conosciuto in tutto il mondo. L'azienda nasce nel 1965 a Ponzano Veneto, in provincia di Treviso. È fondata dai fratelli **Carlo**, **Gilberto**, **Giuliana** e **Luciano Benetton**.

Il primo negozio in Italia apre a Belluno nello stesso anno. Nel 1969 apre a Parigi il primo negozio all'estero. L'azienda crea il marchio «Jean West» nei primi anni '70 e poco dopo produce anche il marchio «Sisley». Nel 1980 apre le porte il primo negozio a New York e due anni dopo quello a Tokyo. Il marchio è quotato in Borsa° alla fine degli anni '80 e l'azienda si allarga° anche nei campi dello sport e dell'editoria°. Benetton sponsorizza° auto in Formula Uno e una squadra di pallavolo, e pubblica la rivista *Colors*, che si vende in oltre° 40 paesi ed è tradotta in quattro lingue.

Il successo Benetton aumenta anche grazie a una campagna pubblicitaria° alternativa realizzata in collaborazione con il fotografo Oliviero Toscani. Oggi l'azienda è presente in 120 paesi.

quotato in Borsa *listed on the stock exchange* **si allarga** *it expands* **editoria** *publishing* **sponsorizza** *sponsors* **oltre** *over* **campagna pubblicitaria** *advertising campaign*

SU INTERNET

Cerca i nomi delle principali banche italiane.

Go to **sentieri.vhlcentral.com** to find more information related to this **CULTURA**.

---

2 Completare Completa le frasi.

1. Il primo negozio Benetton all'estero apre a _____.

2. La rivista *Colors* si vende in _____.

3. Il successo Benetton aumenta grazie a una alternativa _____.

4. L'edicola è un negozio per la vendita di _____.

5. Il nome delle tabaccherie negli anni passati era _____.

6. Oggi in _____ è possibile pagare le multe, il bollo auto e il canone annuale per la televisione.

3 A voi A coppie, rispondete alle seguenti domande.

1. Hai una carta di credito o una carta di debito?

2. Paghi le tue bollette di persona oppure online?

3. Dove compri, di solito, quotidiani e riviste?

risorse

sentieri.vhlcentral.com

ATTIVITÀ

STRUTTURE

9B.1 Indefinite words

Punto di partenza In **Lezione 5A**, you learned to use the indefinite adjectives **alcuni/e** and **qualche** to express the concept of *some* or *any* before a noun. Indefinite pronouns replace nouns representing unspecified people or things. Examples in English include *something* and *anything*.

indefinite adjective	indefinite pronoun
Ieri ho scritto **qualche** lettera.	Hai scritto **qualcosa** anche tu?
*Yesterday I wrote **some** letters.*	*Did you write **something**, too?*

Common indefinite adjectives

alcuni/e	*some, a few*	qualche	*some, a few*
altro/a/i/e	*other*	quanto/a/i/e	*how much, how many*
molto/a/i/e	*many, a lot of*	tanto/a/i/e	*so much, so many*
ogni	*each, every*	troppo/a/i/e	*too much, too many*
poco/a, pochi/e	*little, few*	tutto/a/i/e	*all, the whole*

Quanti bei fiori!
***How many** beautiful flowers!*

Hai **tante** banconote da un dollaro.
*You have **so many** one-dollar bills.*

- Like other adjectives, indefinites generally agree with the noun they modify. However, remember that **alcuni/e** can only be used with plural nouns, and **ogni** (like **qualche**) is invariable and used with singular nouns only.

Ogni cartolina è bella.
***Each** postcard is beautiful.*

Ho comprato **alcuni** francobolli.
*I bought **a few** stamps.*

- Always use the definite article after **tutto/a/i/e**.

Compra **tutti i** francobolli!
*Buy **all (of) the** stamps!*

Tutte le edicole sono chiuse.
***All (of) the** newsstands are closed.*

Pronomi indefiniti

- Here are some common indefinite pronouns. Note that many of these are also used as indefinite adjectives, as seen above.

Common indefinite pronouns

alcuni/e	*some, a few*	qualcuno/a	*someone*
altro	*something (anything) else*	qualcosa	*something*
		tanto/a/i/e	*so much, so many*
altri/e	*others*		
molto/a/i/e	*much, many*	troppo/a/i/e	*too much, too many*
ognuno/a	*each one, everyone*		
		tutto	*everything*
poco/a, pochi/e	*little, few*	tutti/e	*everyone*

PRATICA

1 **Scegliere** Completa le frasi con l'aggettivo indefinito appropriato. Usa ogni aggettivo una volta sola.

alcuni	molti	poche	quanta
altro	ogni	qualche	troppi

1. L'estate scorsa ho letto _____ libri.
2. _____ studente in questa classe parla italiano.
3. Stasera incontrerò _____ amico.
4. _____ persone sanno che ho vissuto in Italia.
5. Non so _____ pasta preparare per la festa.
6. C'è un _____ negozio dove possiamo andare.
7. Per quel lavoro Giuseppe ha guadagnato _____ soldi.
8. Guarda questo armadio... Hai _____ vestiti!

2 **Completare** Completa ogni frase con un aggettivo o pronome indefinito dalla lista. Fai tutti i cambiamenti necessari.

alcuni	molti	ognuno	qualcuno
altro	ogni	poco	tutto

1. _____ semaforo era rosso!
2. _____ ha dimenticato l'orologio.
3. Questo problema è molto difficile; solo _____ persone l'hanno capito.
4. Non essere egoista. Pensa anche agli _____.
5. Queste riviste in inglese non sono interessanti. Ne voglio leggere _____ in italiano.
6. _____ può prendere solo un regalo.
7. _____ dicono che l'italiano è facile.
8. _____ le statue sono dello stesso artista.

3 **Creare** Usa gli indizi dati per scrivere frasi complete con aggettivi indefiniti.

1. io / avere / troppo / monete
2. la cassa automatica / non essere aperto / molto / ore
3. oggi / esserci / poco / persone in lavanderia
4. essere impossibile / avere / troppo / statue nel parco
5. tanto / turisti / perdersi / in questa città
6. io / vedere / molto / polizia in questo centro commerciale

Practice more at **sentieri.vhlcentral.com**.

COMUNICAZIONE

4 **Troppe, abbastanza o poche?** A coppie, parlate di diverse cose che possedete e dite se ne avete troppe, abbastanza o poche. Usate aggettivi indefiniti e paragonate le vostre opinioni.

MODELLO

S1: *Non ho abbastanza soldi, ma ho troppe monete da dieci centesimi (cents).*
S2: *Io ho abbastanza soldi, ma ho poche banconote da un dollaro.*

5 **Qualcuno e tutti** Pensa a te stesso/a, alla tua famiglia e alle persone che conosci. Crea una lista di almeno sei cose che tutti hanno e sei che solo qualcuno ha. Poi, a coppie, paragonate le vostre liste.

MODELLO

S1: *Mio padre ha un conto corrente in banca e anche tutti i suoi amici ne hanno uno.*
S2: *Tutti hanno un conto corrente ma solo alcuni hanno un conto risparmio…*

6 **Alla banca** In gruppi di tre, create una conversazione tra un cliente di una banca, che si lamenta di alcuni errori nel suo conto, e una cassiera (*bank teller*) e il direttore della banca che spiegano che non è possibile. Usate aggettivi e pronomi indefiniti e siate creativi!

MODELLO

S1: *Ho troppo pochi soldi nel mio conto in banca!*
S2: *Non è possibile! Facciamo pochissimi errori e tutti sono attenti…*

alcuni	poco	quanto
altro	qualche	tanto
molto	qualcosa	troppo
ognuno	qualcuno	tutto

• Most indefinite pronouns agree with the nouns they replace.

Le ragazze? **Ognuna** è a casa sua.
*The girls? **Each one** is at home.*

Le banche? **Alcune** sono aperte il sabato.
*The banks? **Some** are open on Saturdays.*

Devi completare le lettere. **Troppe** sono ancora senza indirizzo.
*You must complete the letters. **Too many** are still without an address.*

Il mio postino è sempre puntuale, ma **altri** sono spesso in ritardo.
*My mail carrier is always on time, but **others** are often late.*

• Note the difference in meaning between **tutto** (*everything*) and **tutti/e** (*everyone*).

Ha ritirato **tutto**?
*Have you withdrawn **everything**?*

Non **tutti** hanno la carta di credito.
*Not **everyone** has a credit card.*

• Use **ognuno/a** and **qualcuno/a** in the singular form only.

Ognuno ha un conto bancario.
Everyone has a bank account.

A **qualcuna** non piace il profumo.
*Some (**women**) don't like perfume.*

• **Qualcosa** is singular and invariable. For purposes of agreement, it is treated as masculine. Note that **qualcosa** means *something*, while **qualcuno/a** means *someone*.

È **arrivato qualcosa** per te.
Something arrived for you.

C'è **qualcuno** in casa?
Is someone home?

• Use **qualcosa di** before adjectives and **qualcosa da** before infinitives. Remember to use the masculine form of an adjective after **qualcosa di**.

Troverò **qualcosa di bello** per mio marito in gioielleria.
*I'll find **something nice** for my husband at the jewelry store.*

Ha **qualcosa da fare** in questura? Che cos'è?
*Does he have **something to do** at police headquarters? What is it?*

Provalo!	Scegli l'aggettivo o il pronome indefinito che meglio completa ogni frase.

1. (**Quanti** / Alcuni) studenti ci sono in classe?
2. Sto male perché ho mangiato (pochi / troppi) biscotti.
3. (Ogni, Qualche) stato ha una capitale.
4. Maria ha (molti / quanti) amici.
5. Il gelato alla banana è buono. Posso mangiarlo (tutto / troppo)?
6. Queste scarpe non mi piacciono. Ne avete (altre / tutte)?
7. Hai sete? Posso offrirti (qualcosa / qualcuna)?
8. Oggi è domenica e (tutto / tanto) è chiuso.
9. Molte macchine qui sono americane, ma (troppe / alcune) sono europee.
10. Molte persone hanno accettato l'invito e solo (poche / tutte) l'hanno rifiutato.

STRUTTURE

9B.2 Negative expressions

Punto di partenza You have already learned how to use some negative expressions. In this lesson you will learn some new expressions to convey a greater variety of negative meanings.

ATTREZZI
You learned **non... mai**, **non... ancora**, and **non... più** in **Lezioni 2B**, **4B**, and **5B**.

Common negative expressions

non... affatto	*not at all*	non... neanche/ nemmeno/neppure	*not even*
non... ancora	*not yet*		
non... mai	*never*	non... nessuno	*nobody*
non... né... né	*neither... nor*	non... niente/nulla	*nothing*
		non... più	*no longer*

Non hanno **né** carta di credito **né** contanti.
*They have **neither** a credit card **nor** cash.*

Non ho chiesto **neppure** un prestito.
*I did **not even** ask for a loan.*

Stefano **non** lavora **più** in banca.
*Stefano **no longer** works at the bank.*

Non c'era **nessuno** in libreria.
*There was **not anyone** in the bookstore.*

- In most negative expressions, use **non** before the verb and the negative word. Object pronouns follow **non** and precede the verb.

Il dottore **non** ha firmato **niente**.
*The doctor did **not** sign **anything**.*

Non le piace **affatto** andare in questura.
*She does **not** like to go to police headquarters **at all**.*

- Note that in Italian, unlike in English, multiple negative words can be used in the same sentence.

Mimmo **non** ha **neanche** una moneta.
*Mimmo does **not even** have one coin.*

Sara **non** chiederebbe **mai niente** a **nessuno**.
*Sara would **never** ask **anything** of **anyone**.*

- Remember that **ancora**, **mai**, and **più** are placed between the auxiliary verb and the past participle in compound tenses.

La mamma **non** ha **mai** usato la cassa automatica.
*Mom has **never** used an ATM.*

Non sei **ancora** andata all'ufficio postale?
*You have **not** gone to the post office **yet**?*

PRATICA

1 Associare Associa le frasi negative con il loro corrispondente affermativo.

1. ____ Non ho ancora finito di guardare il film.
2. ____ Non vedo nessuno.
3. ____ Non dormo mai dopo le dieci di mattina.
4. ____ Non ho detto niente ai tuoi amici.
5. ____ Non ho più telefonato a Gina.
6. ____ Da qui non sento nemmeno la televisione.

a. Ho telefonato di nuovo a Gina.
b. Dormo sempre fino a tardi la mattina.
c. Da qui sento anche la televisione.
d. Ho già finito di guardare il film.
e. Ho detto tutto ai tuoi amici.
f. Vedo qualcuno.

2 Completare Completa la seguente conversazione con le espressioni negative date. Usa ogni espressione una volta sola.

affatto	mai	nemmeno	niente
ancora	né... né	nessuno	più

EMMA Ciao, Matteo, come stai?

MATTEO Bene. E tu?

EMMA Bene. Non ti ho (1) _____ sentito da domenica. Hai parlato con la banca per quel prestito?

MATTEO Sì, ma è stato molto difficile, perché non ho (2) _____ chiesto un prestito. Inoltre, dapprima non c'era (3) _____ disponibile con cui parlare, poi ho scoperto di non avere (4) _____ un documento con me e infine non avevo (5) _____ deciso che tipo di prestito chiedere!

EMMA Mamma mia, che brutta esperienza! Ma la persona con cui hai parlato non ti ha aiutato (6) _____?

MATTEO Non mi ha aiutato (7) _____ con dei consigli _____ con degli esempi!

EMMA E allora, cosa farai?

MATTEO Per ora non faccio (8) _____, ma forse la prossima settimana vado in un altro ufficio...

 Practice more at **sentieri.vhlcentral.com**.

COMUNICAZIONE

3 **Trasformare** A coppie, usate le espressioni negative per negare ogni affermazione.

> **MODELLO** La cartoleria vende ancora cartoline. (non... più)
>
> *No, la cartoleria non vende più cartoline.*

1. La banca dà soldi a tutti. (non... nessuno)
2. Il vigile ha già dato una multa. (non... ancora)
3. Questo semaforo funziona sempre. (non... mai)
4. La polizia ha chiamato anche un testimone. (non... nemmeno)
5. Ho ritirato tutto dal mio conto corrente. (non... niente)
6. È assolutamente vero! (non... affatto)

4 **Mai** A coppie, fate una lista di tre posti, nel vostro campus o nella vostra città, in cui non andate. Spiegate perché non ci andate. Poi, come classe, determinate quali sono i tre posti meno popolari.

> **MODELLO**
>
> **S1:** *Io non vado mai in lavanderia, perché non ho vestiti che devono essere lavati a secco (dry cleaned).*

5 **Una storia al negativo** A coppie, create una conversazione tra una vittima di un furto (robbery) a una cassa automatica e un poliziotto. Il poliziotto fa domande alla vittima, ma la vittima risponde solo con frasi negative! Fate domande e date risposte per ricostruire la storia.

> **MODELLO**
>
> **S1:** *Era dentro la banca?*
> **S2:** *No, non sono mai stato dentro la banca.*
> **S1:** *Ha riconosciuto il ladro?*
> **S2:** *No, non ho riconosciuto nessuno...*

- **Nessuno** can mean *not any* in negative sentences when it precedes a noun. In these cases, the form of **nessuno** follows the pattern of the indefinite article **uno** (**nessun, nessun', nessuno, nessuna**). Use **nessuno** with singular nouns only.

Gina **non** ha **nessuna** busta.	**Non** hai visto **nessuno** studente.
*Gina does **not** have **any** envelopes.*	*You did **not** see **any** students.*

- **Nessuno, niente/nulla**, and **né... né** can precede the verb if they are subjects. In these cases, omit **non**.

Nessuno è venuto in comune. OR	**Non** è venuto **nessuno** in comune.
	Nobody came to the town hall.
Niente è cambiato. OR	**Non** è cambiato **niente**.
	Nothing has changed.

- When **né... né** precedes the verb, use the third-person plural form of the verb.

Né cani **né** gatti possono entrare nel salone di bellezza.	**Né** Gina **né** Mimmo vanno all'Internet café.
*Neither dogs **nor** cats can enter the beauty salon.*	*Neither Gina **nor** Mimmo is going to the Internet café.*

- You have already learned that **qualcosa** is followed by **di** before adjectives and **da** before infinitives. **Niente** and **nulla** follow the same pattern.

Mi hai portato **qualcosa di nuovo**?	No, **non** ti ho portato **nulla di buono**.
*Did you bring me **something new**?*	*No, I did **not** bring you **anything good**.*
Avete **qualcosa da fare** domani?	No, **non** abbiamo **niente da fare**.
*Do you have **something to do** tomorrow?*	*No, we do **not** have **anything to do**.*

> **Provalo!** Scegli la parola o espressione corretta per completare le seguenti frasi.

1. Non ho (ancora / nessuno) letto l'ultimo libro di Umberto Eco.
2. Non sono (mai / né) andata a trovare Carla in Italia.
3. Non ho mangiato (più / niente) sull'aereo.
4. Non ho parlato con Andrea. Non l'ho (nulla / nemmeno) visto oggi!
5. Da dopo il liceo non ho (affatto / più) contatti con Lucia.
6. È una bugia, questa storia non è (niente / affatto) vera!
7. La pasta è perfetta, né troppo calda (né / mai) troppo fredda.
8. Il semestre è finito e non c'è (né / nessuno) sul campus.

SINTESI

Ricapitolazione

1 Nessuno In gruppi di quattro, parlate di attività che nessuno fa più perché non sono di moda. Siate specifici il più possibile. Poi paragonate la vostra lista con un altro gruppo e discutete le scelte con loro.

MODELLO

S1: *Nessuno va più a ballare al Quest Lounge, neanche gli studenti del primo anno.*
S2: *Nessuno mangia più...*

2 In cartoleria A coppie, create una conversazione tra un cliente e una persona che lavora in una cartoleria. Il cliente cerca certi articoli, ma, sfortunatamente, sono esauriti (*sold out*). Siate creativi e usate quante più espressioni negative possibili.

MODELLO

S1: *Buongiorno! Avete dei quaderni?*
S2: *No, mi dispiace, non vendiamo più quaderni.*
S1: *Non ne avete neanche uno o due vecchi?*
S2: *No, nessuno...*

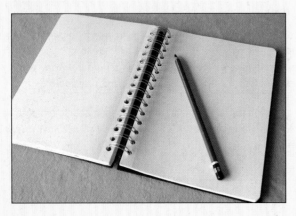

3 Il postino A coppie, create un rapporto (*report*) che un postino potrebbe scrivere sui clienti a cui porta la posta. Chi non vive più in quella strada? Ci sono case in cui non vive nessuno? Chi non riceve mai posta? Usate le espressioni negative che conoscete e date molti dettagli.

MODELLO

La prima casa è quella dei signori Lavelli. I signori Lavelli non ricevono mai posta, nemmeno dalla banca. La casa accanto è dei signori Tedesco, ma nessuno...

4 Non lo farei mai! A coppie, parlate di cose che non fareste mai e dite perché. Per esempio, dove non andreste mai? Provate a scrivere almeno sei posti o attività usando le espressioni negative.

MODELLO

S1: *Io non userei mai una carta di credito, perché è facile spendere troppi soldi.*
S2: *Io non lavorerei mai in un ufficio postale, perché secondo me è molto noioso.*

5 In città Lavorate a coppie. L'insegnante vi darà due fogli per scrivere le preferenze del vostro compagno di classe riguardo a vari posti in città. Chiedete con quale frequenza lui o lei fa ogni cosa.

MODELLO

S1: *Cristina, quante volte vai in cartoleria?*
S2: *Non vado affatto in cartoleria, compro tutto al supermercato. E tu, con quale frequenza vai in comune?*
S1: *Non vado in comune nemmeno una volta l'anno!*

foglio di lavoro

		mai	affatto	più	nemmeno	quante volte?
1	la cartoleria		✓			
2	il comune				✓	una volta all'anno
3						
4						

6 La persona più negativa del mondo! A coppie, create un'intervista sulla giornata della persona più negativa del mondo: la signora Nero. Siate creativi e usate quante più espressioni negative possibili. Poi scambiate i ruoli e create un'altra intervista.

MODELLO

S1: *Buongiorno, signora Nero, come sta oggi?*
S2: *Malissimo! Non sono mai stata peggio!*
S1: *Mi dispiace. Mi dica, cosa ha fatto stamattina?*
S2: *Non ho fatto niente. Non c'è niente di divertente da fare e nessuno...*

7 **Un puzzle logico** Lavorate a coppie per risolvere questo puzzle logico. Poi usate espressioni negative simili per creare un nuovo puzzle da scambiare con un'altra coppia.

Chi è il sindaco?

1. Il sindaco lavorava all'ufficio postale, ma adesso non ci lavora più.

2. Stefano lavora dal fiorista e in lavanderia.

3. Il sindaco non va mai in gioielleria.

4. Marco non va mai in banca il lunedì.

5. Gina non lavora né all'ufficio postale né in gioielleria.

6. Il sindaco non visita mai il fiorista.

7. Laura non conosce nessuno all'ufficio postale e non ha mai conosciuto nessuno che lavora lì.

8. Il sindaco va in banca tutti i giorni, eccetto il martedì.

8 **Inventario** Lavorate a coppie. L'insegnante vi darà due fogli diversi, ciascuno con metà delle informazioni sull'inventario di un grande magazzino. Domandatevi a turno quali articoli sono nel negozio e quali non ci sono, basandovi sulle informazioni del vostro foglio.

MODELLO

S1: *Quanti calzini e cinture abbiamo?*
S2: *Non abbiamo né calzini né cinture. Quante sciarpe abbiamo?*
S1: *Nessuna!...*

Il mio di·zio·na·rio

Aggiungi al tuo dizionario personalizzato cinque parole relative alle città, alle banche e alla posta.

il parchimetro

traduzione
parking meter

categoria grammaticale
sostantivo (m.)

uso
Devo mettere più monete nel parchimetro.

sinonimi
/

antonimi
/

risorse

SAM
WB: pp. 141–144

SAM
LM: pp. 81–82

sentieri.vhlcentral.com

Panorama

L'Italia centrale

Marche

La regione in cifre

▶ Superficie: *9.694 kmq*

▶ Popolazione: *1.553.063*

▶ Città principali: *Ancona, Pesaro, Fano*

Marchigiani celebri

▶ Raffaello Sanzio, *pittore e architetto (1483–1520)*

▶ Maria Montessori, *educatrice (1879–1952)*

▶ Valentino Rossi, *motociclista (1979–)*

Umbria

La regione in cifre

▶ Superficie: *8.456 kmq*

▶ Popolazione: *884.450*

▶ Città principali: *Perugia, Terni, Foligno*

Umbri celebri

▶ San Francesco d'Assisi, *frate°, patrono d'Italia (1181–1226)*

▶ Aldo Capitini, *filosofo (1899–1968)*

▶ Monica Bellucci, *attrice e modella (1964–)*

Lazio

La regione in cifre

▶ Superficie: *17.207 kmq*

▶ Popolazione: *5.561.017*

▶ Città principali: *Roma, Latina, Guidonia Montecelio*

Laziali celebri

▶ Vittorio De Sica, *regista e attore (1901–1974)*

▶ Anna Magnani, *attrice (1908–1973)*

▶ Tiziano Ferro, *cantautore° (1980–)*

frate *friar* **cantautore** *singer-songwriter* **grotte** *caverns*
lunghezza *length* **pozzi** *wells*

Una spiaggia a Sirolo

la basilica di San Francesco in Assisi

i bagni termali ad Ostia Antica

0 — 100 miglia
0 — 100 chilometri

Incredibile ma vero!

Le grotte° di Frasassi sono state scoperte nel 1948 e sono state aperte al pubblico nel 1974. La lunghezza° totale è di circa 13 chilometri, la stalagmite «Obelisco» è alta 15 metri, alcuni pozzi° sono profondi 25 metri e la «Sala di Ancona» è così grande che può contenere il Duomo di Milano. È uno spettacolo naturale da non perdere!

Le feste

Un festival di cioccolato

Si chiama Euro Chocolate Festival e si svolge° nella città di Perugia a ottobre. È iniziato nel 1994 e dura dieci giorni. Nel 2008 hanno partecipato un milione di persone e 200 aziende che hanno offerto 190 tonnellate° di cioccolato in degustazione°. Oltre ai dolci, durante il festival si tengono convegni, mostre, laboratori° e dibattiti. Particolare attenzione va al dolce di Perugia per eccellenza, il Bacio Perugina. Nel 2003 è stato preparato un Bacio che è entrato nel Guinness dei Primati: largo 7 metri, alto 2 metri, con 3.500 chili di cioccolato e centinaia di migliaia di nocciole°. Peso totale: 5.980 chili!

L'artigianato

Ceramiche famose in tutto il mondo

Le ceramiche di Deruta sono note per la loro qualità e i loro colori. È una tradizione che risale agli Etruschi ed è nata grazie alle risorse naturali presenti nell'area. Deruta è sempre stato il centro principale italiano della produzione della ceramica ed è stato per anni anche un importante centro economico e artistico. I colori tipici dei prodotti sono il verde, il bruno manganese°, l'arancione, il blu e il giallo. I prodotti tipici sono vasi, piatti, piani per tavoli e dettagli per l'arredamento. La maiolica, un tipo di ceramica, è usata anche per i pavimenti delle chiese.

La storia

La civiltà etrusca in Italia

Gli etruschi sono un popolo antico dalle origini molto incerte. Sappiamo che vissero° nel Lazio, in Toscana e in Campania. In alcuni testi greci e romani del VII secolo a.C. troviamo dei riferimenti alla cultura etrusca. Fu° proprio l'ascesa° di Roma a determinare la fine degli etruschi. Di particolare interesse sono le necropoli, aree ricche di tombe etrusche che si trovano presso le città di Tarquinia e Cerveteri. L'interno di questi sepolcri è spesso decorato con pitture a colori che rappresentano danze e banchetti° preparati per rendere felice il morto°. Purtroppo solo poche necropoli sono oggi aperte al pubblico.

L'architettura

Un'acustica perfetta

Lo Sferisterio di Macerata è stato costruito all'inizio dell'Ottocento. A quei tempi era usato per spettacoli sportivi, come il gioco del pallone col bracciale° e gli spettacoli di tauromachia°. Nel 1921 è diventato un teatro di opera lirica. Può ospitare circa 3.000 persone e, secondo molti, è l'arena italiana con la migliore acustica. Grazie al «Musicultura Festival», iniziato negli anni '90, questo teatro ha ospitato gli artisti più grandi nel campo della danza e della musica, tra i quali Nureyev, Pavarotti, Carreras, Caballé, Miles Davis, Joe Venuti, B. B. King, Ray Charles e Sarah Vaughan.

 Quanto hai imparato? Completa le frasi.

1. La stalagmite _____ nelle grotte di Frasassi è alta 15 metri.
2. Nelle grotte di Frasassi ci sono pozzi profondi _____.
3. L'Euro Chocolate Festival si svolge a _____ in ottobre.
4. Nel 2003 un enorme _____ è entrato nel Guinness dei Primati.
5. La città di Deruta è famosa per la produzione di _____.
6. I colori tipici delle ceramiche di Deruta sono il verde, _____, l'arancione, il blu e il giallo.
7. La cultura etrusca risale al _____.
8. A Tarquinia e Cerveteri ci sono molte _____ etrusche.
9. Lo Sferisterio di Macerata oggi è un teatro per spettacoli di _____.
10. Nello Sferisterio di Macerata è iniziato, negli anni '90, _____.

 Practice more at **sentieri.vhlcentral.com**.

risorse

SAM
WB: pp. 145–146

(S) sentieri.vhlcentral.com

SU INTERNET

Go to **sentieri.vhlcentral.com** to find more cultural information related to this **PANORAMA**.

1. Cerca informazioni su una delle città menzionate in **La regione in cifre**. Prepara una presentazione per la classe.
2. Gli etruschi sono un popolo affascinante e misterioso. Cerca più informazioni sulla loro storia e l'importanza che hanno avuto nella cultura italiana.
3. In cosa consistevano il gioco del pallone col bracciale e gli spettacoli di tauromachia? Cerca descrizioni dei due eventi e presentale alla classe.

si svolge *it takes place* **tonnellate** *tons* **degustazione** *tasting* **convegni, mostre, laboratori** *meetings, exhibitions, workshops* **nocciole** *hazelnuts* **bruno manganese** *a shade of brown* **vissero** *they lived* **Fu** *It was* **ascesa** *rise* **banchetti** *banquets* **per rendere felice il morto** *to make the dead happy* **bracciale** *armband* **tauromachia** *bullfighting*

Lettura  Reading Audio

Prima di leggere

STRATEGIA

Reading for the main idea

As you know, you can learn a great deal about a reading selection by looking at its format and by looking for cognates, titles, and subtitles. You can skim to get the gist of the reading selection and scan it for specific information. Reading for the main idea is another useful strategy; it involves locating the topic sentences of each paragraph to determine the author's purpose. Topic sentences can provide clues about the content of each paragraph, as well as the general organization of the reading. Your choice of which reading strategies to use will depend on the style and format of each reading selection.

Esaminare il testo In questa lettura ci sono due testi diversi. Guardali velocemente. Il loro formato è simile o differente? Quali strategie pensi di poter usare per identificare il genere di questi testi? Paragona le tue idee con quelle di un(a) compagno/a.

Confrontare i due testi

Il primo testo
Analizza il formato del primo testo. C'è un titolo? Ci sono sottotitoli? Ci sono molte sezioni? Com'è organizzato il testo? Adesso guarda il contenuto. Che tipo di vocabolario è usato? Cosa ne pensi?

Il secondo testo
Questo testo è organizzato come il primo? Ci sono titoli, sottotitoli e diverse sezioni? Le informazioni sono simili a quelle del primo testo? E il vocabolario? Cosa pensi del genere del secondo testo? I due testi parlano dello stesso argomento?

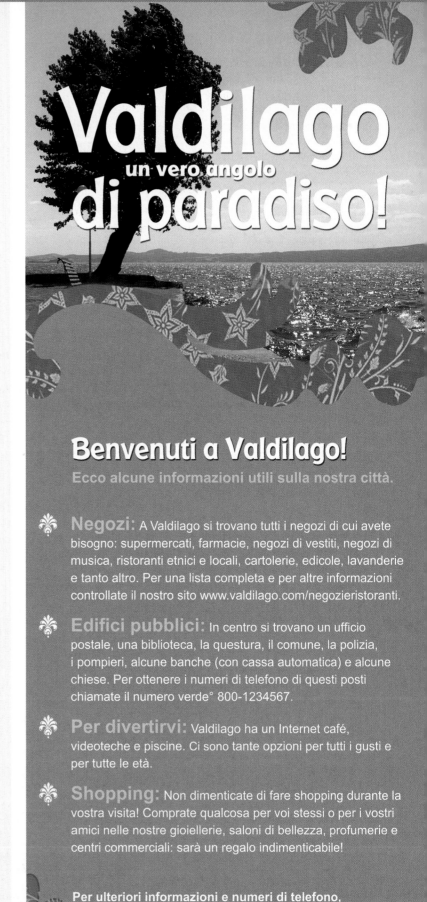

Valdilago
un vero angolo di paradiso!

Benvenuti a Valdilago!
Ecco alcune informazioni utili sulla nostra città.

❀ **Negozi:** A Valdilago si trovano tutti i negozi di cui avete bisogno: supermercati, farmacie, negozi di vestiti, negozi di musica, ristoranti etnici e locali, cartolerie, edicole, lavanderie e tanto altro. Per una lista completa e per altre informazioni controllate il nostro sito www.valdilago.com/negozieristoranti.

❀ **Edifici pubblici:** In centro si trovano un ufficio postale, una biblioteca, la questura, il comune, la polizia, i pompieri, alcune banche (con cassa automatica) e alcune chiese. Per ottenere i numeri di telefono di questi posti chiamate il numero verde° 800-1234567.

❀ **Per divertirvi:** Valdilago ha un Internet café, videoteche e piscine. Ci sono tante opzioni per tutti i gusti e per tutte le età.

❀ **Shopping:** Non dimenticate di fare shopping durante la vostra visita! Comprate qualcosa per voi stessi o per i vostri amici nelle nostre gioiellerie, saloni di bellezza, profumerie e centri commerciali: sarà un regalo indimenticabile!

Per ulteriori informazioni e numeri di telefono, consultate il nostro sito web o il centro informazioni.

☆ ▼ · Cerca

Il blog di Pierantonio

9 MAGGIO, 2010

Valdilago

Cari amici, eccomi di nuovo dopo tre giorni di assenza dal mio blog. Oggi voglio parlarvi della mia città, Valdilago. Se venite a visitarla vi divertirete! Una cosa che mi piace di Valdilago è che in centro si trova tutto quello che si desidera: dalla banca alla lavanderia all'ufficio postale. Non si deve guidare per ore, basta solo fare pochi passi e tutte le spese sono fatte! Spesso quando vado in centro mangio alla «Trattoria Roberto», un ottimo ristorante di cucina locale.

Ci sono anche tanti ristoranti etnici, dal cinese al tailandese al messicano; quest'ultimo è uno dei miei preferiti. Dopo pranzo non potete non assaggiare il gelato di Rino: il migliore del mondo! A volte il pomeriggio vado all'Internet café ed è da lì che vi scrivo. Ci sono tanti negozi di vestiti e c'è anche un centro commerciale con opzioni per tutti i prezzi. Io passo anche tanto tempo nel negozio di musica, che si trova vicino all'Internet café—quindi ci vado spesso! Il venerdì sera, di solito, i miei amici e io andiamo in videoteca e noleggiamo uno o due film. Lì si trovano tutti i film moderni e ce n'è sempre una copia disponibile.

Allora, amici miei, venite a trovarmi e a visitare la mia città, che aspettate?

Pierantonio

P.S. Portate anche le vostre ragazze, a loro piaceranno moltissimo i saloni di bellezza e le profumerie!

numero verde *toll-free number*

Dopo la lettura

Vero o falso? Indica se le seguenti frasi sul primo testo sono **vere** o **false**. Correggi le frasi false.

1. A Valdilago ci sono pochi negozi.
   _____

2. Valdilago ha un sito Web.
   _____

3. La banca ha una cassa automatica.
   _____

4. A Valdilago non c'è niente per divertirsi.
   _____

5. Il numero verde è per chiedere informazioni.
   _____

6. Per fare shopping c'è solo un centro commerciale.
   _____

Dov'è? Di' dove devono andare queste persone per fare quanto indicato.

1. La signora Dadi vuole spedire un pacco a sua figlia.
   _____

2. Giovanna vuole comprare un CD per il compleanno di Dante.
   _____

3. Sono le dieci di sera e i signori Costa hanno bisogno di soldi.
   _____

4. Sabrina vorrebbe una collana.
   _____

5. Giulio vuole scrivere un messaggio e-mail alla sua ragazza.
   _____

6. I turisti vogliono più informazioni.
   _____

E voi? 👥 A coppie, parlate di dove andate a fare shopping o a fare spese senza dire il nome del posto. Una persona deve dare una descrizione dettagliata mentre l'altra prova a indovinare di quale posto parla. Poi, scambiate i ruoli.

 Practice more at **sentieri.vhlcentral.com.**

In ascolto

 Audio: Activity

Preparazione

Guarda la fotografia. Quante persone ci sono? Dove sono? Secondo te, di che cosa stanno parlando?

Ascoltiamo

Ascolta la conversazione tra Alessandro e Elena. Poi ascoltala di nuovo e scrivi le quattro cose che Alessandro e Elena faranno stamattina. Poi, a coppie, paragonate le vostre risposte.

_____

_____

_____

_____

Comprensione

Vero o falso? Indica se le affermazioni sono **vere** o **false**. Correggi le frasi false.

1. Alessandro vive in città da tre mesi.

_____

2. Alessandro vuole aprire un conto in banca.

_____

3. La cassa automatica della Banca Toscana è aperta tutto il giorno.

_____

4. La banca si trova a destra della farmacia.

_____

5. La Libreria Filippi non è lontana dalla banca.

_____

6. Alessandro vuole comprare dei libri per una sua compagna di classe.

_____

7. Alessandro chiede un favore a Elena.

_____

8. Alessandro va in comune per prendere dei documenti.

_____

Nella tua città Alessandro passerà un semestre alla tua scuola. Ti fa le stesse domande che ha fatto a Elena. Scrivigli una breve lettera e spiegagli come andare dall'università alla banca più vicina. Poi spiegagli come andare dalla banca al supermercato dove vanno gli studenti della tua scuola a fare la spesa. Infine chiedi ad Alessandro se può farti un favore mentre fa la spesa e digli cosa fare.

Scrittura

Using linking words

You can make your writing more sophisticated by using linking words to connect simple sentences or ideas in order to create more complex sentences. Consider these passages that illustrate this effect:

Without linking words

Oggi ho fatto molte spese. Sono stato alla posta. Ho fatto la fila per circa mezz'ora. Ho comprato dei francobolli. Ho comprato anche delle buste. Sono andato alla banca. La banca è accanto alla lavanderia. Ieri ho perso la mia carta di credito. Dovevo anche ritirare dei soldi. Sono andato a una pizzeria a mangiare con un amico. Il mio amico si chiama Marco. Sono tornato a casa. Erano le sei. Mia madre tornava dal lavoro.

With linking words

Oggi ho fatto molte spese. Dapprima sono stato alla posta, dove ho fatto la fila per circa mezz'ora. Ho comprato dei francobolli e anche delle buste. Poi sono andato alla banca, che è accanto alla lavanderia, perché ieri ho perso la mia carta di credito e perché dovevo anche ritirare dei soldi. Inoltre sono andato a una pizzeria a mangiare con un amico che si chiama Marco. Alle sei, infine, sono tornato a casa mentre mia madre tornava dal lavoro.

Linking words			
allora	then	o, oppure	or
cioè	that is to say	perché	because
così	so	perciò	that's why
di solito	usually	però	however
dopo che	then, after that	per quanto riguarda	regarding
dapprima	first		
dunque	so	poi	then
finalmente	finally	sempre più	more and more
in effetti	indeed		
inoltre	moreover	sempre meno	less and less
ma	but	spesso	often
mentre	while, as	talvolta	sometimes
nonché	as well as	tuttavia	however

Tema

Descrivere un nuovo negozio

Hai deciso di aprire un negozio con un amico vicino al campus. Vuoi creare un luogo originale che non esiste da nessuna parte e che sarà utile agli studenti, un posto dove gli studenti possono fare diverse cose allo stesso tempo (per esempio: fare il bucato e navigare su Internet). Prepara una descrizione dettagliata della tua idea e dei servizi che vuoi offrire. Usa la tua immaginazione e le domande della lista come guida.

- Che tipo di negozio vuoi aprire?
- Quale sarà il nome del negozio?
- Che prodotti venderai? Saranno costosi o economici? Dai dei dettagli.
- Dove sarà questo posto?
- Come sarà l'interno del negozio (stile, decorazioni ecc.)?
- Quale sarà l'orario di apertura e di chiusura?
- Perché sarà diverso dagli altri? Spiega cosa lo renderà unico e perché gli studenti dovrebbero venire.

Indicazioni

l'angolo	corner
l'incrocio	intersection
l'isolato	block
il marciapiede	sidewalk
il ponte	bridge
la rotonda	traffic circle, rotary
il semaforo	traffic light
la strada	street
le strisce (pedonali)	crosswalk
la via	street
girare	to turn
proseguire	to continue
di fronte a	across from
diritto	straight
fino a	until
lontano da	far from
qui vicino	nearby
verso	toward
vicino a	close to
nord	north
sud	south
est	east
ovest	west

Espressioni

Dove si trova...?	Where is . . . ?
attraversare	to cross (the street)
costruire (-isc-)	to build
dare un passaggio	to give (someone) a ride
orientarsi	to get one's bearings
perdersi	to get lost
salire le scale	to climb stairs
scendere le scale	to go down the stairs

La gente

il pedone	pedestrian
il/la poliziotto/a	police officer
il/la pompiere/a	firefighter
il sindaco	mayor
lo/la spazzino/a	street sweeper; garbage collector

La banca e le finanze

la banca	bank
la banconota	bill (banknote)
la cassa automatica	ATM
il conto bancario	bank account
il conto corrente	checking account
il conto risparmio	savings account
la moneta	coin; change
chiedere un prestito	to ask for a loan
depositare il denaro	to deposit money
fare delle commissioni	to run errands
firmare	to sign
pagare con assegno	to pay by check
pagare con carta di credito/debito	to pay with a credit/debit card
pagare in contanti	to pay in cash
riempire un modulo	to fill out a form
ritirare dei soldi	to withdraw money

I luoghi

la cartoleria	stationery store
il comune	town hall
l'edicola	newsstand
il fiorista	flower shop; florist
il fotografo	photo shop; photographer
la gioielleria	jewelry store
l'Internet café	Internet café
la lavanderia	laundromat
la profumeria	perfume/cosmetics shop
la questura	police headquarters
il salone di bellezza	beauty salon
l'ufficio informazioni	(tourist) information office
la videoteca	video store

Espressioni utili	See pp. 315 and 329.
Relative pronouns	See p. 320.
Indefinite words	See p. 332.

In centro

la cabina telefonica	phone booth
il centro commerciale	mall; shopping center
la chiesa	church
il chiosco	newsstand; kiosk
la fontana	fountain
il grande magazzino	department store
il locale notturno	nightclub
il negozio	store
il paese	town
la panchina	bench
la piscina	pool
la statua	statue

La posta

la busta	envelope
la cassetta delle lettere	mailbox
la cartolina	postcard
il francobollo	stamp
l'indirizzo	address
il pacco	package
la posta	mail
il/la postino/a	mail carrier
la rivista	magazine
l'ufficio postale	post office
imbucare una lettera	to mail a letter
inviare	to send
ricevere	to receive

Espressioni negative

non... affatto	not at all
non... ancora	not yet
non... mai	never
non... né... né	neither . . . nor
non... neanche/ nemmeno/neppure	not even
non... nessuno	nobody
non... niente/nulla	nothing
non... più	no longer

Lo spirito creativo

Per cominciare
- Dove sono i ragazzi, a teatro o al museo?
- Sono attori o fanno parte del pubblico?
- Qualcuno suona uno strumento?
- Quali personaggi portano le maschere?
- Come si chiamano due di questi personaggi della commedia dell'arte?

Lo spettacolo

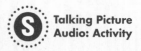

Talking Picture Audio: Activity

Vocabolario

espressioni	*expressions*
essere in tour	*to be on tour*
interpretare	*to perform*
mettere in scena	*to put on a show*
recitare un ruolo	*to play a role*
allo spettacolo	*at a show*
l'applauso	*applause*
l'assolo	*solo*
l'atto	*act*
il balletto	*ballet*
la canzone	*song*
il concerto	*concert*
il coro	*chorus*
il debutto	*debut*
il festival	*festival*
la fine	*end*
l'intervallo	*intermission*
l'orchestra	*orchestra*
la proiezione	*screening*
la rappresentazione dal vivo	*live performance*
gli strumenti musicali	*musical instruments*
il clarinetto	*clarinet*
la fisarmonica	*accordion*
il flauto	*flute*
il sassofono	*saxophone*
il violino	*violin*
la gente	*people*
il compositore/ la compositrice	*composer*
il/la drammaturgo/a	*playwright*
il personaggio (principale)	*(main) character*
il pubblico	*public; audience*
il/la regista	*director*

la ballerina

la spettatrice

il ballerino

Applaude. (applaudire)

il pianista

La danza

il chitarrista

il batterista

ANTONELLA ROSSI & CO.

la cantante

il gruppo rock

risorse

SAM
WB: pp. 147–148

SAM
LM: p. 83

sentieri.vhlcentral.com

Attenzione!

In Italian, the word **opera** can mean *opera* (**opera lirica**), *work of art*, or *work* in general. Use context to determine the correct meaning.

la commedia

la tragedia

Il teatro

lo spettatore

Aida di Verdi

il violinista

l'opera

la poltrona

Pratica

1 **Le coppie** Abbina ogni parola con il disegno più adatto.

1. ___ cantante

2. ___ poltrone

3. ___ ballerina

4. ___ pianista

5. ___ violinista

6. ___ batterista

 a.
 b.
 c.
 d.
e.
f.

2 **Aggiungere** Scegli la parola dalla lista che meglio completa ogni gruppo.

canzone	intervallo	regista	tragedia
fisarmonica	recitare	spettatrice	violinista

1. clarinetto, flauto, violino, _____
2. pubblico, applaudire, poltrone, _____
3. balletto, commedia, opera, _____
4. batterista, chitarrista, pianista, _____
5. cantante, coro, concerto, _____
6. fine, primo atto, terzo atto, _____
7. cantare, interpretare, suonare, _____
8. cinema, film, proiezione, _____

3 **Scegliere** 🎧 Ascolta le frasi, poi scegli la parola più appropriata.

MODELLO Come cantano bene queste persone!

l'orchestra / (il coro)

1. il concerto / il balletto
2. la commedia / la tragedia
3. l'assolo / il debutto
4. la fine / l'intervallo
5. il ballerino / il cantante
6. la tragedia / l'applauso
7. l'atto / la poltrona
8. il chitarrista / lo spettatore

🅢: Practice more at **sentieri.vhlcentral.com**.

CONTESTI

Comunicazione

4 **E tu?** A coppie, fate a turno a farvi le seguenti domande e a rispondere.

MODELLO

S1: *Preferisci le commedie o le tragedie?*
S2: *Preferisco le tragedie. E tu?*

1. Qual è il tuo strumento musicale preferito?
2. Ti piace l'opera lirica?
3. Hai mai visto un'opera? Quale?
4. Qual è il/la tuo/a cantante preferito/a? E il tuo gruppo preferito?
5. Sei mai andato/a a un concerto rock? Dove? Quando?
6. Hai mai recitato un ruolo in una rappresentazione teatrale (*play*)? Se sì, che personaggio hai interpretato?
7. Ti piace il balletto? Perché?
8. Ti piace cantare? Hai mai fatto parte di un coro?

5 **A teatro** A coppie, mettete le seguenti frasi nell'ordine corretto per creare una descrizione logica di una serata a teatro.

1. _____ La rappresentazione finisce.
2. _____ Dopo i primi due atti c'è l'intervallo.
3. _____ Molte persone arrivano a teatro.
4. _____ Il terzo atto inizia dopo venti minuti.
5. _____ Il pubblico si siede.
6. _____ Gli spettatori applaudono.
7. _____ Durante l'intervallo, un pianista suona per il pubblico.
8. _____ L'opera comincia.

6 **Le arti** Lavorate a coppie. L'insegnante vi darà due fogli diversi, ciascuno con un'e-mail che presenta un problema relativo alle arti. A turno, riassumete il problema e chiedetevi consiglio.

7 **Un concerto rock** In gruppi di tre, immaginate di aver visto ieri sera il concerto rock dei tre ragazzi nella foto. Scrivete una descrizione dell'evento, includendo informazioni sui musicisti, sul loro aspetto (*appearance*) e sulle loro azioni. Esprimete le vostre impressioni sulla loro interpretazione.

MODELLO

S1: *Il concerto è stato il debutto di questo gruppo rock.*
S2: *Il pubblico era molto eccitato e i musicisti erano...*

Pronuncia e ortografia

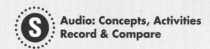

Audio: Concepts, Activities Record & Compare

Elision and the *d eufonica*

all'ultimo	dov'è	quest'anno	un'idea

In Italian, letters are sometimes dropped or left out in order to ease pronunciation. This is called *elision*.

l'albero	l'ho	d'Italia	un'amica

Elision occurs most commonly when a word that ends in a vowel precedes a word that begins with a vowel sound. The elided vowel is often replaced with an apostrophe.

le Alpi	le amiche	le università	le uova

Elision does not occur when the definite article **le** precedes a noun that begins with a vowel sound.

andar bene	farlo	dottor Bianchi	signor Rossi

Often the final **-e** of infinitives and masculine titles is dropped in Italian. When this occurs, the dropped vowel is not replaced by an apostrophe.

ad esempio	ad un amico	ed è	ed io

To make pronunciation clearer, the letter **d** is often added to the Italian words **a** and **e** (and sometimes **o**) when they precede a word beginning with a vowel, especially when that word begins with the same vowel. This added letter is called the **d eufonica**. Note that the **d eufonica** is never added to the verb **è**.

Pronunciare Ripeti le espressioni ad alta voce.

1. l'aria
2. ed oltre
3. buon'idea
4. com'è
5. le isole
6. aver fatto
7. portarla
8. l'hanno
9. c'è
10. ad Atene
11. dottor Perilli
12. dell'universo

Articolare Ripeti le frasi ad alta voce.

1. Il signor Ricci è dall'amico.
2. Penso di poter venire con voi domani.
3. Scriviamo un'altra volta ad un esperto.
4. C'è un'automobile blu a casa tua.
5. L'ho visto stasera con Marco ed Alberto.
6. Potrebbe andar bene o potrebbe andar male.

Chi ben comincia è a metà dell'opera.[2]

Proverbi Ripeti i proverbi ad alta voce.

Cambiano i suonatori ma la musica è sempre quella.[1]

[1] The melody's changed, but the song remains the same. (lit. The musicians change, but the music is always the same.)
[2] A good start is half the battle. (lit. He who starts well is halfway through the job.)

FOTOROMANZO

I sogni son desideri Video: *Fotoromanzo*

PERSONAGGI

Emily-Colombina

Lorenzo-Pantalone

Massimo (Innamorato)

Riccardo-Arlecchino

Viola (Innamorata)

VIOLA Chi è che applaude? È una rappresentazione teatrale? Sto interpretando una parte?
COLOMBINA Il pubblico ti aspetta.
VIOLA Emily? Emily, sei tu?
COLOMBINA Benvenuti, benvenuti. La rappresentazione di stasera è una commedia. Spero.

MASSIMO Ho scritto una poesia. Mia bella Viola. L'amore è il dono più bello del mondo. E io voglio farti questo dono. Il dono più grande. Il dono dell'amore. Ah, grande dono d'amore, come ti amo!

COLOMBINA Vi ha annoiato il mio amico con la sua esibizione?
ARLECCHINO Dolce Colombina, ho una cosa per te.
COLOMBINA Un regalo? Per me? Vediamo che cos'è?
ARLECCHINO Un'orchestra!
COLOMBINA Quella è una scatola.
ARLECCHINO Sì, una scatola magica. Ascolta.

ARLECCHINO Lo sente il sassofono?
PANTALONE Lo sento. Lo sento. Oh, è meraviglioso. Devo avere quella scatola.
ARLECCHINO Le piacerebbe averla, vero? Ma è l'unica al mondo. Non posso dargliela gratis.
PANTALONE Ma io non ho soldi. Come posso pagarla?
ARLECCHINO Non ha soldi?

ARLECCHINO Mi prometta due cose. Primo. Non la userà mai per obbligare Viola a separarsi da Massimo.
PANTALONE Non potrei mai farlo. E qual è la seconda promessa?
ARLECCHINO Mi piace tanto quella camicia che indossava l'altro giorno.
PANTALONE Cerca di non sporcarla. (*Ascolta la scatola.*) Adoro il suono della fisarmonica. Ho un'idea.

PANTALONE Mi trovo davanti a un dilemma. Non riesco a decidere tra l'amore e i soldi.
MASSIMO Per Lei, vincono sempre i soldi.
PANTALONE ... La gente pagherebbe un sacco di soldi per sentire la musica che esce da questa scatola, e io diventerei l'uomo più ricco d'Italia. A quel punto Viola si renderebbe conto che mi ama.

A T T I V I T À

1 **Vero o falso?** Decidi se le seguenti affermazioni sono vere o false.

1. Il pubblico aspetta Emily.
2. Massimo ha scritto una poesia per Emily.
3. Arlecchino ha una scatola per Colombina.
4. La scatola di Arlecchino è magica.
5. Arlecchino è il padrone di Pantalone.

6. Pantalone vuole la scatola di Arlecchino.
7. Pantalone ha una camicia che piace ad Arlecchino.
8. Massimo ha un dilemma.
9. Colombina vuole la camicia di Pantalone.
10. La scatola suona in presenza del vero amore.

 Practice more at **sentieri.vhlcentral.com.**

Viola sogna i personaggi della commedia dell'arte.

COLOMBINA Hai detto che c'è un'orchestra dentro questa scatola? Violini? Flauti e clarinetti? Tamburi? C'è anche un cantante d'opera? Ti consiglio di inventare qualcosa di migliore se io sono l'oggetto dei tuoi desideri!

PANTALONE Che cosa stai facendo?
ARLECCHINO Ascolti, padrone. Ora c'è un pianista che suona un concerto.
PANTALONE Ma io non sento niente.
ARLECCHINO Shhh. Silenzio. Ascolti con tutte e due le orecchie.

MASSIMO Mi faccia vedere questa scatola. È vuota. Buffone!
PANTALONE Fermo! Ti prego!
ARLECCHINO Che cosa hai fatto?
MASSIMO La colpa di tutto questo è tua! Era solo un trucco. Ho detto la verità a un uomo anziano.

ARLECCHINO Non hai capito niente.
COLOMBINA Questa scatola non suona nessuna musica.
PANTALONE Ma no, no, no! Ridammi la mia camicia!
ARLECCHINO Ma sì che suona. Suona una musica meravigliosa in presenza del vero amore.
COLOMBINA Ma per chi suona?

Espressioni utili

At the theater

- **Sto interpretando una parte?**
  Am I playing a role?

- **teatrale**   **esibizione**
  theatrical   *performance*

- **tamburi**
  drums

Using infinitive constructions

- **Voglio farti questo dono.**
  I want to give you this gift.

- **Ti consiglio di inventare qualcosa di migliore.**
  I suggest you invent something better.

- **per obbligare Viola a separarsi da Massimo**
  to make Viola leave Massimo

- **Cerca di non sporcarla.**
  Try not to get it dirty.

- **Non riesco a decidere.**
  I can't manage to decide.

Additional vocabulary

- **Spero.**   **Come ti amo!**
  I hope.   *How I love you!*

- **Quella è una scatola.**
  That's a box.

- **Che cosa stai facendo?**
  What are you doing?

- **Mi trovo davanti a un dilemma.**
  I'm facing a dilemma.

- **Era solo un trucco.**
  It was just a trick.

- **Ridammi la mia camicia.**
  Give my shirt back to me.

- **Ma sì che suona.**   **padrone**
  But it does play.   *master*

- **vuoto/a**   **la colpa**
  empty   *fault*

- **buffone**
  fool

2 **Per parlare un po'** In gruppi di tre, scrivete una scena con dei personaggi della commedia dell'arte di circa 40 battute (*lines*). Includete anche una breve poesia. Preparatevi a recitare la vostra commedia di fronte alla classe.

3 **Approfondimento** Fai una ricerca su Internet e trova alcune informazioni sulle tre maschere (*recurring characters*) di questo episodio: Arlecchino, Colombina e Pantalone. Poi spiega quale maschera preferisci e perché. Presenta la tua risposta alla classe.

risorse

| SAM VM: pp. 37–38 | DVD Puntata 19 | sentieri.vhlcentral.com |

A T T I V I T À

CULTURA

Opera e affini°

Quali sono le forme di spettacolo tradizionali in Italia? Gli italiani hanno sempre amato divertirsi. Fin dal° Rinascimento, infatti, i nobili organizzavano spettacoli di musica e teatro nei loro palazzi. Nel '500° aprirono° i primi teatri pubblici e da allora° la gente comune ha cominciato a frequentarli, influenzando con i suoi gusti lo stile degli spettacoli. È così che nascono l'opera lirica e la commedia dell'arte.

La caratteristica principale della commedia dell'arte è che non c'era un copione° scritto: gli attori conoscevano i personaggi e i rapporti tra di loro, ma improvvisavano le battute°. Inoltre, ogni personaggio aveva un ruolo e un vestito riconoscibile. Era fisso° anche un repertorio di gags e acrobazie° che il pubblico si aspettava di vedere. Questo tipo di spettacolo, molto fisico e non raffinato°, ha avuto successo fino al '700, quando fu° poi sorpassato° dalla moda di un teatro più realistico come quello di Carlo Goldoni. Ancora oggi, però, alcune compagnie di «Teatro Vivo» e alcuni autori (il più famoso è Dario Fo, Premio Nobel) si ispirano alla commedia dell'arte e la portano in scena.

Se la commedia dell'arte attrae° il pubblico facendolo ridere°, l'opera lo attrae, invece, con il canto e una scenografia molto ricca. L'opera è amata e rappresentata anche oggi: gli spettacoli più famosi sono quelli dell'Arena romana di Verona. I grandi autori, però, restano quelli del passato, come Rossini, Bellini, Verdi e Puccini.

Così, anche se il cinema rimane il divertimento più popolare, gli italiani amano il teatro, l'opera e i concerti di musica classica e moderna. Molto tempo è passato dal Rinascimento, ma la voglia di uscire e divertirsi è sempre la stessa.

affini *similar things* **Fin dal** *Since the* **'500** *1500s* **aprirono** *they opened* **da allora** *since then* **copione** *script* **battute** *lines* **fisso** *set* **acrobazie** *acrobatics* **raffinato** *refined* **fu** *it was* **sorpassato** *surpassed* **attrae** *attracts* **facendolo ridere** *by making them laugh* **Prosa** *Play*

Quanto costa divertirsi

	OPERA	DANZA	CONCERTO DI MUSICA CLASSICA	CONCERTO DI MUSICA POP	PROSA°
Teatro di una piccola città	€16–€50	€25	€15–€30	€25–€45	€18–€25
Arena di Verona	€21–€198	n.a.	n.a.	n.a.	n.a.
Teatro lirico (La Fenice – Venezia)	€20–€100 (€10 solo per ascoltare)	€20–€100 (€10 solo per ascoltare)	€15–€50	n.a.	n.a.
Cinema	€7				

FONTI: teatrolafenice.it, vivaticket.it, veronaticket.com, arena.it, comune.rovigo.it

---

1 **Vero o falso?** Indica se l'affermazione è **vera** o **falsa**. Correggi le affermazioni false.

1. La commedia dell'arte è una forma di spettacolo tradizionale italiano.
2. I nobili nel Rinascimento organizzavano spettacoli pubblici.
3. I primi teatri pubblici furono (*were*) aperti nel '500.
4. La caratteristica principale dell'opera è l'improvvisazione.
5. Gli attori della commedia dell'arte non conoscevano i personaggi delle loro commedie.

6. Il teatro realistico nasce in Italia nel '700.
7. Dario Fo è un grande autore di commedie del '700.
8. In un'opera, tradizionalmente, la scenografia è ricca.
9. I più grandi autori di opere sono contemporanei.
10. Il cinema è più popolare dell'opera nell'Italia di oggi.

 Practice more at **sentieri.vhlcentral.com**.

L'ITALIANO QUOTIDIANO

A teatro

l'abbonamento	*subscription*
la balconata	*theater balcony*
il biglietto intero	*full-price ticket*
il biglietto ridotto	*discounted ticket*
la galleria	*gallery*
il loggione	*theater gallery*
il palco	*box; stage*
la platea	*stall; audience*
il settore	*block of seats; section*
la tribuna	*stand*

COSTUMI E USANZE

Dove andiamo stasera?

Il modo più facile per ascoltare musica in Italia è andare in un **bar** o in una **birreria°**: basta pagare un piccolo extra all'entrata per ascoltare un cantante o un gruppo musicale locale.

Per un vero concerto, invece, ci sono i **teatri**, i **palazzetti°** o anche **strutture storiche** adattate° per la musica—ascoltare il rock in una villa del '500 è una vera esperienza! Per le rockstars internazionali ci sono gli **stadi**, ma non sempre questa soluzione è praticabile°: ad esempio, nel 1987, Madonna ha annullato° un concerto perché la squadra di calcio proprietaria° non voleva il campo di gioco rovinato° dal pubblico!

Anche i **festival** sono popolari, come quello di Sanremo, di sola musica italiana, l'Umbria Jazz di Perugia e il Festival dei Due Mondi di Spoleto.

birreria *pub* **palazzetti** *indoor stadiums* **adattate** *adapted* **praticabile** *practicable* **annullato** *cancelled* **proprietaria** *owner* **rovinato** *ruined*

RITRATTO

Io canto... Laura Pausini

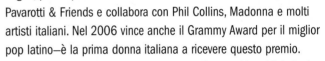

Laura Pausini nasce nel 1974. Suo padre è un cantante di pianobar e lei lo accompagna fin da quando ha otto anni. Nel 1991 è concorrente° al Festival di Castrocaro, una manifestazione° per cantanti emergenti°, dove è selezionata per partecipare al Festival di Sanremo, il più famoso evento della canzone italiana. Laura vince il Festival nel 1993, nella sezione «Nuove Proposte°».

Da quel momento la sua carriera decolla. Oggi è la più famosa cantante italiana nel mondo: canta in diverse lingue, partecipa alla serie di concerti Pavarotti & Friends e collabora con Phil Collins, Madonna e molti artisti italiani. Nel 2006 vince anche il Grammy Award per il miglior pop latino—è la prima donna italiana a ricevere questo premio.

Per il suo successo e per il suo impegno° verso i bambini che ha adottato in Brasile, il Presidente della Repubblica l'ha nominata Commendatore, un'onorificenza° molto importante.

concorrente *contestant* **manifestazione** *event* **emergenti** *emerging* **Proposte** *Proposals* **impegno** *care* **onorificenza** *honor*

SU INTERNET

Quali sono i più importanti festival musicali in Italia?

Go to **sentieri.vhlcentral.com** to find more information related to this **CULTURA**.

---

2 Completare Completa le frasi.

1. Laura Pausini ha cominciato a cantare con _____ quando aveva otto anni.

2. Laura Pausini ha vinto un _____ per il miglior pop latino.

3. Anche _____ e Madonna hanno collaborato con Laura Pausini.

4. A Sanremo si organizza il _____ della musica italiana.

5. Nel 1987, Madonna ha dovuto annullare un concerto in uno _____.

6. Il Festival dei Due Mondi ha sede nella città di _____.

3 A voi A coppie, discutete le seguenti domande.

1. Per una serata con gli amici preferisci il cinema, il teatro o un concerto? Perché?

2. Quali sono i più importanti eventi musicali e teatrali nella tua regione?

3. Sei mai andato/a a teatro per vedere una commedia, un concerto di musica classica o un'opera? E a un concerto di musica moderna? Ti sei divertito/a?

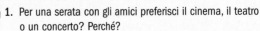

risorse

sentieri.vhlcentral.com

ATTIVITÀ

STRUTTURE

10A.1 Infinitive constructions

Punto di partenza Infinitive constructions consisting of a conjugated verb and an infinitive are common in Italian.

- In two-verb constructions, some conjugated verbs are followed immediately by the infinitive. You have already used several of these verbs with infinitives.

Verbs followed directly by infinitives

amare	to love	piacere	to please
desiderare	to wish; to desire	potere	to be able to
dovere	to have to	preferire	to prefer
fare	to make; to do	sapere	to know how to
lasciare	to allow, to let	volere	to want

Sai suonare il violino?
Do you know how to play
the violin?

Non gli **piaceva andare** all'opera.
He didn't like going
to the opera.

- In sentences in which one subject compels or allows another to do something, use **fare** + [*infinitive*] or **lasciare** + [*infinitive*], respectively. If an object follows the infinitive, then the person being compelled or allowed to act is expressed as an indirect object.

Mia madre **mi faceva suonare**
la fisarmonica.
*My mother **used to make me**
play the accordion.*

Il regista **le ha lasciato vedere**
il copione.
*The director **let her see**
the script.*

- Most two-verb constructions require a preposition between the conjugated verb and the infinitive. You must memorize which preposition is used with each verb. Use the preposition **a** after the following verbs when they precede an infinitive.

Verbs followed by a before infinitives

aiutare	to help	obbligare	to force, to compel
andare	to go	pensare	to think (about)
cominciare	to begin	preparare	to prepare
continuare	to continue	provare	to try
divertirsi	to have fun	riuscire	to succeed
imparare	to learn	servire	to be good for/ useful for
insegnare	to teach		
invitare	to invite	venire	to come
mettersi	to start		

Si è messa a ballare
nell'intervallo.
She began to dance during
the intermission.

Dai, Massimo, **prova a cantare**
con loro!
*Go on, Massimo, **try to sing***
with them!

PRATICA

1 Scegliere Scegli la preposizione corretta per completare ogni frase. Attenzione! In alcuni casi la preposizione non è necessaria.

1. Ho imparato _____ suonare il violino l'anno scorso.
2. Preferiscono _____ andare ai concerti rock.
3. Luigi sogna _____ diventare un drammaturgo famoso.
4. Ti consiglio _____ chiedere aiuto a un attore professionista.
5. Sapete _____ recitare?
6. Vi invito tutti _____ venire a vedere lo spettacolo sabato sera.
7. Ti promettiamo _____ presentarti il cantante alla fine del concerto.
8. Puoi _____ usare il cellulare durante l'intervallo.

2 Trasformare Trasforma gli indizi dati per scrivere frasi complete.

> **MODELLO** lo spettatore / pensare / uscire presto
> *Lo spettatore pensa di uscire presto.*

1. gli studenti / divertirsi / girare / un film
2. io / vi / consigliare / ascoltare / l'assolo
3. Anna / sognare / diventare / una stella del cinema
4. l'orchestra / cominciare / suonare / alle 20.00
5. il compositore / dubitare / comporre / un'opera nuova / quest'anno
6. il coro / imparare / interpretare / le canzoni
7. il regista / provare / mettere in scena / una rappresentazione dal vivo
8. Letizia / sperare / essere in tour / l'anno prossimo

3 Creare Usa le parole di ogni colonna per creare frasi complete. Aggiungi dettagli per farle più interessanti.

> **MODELLO** *Io comincio a recitare il ruolo con passione.*

A	B	C
voi	aiutare	andare
tu	amare	applaudire
noi tutti	cominciare	comprare
Elisa	mettersi	mettere in scena
tu e Vittoria	preferire	organizzare
io	promettere	recitare
i gruppi rock	ricordarsi	uscire
la gente	venire	vedere

 Practice more at **sentieri.vhlcentral.com**.

COMUNICAZIONE

4 **Un concerto** A coppie, descrivete un concerto che non è andato come organizzato. Scrivete un riassunto di cosa è successo secondo voi. Usate gli indizi dati e la vostra immaginazione.

MODELLO

S1: Il pubblico non ha smesso di parlare quando è iniziato il concerto.
S2: Il cantante ha dimenticato di presentare gli altri musicisti...

> Il batterista ha provato a...
> Il chitarrista ha iniziato a...
> Il pubblico ha finito di...
> Il pianista ha cercato di...
> Il cantante ha dimenticato di...
> Il pubblico non ha smesso di...

5 **Prima e dopo** A coppie, immaginate di mettere in scena uno spettacolo. A turno, usate gli indizi dati per fare domande sulle persone coinvolte (involved). Usate le costruzioni con l'infinito nelle vostre risposte.

MODELLO   drammaturgo / aiutare

S1: Cosa fa il drammaturgo?
S2: Il drammaturgo aiuta a definire il ruolo di un personaggio.

1. la ballerina / preferire
2. il pianista / iniziare
3. il personaggio / dimenticarsi
4. il pubblico / rendersi conto
5. i chitarristi / essere stanchi
6. i sassofonisti / sperare

6 **Progetti** A coppie, usate i verbi della lista per parlare dei vostri progetti futuri. A turno, fate domande e rispondete.

MODELLO

S1: Cosa comincerai a fare tra cinque anni?
S2: Comincerò a frequentare più concerti. E tu?

aiutare	dimenticarsi	preparare
cercare	finire	promettere
cominciare	imparare	provare
continuare	pensare	smettere

• Many verbs require the preposition **di** before an infinitive.

Verbs followed by *di* before infinitives

cercare	to try	lamentarsi	to complain
chiedere	to ask	pensare	to plan
consigliare	to advise	permettere	to permit
credere	to believe	promettere	to promise
decidere	to decide	rendersi conto	to realize
dimenticare/ dimenticarsi	to forget	ricordare/ ricordarsi	to remember
dire	to say, to tell	smettere	to stop, to quit
domandare	to ask	sognare	to dream
dubitare	to doubt	sperare	to hope
fingere	to pretend	suggerire (-isc-)	to suggest
finire	to finish	temere	to fear

Zeno **sperava di formare** un gruppo rock.
Zeno was hoping to form a rock group.

Signore, può **smettere di fischiare**? **Finga di gradire** l'assolo!
Sir, could you stop booing? Pretend to enjoy the solo!

• You have already learned many expressions that follow the pattern **avere** + [*noun*] + **di** + [*infinitive*].

Elena **ha paura di ballare** davanti al pubblico.
Elena is afraid of dancing in front of an audience.

Non **avevi intenzione di perdere** il Festival di Sanremo.
You weren't intending to miss the Sanremo Festival.

• The construction **essere** + [*adjective*] + **di** + [*infinitive*] is also common.

È stanco di essere in tour Tiziano?
Is Tiziano tired of being on tour?

Sarà felice di arrivare alla fine.
He'll be happy to get to the end.

Provalo!   Scegli la preposizione corretta per completare ogni frase. Scegli il trattino (dash) se la preposizione non è necessaria.

1. Nino prova (a)/ di finire il libro prima di cena.
2. Giorgia e Amelia sperano (a / di) vincere il primo premio.
3. Non mi piace (- / a) lavorare dopo cena.
4. I miei genitori devono (di / -) uscire di casa alle sette di mattina.
5. Io dubito (- / di) arrivare in tempo.
6. Tu e Dario vi dimenticate sempre (a / di) telefonare quando arrivate.
7. Noi non vogliamo (- / a) andare in quel ristorante di nuovo.
8. Ti diverti (- / a) disegnare.
9. Finalmente oggi finiamo (a / di) scrivere la proposta per il progetto.
10. Io amo (di / -) cucinare.

STRUTTURE

10A.2 Non-standard noun forms

Punto di partenza As you learned in **Lezione 1A**, nouns that end in **-o** are usually masculine and those that end in **-a** are usually feminine. However, there are a few groups of words that do not follow this rule.

- Many Italian nouns of Greek origin end in **-ma**. These nouns are masculine, and therefore must be used with masculine article and adjective forms.

Nomi maschili in -ma

aroma	aroma; flavoring	problema	problem
clima	climate	programma	program; plan
dilemma	dilemma, quandary	schema	scheme, diagram
diploma	diploma, degree	sistema	system
dramma	drama; play	tema	theme; essay
panorama	panorama, landscape	teorema	theorem
poema	poem	trauma	trauma

Guardate quel bel **panorama**!
*Look at that beautiful **landscape**!*

Chi ha scritto questo **poema**?
*Who wrote this **poem**?*

- Form the plural of these nouns with **-mi**.

Ho visto molti **drammi** l'anno scorso.
*I saw many **plays** last year.*

Questo balletto ha dei **problemi**.
*This ballet has some **problems**.*

- As you have seen, adjectives ending in **-ista** have only one singular form, yet they have different masculine and feminine plural endings: **-isti** and **-iste**.

> **ATTREZZI**
> You learned how to use adjectives ending in **-ista** in **Lezione 3B**.

- The same pattern applies to nouns ending in **-ista**, such as **batterista**, **dentista**, **giornalista**, **musicista**, and **violinista**. These nouns are invariable in the singular form, but any adjectives and articles agree with the gender of the person referenced. Remember that two endings are possible in the plural.

Serena è una **chitarrista** bravissima.
*Serena is a very good **guitarist**.*

Questo **musicista** sarà famoso.
*This **musician** will be famous.*

Sergio Leone e Federico Fellini sono due **registi** italiani.
*Sergio Leone and Federico Fellini are two Italian **directors**.*

Lena Wertmüller e Sofia Coppola sono brave **registe**.
*Lena Wertmüller and Sofia Coppola are talented **directors**.*

1 **Mettere etichette** Usa le parole dalla presentazione per etichettare ogni foto. Includi l'articolo determinativo.

1. _____ 2. _____ 3. _____

4. _____ 5. _____ 6. _____

2 **Completare** Completa ogni frase con una parola della lista. Includi l'articolo determinativo se è necessario.

clima	mano	orecchio	poema
dramma	muro	pianista	problema

1. _____ è molto bravo; suona veramente bene.
2. Noi abbiamo molti _____ complicati.
3. _____ del teatro sono così spesse (*thick*) che il suono non passa affatto.
4. _____ è caldo in Italia in questo periodo dell'anno.
5. _____ che sono messi in scena in questo teatro sono piuttosto (*rather*) buoni.
6. Il poeta siciliano ha scritto _____. È molto bello!
7. Gli spettatori avevano _____ ben aperte mentre il pianista suonava.
8. _____ del chitarrista si muovevano velocemente.

3 **Rispondere** Rispondi a ogni domanda con una frase completa usando una parola dal vocabolario della lezione.

1. Con che cosa si fa il letto?
2. Quale cibo viene dalle galline (*hens*)?
3. Come si chiama la persona che suona la chitarra?
4. Cosa hanno i fiori che profumano (*smell good*)?
5. Che cosa ricevono gli studenti quando finiscono i loro studi?
6. Che cosa risolvi quando studi matematica?

 Practice more at **sentieri.vhlcentral.com**.

COMUNICAZIONE

4 **Domande personali** A coppie, fatevi a turno le seguenti domande. Alla fine paragonate le vostre risposte con quelle di un'altra coppia.

> **MODELLO**
>
> **S1:** *Quanti poemi hai scritto?*
> **S2:** *Non ho mai scritto un poema.*

1. Quanti diplomi hai?
2. Qual è il tuo clima preferito?
3. Hai mai visto un dramma a teatro?
4. Quante miglia cammini ogni settimana?
5. Mangi spesso le uova? Quante?
6. Hai un aroma preferito?
7. Hai un regista preferito?
8. Scrivi molti temi per le tue classi?

5 **Un dialogo** A coppie, create una conversazione usando le parole della lista. Siate creativi e siate pronti a interpretarla davanti alla classe.

> **MODELLO**
>
> **S1:** *Professore, ho due problemi.*
> **S2:** *Dimmi. Qual è il tuo dilemma?*

dilemma	schema
diploma	sistema
problema	tema
programma	teorema

6 **Un mostro** Lavorate in gruppi di quattro. A turno, ciascuno/a descriverà un mostro (*monster*) usando le parole della presentazione. Le altre persone del gruppo disegnano il mostro descritto. Quando tutti avrete descritto il proprio mostro, votate il disegno migliore.

MODELLO   **S1:** *Il mostro ha tre paia di occhi! Ha…*

• Another type of irregular noun is masculine in the singular but feminine in the plural. Many of these nouns refer to body parts. Note that the feminine plural forms end in **-a**, with the exception of **orecchie**.

ATTREZZI
You learned many of these words relating to body parts in **Lezione 6A**.

Nouns whose gender changes in the plural

singular	plural		singular	plural	
il braccio	le braccia	*arms*	il lenzuolo	le lenzuola	*sheets*
il ciglio	le ciglia	*eyelashes*	il miglio	le miglia	*miles*
il dito	le dita	*fingers*	il muro	le mura	*walls*
il ginocchio	le ginocchia	*knees*	il paio	le paia	*pairs*
il labbro	le labbra	*lips*	l'uovo	le uova	*eggs*
l'orecchio	le orecchie	*ears*			
il sopracciglio	le sopracciglia	*eyebrows*			

• Use masculine adjectives with the singular forms and feminine adjectives with the plurals. Remember, even if the plural form ends in **-a**, you must use plural articles and adjectives with it.

Quel ballerino ha **le braccia lunghissime**.
*That dancer has **very long arms**.*

Che disastro! Il chitarrista si è rotto **il dito**.
*What a disaster! The guitarist broke his **finger**.*

• The noun **mano** (*hand*) is irregular because it is feminine, but does not have regular feminine endings. The singular form is **la mano** and the plural is **le mani**.

Scusi, signore, mi potrebbe dare **una mano**?
*Excuse me, sir, could you give me **a hand**?*

Per suonare bene il pianoforte, si deve avere **delle mani svelte**.
*To play the piano well, one must have **quick hands**.*

Provalo!   **Dai le forme mancanti del nome e dell'articolo determinativo.**

	singolare	plurale		singolare	plurale
1.	*il braccio*	le braccia	8.	il paio	_____
2.	il regista	_____	9.	_____	le mura
3.	_____	i problemi	10.	_____	i temi
4.	_____	le mani	11.	il dito	_____
5.	l'uovo	_____	12.	l'aroma	_____
6.	_____	le ginocchia	13.	la musicista	_____
7.	_____	i drammi	14.	_____	le miglia

SINTESI
Ricapitolazione

1 **Frasi** Su dei pezzi di carta scrivi una fine appropriata per ogni combinazione di verbi. Poi, in gruppi di quattro, mescolateli tutti. Prendete a turno un pezzo di carta e inventate la frase più divertente possibile.

> **MODELLO** ...comincia a ballare con il presidente degli Stati Uniti
>
> *Hmmm. Homer Simpson comincia a ballare con il presidente degli Stati Uniti.*

1. preferire suonare
2. cominciare a ballare
3. decidere di sposarsi
4. permettere di andare via
5. provare a nuotare
6. divertirsi a leggere
7. aiutare a vincere
8. volere sapere

2 **Intervista a una persona famosa** A coppie, create una conversazione tra un presentatore e un(a) musicista famoso/a, o un attore o attrice. Usate il vocabolario della lezione e le costruzioni con l'infinito.

> **MODELLO**
>
> **S1:** *Allora, mi dica, quando ha iniziato a recitare?*
> **S2:** *Se ricordo bene ho iniziato a recitare quando avevo cinque anni, in uno spettacolo a scuola...*

3 **Paure** In gruppi di quattro, guardate i disegni e dite se avete paura o no delle attività mostrate. Conoscete qualcuno che ha paura di queste attività? Fate una lista delle vostre risposte, poi discutetele con la classe. Alla fine decidete quali sono le tre attività che fanno più paura.

> **MODELLO**
>
> **S1:** *Hai paura di cantare in pubblico?*
> **S2:** *No, io non ho paura di cantare in pubblico, ma mia cugina sì, perché è molto timida.*

1.

2.

3.

4.   5.   6.

4 **Concentrazione** A coppie, scegliete 12 nomi presentati in **Strutture 10A.2**. Create due set di carte, uno con la forma singolare dei nomi e l'altro con la forma plurale. Poi mescolateli e a turno scopritene due alla volta. Chi trova due carte con lo stesso nome deve dare l'articolo determinativo giusto per entrambe le forme.

> **MODELLO**
>
> **S1:** *trauma e traumi; il trauma e i traumi*

5 **Una storia** A coppie, create una lista di dieci nomi presentati in **Strutture 10A.2**. Scambiate la vostra lista con quella di un'altra coppia di studenti. Usate tutte le parole che ricevete per scrivere una breve storia o un cartone animato. Siate creativi e includete un misto di forme singolari e plurali.

> **MODELLO**
>
> *La casa era sette miglia fuori città. C'erano un paio di persone nel giardino...*

6 **Indovinare** Dividetevi in gruppi di quattro. A turno, scegliete un nome presentato in **Strutture 10A.2** e descrivetelo al gruppo—senza nominare la parola. Gli altri studenti provano a indovinarla. Chi trova la parola giusta sceglie la prossima.

> **MODELLO**
>
> **S1:** *Usi questa cosa quando suoni il piano o la chitarra.*
> **S2:** *Le dita?*
> **S1:** *No, la offri quando conosci qualcuno e dici «piacere»!*
> **S2:** *La mano!*

risorse		
SAM WB: pp. 149–152	SAM LM: pp. 85–86	**S** sentieri.vhlcentral.com

Lo Zapping

S Video: Short Film

In **A piedi nudi sul palco** di Andrea Rovetta (2007) la protagonista è un'aspirante attrice che sa parlare inglese, francese, spagnolo, sa fare i versi degli animali, sa ballare... e molto di più! Insomma, un'artista molto versatile e indubbiamente fuori dal comune affronta un regista altrettanto (*equally*) esigente in un provino memorabile. Otterrà il ruolo?

A piedi nudi sul palco

Un cortometraggio di Andrea Rovetta

Espressioni utili

- **Mi fa sentire qualcosa?**
  Can I hear something?
- **fare i versi degli animali**
  to make animal noises
- **Vado con la ...?**
  Shall I go with . . . ?
- **Come se la cava?**
  How do you manage?
- **la corda**
  rope
- **l'asino**
  donkey
- **il grillo**
  cricket
- **il/la ventriloquo/a**
  ventriloquist
- **la verticale**
  handstand
- **il palco**
  stage

Per parlare del film

- **fuori dal comune**
  uncommon
- **l'assistente di scena**
  assistant director
- **fare un provino**
  to (go for an) audition
- **il/la lucista**
  lighting technician
- **la battuta**
  line (in a script)
- **il/la contorsionista**
  contortionist
- **muggire (-isc-)**
  to moo
- **nitrire (-isc-)**
  to neigh
- **ragliare**
  to bray
- **frinire (-isc-)**
  to chirp (cricket)
- **cinguettare**
  to chirp (bird)

Preparazione

1 **Chi fa cosa?** Abbina le parole a sinistra alle attività elencate a destra.

1. _____ L'assistente di scena
2. _____ Il regista
3. _____ Il lucista
4. _____ La mucca
5. _____ Il grillo
6. _____ Il cavallo
7. _____ L'asino
8. _____ Il ventriloquo

a. nitrisce.
b. raglia.
c. muggisce.
d. parla senza aprire la bocca.
e. frinisce.
f. si occupa delle luci del palco.
g. decide chi supera il provino.
h. aiuta il regista.

2 **Un provino** Immagina di essere un attore/un'attrice: devi affrontare un provino per ottenere il ruolo da protagonista. Che cosa pensi che ti chiederanno di fare? Metti le attività in ordine di probabilità (1: più probabile–10: meno probabile). Poi confronta le tue scelte con quelle di un(a) compagno/a e difendi la tua opinione.

MODELLO

S1: *Mi chiederanno di recitare in francese.*
S2: *Non sono d'accordo, perché...*
S1: *Ma io sarò Cyrano, quindi...*

_____ Ballare il tango
_____ Cantare
_____ Fare la verticale
_____ Fare il verso del grillo
_____ Fare il/la ventriloquo/a

_____ Muovere le orecchie
_____ Nitrire
_____ Recitare in francese
_____ Suonare il piano
_____ Volare

SINTESI

Scene: A piedi nudi sul palco

ATTRICE Buongiorno.
REGISTA Buonasera... Ha qualcosa di pronto°? Cominci pure° quando vuole.
ATTRICE O padre oltraggiato°, gioisci°...

REGISTA Guardi, per questo ruolo io cerco una che suoni il pianoforte. Lei sa suonare?... Basta così, grazie.

REGISTA Qualcos'altro con la voce? Tipo... Lei sa fare i versi degli animali? ...Grillo?

REGISTA Circense°? Corda! Verticale! Orecchie!

REGISTA Tango! Danza classica? ...Volare?
ATTRICE Mi scusi?

REGISTA Signorina, Lei sa volare? (*L'attrice vola.*) ...Peccato, guardi°, cercavo una che non sapesse° volare...

qualcosa di pronto *something ready* **Cominci pure** *Go ahead and start* **oltraggiato** *offended*
gioisci *rejoice* **Circense** *Circus performer* **Peccato, guardi** *What a shame, you see*
che non sapesse *who doesn't know how*

Analisi

3 In ordine Ricostruisci la storia mettendo in ordine il dialogo. Ti ricordi la battuta finale? A coppie, paragonate le vostre risposte.

1. ____ —Buongiorno!
2. ____ —Maestro, vado con la quattro?
3. ____ —Numero 43.
4. ____ —Guardi, la mia protagonista è una che conosce le lingue... Lei sa l'inglese?
5. ____ —Lei sa fare la ventriloqua?
6. ____ —La cinque!
7. ____ —Mi scusi?
8. ____ —Buonasera. Caffè. Faccia due passi a destra... Cominci pure quando vuole.
9. ____ —Mi scusi.
10. ____ —Volare?
11. ____ —O padre oltraggiato gioisci!
12. ____ —Peccato, guardi, cercavo una che non sapesse volare... _____

4 A ciascuno la sua battuta In gruppi di quattro, attribuite ogni battuta dall'attività 3 al personaggio appropriato. Vi ricordate altre battute? Ricostruite il copione (*script*), distribuite i ruoli e presentatelo alla classe.

MODELLO Buongiorno!

S1: *Battuta uno. La dice l'attrice.*

1. il lucista _____

2. il regista _____

3. l'assistente di scena _____

4. l'attrice _____ 1

5 Emozioni e sentimenti A coppie, osservate le immagini, poi descrivete e discutete i sentimenti e le emozioni che i personaggi esprimono: ci possono aiutare a capire la storia.

MODELLO

S1: *Secondo me, l'attrice ha paura del regista.*
S2: *No, per me l'attrice non ha paura. È molto sicura di sé.*

1.

2.

3.

4.

Practice more at **sentieri.vhlcentral.com**.

Lezione

10B

Communicative Goals

You will learn how to:

- talk about movies and television
- describe movies and books

CONTESTI

Le arti

Talking Picture Audio: Activity

Vocabolario

espressioni	*expressions*
girare	*to film, to shoot*
pubblicare	*to publish*
scolpire (-isc-)	*to carve, to sculpt*
visitare una galleria d'arte	*to go to an art gallery*
le belle arti	*fine arts*
il capolavoro	*masterpiece*
la collezione	*collection*
l'esposizione (*f.*)	*exhibit*
la mostra	*show; exhibition*
l'opera (d'arte)	*work (of art)*
i media	*the media*
il cinema	*cinema*
l'editoria	*publishing industry*
la radio	*radio*
la stampa	*press*
la televisione	*television*
i generi	*genres*
il cartone animato	*cartoon*
il cortometraggio	*short film*
il documentario	*documentary*
il dramma psicologico	*psychological drama*
la favola	*fairy tale*
il paesaggio	*landscape*
il racconto	*short story*
il racconto epico	*epic*
il ritratto	*portrait*
scrivere una recensione	*writing a review*
la trama	*plot*
artistico/a	*artistic*
commovente	*touching, moving*
contemporaneo/a	*contemporary*
dotato/a	*gifted; talented*
drammatico/a	*dramatic*
innovativo/a	*innovative*
inquietante	*disturbing*

il film di fantascienza

lo scultore (la scultrice *f.*)

la scultura

l'autrice/ la scrittrice

l'autore/ lo scrittore

il romanzo

Piero Grande, autore di *La piuma incantata*

il film dell'orrore

la poetessa (il poeta *m.*)

la poesia

la pittura

la pittrice (pittore *m.*)

il quadro

Dipinge un quadro. (dipingere)

Pratica

1 **Trova l'intruso** Trova la parola che non appartiene al gruppo.

> **MODELLO** pittrice, poeta, (ritratto), scultore

1. cinema, televisione, radio, pittura
2. romanzo, paesaggio, racconto, favola
3. autore, dipingere, pittore, quadro
4. pubblicare, mostra, editoria, stampa
5. opera d'arte, scultura, capolavoro, girare
6. film, cartone animato, galleria d'arte, documentario

2 **Associazioni** Scrivi la parola della lista che corrisponde a ogni definizione.

> **MODELLO** un quadro che mostra una persona *ritratto*

collezione	inquietante	racconto	scrittrice
contemporaneo	pittore	ritratto	trama

1. molti quadri _____
2. un sinonimo di *moderno* _____
3. quello che succede in un libro o in un film _____
4. un uomo che dipinge _____
5. una storia breve _____
6. una donna che scrive romanzi _____

3 **Scegliere** Scegli la parola che completa meglio ogni frase.

> **MODELLO** Ieri sera ho cominciato a leggere un bel ((romanzo) / quadro).

1. Mi piace molto la (trama / mostra) di quel libro.
2. Da piccola mi piaceva leggere (le favole / i cortometraggi).
3. Quando sono in macchina sento le notizie (alla radio / al cinema).
4. Quella statua è stata (girata / scolpita) nel Rinascimento.
5. Mio zio ha una (collezione / scultura) di quadri bellissimi.
6. Il *David* è uno dei (capolavori / cortometraggi) di Michelangelo.
7. Quel film dell'orrore è molto (dotato / inquietante).
8. Che bei (quadri / film) hai appeso (*hung up*) nel tuo ufficio!

4 **Rispondere** 🎧 Rispondi alle domande che senti con frasi complete.

1. _____
2. _____
3. _____
4. _____
5. _____
6. _____

Practice more at **sentieri.vhlcentral.com**.

CONTESTI

Comunicazione

5 **Il critico d'arte** A coppie, leggete la recensione del critico d'arte sul giornale. Poi completate le frasi seguenti con la parola corretta.

Milano Domenica scorsa ho visitato la mostra d'arte contemporanea al Castello Sforzesco. I quadri esposti (*on display*) erano di pittori e pittrici italiani e internazionali, mentre le sculture erano solo italiane. L'esposizione ha attratto molta gente. Il pubblico sembrava entusiasta delle opere esposte e di alcune ha apprezzato molto il carattere innovativo.

Non sono mancati tuttavia i commenti negativi di alcune persone. A mio parere (*In my opinion*), anche se tutte le opere esposte riflettono (*reflect*) il grande senso artistico di pittori e scultori, alcuni quadri e alcune sculture sono difficili da capire e a volte anche un po' inquietanti!

1. La mostra al Castello Sforzesco era di arte (commovente / contemporanea).
2. Le sculture esposte erano di artisti (internazionali / italiani).
3. Molte persone hanno visitato la (mostra / recensione).
4. La maggior parte delle persone ha apprezzato il carattere (innovativo / negativo) delle opere.
5. I pittori e gli scultori che hanno esibito le opere hanno un grande senso (drammatico / artistico).
6. Secondo il critico d'arte, alcune opere sono (epiche / inquietanti).

6 **Un film dell'orrore** In gruppi di quattro, discutete quali caratteristiche deve avere un film dell'orrore per avere successo. Poi scrivete un breve paragrafo (almeno otto frasi) spiegando le vostre ragioni. Potete parlare di come devono essere gli attori, la trama, i personaggi ecc.

MODELLO

S1: *Secondo me, gli attori sono importanti.*
S2: *Sono d'accordo! Gli attori devono essere...*

7 **Arti e attività** Lavorate a coppie. L'insegnante vi darà due fogli diversi, ciascuno con metà delle informazioni riguardo ad alcune possibili attività per questo fine settimana. A turno, fatevi domande per completare i vostri fogli. Poi decidete a quali eventi assisterete, basandovi sulle vostre preferenze e sul vostro budget.

MODELLO

S1: *Venerdì sera c'è un concerto di jazz in centro. Costa 12 euro. Cos'altro c'è venerdì?*
S2: *Venerdì c'è anche...*

Pronuncia e ortografia

**Audio: Concepts, Activities
Record & Compare**

🎧 Punctuation

Penso di sì.	**10.000**	**$1.000.250,90**	**23.15**

In Italian, **il punto** (.) is used, as in English, at the end of a statement and indicates a lengthy pause. In addition, Italian style uses a period instead of a comma in numbers 1,000 and above. A period can also be used to indicate time on the 24-hour clock.

Alla fine, ...	**Sì, è quello.**	**3,5**	**€20,27**

La virgola (,) is used to indicate a shorter pause within a phrase and is used more often in Italian than in English. Commas are also used in the place of a decimal point to indicate fractions.

È bello, alto e simpatico.	**Ci vogliono farina, acqua e zucchero.**

In Italian, a comma is not used before the final item of a series.

«Certo», ha detto.	**Questo "fatto" è sbagliato.**	**È facile dire «Ciao»?**

In Italian, **le virgolette** may be **basse** (« ») or **alte** (" "). As in English, they are used to indicate direct quotations, to highlight a particular term, or to indicate the idiomatic use of a word. Place ending punctuation and commas outside quotation marks unless they are part of what is being quoted.

**La ragazza ha chiesto: — È questo il posto?
— Sì, è questo, — ha risposto suo fratello.**

Quotation marks can be replaced with **una lineetta** (—) in dialogues.

🎾 Punteggiatura Riscrivi le frasi con la punteggiatura giusta.

1. Gli studenti hanno chiesto Quali sono i compiti per domani
2. Sì spiega il ragazzo ci sono 25000 persone in lista
3. Metto in valigia un vestito delle scarpe e un libro
4. La camera diventa silenziosa
   Silvia dice Marco ci sei
   Sì Silvia eccomi

Chi ha arte per
tutto ha parte.[2]

🎾 Articolare Ripeti le frasi con la loro punteggiatura ad alta voce.

1. «No», ha detto, «non li ho visti».
2. Ci vuole una virgola dopo la parola "bello".
3. Il film comincia alle 20.35.
4. —È troppo tardi. —No, arriveremo in tempo.
5. Questo romanzo costa €10,40.
6. Abbiamo già visto il programma «Now».

🎾 Proverbi Ripeti i proverbi ad alta voce.

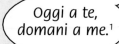

Oggi a te,
domani a me.[1]

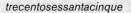

risorse

SAM
LM: p. 88

sentieri.vhlcentral.com

FOTOROMANZO

Il mondo di Paolo Video: *Fotoromanzo*

PERSONAGGI

Emily

Lorenzo

Paolo

Riccardo

Viola

PAOLO Buongiorno a tutti. Grazie per aver accettato di aiutarmi a girare il filmino per l'esercitazione a scuola.
RICCARDO Figurati. È un piacere.
PAOLO Ho finito di scriverlo un'ora fa.
EMILY Scrivere è più difficile di quanto sembri.

RICCARDO Qual è la trama?
PAOLO Un poveraccio possiede una scatola vuota. Finge di sentire della musica quando la apre. Dopo che l'ha venduta, si accorge che suona per davvero. *(Tira fuori le maschere.)*
LORENZO Che succede? Tutto bene?
VIOLA Da dove vengono?
PAOLO Mi sono ricordato che erano sotto il tuo letto.

VIOLA Emily, devo dirti una cosa. Promettimi che non lo dirai a nessuno. Soprattutto a Riccardo.
EMILY Promesso. Nemmeno una parola.
VIOLA Lorenzo mi ha baciata.
EMILY Non ci posso credere! Ma, come è successo?

PAOLO Sei pronta per girare la scena? Vado a svegliare Riccardo mentre Lorenzo ti fa vedere dove devi stare.
RICCARDO Ah, Paolo. Quale scena giriamo per prima?
PAOLO La sesta. E dopo forse la terza.

RICCARDO È buona la tua sceneggiatura. Mi piace. È drammatica e inquietante. Hai del talento. Dovresti studiare cinema quando andrai all'università.
PAOLO Mi piacerebbe, ma alla fine studierò informatica.
RICCARDO Beh, sei bravo anche in quello.

PAOLO Bene. Questa è la scena in cui Riccardo vende la scatola a Lorenzo e si accorge che suona veramente. Emily, tu sei arrabbiata perché lui ha venduto la scatola. Viola, tu vuoi la scatola per te, ma Lorenzo ha intenzione di tenersela. E... azione!
RICCARDO *(Recitando)* Sento della musica. Com'è possibile?
LORENZO Ho pagato una miseria rispetto a quanto vale questa scatola.

A T T I V I T À

1 **Chi è?** A chi si riferiscono queste affermazioni? Lorenzo, Massimo, Paolo, Riccardo o Viola?

1. Ha scritto un filmino.
2. Ha baciato Viola.
3. Ha incontrato Lorenzo in centro.
4. È uscito a cena con Viola.
5. È arrogante.
6. Paolo va a svegliarlo.
7. Vuole studiare informatica.
8. Compra la scatola.
9. Secondo Riccardo, non è un grande attore.
10. Dovrebbe girare un documentario.

 Practice more at **sentieri.vhlcentral.com**.

Paolo gira un filmino per la scuola.

VIOLA L'ho incontrato per caso in centro facendo delle commissioni. Abbiamo passato il pomeriggio insieme. È stato molto divertente. E poi, quando ci stavamo salutando, lui...

EMILY E Massimo?

VIOLA Non gli ho detto niente quando l'ho visto per cena.

EMILY La stessa sera?

EMILY Prima hai baciato Lorenzo, poi sei andata a cena con Massimo? Non si fanno queste cose, Viola!

VIOLA Lo so. Shhh.

EMILY Allora, chi ti piace, Lorenzo o Massimo... o tutti e due?

VIOLA Massimo è molto carino. E noioso. Lorenzo è bello e intelligente, ma è così arrogante. Non lo so. Che cosa faresti tu?

EMILY Lorenzo. Basta, per favore!

RICCARDO Non sei un granché come attore, Lorenzo.

LORENZO Senti chi parla!

PAOLO Taglia! Proviamo un'altra volta. Iniziamo dalla battuta di Emily.

EMILY Come hai potuto venderla, hmm? Ora non abbiamo più niente!

VIOLA Se mi aiutate a prendere quella scatola, io... mi prenderò cura di voi.

LORENZO Ha, ha, ha, non ci riuscirete mai!

PAOLO Taglia!

RICCARDO Forse faresti meglio a girare un documentario: «Pensione Paradiso».

Espressioni utili

Actions in progress

- **facendo delle commissioni**
  running errands
- **Ci stavamo salutando...**
  We were saying goodbye . . .

Ordinal numbers

- **la sesta**   • **la terza**
  the sixth   *the third*

Additional vocabulary

- **Scrivere è più difficile di quanto sembri.**
  Writing is harder than it seems.
- **Lorenzo ha intenzione di tenersela.**
  Lorenzo wants to keep it for himself.
- **Non sei un granché come attore.**
  You are not such a great actor.
- **l'esercitazione a scuola**
  school project
- **filmino**   • **Taglia!**
  short film   *Cut!*
- **poveraccio**   • **possiede**
  poor man   *owns*
- **si accorge**   • **tutti e due**
  he realizes   *both of them*
- **sceneggiatura**   • **miseria**
  screenplay   *fraction*
- **battuta**   • **per davvero**
  line   *for real*

---

2   **Per parlare un po'** A coppie, immaginate di essere registi famosi che vogliono girare un nuovo film. Scrivete un paragrafo di circa 300 parole che riassume la trama e menziona anche quali attori avete scelto.

3   **Approfondimento** Scegli un film italiano e fai una ricerca. Di che anno è? Chi sono gli attori principali? Qual è la trama? Perché hai scelto questo film? Preparati a rispondere a queste domande.

risorse

SAM
VM: pp. 39–40

DVD
Puntata 20

sentieri.vhlcentral.com

A T T I V I T À

La culla° dell'arte

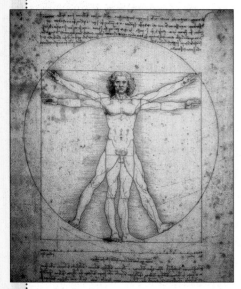

Qual è la prima cosa che viene in mente° quando si pensa all'Italia? Sicuramente l'arte. Gli antichi° romani, gli uomini del Medioevo° e gli artisti moderni hanno lasciato libri, dipinti° e sculture in Italia. Certamente, l'arte italiana più conosciuta nel mondo è quella del Rinascimento.

Il Rinascimento è un movimento culturale che si sviluppa° a Firenze tra il 1400 e il 1500. È ispirato all'Umanesimo, un corrente di pensiero° che apprezza soprattutto l'umanità° e tutte le sue espressioni. In questo clima la cultura, la razionalità e la creatività, cioè tutte le cose che rendono° gli uomini migliori, sono sostenute° e promosse°. L'uomo ideale nel Rinascimento è l'antico romano: equilibrato° e saggio°. Anche l'arte vuole imitare lo spirito antico; per questo le opere vogliono ispirare equilibrio e serenità. Questa idea è simboleggiata° dal famoso *Uomo vitruviano* di Leonardo da Vinci, dove le proporzioni del corpo umano sono progettate° con grande cura.

I più famosi artisti rinascimentali lavorano a Firenze perché la famiglia che governa° la città, i Medici, ama l'arte e finanzia° le opere d'arte per aumentare il suo prestigio. Nascono così i dipinti del Museo degli Uffizi e le opere di Leonardo e Michelangelo.

La tradizione artistica italiana non è comunque solo quella del Rinascimento: anche oggi ci sono artisti italiani conosciuti, come lo scultore Maurizio Cattelan, il poeta Mario Luzi e l'architetto Gae Aulenti—famosa sia per i restauri° di opere del passato, come Palazzo Grassi a Venezia, che° per la progettazione° di nuovi edifici, come il Museo d'Orsay a Parigi.

culla *cradle* **viene in mente** *comes to mind* **antichi** *ancient* **Medioevo** *Middle Ages* **dipinti** *paintings* **si sviluppa** *develops* **corrente di pensiero** *school of thought* **umanità** *mankind* **rendono** *make* **sostenute** *supported* **promosse** *promoted* **equilibrato** *well-balanced* **saggio** *wise* **simboleggiata** *symbolized* **progettate** *designed* **governa** *rules* **finanzia** *finances* **restauri** *restorations* **sia... che** *both . . . and* **progettazione** *designing*

1 Vero o falso? Indica se l'affermazione è **vera** o **falsa**. Correggi le affermazioni false.

1. Il Rinascimento e l'Umanesimo sono la stessa cosa.

2. L'Umanesimo è un movimento culturale che dà grande importanza all'uomo e all'umanità.

3. La cultura del Rinascimento promuove tutte le cose che migliorano l'uomo.

4. L'uomo ideale del Rinascimento è l'antico romano, equilibrato e saggio.

5. L'*Uomo vitruviano* è un esempio del perfetto antico romano.

6. I Medici sono la famiglia che governa Firenze durante il Rinascimento.

7. I Medici finanziano i grandi artisti e le loro opere per aumentare il prestigio della loro famiglia.

8. Michelangelo ha progettato gli Uffizi.

9. Maurizio Cattelan è un famoso poeta.

10. Gae Aulenti ha progettato il Palazzo Grassi.

Practice more at **sentieri.vhlcentral.com**.

L'ITALIANO QUOTIDIANO

È un'opera in stile...

barocco/a	*Baroque*
bizantino/a	*Byzantine*
(neo)classico/a	*(Neo)classical*
futurista	*Futurist*
gotico/a	*Gothic*
manierista	*Mannerist*
rinascimentale	*Renaissance (adj.)*
romanico/a	*Romanesque*
romantico/a	*Romantic*
verista	*belonging to the Verismo movement*

COSTUMI E USANZE

Musei e curiosità

L'Italia è ricca di opere d'arte e quasi ogni paese ha un museo. I **musei nazionali**, **archeologici** o **artistici**, sono di solito nelle grandi città d'arte. Esistono, però, anche **collezioni private**, case di personaggi importanti (come Leonardo da Vinci), **aree archeologiche** (come **Pompei**) e **musei tematici°** (della scienza, per esempio, o del folklore). Ci sono anche **collezioni strane**: musei dedicati al vino, al cioccolato e al prosciutto, musei dedicati ai giocattoli° o a Pinocchio e inquietanti musei di antropologia criminale o dei coltelli.

La maggior parte dei musei ha un giorno di chiusura settimanale° e degli orari di apertura° limitati: è sempre bene cercare informazioni prima di trovare solo una porta chiusa!

tematici *theme* **giocattoli** *toys* **chiusura settimanale** *weekly closing* **orari di apertura** *opening hours*

RITRATTO

L'inventore dell'italiano

Dante Alighieri nasce a Firenze nel 1265 sotto il segno dei Gemelli°. Fa una buona carriera politica, ma vive in un periodo difficile, ossia° durante la guerra civile che divide la città. La fazione nemica° prende il potere e condanna° Dante a morte. Fortunatamente in quell'epoca lui è a Roma e si salva, ma non può più tornare a casa. Da quel momento vive come ospite° di diverse famiglie potenti° del nord Italia, scrivendo la sua *Divina Commedia* e offrendo la sua esperienza politica a chi lo ospita. Muore di malaria nel 1321.

Sin da giovane Dante scrive poesie usando uno stile sperimentale, lo «Stilnovo», creato per essere musicale. Alla base di questa lingua ci sono il dialetto toscano, il latino e il siciliano. In esilio°, Dante aggiunge anche i dialetti delle città del nord Italia dove abita. Nasce così l'italiano, lingua dolce perché creata per la poesia, ma con una grammatica complicata, perché include elementi di lingue diverse.

Gemelli *Gemini* **ossia** *that is* **fazione nemica** *enemy faction* **condanna** *sentences* **ospite** *guest* **potenti** *powerful* **esilio** *exile*

SU INTERNET

Cerca i nome e gli orari di apertura di cinque musei italiani.

Go to **sentieri.vhlcentral.com** to find more information related to this **CULTURA**.

---

2 Completare Completa le frasi.

1. Dante è nato a _____ nel 1265.
2. Una fazione nemica lo _____ a morte.
3. Dante muore nel 1321 a causa della _____.
4. Esistono in Italia musei dedicati al vino, al cioccolato e al _____.
5. Molti musei hanno un giorno di _____ settimanale.
6. Per i bambini ci sono musei dedicati ai _____ e a Pinocchio.

3 A voi A coppie, discutete le seguenti domande.

1. Ti piace visitare i musei? Preferisci quelli storici-artistici o quelli più strani?
2. Guarda la lista degli stili artistici in **L'italiano quotidiano**. Qual è il tuo stile preferito? Perché?
3. Preferisci l'arte antica, rinascimentale o moderna? Perché?

risorse

Ⓢ

sentieri.vhlcentral.com

A T T I V I T À

10B.1 The gerund and progressive tenses

Punto di partenza You have already learned that the present tense in Italian can be used to describe what someone does or is doing. To emphasize that an action is in progress, use the present tense of **stare** and the **gerundio**.

- Form the **gerundio** by replacing the **-are** ending of an infinitive with **-ando**, and the **-ere** and **-ire** endings with **-endo**. This form is equivalent to the English ending *-ing*.

infinitive	gerundio	
girare	girando	*filming*
dipingere	dipingendo	*painting*
scolpire	scolpendo	*sculpting*

- A few verbs that have an irregular stem in the **imperfetto**, such as **bere**, **dire**, **fare**, and **tradurre*** (*to translate*), use the same irregular stem to form the **gerundio**.

imperfetto	gerundio	
bevevo	bevendo	*drinking*
dicevo	dicendo	*saying*
facevo	facendo	*doing*
traducevo	traducendo	*translating*

- Use the present tense of **stare** + [**gerundio**] to express an action that is in progress. This is called the **forma progressiva**.

Il pittore non è in casa. **Sta lavorando** all'aperto.
The painter is not home. He is working outdoors.

Non posso parlare; **sto mangiando**.
I can't talk; I am eating.

I bambini non ti sentono. **Stanno ascoltando** la radio.
The children don't hear you. They are listening to the radio.

Che cosa **stai scrivendo**? Una favola?
What are you writing? A fairy tale?

- Use the **imperfetto** of **stare** + [**gerundio**] to describe actions that were in progress in the past.

Il regista non c'era. **Stava girando** un'altra scena.
The director wasn't there. He was shooting another scene.

Giacometti **stava scolpendo** quando l'abbiamo conosciuto.
Giacometti was sculpting when we met him.

Non ti ho visto. **Stavo cercando** le mie chiavi.
I didn't see you. I was looking for my keys.

Mi dispiace, **stavo dormendo** durante il film.
I'm sorry, I was sleeping during the movie.

1 Completare Completa ogni frase con la forma progressiva presente del verbo indicato.

1. Loro _____ (visitare) la galleria d'arte.
2. La stampa _____ (pubblicare) tutti i dettagli della storia.
3. Io e Giulia _____ (leggere) una bella favola.
4. Quei registi _____ (girare) un nuovo film.
5. Le collezioni _____ (andare) in giro per il mondo.
6. Voi _____ (scolpire) un vero capolavoro!

2 Trasformare Adesso trasforma tutte le frasi dell'attività precedente al passato, usando l'imperfetto di **stare** e il gerundio.

MODELLO

Loro _____ (visitare) la galleria d'arte.
Loro stavano visitando la galleria d'arte.

1. _____
2. _____
3. _____
4. _____
5. _____
6. _____

3 Mettere etichette Per ogni foto scrivi cosa stanno facendo adesso queste persone o cosa stavano facendo ieri. Usa frasi complete.

1. Rosa e Bianca / suonare il violino / ieri

2. Giuseppe / dipingere il garage / adesso

3. Armando / scolpire un totem / adesso

4. gli assistenti / filmare un documentario / ieri

5. gli studenti / scriversi delle e-mail / adesso

6. Marco / guardare la partita / ieri

 Practice more at **sentieri.vhlcentral.com**.

COMUNICAZIONE

4   Proprio adesso A coppie, descrivete che cosa stanno facendo queste persone esattamente in questo momento. Usate la vostra fantasia e le forme progressive.

MODELLO il cuoco

Il cuoco sta scaldando la pizza nel microonde.

1. il pittore
2. l'autrice
3. gli scultori
4. la regista di un documentario
5. i bambini
6. i tuoi genitori
7. il presidente
8. tu e io

5   Quando è andata via la luce A coppie, preparate una lista di otto persone. Possono essere persone che conoscete o non conoscete. Poi immaginate cosa stavano facendo quando la luce è andata via (*when the power went off*) ieri sera alle 18.00. Scrivete frasi complete per descrivere le loro azioni.

MODELLO mia madre

Mia madre stava cucinando e guardando la televisione.

6   Gli slogan In gruppi di quattro, immaginate di lavorare in un ospedale. Dovete scrivere degli slogan sul tema della salute e del benessere per la sala d'attesa. Scrivete quanti più slogan possibili in cinque minuti, poi paragonate quello che avete scritto con il resto della classe.

Dormire è la migliore medicina!

Guardare la televisione non è un passatempo!

- Note that the use of the **forma progressiva** is more limited than its English equivalent. It is much more common to use the simple present or **imperfetto** to talk about ongoing actions in Italian. Use the **forma progressiva** to emphasize the fact that the action is in progress.

> **ATTREZZI**
> You learned to use the simple present to express ongoing actions in **Lezione 2A** and the imperfect to express ongoing actions in the past in **Lezione 6B**.

Il poeta **scrive** una poesia d'amore.	BUT Il poeta **sta scrivendo** una poesia d'amore.
*The poet **writes/is writing/does write** a love poem.*	*The poet **is writing** (at this very moment) a love poem.*
La mamma **leggeva** il racconto al figlio.	BUT La mamma **stava leggendo** il racconto al figlio.
*The mother **was reading/used to read** the story to her son.*	*The mother **was reading** (at that very moment) the story to her son.*

- Object and reflexive pronouns either precede the conjugated form of **stare** or are attached to the end of the **gerundio**.

Perché la *Gioconda* **mi sta sorridendo/sta sorridendomi**?	Il quadro sarà bellissimo. **Lo sto finendo/Sto finendolo** adesso.
*Why **is** the Mona Lisa **smiling at me**?*	*The painting will be very beautiful. **I am finishing it** now.*
Ti stavamo facendo/Stavamo facendoti un capolavoro.	Lo scultore **si stava preparando/stava preparandosi** per la mostra.
*We were making a masterpiece **for you**.*	*The sculptor **was preparing himself** for the show.*

- In cases where an English word ending in *-ing* is used as the subject of a sentence, the infinitive, rather than the **gerundio**, is typically used in Italian.

Andare al cinema è il mio passatempo preferito.	**Pubblicare** un libro è quasi sempre difficile.
***Going** to the movies is my favorite hobby.*	***Publishing** a book is almost always difficult.*

Provalo!   Per ogni frase, scrivi il gerundio del verbo indicato.

1. Il pittore sta *lavorando* (lavorare).
2. Tu stai _____ (scrivere) al professore.
3. I bambini stavano _____ (ascoltare) la radio.
4. Io e Tiziana stavamo _____ (correre) verso di te.
5. Gabriele sta _____ (stampare) tutti i documenti.
6. Ieri sera alle otto io stavo _____ (cenare).
7. Voi state _____ (cercare) l'ufficio del professor Antichi.
8. Quale film stavano _____ (guardare) i tuoi amici?

STRUTTURE

10B.2 Ordinal numbers and suffixes

Punto di partenza Ordinal numbers, such as *first*, *second*, etc., indicate the order or rank of things relative to others. Suffixes are endings that, added to a word, modify the meaning of the word.

- The Italian ordinal numbers equivalent to *first* through *tenth* do not follow a regular pattern and must be memorized.

Cardinal numbers		Ordinal numbers	
1 uno	*one*	1° primo	*first*
2 due	*two*	2° secondo	*second*
3 tre	*three*	3° terzo	*third*
4 quattro	*four*	4° quarto	*fourth*
5 cinque	*five*	5° quinto	*fifth*
6 sei	*six*	6° sesto	*sixth*
7 sette	*seven*	7° settimo	*seventh*
8 otto	*eight*	8° ottavo	*eighth*
9 nove	*nine*	9° nono	*ninth*
10 dieci	*ten*	10° decimo	*tenth*

- Form most other ordinal numbers by dropping the final vowel of the cardinal number and adding the suffix **-esimo**. Numbers ending in **-tré** or **-sei** maintain the final vowel, but the accent mark on **-tré** is dropped.

Cardinal	Ordinal	Cardinal	Ordinal
11 undici	11° undicesimo	82 ottantadue	82° ottantaduesimo
20 venti	20° ventesimo	100 cento	100° centesimo
26 ventisei	26° ventiseiesimo	500 cinquecento	500° cinquecentesimo
33 trentatré	33° trentatreesimo	1000 mille	1000° millesimo

- Ordinal numbers are adjectives, and therefore must agree in gender and number with the nouns they modify.

  Lo sceicco bianco è stato uno **dei primi film** di Fellini.
  The White Sheik *was one of Fellini's* **first movies**.

  È **la quarta volta** che vediamo *Il signore degli anelli*.
  It's **the fourth time** that we have seen The Lord of the Rings.

- Abbreviate ordinal numbers with superscripts **o**, **a**, **i**, or **e**, according to the gender and number of the noun that follows.

  La collezione ha vinto il **2° premio**.
  The collection won **2nd prize**.

  Legga la **10ª poesia**, per favore.
  Read the **10th poem**, please.

- Use Roman numerals to refer to centuries (**secoli**) or royalty.

  XIII (**tredicesimo**) secolo
  13th century

  Enrico **IV** (**quarto**)
  Henry **IV**

PRATICA

1 Completare Completa le frasi seguenti scrivendo in lettere il numero ordinale dato. Fai attenzione alla concordanza.

1. Questo è il _____ (12°) documentario che vediamo questa settimana!
2. È il _____ (4°) giorno che si dimentica di venire.
3. Gli studenti di quella scuola si sono classificati _____ (2°).
4. Per la _____ (100°) volta: no, non voglio uscire con te!
5. I _____ (1°) computer erano molto grandi e lenti.
6. Complimenti, Lei è il _____ (33°) cliente e vince un certificato regalo di 5 euro!
7. Queste macchine sono _____ (2°) solo alle macchine che hai provato ieri.
8. Non ho ancora visto il _____ (26°) paio di guanti che hai comprato.

2 Associare Associa ogni frase con la parola più adatta.

a. borsetta	e. ragazzaccio
b. minestrone	f. chiacchieroni
c. tempaccio	g. parolacce
d. letterona	h. boccuccia

1. Roberto è un ___. Non fa mai quello che deve fare.
2. Che ___ ha quel bambino, un sorriso dolcissimo!
3. Quei due sono dei ___. Non smettono mai di parlare.
4. Che bella ___, piccola e molto elegante. È perfetta per andare a teatro.
5. Che ___! Piove da una settimana e non smetterà per altri due giorni.
6. Non dire tutte quelle ___; parla educatamente e con rispetto!
7. In inverno mi piace mangiare un bel ___ caldo.
8. Gianna ci ha scritto una ___ di cinque pagine sul suo viaggio.

3 Rispondere Rispondi a ogni domanda con una frase completa.

1. A quale piano vivi?
2. Hai avuto una giornataccia recentemente?
3. Ti piace Topolino (*Mickey Mouse*)?
4. A quale anno di studi sei?
5. Hai fratellini o sorelline?
6. La classe d'italiano è la prima della giornata?

Practice more at **sentieri.vhlcentral.com**.

COMUNICAZIONE

4 **Il grande magazzino** A coppie, immaginate un grande magazzino di dodici piani. Descrivete cosa potete trovare a ciascun piano di quell'edificio. Usate i numeri ordinali.

MODELLO

S1: Al primo piano c'è il reparto (*department*) di elettrodomestici, dove ci sono i televisori, le lavastoviglie ecc.
S2: Al secondo piano…

5 **Il mimo** Lavorate in gruppi di quattro. A turno, mimate alcune delle parole con suffisso che avete imparato in questa lezione. La persona che indovina la parola mimerà la parola successiva.

MODELLO

S1: Sei una nipotina?
S2: No!
S3: Sei un topolino?
S2: Sì!

casetta	chiacchierone	gattino	sorellina
cattivella	filmaccio	librone	topolino

6 **Una recensione** Lavorate a coppie. Scrivete la recensione di una mostra a una galleria d'arte. Usate quanti più numeri ordinali e parole con suffisso possibili.

MODELLO

ARTE: La formazione dell'immagine di Beppe Devalle
Oggi sono andata alla Galleria Nuova per la decima volta. È una piccola casetta in centro. È la terza mostra su Beppe Devalle organizzata lì e…

Suffixes

In Italian, there are many suffixes that can be added to nouns or adjectives, as well as to proper names.

ATTREZZI
In **Lezione 3A** you learned to use suffixes to talk about family members with words such as **fratellino** (*little brother*) and **sorellina** (*little sister*).

● To add a suffix, first drop the final vowel of the base word.

fratello + -ino ▶ **fratellino**
sorella + -ina ▶ **sorellina**

● The suffixes **-ello/a**, **-etto/a**, **-ino/a**, and **-uccio/a** are often used to indicate smallness or to express affection.

Che belle **casette**!
*What cute **little houses**!*

Ecco la mia **nipotina Mariuccia**.
*Here is my **small niece**, **little Mary**.*

● The suffix **-one/a** expresses largeness or importance.

Guardate questi **libroni**!
*Look at these **big books**!*

Mia figlia è una pittrice **pigrona**.
*My daughter is a **very lazy** painter.*

● The suffix **-accio/a** has a disparaging or pejorative connotation.

Non dire **parolacce** a lezione.
*Don't say **swear words** in class.*

Che **filmaccio**! Usciamo subito.
*What a **bad film**! Let's leave at once.*

● The use of suffixes is idiomatic, and not every suffix can be added to every noun or adjective. Focus on learning words you see or hear rather than trying to add suffixes on your own. Here are some additional commonly used words with suffixes.

Common *nomi alterati*

bellino/a	*cute, pretty*	la giornataccia	*bad day*
caruccio/a	*sweet, very dear*	la letterona	*long letter*
cattivello/a	*a little bit naughty*	la manina	*little hand*
piccolino/a	*very small*	il minestrone	*thick soup*
la boccuccia	*cute little mouth*	il nasino	*little nose*
la borsetta	*small purse*	il ragazzaccio	*bad boy*
il/la chiacchierone/a	*chatterbox*	il tempaccio	*bad weather*
il giornalaccio	*trashy newspaper*	il topolino	*little mouse*

Provalo! Scrivi le parole corrette per esprimere i numeri e le parole elencate. Fai tutti i cambiamenti necessari.

1. 11° *undicesimo*
2. 87° _____
3. 5° _____
4. 26° _____
5. 100° _____

6. lavoro (+ -accio) _____
7. cugina (+ -etto) _____
8. esame (+ -uccio) _____
9. ville (+ -etto) _____
10. telefono (+ -ino) _____

SINTESI

Ricapitolazione

1 **Il festival delle arti** In gruppi di tre, create una conversazione sul festival delle arti. Siete al festival e commentate su cosa stanno facendo le diverse persone. Usate la forma progressiva e il vocabolario della lezione.

MODELLO

S1: Oh, guarda, c'è quel famoso pittore. Cosa sta facendo?
S2: Sta parlando con qualcuno dei suoi quadri.
S3: E là, c'è quello scrittore della rivista che ti piace tanto. Sta comprando una scultura...

2 **Un bel film** A coppie, scegliete un tipo di film e scrivete il nome di sei personaggi che appaiono (*appear*) nella sceneggiatura (*screenplay*). Descriveteli e dite cosa stanno facendo quando inizia il film.

MODELLO

Aldo si sta preparando per l'intervista. Sta pensando a quando diventerà famoso e non sta facendo attenzione a...

3 **Una recensione televisiva** A coppie, assumete il ruolo di due critici della televisione. Scegliete un programma e poi, a turno, descrivete cosa è successo e quali sono state le vostre reazioni. Usate il passato progressivo.

MODELLO

S1: Secondo me è stato molto commovente quando il personaggio principale stava descrivendo...
S2: Sono d'accordo, ma secondo me è stato molto inquietante il momento in cui la polizia è arrivata...

4 **Una famiglia reale** Lavorate a coppie. L'insegnante vi darà un foglio con un albero genealogico parzialmente completato. Inventate i nomi e le date per completarlo. Usate i numeri ordinali per i titoli e i secoli. Poi, seguendo il modello, fate a turno a parlare di quella famiglia.

MODELLO

Antonio Quattordicesimo è vissuto nel nono secolo. Sua moglie Rosa Maria è vissuta nel nono e nel decimo secolo.

5 **Pettegolezzi** A coppie, immaginate di essere i presentatori (*hosts*) di un famoso programma di pettegolezzi (*gossip*). Usate le parole della lista per creare l'episodio di oggi. Scrivete almeno dieci frasi e siate pronti a presentare l'episodio alla classe.

MODELLO

S1: Prima, parliamo di Carla Cugino. Che bellina!
S2: Sì, è vero! Lei...

bellino/a	giornalaccio
boccuccia	giornataccia
caruccio/a	manina
casetta	nasino
cattivello/a	piccolino/a
chiacchierone/a	pigrone/a
filmaccio	sorellina

6 **Compleanni** A coppie, parlate di quali sono stati i vostri compleanni preferiti e quali no. Parlate di almeno quattro compleanni e dite perché vi sono piaciuti o no. Usate i numeri ordinali e i punti grammaticali della lezione quando possibile.

MODELLO

Ricordo il mio quinto compleanno. Che giornataccia! Abbiamo fatto una festa, ma ha cominciato a piovere quando ci siamo messi a mangiare il dolce...

7 **In vacanza** A coppie, guardate il disegno e dite cosa stanno facendo le persone che vedete in questo posto di villeggiatura. Poi immaginate cosa possano star facendo (*might be doing*) al momento cinque altre persone che si trovano nello stesso posto.

> **MODELLO**
>
> **S1:** *La donna dal costume viola sta guardando uno squalo (shark).*
> **S2:** *I bambini…*

8 **Sette differenze** Lavorate a coppie. L'insegnante vi darà due fogli diversi, ciascuno con un disegno. I disegni hanno sette differenze. Seguite il modello e, a turno, fate domande per trovare le sette differenze fra i disegni.

> **MODELLO**
>
> **S1:** *Nel mio disegno l'uomo al primo piano sta scolpendo una statua.*
> **S2:** *Anche nel mio disegno sta scolpendo una statua.*

Il mio di·zio·na·rio

Aggiungi al tuo dizionario personalizzato cinque parole relative alle arti e allo spettacolo.

la controfigura

traduzione
stand-in; stuntman

categoria grammaticale
sostantivo (f.)

uso
Molti attori usano una controfigura per le scene pericolose.

sinonimi
/

antonimi
attore principale

risorse		
SAM WB: pp. 155–158	SAM LM: pp. 89–90	sentieri.vhlcentral.com

Panorama

S Interactive Map Reading

Firenze

La città in cifre

▶ **Superficie della provincia:** *3.514 kmq*

▶ **Superficie della città:** *102 kmq*

▶ **Popolazione della provincia:** 970.414

▶ **Popolazione della città:** 367.184

Firenze, uno dei posti più visitati dell'Italia, attira milioni di turisti all'anno grazie alla sua reputazione come città d'arte e del Rinascimento. Le sue chiese e i suoi monumenti adornano le due sponde° del fiume Arno, collegate da ponti, tra cui il famoso Ponte Vecchio.

▶ **Da non perdere:** *Palazzo Pitti, Ponte Vecchio, il Duomo, la basilica di Santa Maria Novella, la Galleria degli Uffizi, la Galleria dell'Accademia, Piazza della Signoria, Palazzo Vecchio*

Fiorentini celebri

▶ **Sandro Botticelli,** *pittore (1445–1510)*

▶ **Amerigo Vespucci,** *navigatore ed esploratore (1454–1512)*

▶ **Caterina de' Medici,** *regina di Francia (1519–1589)*

▶ **Eugenia Mantelli,** *cantante d'opera (1860–1926)*

▶ **Guccio Gucci,** *stilista e imprenditore° (1881–1953)*

▶ **Oriana Fallaci,** *scrittrice e giornalista (1929–2006)*

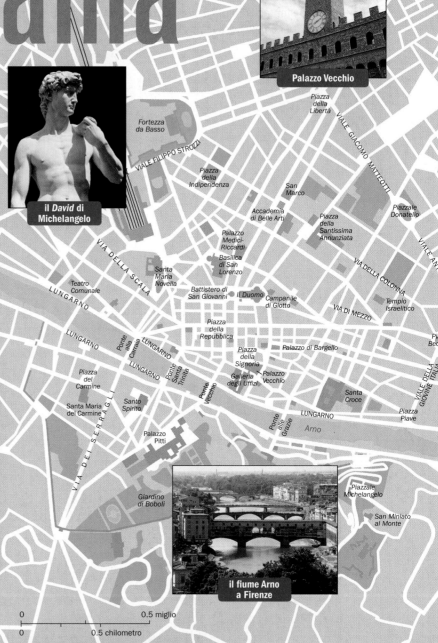

Palazzo Vecchio

il *David* di Michelangelo

il fiume Arno a Firenze

0 — 0.5 miglio
0 — 0.5 chilometro

Incredibile ma vero!

La cupola° del Duomo di Firenze è un simbolo famoso della città. Capolavoro del Rinascimento, costruita da Brunelleschi tra il 1420 e il 1436, è l'opera in muratura° più grande del mondo, larga 45,52 metri e alta 91 metri. La cupola pesa 37.000 tonnellate e ci sono voluti circa quattro milioni di mattoni° per costruirla.

sponde *banks* **imprenditore** *entrepreneur* **cupola** *dome*
muratura *masonry* **mattoni** *bricks*

L'arte

Il Rinascimento

Firenze è considerata la culla°
del Rinascimento (metà del XIV
secolo–fine del XVI secolo). Alcuni
tra i più grandi artisti sono vissuti in
quel periodo: Michelangelo, Leonardo,
Raffaello, Botticelli e molti altri. Tra i
capolavori dell'epoca ci sono il *David*
di Donatello e la *Porta del Paradiso*
di Ghiberti (1381-1455). Donatello
(1386-1466), artista fiorentino che
ha studiato con Brunelleschi, ha
scolpito il suo *David* intorno al° 1453. La *Porta del Paradiso*
(così definita da Michelangelo) del Battistero di Firenze è formata
da dieci quadri, che rappresentano scene dell'Antico Testamento°.
È stata fatta da Ghiberti tra il 1425 e il 1452.

L'artigianato

Una carta speciale

Una caratteristica dell'artigianato
fiorentino è la carta
marmorizzata°. La tecnica per
crearla era già in uso in Cina
nel VIII secolo ed è arrivata in
Europa alla fine del '500. La
carta marmorizzata tornò di
moda, dopo un lungo periodo di
disuso, a metà degli anni '70.
Da allora è una caratteristica
delle carte da regalo e da rilegatura° della città. Come si
fa la carta marmorizzata? Si prepara un liquido con acqua,
gelatina e colori. Poi, con vari strumenti, si muovono i colori
per formare il motivo°. Infine si appoggia la carta sulla
superficie del liquido e la carta è pronta!

La storia

Una famiglia potente

I Medici erano una famiglia potentissima° tra il XIV e il XVIII
secolo. Erano banchieri e per molto tempo sono stati la famiglia
più ricca d'Europa. Grazie alla loro ricchezza hanno influenzato

grandemente la storia di quel periodo: tre
papi° erano Medici (Leone X, Clemente VII
e Leone XI); diversi artisti del tempo sono
stati sponsorizzati da questa famiglia, tra
cui Masaccio, Brunelleschi e Leonardo da
Vinci; ed è in questo periodo che sono
stati costruiti il giardino di Boboli, gli Uffizi,
Forte Belvedere, Palazzo Medici-Riccardi
e innumerevoli° ville. Molti Medici sono
sepolti° nella Basilica di San Lorenzo.

L'architettura

Ponte Vecchio

Ponte Vecchio è stato costruito per
la prima volta in epoca romana
ed era l'unico ponte della città.
Rovinato dall'alluvione° del 1117
e distrutto dall'alluvione del 1333,
Ponte Vecchio è stato ricostruito
tra il 1333 e il 1345. È stato

l'unico ponte della città non distrutto durante la Seconda
Guerra Mondiale. Originariamente i negozi sul ponte
erano soprattutto macellerie, ma Ferdinando I li ha voluti
sostituire tutti con oreficerie°. Nel 1565 è stato costruito il
Corridoio Vasariano e da allora l'aspetto del ponte è rimasto
pressoché immutato°.

Quanto hai imparato? Completa le frasi.

1. La cupola del Duomo di Firenze è stata costruita da
   _____.

2. La cupola del Duomo di Firenze è alta _____.

3. Il Rinascimento dura dalla _____ alla _____.

4. La *Porta del Paradiso* è una porta del _____ di Firenze.

5. La tecnica per la carta _____ è arrivata in Europa nel '500.

6. La carta marmorizzata è usata come carta da _____.

7. I Medici hanno dominato la storia italiana dal _____
   al _____.

8. I Medici hanno sponsorizzato molti artisti, per esempio
   _____.

9. Ponte Vecchio è stato l'unico ponte _____ durante
   la Seconda Guerra Mondiale.

10. Il Corridoio Vasariano è stato
    costruito nel _____.

risorse

SAM
WB: pp. 159-160

sentieri.vhlcentral.com

Practice more at **sentieri.vhlcentral.com.**

SU INTERNET

Go to **sentieri.vhlcentral.com**
to find more cultural information
related to this **PANORAMA**.

1. Firenze è stata la capitale d'Italia per cinque anni. Cerca
   informazioni su questo periodo importantissimo per la città.

2. La cucina toscana è una delle più particolari d'Italia.
   Ricerca informazioni sui piatti tipici e presentane uno
   o due alla classe.

3. Nel corso della sua storia Firenze ha subito molte
   devastanti alluvioni. Fai una ricerca su quelle più
   importanti e sui terribili effetti causati sulla città.

culla *cradle* **intorno al** *around* **Antico Testamento** *Old Testament*
carta marmorizzata *marbled paper* **rilegatura** *book binding*
motivo *pattern* **potentissima** *very powerful* **papi** *Popes*
innumerevoli *countless* **sepolti** *buried* **alluvione** *flood*
oreficerie *goldsmith's shops* **pressoché immutato** *nearly unchanged*

Lettura

 **Audio: Dramatic Recording**

Prima di leggere

STRATEGIA

Making inferences and recognizing metaphors

For dramatic effect and to achieve a smoother writing style, authors often do not explicitly supply the reader with all the details of a story or a poem. Clues (**Indizi**) in the text can help you infer (**dedurre**) those things the writer chooses not to state in a direct manner. You simply "read between the lines" to fill in the missing information.

Metaphors (**Metafore**) are figures of speech used in literature to make descriptions more vivid. They identify one thing with the attributes and qualities of another, as in *all the world's a stage*.

Esamina il testo

Guarda il testo. È preso da un romanzo? Un racconto? Un poema? Qual è il titolo? Guarda anche l'immagine. Cosa ti dice sul contenuto del testo?

L'autore

Dante Alighieri

Dante Alighieri (Firenze 1265 – Ravenna 1321) è stato uno dei poeti più importanti della letteratura italiana. La sua opera più famosa è la *Commedia*, scritta circa tra il 1302 e il 1321. Nella *Commedia* Dante fa un viaggio attraverso l'Inferno°, il Purgatorio° e il Paradiso°. La guida per l'Inferno e il Purgatorio è il suo maestro Virgilio°, un poeta latino, autore dell'*Eneide*°. La guida per il Paradiso è Beatrice. La *Commedia* è divisa in tre libri (chiamati «cantiche»), ciascuno formato da 33 canti (34 nell'*Inferno* – uno è l'introduzione). Ogni canto è composto da terzine di endecasillabi°. L'aggettivo «divina» è stato aggiunto° nel XVI secolo dall'editore veneziano Ludovico Dolce. Henry Wadsworth Longfellow è stato il primo statunitense a tradurla° in inglese.

Inferno *Hell* **Purgatorio** *Purgatory* **Paradiso** *Heaven* **Virgilio** *Virgil* **Eneide** *Aeneid*
terzine di endecasillabi *eleven-syllable tercets* **aggiunto** *added* **tradurla** *translate it*

INFERNO

Dante e Virgilio

sono all'entrata° dell'Inferno. La scritta° sulla porta dice che da lì si entra nella città del dolore, l'Inferno, dove sono le anime perdute°, e che chi passa la porta deve abbandonare ogni speranza° di tornare indietro. Dante non capisce il significato° di quelle parole (il «colore oscuro») ed è spaventato°, ma Virgilio gli dice di abbandonare le sue paure e i suoi dubbi («sospetto» e «viltà»). Poi Virgilio gli dice che sono arrivati nel luogo di cui gli aveva già parlato e in cui si trovano le persone che non possono più aspirare a Dio (non hanno «il ben dell'intelletto»).

CANTO III

PER ME° SI VA NELLA CITTÀ DOLENTE,
PER ME SI VA NELL' ETTERNO DOLORE,
PER ME SI VA TRA LA PERDUTA GENTE.

GIUSTIZIA MOSSE IL MIO ALTO FATTORE°:
5 FECEMI° LA DIVINA POTESTATE°,
LA SOMMA° SAPIENZA E 'L PRIMO AMORE.

DINANZI A ME NON FUOR° COSE CREATE
SE NON ETTERNE, E IO ETTERNA DURO°.
LASCIATE OGNI SPERANZA, VOI CH' ENTRATE.

10 Queste parole di colore oscuro
vid' io scritte al sommo d'una porta;
per ch' io: 'Maestro, il senso lor m' è duro°.'

Ed elli° a me, come persona accorta°:
'Qui si convien lasciare ogni sospetto;
15 ogni viltà convien che qui sia morta.

Noi siam venuti al loco° ov' io t' ho detto
che tu vedrai le genti dolorose
c' hanno perduto il ben dell' intelletto.'

---

entrata *door* **scritta** *writing* **anime perdute** *lost souls* **speranza** *hope*
significato *meaning* **spaventato** *frightened* **per me** *through me*
il mio alto fattore *God* **fecemi** *he made me* **potestate** *power* **somma** *highest*
fuor *they were* **duro** *endure* **duro** *hard* **elli** *he* **accorta** *wise* **loco** *place*

Dopo la lettura

Vero o falso? Decidi se ogni affermazione è **vera** o **falsa**.
Usa parole dal testo per giustificare la tua risposta.

1. Attraverso la porta, Dante e Virgilio entrano nell'Inferno.

2. Le anime che entrano dalla porta sono felici per l'eternità.

3. Nell'Inferno ci sono anime sante.

4. Quando le anime entrano nell'Inferno, sono piene di speranze.

5. Dante non capisce il significato delle parole.

6. Virgilio è una persona saggia *(wise).*

7. Dante deve avere dubbi e paure quando entra all'Inferno.

8. Virgilio ha già parlato a Dante di questo posto.

Linguaggio poetico Dante ha scritto il poema
Divina Commedia usando l'italiano del quattordicesimo
secolo. Scegli una terzina (gruppo di tre versi) e riscrivila in
italiano moderno con parole tue. In che modo il linguaggio
poetico cambia il tono e il significato del passaggio?

La guida Dante sceglie il poeta latino Virgilio come
guida al suo fantastico viaggio attraverso l'Inferno perché
ammirava molto il poeta classico. Immagina di scrivere una
tua storia fantastica. Chi sceglieresti come guida? Perché?
Parla della tua scelta con un(a) compagno/a di classe.

Practice more at **sentieri.vhlcentral.com.**

In ascolto Audio: Activity

When you hear an unfamiliar word, you can often guess its meaning by listening to the words and phrases around it.

 To practice this strategy, you will listen to a paragraph. Jot down the unfamiliar words that you hear. Then listen to the paragraph again and jot down the word or words that are the most useful clues to the meaning of each unfamiliar word.

Preparazione 👥

A coppie, guardate e descrivete la fotografia. Dove sono queste persone? Cosa stanno facendo? Secondo te, che genere di musica suonano?

Ascoltiamo 🎧

Sei in Italia e vuoi invitare un amico ad uscire questo fine settimana. Stai ascoltando la radio e senti un annuncio per uno spettacolo che potrebbe piacere al tuo amico. Scrivi le informazioni più importanti, così puoi parlargliene e decidere quando andarci.

_____
_____
_____
_____
_____
_____
_____
_____

 Practice more at **sentieri.vhlcentral.com.**

Comprensione

Completare Completa le frasi.

1. Questo festival è per la musica _____.
   a. hip-hop   b. classica   c. rock

2. Il festival è stato organizzato per celebrare _____.
   a. gli artisti internazionali   b. gli artisti italiani
   c. i fan degli artisti

3. Gli artisti italiani si esibiranno _____.
   a. quattro sere   b. una sera   c. cinque sere

4. Il festival inizia il _____.
   a. 10 giugno   b. 29 settembre   c. 2 ottobre

5. I biglietti da visita (*business cards*) del pubblico saranno usati per _____.
   a. partecipare a una lotteria   b. comprare i biglietti
   c. cantare insieme ai gruppi rock

6. Quattro biglietti gratuiti per un concerto saranno assegnati _____.
   a. alle 21.00 stasera   b. la prima serata
   c. alla fine del festival

Invitare un vostro amico 👥 Adesso hai tutte le informazioni di cui hai bisogno per invitare il tuo amico al festival questo fine settimana. Lavorate a coppie per creare la seguente conversazione.

● Invita il tuo amico al festival e digli a che ora vai.

● L'amico ti farà domande per avere più informazioni su questo evento (i gruppi, il motivo per cui hanno organizzato il festival ecc.).

● Dopo il festival, a cui il tuo amico si è divertito molto, lui suggerirà altre attività che potete fare (cinema, teatro, museo ecc.).

● Discutete le varie possibilità e sceglietene un paio da fare.

Scrittura

STRATEGIA

Using note cards

Note cards serve as valuable study aids in many different contexts. When you write, note cards can help you organize and sequence the information you wish to present.

For example, if you were going to write a review of an art exhibit you attended, you would jot down notes about each artist on a different note card. Then you could easily arrange them in chronological order or use a different organization, such as the best pieces and the worst pieces, information about the artists, your opinions of the artwork, and so on.

Here are some helpful techniques:

- Label the top of each card with a general subject, such as **il museo** or **l'artista**.

- Number the cards in each subject category in the upper right corner to help you organize them.

- Use only the front side of each note card so that you can easily flip through them to find information.

Study this example of a note card used to prepare a review.

LA MOSTRA   *1*
- *Museo: Villa Pisani, Vicenza (Veneto)*
- *Apertura: 30 maggio*
- *Orario: lunedì–venerdì 9.00/17.00*
  e sabato–domenica 9.30/19.30
- *Durata: fino al 30 luglio*
- *Biglietti: 10,50 euro*
- *Tipo di arte: moderna*
  e contemporanea
- *Note: artisti presenti ogni sabato*
  dalle 15.00 alle 17.00

Tema

Scrivi una recensione di un'opera

Scrivi una recensione di un film, uno spettacolo teatrale, un concerto o una mostra a tua scelta. La recensione dovrebbe avere tre parti: un'introduzione, uno sviluppo e una conclusione. Nell'introduzione presenta brevemente l'opera che hai scelto. Nella fase di sviluppo descrivila in dettagli. Nella conclusione dai la tua opinione e spiega perché la raccomanderesti o no. Usa i suggerimenti seguenti come punti di partenza.

INTRODUZIONE

- Menziona il titolo del film o dello spettacolo e il nome dell'artista o artisti.

- Descrivi il soggetto dell'opera e il genere.

- Di' quando e dove si può vedere.

SVILUPPO

- Riassumi brevemente la storia.

- Menziona i nomi dei personaggi e di altre figure importanti.

- Descrivi i personaggi, il set e i costumi.

CONCLUSIONE

- Esprimi la tua opinione sull'opera.

- Spiega perché la raccomanderesti o non la raccomanderesti.

Espressioni

applaudire	to applaud
dipingere	to paint
essere in tour	to be on tour
girare	to film, to shoot
interpretare	to perform
mettere in scena	to put on a show
pubblicare	to publish
recitare un ruolo	to play a role
scolpire (-isc-)	to carve; to sculpt
visitare una galleria d'arte	to visit an art gallery

Allo spettacolo

l'applauso	applause
l'assolo	solo
l'atto	act
il balletto	ballet
la canzone	song
la commedia	comedy
il concerto	concert
il coro	chorus
il debutto	debut
il festival	festival
la fine	end
il gruppo rock	rock band
l'intervallo	intermission
l'opera	opera
l'orchestra	orchestra
la poltrona	seat
la proiezione	screening
la rappresentazione dal vivo	live performance
la tragedia	tragedy

Gli strumenti musicali

il clarinetto	clarinet
la fisarmonica	accordion
il flauto	flute
il sassofono	saxophone
il violino	violin

Scrivere una recensione

la trama	plot
artistico/a	artistic
commovente	touching, moving
contemporaneo/a	contemporary
dotato/a	gifted; talented
drammatico/a	dramatic
innovativo/a	innovative
inquietante	disturbing

I media

il cinema	cinema
l'editoria	publishing industry
la radio	radio
la stampa	press
la televisione	television

I generi

il cartone animato	cartoon
il cortometraggio	short film
il documentario	documentary
il dramma psicologico	psychological drama
la favola	fairy tale
il film (dell'orrore, di fantascienza)	(horror, sci-fi) film
il paesaggio	landscape
la pittura	painting; paint
la poesia	poem; poetry
il racconto	short story
il racconto epico	epic
il ritratto	portrait
il romanzo	novel
la scultura	sculpture

Le belle arti

il capolavoro	masterpiece
la collezione	collection
l'esposizione (f.)	exhibit
la mostra	show
l'opera (d'arte)	work (of art)
il quadro	painting

La gente

l'autore/autrice	author
il/la ballerino/a	(ballet) dancer/ ballerina
il/la batterista	drummer
il/la cantante	singer
il/la chitarrista	guitarist
il compositore/ la compositrice	composer
il/la drammaturgo/a	playwright
il personaggio (principale)	(main) character
il/la pianista	pianist
il pittore/la pittrice	painter
il poeta/la poetessa	poet
il pubblico	public; audience
il/la regista	director
lo scrittore/ la scrittrice	writer
lo scultore/ la scultrice	sculptor
lo spettatore/ la spettatrice	spectator
il/la violinista	violinist

Espressioni utili	See pp. 351 and 367.
Infinitive constructions	See pp. 354–355.
Non-standard noun forms	See pp. 356–357.
Ordinal numbers and suffixes	See pp. 372–373.

Offerte di lavoro

Per cominciare
- Che cosa sta leggendo?
- Emily sta cercando le chiavi o sta cercando un lavoro?
- Dove vorrebbe lavorare Emily, in un bar o in un ufficio?
- Vorrebbe fare la cameriera o fare la veterinaria?

Lezione

11A

Communicative Goals

You will learn how to:
- talk about professions
- talk about work

CONTESTI

Le professioni

S Talking Picture
Audio: Activity

la scienziata
(lo scienziato *m.*)

$H_2O + C_2...$

la veterinaria
(il veterinario *m.*)

Vocabolario	
espressioni	*expressions*
dare le dimissioni	*to resign*
dirigere	*to manage*
essere ben/mal pagato/a	*to be well/poorly paid*
essere disoccupato/a	*to be unemployed*
fallire (-isc-)	*to fail*
guadagnare	*to earn*
licenziare	*to fire, to dismiss*
prendere un congedo	*to take leave time*
al lavoro	*at work*
l'assicurazione (sulla vita)	*(life) insurance*
l'aumento	*raise*
il/la consulente	*consultant*
il/la dirigente	*executive; manager*
il livello	*level*
il/la pensionato/a	*retiree*
il/la principale	*boss, head*
la promozione	*promotion*
la riunione	*meeting*
il successo	*success*
il sindacato	*(labor) union*
a tempo parziale	*part-time*
a tempo pieno	*full-time*
esigente	*demanding*
le occupazioni	*occupations*
il/la barista	*bartender*
il/la bidello/a	*caretaker; custodian*
il/la casalingo/a	*househusband/housewife*
il/la docente	*teacher, lecturer*
il/la funzionario/a	*civil servant*
il/la giardiniere/a	*gardener*
il/la giudice	*judge*
l'operaio/a	*(factory) worker*
il/la portiere/a	*doorman; caretaker*
il/la segretario/a	*secretary*
il/la tecnico	*technician*

la camionista
(il camionista *m.*)

la contabile
(il contabile *m.*)

il pompiere
(la pompiera *f.*)

il tassista
(la tassista *f.*)

il cuoco
(la cuoca *f.*)

risorse

SAM
WB: pp. 161–162

SAM
LM: p. 91

S
sentieri.vhlcentral.com

il banchiere
(la banchiera *f.*)

Attenzione!

The phrase **fare il/la** + [*profession*] is commonly used to talk about a person's profession.

Laura fa la psicologa.
Laura is a psychologist.

l'agente immobiliare

l'agricoltore
(l'agricoltrice *f.*)

l'elettricista

lo psicologo
(la psicologa *f.*)

Pratica

1 **Associazioni** Abbina ogni professione con una foto associata.

1. ____ banchiere   3. ____ giardiniere   5. ____ veterinaria
2. ____ camionista   4. ____ tassista   6. ____ pompiere

a.   b.   c.

d.   e.   f.

2 **Analogie** Scegli la parola o l'espressione dal vocabolario della lezione che completa correttamente ogni analogia.

1. ufficio : segretario :: laboratorio : _____
2. cucina : cuoca :: casa : _____
3. banca : banchiere :: camion : _____
4. classe : docente :: albergo : _____
5. giardino : giardiniere :: taxi : _____
6. tribunale (*court*) : giudice :: locale notturno : _____

3 **Completare** Scegli la parola o l'espressione più adatta a completare ogni frase.

aumento	dimissioni	riunione
consulente	pensionato	sindacato
cuoco	psicologo	tempo pieno

1. Mia sorella lavora a _____.
2. La _____ di oggi è stata molto lunga!
3. Suo nonno è _____; non lavora più.
4. Che bello! Ho ricevuto una promozione e un _____!
5. In quel ristorante si mangia benissimo! Il _____ è italiano.
6. Sua moglie lavora come _____.
7. Mio padre è uno _____; ascolta sempre i miei problemi.
8. Il contabile ha dato le _____ ieri, quindi dobbiamo cercarne uno nuovo.

 Practice more at **sentieri.vhlcentral.com**.

CONTESTI

Comunicazione

4 **Definire** A coppie, scrivete una definizione per ognuna delle seguenti parole o espressioni. Usate frasi complete.

1. agente immobiliare _____
2. portiera _____
3. dare le dimissioni _____
4. contabile _____
5. sindacato _____
6. essere ben pagato _____

5 **In ufficio** Ascolta la conversazione tra la dirigente e il segretario. Poi, a coppie, decidete se le seguenti affermazioni sono **vere** o **false**.

	Vero	Falso
1. Questa mattina c'è stata una riunione di segretari.	☐	☐
2. Il reparto (*department*) riceverà meno soldi.	☐	☐
3. Marco riceverà una promozione.	☐	☐
4. Marco deve ancora finire di studiare.	☐	☐
5. Marco guadagnerà di più.	☐	☐
6. Il nuovo principale di Marco è una persona esigente.	☐	☐
7. In questo periodo molte persone sono disoccupate.	☐	☐
8. La conversazione si svolge nell'ufficio di Marco.	☐	☐

6 **Le sette differenze** Lavorate a coppie. L'insegnante vi darà due fogli diversi, ciascuno con un disegno. A turno, fate domande e date risposte per trovare le sette differenze.

MODELLO

S1: *C'è un camionista nel tuo disegno?*
S2: *Sì, e nel tuo?*
S1: *Nel mio ci sono due camionisti.*

7 **Un giorno nella vita di...** In gruppi di tre, scegliete due dei disegni; poi descrivete che cosa è successo oggi a questi personaggi. Cominciate da quando si sono alzati questa mattina e parlate della loro routine mattutina e della loro giornata in ufficio. Potete inventare una storia che include entrambi i disegni oppure due storie diverse.

MODELLO

S1: *Questa mattina Laura si è alzata tardi.*
S2: *Sì, è arrivata tardi al lavoro.*
S3: *In ufficio, lei...*

Pronuncia e ortografia

Audio: Concepts, Activities Record & Compare

🎧 Capitalization

i ragazzi italiani	**gli inglesi**	**la moda francese**	**parlano spagnolo**

In Italian, a capital letter is not used at the beginning of nouns or adjectives referring to nationalities, languages, or groups of people.

novembre	**sabato**	**gli anni Cinquanta**	**il Settecento**

Seasons, months, and days of the week are not capitalized in Italian. However, the initial letter of centuries and decades is capitalized.

il presidente	**il ministro**	**le teorie freudiane**	**la musica vivaldiana**

In Italian, job titles and titles of officials are usually not capitalized. In addition, adjectives derived from proper names are not capitalized.

il Mar Rosso	**il Monte Bianco**	**il (fiume) Po**	**il (mare) Mediterraneo**

Geographic terms such as **mare**, **monte**, and **fiume** are usually capitalized when referring to a proper name. However, when the inclusion of the geographical term is optional, as is often the case with well-known place names, the term may not be capitalized. The word **oceano** is also rarely capitalized.

lo Stato	**il Paese**	**la Democrazia**	**il Dipartimento**

Nouns referring to specific political or business entities and concepts are often capitalized in Italian, especially in documents and articles. The same words may not be capitalized when used in a generic sense.

Correggere Riscrivi ogni parola o frase usando le maiuscole dove necessario.

1. VENERDÌ
2. IL QUATTROCENTO
3. IL TEDESCO
4. LUGLIO
5. MERCOLEDÌ
6. L'OCEANO ATLANTICO

Riscrivere Riscrivi le frasi usando le maiuscole dove necessario.

1. SONO DIRIGENTE DI UNA COMPAGNIA A ROMA.
2. È LO STATO CHE DECIDE.
3. VIENI ALLA FESTA MARTEDÌ?
4. VADO ALLA MIA LEZIONE D'ITALIANO.
5. STUDIA IL PENSIERO DANTESCO.
6. COS'È SUCCESSO NEGLI ANNI SESSANTA?

Proverbi Ripeti i proverbi ad alta voce.

Chi ama il suo lavoro lo fa bene.[1]

Non manca mai da fare, a chi ben sa lavorare.[2]

[1] He who loves his work does it well.
[2] He who knows how to work well will always have something to do.

FOTOROMANZO

Casa e affetti Video: *Fotoromanzo*

Emily

Lorenzo

Marcella

Riccardo

Viola

EMILY Secondo i miei genitori è meglio che io torni a casa quest'estate. Ma io voglio restare. Devo pensare a un modo per convincerli.
(*Viola entra in sala da pranzo.*)
EMILY Ciao, Viola. Manda un saluto a tutti!
VIOLA Ciao, Chicago.

EMILY Cosa è successo?
VIOLA Ho lasciato Massimo.
EMILY Davvero? Che cosa gli hai detto?
VIOLA Gli ho detto che non siamo fatti l'uno per l'altra.
EMILY Hai fatto bene. Hai parlato con Lorenzo?
VIOLA No, non ancora.

EMILY Vorresti metterti con lui?
VIOLA È meglio che non veda nessuno adesso. Il semestre è quasi finito e devo pensare agli esami.
(*Entra Lorenzo.*)
LORENZO Ciao, Emily. Viola.
EMILY Scusate, devo studiare. Posso lasciare il computer qui, se volete lasciare un messaggio sul blog.

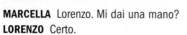

MARCELLA Lorenzo. Mi dai una mano?
LORENZO Certo.
MARCELLA Grazie. Stai bene?
(*Lorenzo scuote la testa.*)
MARCELLA Sembra impossibile adesso, ma un giorno vedrai tutto con più serenità.

MARCELLA Un giorno, quando sarai un banchiere di successo, ti ricorderai del tuo semestre a Roma e il pensiero ti metterà allegria.
LORENZO Allegria?
MARCELLA Fidati di me, Lorenzo.
LORENZO Penso che andrò a fare una passeggiata e che mi prenderò un gelato. Ne porto uno anche a te?
MARCELLA Alla stracciatella.

RICCARDO Te lo restituisco. È pulito. L'ho lavato.
MARCELLA Riccardo.
RICCARDO Non so cosa fare per meritare la tua fiducia. Non posso tenerlo. Appartiene a Paolo.
MARCELLA Riccardo, mi dispiace. Non so perché mi sono arrabbiata così tanto con te.

1 **Completare** Scegli le parole che meglio completano le seguenti frasi.

1. Emily deve trovare un modo per (convincere i suoi genitori / tornare a casa quest'estate).

2. Viola ha detto a Massimo che (non sono fatti l'uno per l'altra / ha fatto bene).

3. Adesso Viola vuole pensare (a Lorenzo / agli esami).

4. (Lorenzo / Marcella) pensa di essere stato troppo impulsivo.

5. Viola vuole (diventare un'insegnante / stare con qualcuno) prima.

6. Marcella chiede a Lorenzo di (consolarla / aiutarla).

7. Lorenzo va a fare una passeggiata (con Marcella / da solo).

8. Marcella considera amiche (tante / poche) persone.

9. Riccardo ha vissuto anche con (sua sorella / sua nonna).

10. Secondo Marcella è impossibile essere (amici / arrabbiati) con Riccardo.

 Practice more at **sentieri.vhlcentral.com.**

Il semestre sta finendo e i ragazzi parlano dei loro sentimenti.

VIOLA Inizia tu.

LORENZO Va bene. Non avrei dovuto baciarti. Mi dispiace. Cioè, no, non volevo dire questo. È che all'inizio non volevo crederci, ma sembra che io mi senta attratto da te. No, no. No, aspetta. Non volevo dire neanche questo. Mi dispiace di essere stato troppo impulsivo. Tu stai con Massimo, è stato un errore.

VIOLA Lorenzo, fermati. Va tutto bene. Io e Massimo ci siamo lasciati. Ma non voglio stare con nessuno per il momento. Voglio studiare e diventare un'insegnante. E dopo potrò pensare all'amore. Possiamo essere amici?

LORENZO Certo.

VIOLA Scusa, devo studiare.

MARCELLA Da quando ho aperto la pensione, ho conosciuto tante persone. Ma solo poche le considero amiche.

RICCARDO Dopo che mia madre e mio padre hanno divorziato, sono andato a vivere con mia nonna. Poi con mio padre, con mia madre, e infine con mia zia. Ho vissuto ovunque a Bari e non mi sono mai sentito a casa in nessun posto. Poi sono venuto qui.

RICCARDO Sono stato egoista a prendere il tuo scooter. Non avrei dovuto farlo. Continuerai a considerarmi un amico?

MARCELLA È impossibile essere arrabbiati con te.

Espressioni utili

Impersonal expressions

- **È meglio che io torni a casa quest'estate.**
  It's best if I go home this summer.
- **È meglio che non veda nessuno.**
  It's better if I don't see anybody.
- **Sembra che io mi senta attratto da te.**
  It seems I'm attracted to you.
- **È impossibile essere arrabbiati con te.**
  It's impossible to be angry with you.

Relationships

- **Non siamo fatti l'uno per l'altra.**
  We're not made for each other.
- **Vorresti metterti con lui?**
  Do you want to start dating him?
- **Fidati di me.**
  Trust me.
- **meritare la tua fiducia**
  to earn your trust

Additional vocabulary

- **Manda un saluto a tutti!**
  Say hi to everybody!
- **Lorenzo scuote la testa.**
  Lorenzo shakes his head.
- **ti metterà allegria**
  it will make you happy
- **alla stracciatella**
  chocolate chip ice cream
- **Appartiene a Paolo.**
  It belongs to Paolo.
- **Ho vissuto ovunque a Bari.**
  I lived all over Bari.
- **Sono stato egoista a prendere il tuo scooter.**
  It was selfish of me to take your scooter.

---

2 Per parlare un po' Emily vuole proprio restare in Italia dopo la fine del semestre. Come può convincere i suoi genitori? A coppie, scrivete un breve paragrafo in italiano in cui presentate una soluzione al problema di Emily.

3 Approfondimento Fai una ricerca su Internet e scopri quali sono gli ingredienti base del gelato italiano. Poi fai una lista dei tuoi cinque gusti preferiti. Presenta la tua risposta alla classe.

risorse

SAM VM: pp. 41–42	DVD Puntata 21	sentieri.vhlcentral.com

ATTIVITÀ

CULTURA

IN PRIMO PIANO

Gli italiani e il lavoro

«L'Italia è una Repubblica democratica, fondata sul lavoro...»
Così inizia il primo articolo della Costituzione italiana. Il mondo lavorativo° in Italia è abbastanza particolare e in parte diverso da quello di molti altri paesi. Cerchiamo, quindi, di capire la realtà del lavoro in Italia.

Molti lavori sono statali, cioè sono posizioni in enti° e organizzazioni che lavorano per lo Stato: scuole, università, uffici pubblici e così via°. Per ottenere un lavoro statale è necessario vincere un concorso pubblico°. Questo tipo di impiego è a tempo indeterminato°, cioè chi lo ha non può essere licenziato dopo un periodo iniziale di prova.

Altri tipi di lavoro sono quelli in aziende° private e quelli autonomi°. Per lavorare in un'azienda privata è necessario avere i requisiti° voluti dall'azienda e superare un colloquio°; in questo caso la posizione che si ottiene può essere sia a tempo indeterminato che determinato.

Il lavoro autonomo si riferisce° alle professioni autofinanziate°. Una parte del mercato del lavoro italiano è rappresentata da piccoli imprenditori°, singole persone o gruppi, che da soli o con il contributo dello Stato creano e gestiscono° la loro azienda. Ristoratori, negozianti, albergatori, artigiani e molti ancora, investono il loro tempo e i loro soldi in attività proprie°.
Ci sono poi i liberi professionisti: notai°, avvocati, medici, farmacisti e così via. Per poter praticare queste professioni occorre° un titolo di studi° appropriato ed è necessario superare un esame per iscriversi all'albo°.

Infine, un aspetto importante del lavoro in Italia sono i sindacati, che dalla fine del 1800 assistono e rappresentano i lavoratori. Lo strumento più comune in Italia per proteggere i diritti dei lavoratori è lo sciopero°. Gli italiani, qualunque sia° la loro professione, sono coscienti del potere della collettività per difendere i diritti dei lavoratori.

lavorativo *working* **enti** *agencies; companies* **così via** *so on* **concorso pubblico** *civil service exam* **indeterminato** *indefinite* **aziende** *firms* **autonomi** *self-employed* **requisiti** *requirements* **colloquio** *interview* **si riferisce** *refers* **autofinanziate** *self-financed* **imprenditori** *entrepreneurs* **gestiscono** *manage* **proprie** *of their own* **notai** *notaries* **occorre** *one must have* **titolo di studi** *degree* **albo** *professional register* **sciopero** *strike* **qualunque sia** *whatever*

A T T I V I T À

1 Vero o falso? Indica se l'affermazione è **vera** o **falsa**. Correggi le affermazioni false.

1. Ci sono molti lavori statali in Italia.
2. Il lavoro statale finisce dopo pochi anni.
3. Per ottenere un lavoro in un'azienda privata è necessario superare un concorso pubblico.
4. I dottori devono avere un titolo di studi appropriato.
5. I farmacisti e i notai sono lavoratori statali.

6. Gli avvocati devono essere membri di un albo.
7. I piccoli imprenditori non sono comuni.
8. In Italia i sindacati esistono da due secoli.
9. I sindacati rappresentano varie categorie di lavoratori dipendenti.
10. Lo sciopero è uno strumento usato per proteggere i diritti dei lavoratori.

 Practice more at **sentieri.vhlcentral.com.**

Il vocabolario del lavoro

i contributi	contributions; taxes
le ferie	vacation time
l'indennità di disoccupazione	unemployment compensation
la liquidazione	severance pay
la mensilità	monthly paycheck; salary
la pensione	pension
lo stipendio	wage; salary
la tredicesima	year-end bonus
assumere	to hire

I diritti dei lavoratori

Lavorare in Italia significa godere° di alcuni diritti°.

Tra i vari benefici° ci sono quattro settimane di **ferie** all'anno, pagate al 100% e obbligatorie° per ogni lavoratore. Quando una lavoratrice aspetta un bambino ha diritto alla **maternità**: due mesi di congedo dal lavoro prima del parto° e tre mesi dopo; tale periodo può aumentare in base alle necessità personali ed è concesso° anche nel caso di adozione.

Per i lavoratori che sono costretti° a una sospensione del lavoro c'è la **cassa integrazione guadagni**, con cui l'azienda paga loro una percentuale dello stipendio per un periodo di tempo che va dai sei mesi ai due anni.

Infine ricordiamo la «**tredicesima**», una mensilità in più a fine d'anno che tutti i lavoratori aspettano con entusiasmo.

godere to enjoy **diritti** rights **benefici** benefits **obbligatorie** mandatory **parto** birth **concesso** granted **costretti** forced

Una giornalista impegnata

Ilaria Alpi nasce a Roma nel 1961. Laureatasi° in letteratura italiana, si appassiona alla cultura islamica. Grazie alla sua conoscenza delle lingue (arabo, inglese e francese), comincia a lavorare come giornalista per la TV nazionale italiana in vari paesi arabi.

Nel 1994 viene inviata a Mogadiscio, in Somalia, dove è in corso un'operazione internazionale per riportare la pace nel paese sconvolto° dalla guerra civile. Qui comincia a indagare° il traffico d'armi e di rifiuti° tossici illegali. Il 20 marzo viene uccisa°, insieme all'operatore video° Miran Hrovatin. Ancora oggi non è stato trovato il colpevole°.

Per ricordare lei e il lavoro dei giornalisti che operano con impegno° e senso etico, la sua famiglia ha creato il Premio Ilaria Alpi, che promuove le inchieste° giornalistiche televisive sui temi della pace e della solidarietà.

Laureatasi Graduated **sconvolto** devastated **indagare** investigate **rifiuti** waste **viene uccisa** she was killed **operatore video** cameraman **colpevole** culprit **impegno** commitment **inchieste** inquiries

Cerca i nomi dei principali sindacati italiani.

Go to **sentieri.vhlcentral.com** to find more information related to this **CULTURA**.

---

2 Completare Completa le frasi.

1. Ilaria Alpi nasce a _____.

2. Ilaria Alpi e Miran Hrovatin sono stati uccisi in _____.

3. Il premio Ilaria Alpi è stato creato dalla _____.

4. Tra i vari benefici per i lavoratori ci sono quattro settimane di _____.

5. Una lavoratrice che aspetta un bambino ha diritto alla _____.

6. La tredicesima è una mensilità in più a _____.

3 A voi A coppie, discutete le seguenti domande.

1. Hai mai lavorato?

2. Hai mai fatto un colloquio di lavoro per un'azienda?

3. Conosci dei lavori statali negli Stati Uniti?

risorse

sentieri.vhlcentral.com

A T T I V I T À

11A.1 Impersonal constructions

Punto di partenza Impersonal expressions are used to make general statements such as *It's good . . .* , or *It's important . . .* In this lesson, you will learn how to use impersonal expressions in sentences where no subject is specified.

Saper fare un buon caffè è importante.

è impossibile essere arrabbiati con te.

- Impersonal expressions in Italian typically consist of a single verb or a verb followed by a noun or adjective.

Common impersonal expressions

basta	*it's enough*	è (in)opportuno	*it's (in)appropriate*
bisogna	*it's necessary*	è interessante	*it's interesting*
è bello	*it's nice*	è male	*it's bad*
è bene	*it's good*	è meglio	*it's better*
è difficile	*it's difficult*	è necessario	*it's necessary*
è facile	*it's easy*	è ora	*it's time*
è giusto	*it's right*	(è) peccato	*it's a pity*
è importante	*it's important*	è strano	*it's strange*
è (im)possibile	*it's (im)possible*	pare	*it seems*
è (im)probabile	*it's (un)likely*	sembra	*it seems*

È impossibile studiare qui!
*It's **impossible** to study here!*

È meglio dormire a casa.
*It's **better** to sleep at home.*

- To make a general statement in which no subject is specified, use an infinitive after an impersonal expression.

Bisogna andare alla riunione.
*It's **necessary to go** to the meeting.*

È bello ricevere un aumento.
*It's **nice to get** a raise.*

PRATICA

1 Associare Associa ciascuna espressione impersonale con la frase che la completa meglio.

1. È ora ____
2. È peccato ____
3. È interessante ____
4. È impossibile ____
5. È importante ____
6. È meglio ____

a. sentire del tuo nuovo lavoro.
b. essere felici che ricchi.
c. lavorare 24 ore al giorno.
d. di consegnare (*turn in*) l'esame.
e. essere responsabili.
f. sentire che l'ufficio chiuderà.

2 Completare Usa un infinito della lista per completare ciascuna frase.

andare	fare
cenare	lavorare
comportarsi	parlare
essere	spendere

1. Bisogna sempre _____ bene con i colleghi.
2. È importante _____ duramente per avere una promozione.
3. Secondo i dirigenti è meglio _____ mal pagati che disoccupati.
4. È opportuno _____ onestamente con lo psicologo.
5. Se hai problemi basta _____ a parlare da un rappresentante del sindacato.
6. È impossibile _____ il tassista se non ti piace guidare.
7. Sono già le 19.00; è ora di _____!
8. È facile _____ soldi quando li hai!

3 Creare Usa ciascuna espressione impersonale per creare una frase originale.

MODELLO *È bene non lavorare a tempo pieno.*

1. È bene...
2. È bello...
3. È strano...
4. Bisogna...
5. Non è giusto...
6. È improbabile...
7. Basta...
8. Non è facile...

 Practice more at **sentieri.vhlcentral.com.**

COMUNICAZIONE

4 Professioni Lavorate in gruppi di tre. A turno, descrivete e indovinate le diverse professioni dal vocabolario della lezione. La persona che descrive deve usare espressioni impersonali.

MODELLO

S1: In questa professione è importante essere socievoli. È necessario amare le persone e voler lavorare di notte.

S2: È un cuoco?

S1: No!

S2: È un barista?

5 Opinioni Scrivi frasi complete usando le espressioni date. Poi, in gruppi di quattro, fate a turno a leggere le vostre frasi e controllate chi ha le stesse risposte. Infine, come classe, paragonate le vostre frasi. Chi ha le risposte più divertenti?

MODELLO

Secondo me, è male andare in discoteca la sera prima di un esame.

1. Per gli studenti è importante...
2. Qualche volta è necessario...
3. Secondo me, è male...
4. Non sempre è facile...
5. Non è giusto...
6. Per me è difficile...

6 Un colloquio di lavoro A coppie, create una conversazione tra un candidato e un datore di lavoro (*employer*). Usate le espressioni impersonali per fare domande e per rispondere. Chiedete del lavoro stesso e dell'ambiente di lavoro (*workplace*).

MODELLO

S1: Per questa posizione è molto importante lavorare lo stesso numero di ore tutte le settimane?

S2: Sì, bisogna avere un orario regolare. È anche necessario...

È difficile trovare un lavoro a tempo pieno?
Is it difficult to find a full-time job?

È opportuno prendere un congedo durante la gravidanza.
It's appropriate to take leave time during pregnancy.

- When an infinitive follows the expression **è ora**, use the preposition **di** before it.

  È ora di chiedere una promozione.
  It's time to ask for a promotion.

  È ora di andare al colloquio.
  It's time to go to the interview.

- Sometimes impersonal expressions are placed after the infinitive. In such cases, the infinitive translates as a gerund (*-ing* form) in English.

  È necessario lavorare sodo.   OR   **Lavorare** sodo è **necessario**.
  It's necessary to work hard.   *Working hard is necessary.*

- Both **pare** and **sembra** mean *it seems*. You have already learned the verb **sembrare**; **parere** functions similarly.

   ATTREZZI
  In **Lezione 5B** you learned to use the verb **sembrare** in constructions with indirect object pronouns.

- When adjectives are included in impersonal constructions and they do not refer to any specific individual, always use the masculine plural form.

  Secondo me, **è meglio** essere **felici** che **ricchi**.
  In my opinion, it's better to be happy than rich.

  Per diventare pompieri, **è necessario** essere **forti**?
  To become a firefighter, is it necessary to be strong?

Provalo! Scegli la forma corretta del verbo per completare ogni frase.

1. È opportuno (prendere / prende) un congedo.
2. È importante (parlare / parliamo) con un consulente.
3. La segretaria (volere / vuole) un aumento.
4. Mio fratello dice che è difficile (guadagnare / guadagna) molti soldi.
5. È impossibile (trovare / trovi) un lavoro a tempo pieno.
6. Secondo molte persone è bene (essere / sono) ben pagati.

11A.2 The present subjunctive: use with impersonal expressions

Punto di partenza With the exception of the imperative and the conditional, the Italian verb forms you have learned have been in the *indicative* mood, which is used for statements of fact and certainty. The *subjunctive* mood (**il congiuntivo**) expresses a person's emotions, opinions, desires, or subjective attitude toward events, as well as actions or states that the person views as uncertain or hypothetical.

● The subjunctive is usually used in complex sentences that consist of a main clause and a subordinate or dependent clause connected by **che**. The main clause contains a verb or expression that triggers the use of the subjunctive in the subordinate clause.

MAIN CLAUSE	che	SUBORDINATE CLAUSE (WITH SUBJUNCTIVE)
È necessario	che	Enrico **sia** puntuale.
It's necessary	*that*	*Enrico **be** on time.*

● Many impersonal expressions trigger the use of the subjunctive. You have already learned to use impersonal expressions with an infinitive when no subject is specified. To refer to a specific subject, however, use **che** + [*subjunctive*] after an impersonal expression that conveys opinion or perception.

È importante lavorare ogni giorno.
It's important to work every day.

È importante che io lavori ogni giorno.
It's important that I work every day.

● To form the present subjunctive of regular verbs, use the same stem that you learned for the present indicative, including forms with **-isc-**, and add the subjunctive endings.

Present subjunctive of regular verbs

	parlare	leggere	dormire	finire
io	parli	legga	dorma	finisca
tu	parli	legga	dorma	finisca
Lei/lui/lei	parli	legga	dorma	finisca
noi	parliamo	leggiamo	dormiamo	finiamo
voi	parliate	leggiate	dormiate	finiate
loro	parlino	leggano	dormano	finiscano

PRATICA

1 **Completare** Completa ogni frase con la forma corretta del congiuntivo.

1. È importante che io _____ (dormire).
2. È bello che i bambini _____ (giocare) tanto insieme.
3. È ora che tu _____ (cominciare) a cucinare.
4. È giusto che voi _____ (studiare) di più quest'anno.
5. È meglio che io e Serena _____ (smettere) di cantare così forte.
6. Bisogna che lui _____ (guadagnare) di più se vuole comprare una casa nuova.
7. È inopportuno che tu _____ (chiedere) sempre la mia opinione su tutto.
8. È impossibile che Franca _____ (alzarsi) sempre tardi!

2 **Trasformare** Usa gli indizi dati per creare frasi complete.

1. è giusto che / i ragazzi / lavorare
2. pare che / quella banca / chiudere il mese prossimo
3. è triste che / la storia / finire male
4. è interessante che / tu / cambiare carriera così spesso
5. è incredibile che / voi / guadagnare così poco
6. sembra che / io e Margherita / incontrarsi sempre in centro

3 **Creare** Usa le parole e le espressioni di ogni colonna per creare frasi complete.

MODELLO

È impossibile che il mio compagno di stanza studi il venerdì sera.

A	B	C
è bello che	i miei amici	cantare
è difficile che	i miei genitori	chiedere
è impossibile che	i professori	fallire
è male che	il mio compagno	guidare
è necessario che	di stanza	lavorare
è probabile che	io	licenziare
pare che	la mia famiglia	studiare
sembra che	tu	uscire
	tu e io	

 Practice more at **sentieri.vhlcentral.com.**

COMUNICAZIONE

4 **Requisiti di lavoro** Lavorate a coppie. A turno, descrivete quali sono i requisiti (*requirements*) più importanti da avere per poter fare i seguenti lavori.

MODELLO camionista

È importante che un camionista non si addormenti quando guida di notte.

agente immobiliare	giardiniere/a	segretario/a
camionista	operaio/a	tassista
cuoco/a	psicologo/a	veterinario/a

5 **Persone famose** In gruppi di tre, create una lista di dieci persone famose. Create a turno una frase per ciascuna persona usando un'espressione impersonale e il congiuntivo. Avete le stesse idee?

MODELLO Lindsay Lohan

Peccato che Lindsay Lohan non si comporti meglio!

è bene	è probabile
è importante	è strano
è impossibile	peccato
è necessario	sembra

6 **I miei obiettivi** A coppie, discutete i vostri piani per il futuro e dite quali professioni vi piacerebbe fare. Poi usate le espressioni impersonali e il congiuntivo per dire che cosa dovete fare per prepararvi per quel lavoro.

MODELLO

Io voglio essere un contabile. È necessario che io frequenti dei corsi di contabilità. È anche importante che io...

• The three singular forms are identical for each verb. Use subject pronouns when necessary to avoid ambiguity.

È importante che (**io**) **dorma**.
*It's important that **I** sleep.*

Bisogna che (**lei**) **parli** forte.
*It's necessary that **she speak** loudly.*

• The **loro** form for all verbs can be formed by simply adding **-no** to the singular subjunctive form.

È giusto che questa ragazza **lavori**.
*It's right that this girl **is working**.*

È strano che i ragazzi **non lavorino**.
*It's strange that the boys **aren't working**.*

È improbabile che Michela **si diverta**.
*It's unlikely that Michela **is having fun**.*

Pare che i pensionati **si divertano** molto.
*It seems like the retirees **are having a lot of fun**.*

• The **noi** and **voi** endings are the same for all verbs. Note that the **noi** subjunctive and indicative forms are identical.

È bene che **compriamo** l'assicurazione.
*It's good that **we're buying** insurance.*

È ora che la **compriate** anche voi.
*It's time that **you buy** it, too.*

• Add an **-h-** between the stem and ending of regular verbs ending in **-care** or **-gare** to maintain the stem's hard **c** or **g** sound.

È interessante che il giudice **giochi** a tennis.
*It's interesting that the judge **plays** tennis.*

È meglio che voi **paghiate** il tassista.
*It's better that **you pay** the taxi driver.*

• Do not double the **i** in verbs ending in **-iare**.

Bisogna che io **studi** per diventare uno scienziato.
*It's necessary that **I study** in order to become a scientist.*

Sembra che i cuochi **mangino** la nostra cena.
*It seems that the cooks **are eating** our dinner.*

 ATTREZZI
English also uses the subjunctive. It used to be very common, but now survives mostly in expressions such as *if I were you* and *be that as it may*. Indicative forms are increasingly more frequent.

Provalo! **Scegli la forma corretta del verbo per completare ogni frase.**

1. È necessario che Enrico (legga / legge) il libro.
2. È importante che loro (rispondono / rispondano) a quella telefonata.
3. Sembra impossibile che tu (frequenti / frequenta) già il liceo.
4. Peccato che io non (guido / guidi) ancora la macchina.
5. È giusto che i più ricchi (dividono / dividano) quello che hanno con i più poveri.
6. È difficile che Chiara (pulisca / pulisce) la sua stanza tutti i giorni.
7. È strano che loro (comprino / comprano) solo vestiti di marca.
8. È importante che tu (capisci / capisca) bene la situazione.

SINTESI

Ricapitolazione

1 **Opinioni** Usa le espressioni impersonali per scrivere una reazione a ogni attività della lista. Poi, a coppie, paragonate le vostre reazioni. Siete d'accordo?

> **MODELLO** indossare due scarpe diverse
>
> **S1:** È strano indossare due scarpe diverse!
> **S2:** Secondo me, è divertente indossare due scarpe diverse.

1. indossare due scarpe diverse
2. parlare ad alta voce al cinema durante un film
3. fare i compiti e ascoltare musica allo stesso tempo
4. non andare in classe il giorno di un esame
5. partecipare a un karaoke senza saper cantare
6. imparare una lingua straniera
7. spedire un'e-mail imbarazzante alla persona sbagliata
8. dimenticarsi di un appuntamento importante

2 **La riunione** In gruppi di quattro, immaginate di essere il principale, il contabile, il rappresentante del sindacato e lo psicologo di un'azienda. Siete a una riunione e ognuno di voi ha le sue idee su cosa è necessario fare per il futuro dell'azienda. Dovete creare una lista di priorità su cui tutti sono d'accordo. Usate le espressioni impersonali per esprimere il vostro punto di vista.

> **MODELLO**
>
> **S1:** Secondo me, è importante che noi guadagniamo abbastanza da poter pagare i dipendenti e offrire l'assicurazione sulla vita.
> **S2:** Sì, ma come rappresentante del sindacato vi dico che è necessario che tutti capiscano...

3 **L'ottimista e il pessimista** A coppie, create una conversazione tra due impiegati che parlano della loro giornata in ufficio. Uno è un ottimista e l'altro è un pessimista. Usate **È bene** ed **È male** per iniziare le vostre frasi.

> **MODELLO**
>
> **S1:** È bene che oggi il direttore non ci chieda di partecipare a una riunione.
> **S2:** Ma è male che la giornata passi più lentamente senza riunioni...

4 **Il consulente** A coppie, create una conversazione tra un consulente e una dirigente. Il consulente offre le sue osservazioni e raccomandazioni alla dirigente. La dirigente deve reagire a ogni commento. Usate le espressioni impersonali con il congiuntivo o l'infinito.

> **MODELLO**
>
> **S1:** È importante avere un direttore esigente.
> **S2:** Sì, ed è bene che assumiamo un nuovo direttore molto esigente...

5 **Studenti nuovi** A coppie, create una lista di almeno otto raccomandazioni per studenti nuovi che vengono alla vostra scuola. Usate espressioni impersonali e il congiuntivo.

> **MODELLO**
>
> **S1:** È necessario che i nuovi studenti vivano in un dormitorio il primo anno, così possono incontrare molte persone.
> **S2:** È anche importante che non mangino alla mensa! Il cibo è terribile...

6 **La nuova casa** In gruppi di tre, create una conversazione tra un agente immobiliare e una coppia sposata. Il marito è cuoco e la moglie è tecnico informatico. Guardate il disegno e date la vostra opinione usando le espressioni impersonali.

> **MODELLO**
>
> **S1:** Che bella casa! Mi sembra perfetta per voi due.
> **S2:** Sì, ma è un peccato che la cucina sia (is) così piccola. A me piace cucinare e per me è importante che...

risorse		
SAM WB: pp. 163–166	SAM LM: pp. 93–94	sentieri.vhlcentral.com

La cosa più bella del mondo

un film di George Valencia

lo Zapping

 Video: Short Film

Simone ha una grande passione: il calcio. Ma tirare a fine mese non è facile quando la mamma è vedova e disoccupata. La loro giornata scorre tra i sogni di Simone e le difficoltà concrete di sua madre. Presto, però, conosceranno una svolta: una nuova passione per l'uno e la realizzazione di un sogno per l'altra.

Preparazione

1 Completare Usa le parole e le espressioni per completare le seguenti frasi.

1. Non è che potrei pagare _____?
2. Prima paghi il conto della settimana scorsa, poi _____.
3. Lei ha fatto _____ per un posto di lavoro?
4. Si è liberato un posto qualora _____.
5. Ho sentito quello che è successo a Suo marito. Le faccio le mie _____.
6. Da quando la signora Censale è rimasta vedova, fa fatica a _____.
7. La mamma di Simone è molto preoccupata: ha _____ per la testa.
8. È tardi! _____! I negozi chiuderanno tra mezz'ora.

2 Discutere Discutete a coppie le seguenti domande.

1. Qual è la cosa più bella del mondo per te?
2. Qual era la cosa più bella del mondo quando eri piccolo/a?
3. Secondo te, trovare un lavoro può essere la cosa più bella del mondo? Perché?

Espressioni utili

- **avere un sacco di cose per la testa**
  to have a lot on one's mind
- **qualora fosse interessato/a**
  should you be interested
- **chiedere scusa**
  to apologize
- **Poi se ne parla.**
  We can talk about it later.
- **un po' alla volta**
  little by little
- **le mie condoglianze**
  my condolences
- **Spicciati!**
  Hurry up!
- **Non è che potrei...?**
  Maybe I could . . . ?
- **fare un piacere**
  to do a favor
- **fare domanda**
  to apply (for a job)

Per parlare del film

- **la svolta**
  turning point
- **mettere in imbarazzo**
  to embarrass
- **fare credito**
  to give credit
- **fare fatica a**
  to have difficulty
- **pagare l'affitto**
  to pay the rent
- **vedova**
  widow
- **vergognarsi**
  to be ashamed
- **fare debiti**
  to get into debt
- **l'amministratrice (f.)**
  administrator
- **tirare a fine mese**
  to make ends meet

SINTESI

Scene: La cosa più bella del mondo

LA SIGNORA CENSALE Simone, per favore! Abbassa° il volume!

SIMONE Mamma! Il calcio è la cosa più bella del mondo!

LA SIGNORA CENSALE L'unica cosa che ti chiedo è di abbassare il volume: ho un sacco di cose per la testa.

LA SIGNORA CENSALE Non sa quanto sia difficile andare avanti° da quando è morto mio marito. Sono sola con mio figlio e sto aspettando una risposta di lavoro...

LA SIGNORA LUCREZIA Guardi, il massimo che posso concederLe° sono due settimane... Ahia! Ma che fai, ragazzino?!

LA SIGNORA CENSALE Mi scusi, signora! Simone, chiedi scusa!

SIMONE Il calcio è la cosa più bella del mondo!

LA SIGNORA CENSALE Non è che potrei pagarvi un po' alla volta?

FRUTTIVENDOLO Assolutamente no! Non creda di esser l'unica ad avere una famiglia. Anch'io ne ho una. Ehi, non ci provare!

SIMONE Il calcio è la cosa più bella del mondo!

FRUTTIVENDOLO Ehi, questa ve la metto in conto°!

LAURA Ciao. Mi chiamo Laura.

SIMONE Ciao. Mi chiamo Simone.

LA MAMMA DI LAURA Laura! Andiamo!

OSPEDALE Chiamo dall'ospedale dove recentemente Lei ha fatto domanda per un posto di lavoro.

LA SIGNORA CENSALE Sì...

OSPEDALE S'è liberato un posto qualora Lei fosse ancora interessata. L'unica cosa è che deve presentarsi° qui a Roma domani mattina.

LA SIGNORA CENSALE Certamente! Sarò lì domani mattina. Grazie, grazie mille! Non ha idea quanto questo lavoro sia importante per noi!

LA SIGNORA CENSALE Piccolo mio! Di' alla mamma qual è la cosa più bella del mondo!

SIMONE La cosa più bella del mondo è... Laura!

Abbassa *Turn down* **andare avanti** *to go on* **concederLe** *give you*
ve la metto in conto *I'm putting it on your bill* **presentarsi** *show up*

Analisi

3 **Vero o falso?** Decidi se le seguenti affermazioni sono **vere** o **false**.

	Vero	Falso
1. La vicenda (*action*) si svolge a Roma.	☐	☐
2. La squadra preferita di Simone è la Roma.	☐	☐
3. Il padre di Simone è in viaggio.	☐	☐
4. La signora Lucrezia è parente della madre di Simone.	☐	☐
5. La signora Lucrezia concede due settimane.	☐	☐
6. Il fruttivendolo ha fatto credito alla mamma di Simone la settimana scorsa.	☐	☐
7. Il negoziante regala la spesa a Simone e alla mamma.	☐	☐
8. Simone non cambia idea sulla cosa più bella del mondo.	☐	☐
9. La mamma di Simone riceve una bella notizia al telefono.	☐	☐
10. Ha un appuntamento per domenica.	☐	☐

4 **Professioni** Che lavoro fanno questi personaggi? In gruppi di tre descrivete le qualità necessarie per svolgere questi lavori e trovate i vantaggi e gli svantaggi di queste attività. Quale preferite? Perché?

1.

2.

3.

4.

5 **Riflettere** A coppie, pensate ai dettagli della telefonata che la mamma di Simone riceve. Di che lavoro si potrebbe trattare? Che cosa le chiederanno al colloquio di lavoro? Preparate una conversazione tra il datore di lavoro e la madre di Simone e presentatela alla classe.

Practice more at **sentieri.vhlcentral.com.**

Lezione

11B

Communicative Goals

You will learn how to:
- talk about jobs and qualifications
- talk about job applications and interviews

CONTESTI

In ufficio

Talking Picture
Audio: Activity

Vocabolario

espressioni	*expressions*
fare domanda	*to apply*
fare progetti	*to make plans*
fotocopiare	*to photocopy*
lasciare un messaggio	*to leave a message*
ottenere*	*to get, to obtain*
prendere un appuntamento	*to make an appointment*
trovare lavoro	*to find a job*
cercare lavoro	*looking for a job*
il/la candidato/a	*candidate*
il consiglio	*advice*
l'esperienza professionale	*professional experience*
l'istruzione (f.)	*education*
la lettera di referenze	*letter of reference*
le referenze	*references*
il mestiere	*occupation, trade*
la posizione	*position*
il salario (elevato/basso)	*(high/low) salary*
il settore	*field; sector*
lo/la specialista	*specialist*
lo stage	*internship*
il tirocinio	*professional training*
la cancelleria per ufficio	*office supplies*
la bacheca	*bulletin board*
la cucitrice	*stapler*
la graffetta	*paper clip; staple*
la rubrica	*address book*
al telefono	*on the telephone*
Attenda in linea, per favore.	*Please hold.*
C'è il/la signor(a)...?	*Is Mr./Mrs. . . . there?*
Chi è?/Chi parla?	*Who's calling?*
Da parte di chi?	*On behalf of whom?*

PRONTO!

Riattacca il telefono.
(riattaccare)

il numero di telefono

Sì,
00.39.87.29.16

Risponde al telefono.
(rispondere)

il direttore

Resta in attesa.
(restare)

l'impiegata
(l'impiegato *m.*)

risorse

SAM
WB: pp. 167–168

SAM
LM: p. 95

sentieri.vhlcentral.com

Pratica

la direttrice del personale

il curriculum vitae, il C.V.

il colloquio di lavoro

l'assistente amministrativa
(l'assistente amministrativo *m.*)

la cornetta

le offerte di lavoro

Paolini SPA

l'azienda

1 Mettere etichette Scegli un'etichetta per ogni oggetto.

1. graffetta / settore
2. stage / bacheca
3. cucitrice / personale

4. cornetta / salario
5. mestiere / rubrica
6. curriculum vitae / settore

2 Completare Completa, con la parola mancante, le espressioni del vocabolario della lezione.

1. prendere un _____
2. _____ domanda
3. colloquio di _____
4. direttrice del _____
5. lettera di _____
6. _____ un messaggio

3 Abbinare Abbina ogni parola con la sua definizione.

1. _____ la graffetta
2. _____ il mestiere
3. _____ il salario
4. _____ lasciare un messaggio
5. _____ la lettera di referenze
6. _____ il candidato

a. Si fa questo quando risponde la segreteria telefonica.
b. Sono i soldi che una persona riceve per il proprio lavoro.
c. È una persona che si presenta per un colloquio di lavoro.
d. Serve per tenere insieme dei fogli di carta.
e. È un sinonimo di *occupazione*.
f. Accompagna il curriculum.

4 Creare Usa i suggerimenti dati per dire con frasi complete quello che il/la candidato/a per ogni lavoro dovrebbe fare o aver fatto.

MODELLO psicologo / buone referenze

Il candidato per il lavoro di psicologo dovrebbe avere buone referenze.

1. docente / tre anni di insegnamento e due pubblicazioni
2. cuoco / cinque anni di esperienza in un ristorante
3. banchiere / la laurea in economia e commercio ed esperienza pluriennale (*many years'*)
4. contabile / un diploma di contabilità
5. elettricista / minimo tre anni di esperienza nel settore
6. segretaria / esperienza di cinque anni come segretaria del direttore

Practice more at **sentieri.vhlcentral.com**.

Comunicazione

5 **Il colloquio di lavoro** 🎧 Ascolta questo colloquio di lavoro. Mentre ascolti, spunta (*check off*) le parole menzionate dalla candidata. Poi, a coppie, scrivete altre tre domande per la candidata.

1. candidato ☐
2. istruzione ☐
3. mestiere ☐
4. referenze ☐

5. salario ☐
6. settore ☐
7. stage ☐
8. tirocinio ☐

6 **Come cercare lavoro** Lavorate a coppie. L'insegnante vi darà due fogli diversi, ciascuno con metà delle informazioni riguardo ai dieci passi necessari per cercare un lavoro. A turno, fatevi domande per trovare tutti i dieci passi. Poi, insieme, metteteli nell'ordine corretto.

MODELLO

S1: *Come prima cosa devo prendere un appuntamento con il capo del personale. Tu, che cos'hai?*

S2: *Io devo selezionare alcune aziende. Devo fare questo prima di prendere un appuntamento.*

7 **Le inserzioni di lavoro** In gruppi di tre, create un annuncio di lavoro (*job ad*) per due delle quattro professioni raffigurate (*depicted*). Accertatevi di (*Be sure to*) includere informazioni sui requisiti, sul salario, sul processo di selezione e su quello che i candidati devono fare per poter fare domanda. Cercate di scrivere delle inserzioni attraenti!

MODELLO

S1: *Cercasi veterinario a tempo pieno.*

S2: *Un piccolo studio di veterinari cerca...*

Pronuncia e ortografia

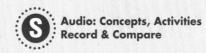 **Audio: Concepts, Activities
Record & Compare**

🎧 Omitting the final vowel of an infinitive

---

pensarci   **saperne**   **scrivergli**   **trovarlo**

The final **e** of an infinitive is often dropped, especially in spoken Italian. The **e** must be dropped when an object pronoun is added to the infinitive of a verb.

....

aver fatto   **esser venuta**   **andar bene**   **sentir dire**

The final **e** of an infinitive is often dropped when followed by a past participle or an adverb. The final **e** may also be dropped when the infinitive is followed by another infinitive, especially when the second infinitive has a similar sound.

....

far sentire   **far bene**   **far festa**   **far da mangiare**

The verb **fare** usually drops the final **e** when followed by another infinitive, an adjective, an adverb, a noun, or the preposition **da**.

....

avere scritto   **fare spendere**   **fare studiare**   **esser stato**

The final **e** of an infinitive should not be dropped before any word that begins with **s** + [consonant], except the past participle **stato**.

Pronunciare Ripeti le parole e le espressioni ad alta voce.

1. aver pensato	4. fare scordare	7. fare spendere	10. esser andato
2. prenderlo	5. pensar bene	8. regalarglielo	11. cercarli
3. far male	6. esserci	9. star bene	12. far sapere

Articolare Ripeti le frasi ad alta voce.

1. Ho deciso di cucinarlo stasera.
2. Cerchiamo di star bene quando andiamo in vacanza.
3. Volete andarci domani?
4. Pensavo di aver finito tutto!
5. Deve sempre andar via presto.
6. Vorrei saperne di più prima di decidere.

Proverbi Ripeti i proverbi ad alta voce.

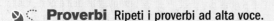

Il lavoro nobilita l'uomo.[2]

Chi fa da sé, fa per tre.[1]

[1] If you want something done, do it yourself.
[lit. He who works by himself
does the work of three.]
[2] Work ennobles man.

risorse

SAM
LM: p. 96

sentieri.vhlcentral.com

Pensando al futuro Video: *Fotoromanzo*

Emily

Lorenzo

Riccardo

Viola

VIOLA Ho ricevuto il tuo messaggio. Tutto bene?

EMILY I miei genitori non vogliono che io stia in Italia quest'estate. Se voglio farlo, devo mantenermi da sola.

VIOLA Hai provato a calcolare quanto costerebbe?

VIOLA Appartamento... cibo... caffè, spese varie... Dovresti trovare un lavoro. Che cosa sai fare?

EMILY Purtroppo non ho nessuna esperienza professionale. Non ho nemmeno un curriculum. Però so fare il caffè.

VIOLA È vero, tu bevi sempre caffè. Dovresti parlare con il gestore e vedere se sta cercando qualcuno.

VIOLA È facile risolvere i problemi degli altri. Poi i nostri sono sempre troppo complicati.

EMILY Ora lascia che io aiuti te. Che cosa succede?

VIOLA Lorenzo.

RICCARDO Si è lasciata con Massimo. Credo che tu le piaccia.

LORENZO Lo pensavo anch'io. Ma per lei, adesso, è più importante studiare.

RICCARDO Quella ragazza non sa cosa vuole. Domani cambierà idea e dirà che è attratta da te. Mi piaceva di più quando faceva la timida.

VIOLA Penso di aver commesso un errore. Non so nemmeno come mi sento.

EMILY Cosa hai detto a Lorenzo?

VIOLA Che penserò all'amore dopo la laurea.

EMILY Ma lui ti piace davvero?

VIOLA Penso di sì. Non lo so.

EMILY O forse ti piace il fatto che tu gli piaccia?

VIOLA Che cosa vuoi dire?

EMILY Insomma, è possibile che l'idea di Lorenzo sia più interessante del vero Lorenzo? Temo che tu sia innamorata dell'amore, Viola.

VIOLA Questo non è vero. No. Non avrei dovuto chiederti consiglio.

---

1 **Rispondere** Rispondi alle seguenti domande.

1. Che cosa ha ricevuto Viola?
2. Che cosa sa fare Emily?
3. Che cosa dice Viola dei nostri problemi?
4. Che cosa sta cercando Riccardo?
5. Perché deve andare a Milano Lorenzo?

6. Come piaceva di più Viola a Riccardo?
7. Che cosa ha detto Viola a Lorenzo?
8. Secondo Emily, di che cosa è innamorata Viola?
9. Secondo Riccardo perché Viola è arrabbiata con Emily?
10. Perché le ragazze si comportano in questo modo secondo Riccardo?

 Practice more at **sentieri.vhlcentral.com.**

A T T I V I T À

I ragazzi parlano di lavoro e di sentimenti.

Alla pensione...

RICCARDO Hai visto il mio carica batteria?

LORENZO No. Mi dispiace.

RICCARDO Aaah! Il mio lettore è morto.

LORENZO Tieni, puoi ascoltare la musica con questa.

RICCARDO Questa è buona, Lorenzo.

RICCARDO Che stai facendo?

LORENZO Ho un colloquio di lavoro a Milano. Sto sistemando il curriculum e le mie referenze.

RICCARDO Come va con Viola?

LORENZO A cosa ti riferisci?

RICCARDO Dovresti mettere lo stage qui e parlare della tua istruzione qui.

(Riccardo riceve un messaggio.)

LORENZO Perché ridi?

RICCARDO È Emily. Pare che tu piaccia di nuovo a Viola. Emily non le crede, così lei adesso è arrabbiata con Emily. Te l'avevo detto che sarebbe andata a finire così.

LORENZO Perché le ragazze si comportano in questo modo?

(Riccardo trova il carica batteria.)

RICCARDO Aha! Ti ho trovato! *(A Lorenzo)* Lo fanno per attirare la nostra attenzione.

Espressioni utili

Opinions, desires, possibilities, and fears

- **Non vogliono che io stia in Italia.**
  They don't want me to stay in Italy.
- **Lascia che io aiuti te.**
  Let me help you.
- **Credo che tu le piaccia.**
  I think she likes you.
- **Penso di aver commesso un errore.**
  I think I made a mistake.
- **il fatto che tu gli piaccia**
  the fact that he likes you
- **È possibile che l'idea di Lorenzo sia più interessante del vero Lorenzo?**
  Is it possible that the idea of Lorenzo is more interesting than Lorenzo himself?
- **Temo che tu sia innamorata dell'amore.**
  I'm afraid that you're in love with love.
- **Pare che tu piaccia di nuovo a Viola.**
  It seems that Viola likes you again.

Additional vocabulary

- **Devo mantenermi da sola.**
  I have to provide for myself.
- **gestore**
  manager
- **Questa è buona.**
  Good one.
- **Sto sistemando...**
  I'm putting together . . .
- **cambierà idea**
  she'll change her mind
- **quando faceva la timida**
  when she acted shy
- **Perché le ragazze si comportano in questo modo?**
  Why do girls act this way?

---

2 **Per parlare un po'** Che cosa succederà tra Viola e Lorenzo? In gruppi di tre o quattro, scrivete un breve paragrafo in italiano in cui fate una previsione su come finirà la loro storia. Preparatevi a leggere la vostra previsione alla classe.

3 **Approfondimento** Milano è il capoluogo della Lombardia. Fai una ricerca e scopri alcune attrazioni di questa città. Trova cinque luoghi interessanti da visitare (musei, chiese, monumenti ecc.) e per ognuno indica perché ti piacerebbe visitarlo.

risorse

SAM
VM: pp. 43–44

DVD
Puntata 22

S
sentieri.vhlcentral.com

ATTIVITA

IN PRIMO PIANO

Dalla scuola al lavoro

Quali sono le prospettive di lavoro per i giovani laureati italiani?
In Italia, negli ultimi anni, il rapporto tra neolaureati° e mondo del lavoro ha mostrato molti cambiamenti°. Un primo nuovo aspetto è l'aumento° del numero dei laureati; un secondo aspetto significativo è la diminuzione° della disoccupazione tra i giovani. Questo panorama è dovuto in gran parte a due fattori° nuovi: l'introduzione delle lauree di tre anni alla fine degli anni '90 e la legge sulla riforma del mercato del lavoro conosciuta come° legge 30/2003.

La laurea triennale ha anticipato molto l'età media° dei laureati italiani, che così possono accedere° al mondo del lavoro prima, rispetto al passato. Con la legge 30/2003 sono stati presentati nuovi tipi di contratti di lavoro; in particolare i contratti a progetto°, che permettono ai giovani di fare una prima esperienza di lavoro, limitata nel tempo, appena dopo la conclusione degli studi universitari.

Per facilitare i contatti tra neolaureati e aziende sono nati molti siti Internet e portali «informagiovani». Molti uffici informagiovani appartengono° alle università; raccolgono° i curriculum vitae dei neolaureati e li mettono a disposizione dei datori di lavoro°, creando un punto di incontro° diretto. Altri uffici informano gli studenti su programmi di scambio° con università straniere, stage e formazione presso le aziende. La formazione e gli stage, conosciuti anche come *internship* o tirocini, rappresentano una fase molto importante per i giovani in cerca di una prima occupazione. Sono una buona opportunità per conoscere in prima persona° il mondo del lavoro con tutti i diritti e i doveri dei lavoratori. Molti tirocini diventano, inoltre, posizioni stabili all'interno della ditta che li offre.

---

neolaureati *recent graduates* **cambiamenti** *changes* **aumento** *increase* **diminuzione** *decrease* **fattori** *factors*
conosciuta come *known as* **età media** *average age* **accedere** *access* **contratti a progetto** *project contracts* **appartengono** *belong*
raccolgono *collect* **datori di lavoro** *employers* **punto di incontro** *meeting place* **scambio** *exchange* **in prima persona** *firsthand*

ATTIVITÀ

1 **Vero o falso?** Indica se l'affermazione è **vera** o **falsa**. Correggi le affermazioni false.

1. I laureati in Italia sono in diminuzione negli ultimi anni.
2. Il mondo del lavoro in Italia non è cambiato da 50 anni.
3. La laurea triennale è un nuovo tipo di laurea.
4. La legge 30/2003 è una legge di riforma dell'università.
5. Per avere un contratto a progetto i giovani devono fare uno stage.

6. I siti e portali «informagiovani» aiutano i giovani a contattare le aziende.
7. I siti e portali per il lavoro sono solo per i giovani che cercano un lavoro.
8. Il tirocinio è un periodo di formazione e lavoro dei giovani in un'azienda.
9. Il tirocinio è molto diverso dallo stage e dall'*internship*.
10. I tirocini possono trasformarsi in lavoro stabile.

 Practice more at **sentieri.vhlcentral.com.**

L'ITALIANO QUOTIDIANO

Per cercare lavoro

l'agenzia di somministrazione lavoro	temp agency
l'annuncio di lavoro	job ad
l'assunzione (f.)	hiring
la capacità	skill
la competenza	competence; ability
la formazione	training
la prima occupazione	first job
la qualifica	qualification
le risorse umane	human resources
la raccomandazione	recommendation
la specializzazione	specialization

COSTUMI E USANZE

I luoghi dove cercare offerte di lavoro

Cercare lavoro può essere frustrante, soprattutto quando uno non sa bene dove guardare. I «luoghi» più comuni sono i **giornali**: le colonne con gli annunci di lavoro nei quotidiani, oppure i giornali specializzati per chi cerca e per chi offre lavoro. Con la tecnologia anche in Italia sono nati molti portali e **siti Internet** che permettono di inserire i dati° del candidato e selezionare° le sue qualifiche, le capacità e le competenze. Molto interessanti sono i portali come Almalaurea o Primolavoro dedicati ai neolaureati o neodiplomati°. Negli ultimi anni sono molto utilizzate anche le **Agenzie di somministrazione lavoro**, conosciute anche come Agenzie di lavoro interinale°, specializzate nei lavori a tempo parziale o a progetto.

dati information **selezionare** select **neodiplomati** recent high-school graduates **interinale** temporary

---

RITRATTO

Musica per celebrare i lavoratori

Il primo maggio in Italia si celebra la Festa dei Lavoratori°. Questa data, che ricorda le conquiste° dei diritti del lavoro, è diventata una festa nazionale alla fine del 1800.

Durante il Ventennio fascista° il regime ha spostato la data al 21 aprile, giorno del Natale di Roma°; ma, dopo la fine della Seconda Guerra Mondiale, il paese è tornato a festeggiare il primo giorno di maggio. In tutta l'Italia ci sono cortei° di lavoratori e comizi° di rappresentanti dei sindacati. La manifestazione più importante e seguita dal 1990 è il **Concerto del Primo Maggio di Roma** in Piazza San Giovanni, organizzato dai tre sindacati principali: CGIL, CISL e UIL.

Per molte ore cantanti italiani e internazionali si esibiscono° per un pubblico numerosissimo. Spesso alla musica si alternano presentazioni di personaggi della politica, ma anche ospiti del mondo del cinema e dello spettacolo.

Festa dei Lavoratori Labor Day **conquiste** victories **Ventennio fascista** Fascist period **Natale di Roma** Foundation of Rome **cortei** parades **comizi** rallies **si esibiscono** perform

---

SU INTERNET

Cerca almeno tre offerte di lavoro sui siti Internet italiani.

Go to **sentieri.vhlcentral.com** to find more information related to this **CULTURA**.

---

2 **Completare** Completa le frasi.

1. Il primo maggio in Italia si celebra la _____.
2. In Italia è diventata una festa nazionale alla fine del _____.
3. Il _____ del Primo Maggio a Roma si svolge in Piazza San Giovanni.
4. Cercare _____ può essere frustrante.
5. Per cercare lavoro in Italia si sono sviluppati molti _____ e siti Internet.
6. *Almalaurea* e *Primo lavoro* sono portali dedicati ai _____.

3 **A voi** A coppie, rispondete alle domande e discutete le vostre risposte.

1. Hai mai inserito il tuo curriculum vitae su un sito Internet?
2. Hai mai partecipato a un tirocinio in un'azienda?
3. Come si celebra la Festa dei Lavoratori nel tuo paese?

risorse

sentieri.vhlcentral.com

ATTIVITÀ

11B.1 Irregular present subjunctive

Punto di partenza In **Lezione 11A**, you learned how to form the present subjunctive of regular verbs. However, many common verbs are irregular in the subjunctive.

Present subjunctive of common irregular verbs

	avere	dare	essere	sapere	stare
io	abbia	dia	sia	sappia	stia
tu	abbia	dia	sia	sappia	stia
Lei/lui/lei	abbia	dia	sia	sappia	stia
noi	abbiamo	diamo	siamo	sappiamo	stiamo
voi	abbiate	diate	siate	sappiate	stiate
loro	abbiano	diano	siano	sappiano	stiano

- Remember that the **noi** and **voi** forms of all verbs, regular or irregular, follow the same patterns, and that the subjunctive **noi** form is the same as the indicative. Note that the **voi** form resembles the **noi** form, except for the **-te** ending.

> Bisogna che **siamo** puntuali.
> We must **be** punctual.

> È giusto che **siate** esigenti.
> It's fair that you **are** demanding.

- As with regular verbs, the **loro** form of irregular verbs can be formed by adding **-no** to the singular present subjunctive form.

> Peccato che Pina **non abbia** referenze!
> It's a pity that Pina **does not have** any references!

> È male che questi candidati **non abbiano** esperienza professionale?
> Is it bad that these candidates **do not have** professional experience?

- Although many verbs that are irregular in the present indicative are also irregular in the present subjunctive, many of them follow an identifiable pattern like **andare** below, whose irregular forms can be derived from the first-person singular indicative form.

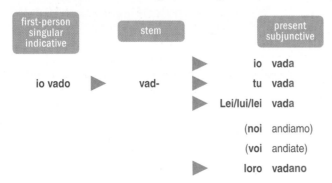

first-person singular indicative	stem	present subjunctive
io vado	vad-	io vada
		tu vada
		Lei/lui/lei vada
		(noi andiamo)
		(voi andiate)
		loro vadano

- Remember that **noi** and **voi** forms always derive from the indicative **noi** form.

1 **Scegliere** In base al contesto, scegli o l'indicativo o il congiuntivo per completare ogni frase.

1. È incredibile che loro (hanno / abbiano) ancora voglia di giocare.
2. Può darsi che il treno (è / sia) partito in ritardo.
3. È certo che questa sera (piove / piova).
4. È preferibile che tu (scrivi / scriva) la lettera al computer.
5. È chiaro che io (preferisco / preferisca) il nuoto alla ginnastica.
6. È sicuro che voi (venite / veniate) quest'estate.

2 **Completare** Completa le frasi seguenti con la forma corretta del congiuntivo.

1. Pare che Daniela non _____ (avere) esperienza.
2. È importante che tu _____ (sapere) cosa fare in queste situazioni.
3. È impossibile che a loro _____ (piacere) solo queste verdure.
4. Sembra che noi _____ (uscire) tutti insieme stasera.
5. È possibile che anche voi _____ (andare) in Italia a giugno?
6. Può darsi che anch'io _____ (bere) acqua e non succo a cena.
7. È incredibile che tutti _____ (avere) il raffreddore.
8. È bene che io _____ (venire) in classe tutti i giorni.

3 **Trasformare** Usa gli indizi dati per creare frasi complete con il congiuntivo.

1. è bello che / Silvana / avere un colloquio
2. è importante che / loro / andare da uno psicologo
3. non è bene che / a Fiorella / non piacere i miei amici
4. è impossibile che / il tassista / non sapere dove andare
5. sembra che / tu / volere davvero questo lavoro
6. è bene che / io / essere pronto alle 17.00 in punto
7. è incredibile che / Rosetta / potere concentrarsi così bene
8. pare che / questo cuoco / fare sempre le stesse cose

 Practice more at **sentieri.vhlcentral.com**.

COMUNICAZIONE

4 **La mia lista** A coppie, parlate a turno di alcune cose che, per voi, sono importanti da fare. Usate i verbi dati.

MODELLO

S1: È importante che io dica ai miei genitori quali corsi frequento.
S2: È importante che io...

1. andare
2. bere
3. dare
4. dire
5. fare
6. uscire
7. venire
8. sapere

5 **Opinioni** Lavorate a coppie. Usate le espressioni di ciascuna colonna per scrivere una lista di opinioni e reazioni riguardo alla vita in ufficio.

MODELLO

S1: Può darsi che i migliori candidati trovino sempre lavoro.
S2: È certo che i migliori candidati trovano sempre lavoro.

A	B
è incredibile	i migliori candidati / trovare sempre lavoro
può darsi	la segretaria / non volere parlare al direttore
è preferibile	la riunione / essere troppo lunga
è vero	il dirigente / occuparsi degli impiegati
è certo	il successo / dipendere da te
è sicuro	l'agente immobiliare / sapere tutto della casa
bisogna	il veterinario / conoscere tutti gli animali per nome

6 **Il candidato ideale** In gruppi di tre, scegliete una professione dalla **Lezione 11A**. Create una lista di criteri per la persona adatta a quella professione. Usate le espressioni impersonali e il congiuntivo dei verbi **avere**, **essere** e **sapere** per dire cosa quella persona dovrebbe fare e sapere e come dovrebbe essere.

MODELLO

S1: Per essere un agente immobiliare è importante che il candidato abbia esperienza professionale.
S2: È necessario che sia una persona estroversa e amichevole.
S3: Ed è preferibile che conosca bene il mercato.

● Use these singular subjunctive forms to derive the full present subjunctive conjugation for the following verbs. Note that **dovere** stems from the alternate first-person indicative form **debbo**.

bere ▶ beva	fare ▶ faccia	uscire ▶ esca
dire ▶ dica	piacere ▶ piaccia	venire ▶ venga
dovere ▶ debba	potere ▶ possa	volere ▶ voglia

● You have already learned many impersonal expressions of opinion or perception that trigger the subjunctive.

È bene che tu **faccia domanda** per la posizione.
It's good that you are applying for the position.

Pare che Sara **debba** cercare un nuovo lavoro.
It seems that Sara must look for a new job.

● It is important to note, however, that not all impersonal expressions trigger the subjunctive. Impersonal expressions that state fact or certainty are followed by the indicative.

È bello che Silvana **abbia** finalmente un colloquio.
It's nice that Silvana finally has an interview.

BUT

È vero che Silvana **ha** finalmente un colloquio.
It's true that Silvana finally has an interview.

● Here are more examples of expressions of both types.

Impersonal expressions that ...			
trigger the subjunctive		**do not require the subjunctive**	
è incredibile	*it's incredible*	è certo	*it's certain*
può darsi	*it's possible*	è chiaro	*it's clear*
è preferibile	*it's preferable*	è sicuro	*it's certain*

Può darsi che lui **voglia** aiuto.
It's possible that he wants help.

È chiaro che lui **vuole** il mio consiglio.
It's clear that he wants my advice.

● Remember that an infinitive follows the impersonal expression if there is no specific subject.

È preferibile prendere un appuntamento.
It's preferable to make an appointment.

Provalo!

Scrivi le forme mancanti del congiuntivo.

		dire	dovere	sapere	uscire
1.	io	_dica_	debba	_____	esca
2.	tu	dica	_____	sappia	_____
3.	Lei/lui/lei	_____	debba	sappia	_____
4.	noi	diciamo	_____	_____	usciamo
5.	voi	_____	dobbiate	_____	usciate
6.	loro	dicano	_____	sappiano	_____

STRUTTURE

11B.2 Verbs that require the subjunctive

Punto di partenza In addition to many impersonal expressions, verbs expressing emotions, attitudes, and doubts also require the subjunctive in a subordinate clause.

- If the clauses have two different subjects and the verb in the main clause expresses emotion, then use the subjunctive in the subordinate clause. Use **che** to connect the two clauses.

MAIN CLAUSE EXPRESSION OF EMOTION	CONJUNCTION	SUBORDINATE CLAUSE VERB IN SUBJUNCTIVE MOOD
La direttrice **è contenta**	**che**	**rispondano** al telefono.
*The manager **is happy***	***that***	***they're answering** the phone.*
Non **hai paura**	**che**	il salario **sia** troppo basso?
*Aren't **you afraid***	***that***	*the salary **is** too low?*

- Verbs expressing hope and desire also trigger the subjunctive, as do verbs of will used to influence the actions of others.

Verbs of emotion, desire, hope, and will

avere bisogno	*to need*	insistere	*to demand, insist on*
avere paura	*to be afraid*	piacere	*to please*
chiedere	*to ask, request*	preferire	*to prefer*
desiderare	*to desire, wish*	sperare	*to hope*
dispiacere	*to be sorry*	suggerire	*to suggest*
essere contento/a	*to be happy*	temere	*to fear*
essere triste	*to be sad*	volere	*to want*

Mi dispiace che tu **debba** cercare un nuovo lavoro.
I am sorry *that you **must** look for a new job.*

Speriamo che **Lei riceva** presto un'offerta di lavoro.
We hope *that **you'll get** a job offer soon.*

- Verbs of opinion, doubt, and uncertainty also require the subjunctive in subordinate clauses.

Verbs of opinion, doubt, and uncertainty

avere l'impressione	*to have the impression*	immaginare	*to imagine*
credere	*to believe*	non essere sicuro	*to be uncertain*
dubitare	*to doubt*	pensare	*to think*

Non crede che il mio consiglio la **aiuti**.
She doesn't believe *that my advice **is helping** her.*

Il candidato **pensa** che la posizione **sia** perfetta per lui.
*The candidate **thinks** that the position **is** perfect for him.*

PRATICA

1 Associare Associa le frasi con le conclusioni che le completano meglio.

1. L'uomo telefona tardi e spera _____
2. La segretaria è contenta che tu _____
3. È certo che in quest'ufficio noi _____
4. Non è possibile che le graffette _____
5. È sicuro che il tassista _____
6. Non so nemmeno a quante offerte di lavoro _____

a. abbiamo bisogno di uno specialista.
b. siano già finite!
c. di poter lasciare un messaggio.
d. ho risposto prima di accettare questa posizione.
e. arriva puntuale.
f. l'aiuti a preparare i documenti.

2 Completare Completa la conversazione con la forma corretta di ogni verbo.

LAURA Ciao Nicoletta, come stai?

NICOLETTA Non bene. Ho lasciato il mio lavoro e temo che il principale non mi (1) _____ (scrivere) una buona lettera di referenza.

LAURA Mi dispiace che voi (2) _____ (lasciarsi) in cattivi rapporti. Ma sei sicura? Io penso che lui e i tuoi colleghi ti (3) _____ (dare) tutto l'aiuto di cui hai bisogno.

NICOLETTA Non lo so. Giorgio insiste che io (4) _____ (restare) e Anna e Francesco sperano che tu e altri amici mi (5) _____ (fare) cambiare idea. Dubito che qualcuno mi (6) _____ (aiutare) a decidere obiettivamente!

LAURA Ricordati che tu (7) _____ (essere) una professionista e sappi che noi tutti ti (8) _____ (sostenere), qualunque decisione tu prenda!

3 Creare Usa gli indizi per creare frasi complete.

1. la direttrice insistere / l'impiegato fotocopiare le referenze
2. Sofia essere felice / il principale le dare una promozione
3. essere chiaro / a Monica non piacere questo lavoro
4. io sperare / tu chiedere un aumento
5. Gianni non credere / fare l'agricoltore / essere un mestiere difficile
6. il direttore preferire / avere impiegati a tempo pieno

Practice more at **sentieri.vhlcentral.com.**

COMUNICAZIONE

4 Un giorno difficile A coppie, create frasi usando gli indizi dati e verbi al congiuntivo.

1. Il contabile ha paura che...
2. Alla segretaria dispiace che...
3. Il direttore del personale è felice che...
4. La direttrice insiste che...
5. Gli impiegati sperano che...
6. Lo specialista dubita che...
7. L'operaio teme che...
8. La psicologa suggerisce che...

5 Vero o falso? In gruppi di quattro, fate a turno a dare delle informazioni su voi stessi. Gli altri devono dire se credono o dubitano quello che voi dite. Ogni volta che una persona indovina, quella persona prende un punto. Fate a turno a dare informazioni e a indovinare.

MODELLO

S1: Io ho esperienza professionale come tassista.
S2: Dubito che tu abbia...
S3: Io penso che sia vero che...

6 Un copione A coppie, immaginate di dover scrivere un copione (*script*) per un film che si svolge in un ufficio. Descrivete le emozioni e i sentimenti di ogni personaggio usando le espressioni presentate. Fate attenzione a usare il congiuntivo e l'indicativo correttamente.

MODELLO

La dirigente si chiama Laura Vincenzo. Ha paura che gli impiegati non lavorino abbastanza seriamente. Teme anche che il suo salario sia troppo basso. Dubita di ricevere un aumento nel prossimo futuro...

la dirigente

una segretaria

un'impiegata

una consulente

un assistente

un rappresentante del sindacato

- Do not use the subjunctive in a subordinate clause if its subject is the same as that of the main clause. Use **di** + [*infinitive*] instead of **che** + [*subjunctive*] after most verbs in such cases.

Lucrezia **non crede di ottenere** il lavoro.	Il mio amico **pensa di fare domanda**.
*Lucrezia **doesn't believe she's getting** the job.*	*My friend **is thinking about applying**.*
Dubito di poter arrivare in tempo.	**Temiamo di avere sbagliato** numero.
*I **doubt I can arrive** on time.*	*We're **afraid we dialed the wrong** number.*

- Omit **di** before the infinitive in same-subject sentences with **desiderare**, **preferire**, or **volere** in the main clause.

Preferite fotocopiare il documento?	Il signore **desidera lasciare** un messaggio.
*Do you **prefer to photocopy** the document?*	*The man **wishes to leave** a message.*

- Verbs or expressions of fact and certainty are not followed by the subjunctive.

Verbs and expressions that do not trigger the subjunctive

ẹssere certo/a	*to be certain*	ricordare	*to remember*
ẹssere sicuro/a	*to be sure*	sapere	*to know*
riconọscere	*to recognize, acknowledge*	vedere	*to see*

Sei sicuro che il colloquio **è** domani?	**Non riconosce** che la sua esperienza **non c'entra**.
*Are **you sure** the interview **is** tomorrow?*	*He **doesn't acknowledge** that his experience **is not relevant**.*

Provalo! Scegli la forma del verbo che meglio completa ogni frase.

1. Il principale pensa che tu (devi / (debba)) far domanda per il lavoro.
2. Silvano non pensa di (riceva / ricevere) un salario giusto.
3. Claudio preferisce che tu (risponda / rispondi) al telefono.
4. La posizione richiede che noi (viaggiare / viaggiamo) spesso.
5. L'impiegato spera che tu (puoi / possa) scrivere una buona lettera di referenze.
6. La segretaria ti chiede di (resti / restare) in attesa.
7. Il giudice dubita che quell'avvocato (vinca / vince) il caso.
8. Tutti i candidati hanno paura di non (passare / passano) il colloquio di lavoro.
9. Secondo me, questo assistente non (ha / abbia) un buon C.V.
10. Sembra che Nicola non (trovi / trova) la sua rubrica.

SINTESI

Ricapitolazione

1 **Frasi a catena** In gruppi di quattro, usate le espressioni date per creare una catena di frasi complete. La prima persona completa la prima frase, la seconda ripete la prima frase e ne aggiunge un'altra e così via. Continuate fino a quando la frase è troppo lunga e non la ricordate più.

MODELLO

S1: È importante che i professori non diano compiti il fine settimana.

S2: È importante che i professori non diano compiti il fine settimana e che siano molto pazienti con gli studenti…

Frasi utili:

1. È importante che i professori…
2. È giusto che gli studenti…
3. È necessario che gli esami…
4. È bene che io…
5. È possibile che la classe…
6. È improbabile che noi…

2 **Scritte in ufficio** A coppie, immaginate di essere in un ufficio. Fate una breve descrizione del posto e poi create una lista di otto scritte (*signs*) che potreste trovare in un ufficio. Usate espressioni impersonali e il congiuntivo quando necessario.

MODELLO

Siamo da un veterinario. È pieno di animali e c'è molto rumore. La prima scritta dice: È necessario che tutti i clienti tengano buoni i loro animali. La seconda scritta dice…

> È necessario che tutti i clienti tengano buoni i loro animali.

> È proibito dare da mangiare agli animali!

3 **Il consulente** A coppie, create una conversazione tra uno studente che si sta preparando per un colloquio di lavoro e una consulente che lo aiuta. Prima di iniziare, lo studente deve scrivere cinque domande, usando espressioni impersonali e il congiuntivo. La consulente scrive cinque consigli. Poi create la conversazione.

MODELLO

S1: È importante che io abbia lettere di referenze prima del colloquio?

S2: Sì, è necessario che tu trovi delle persone che ti conoscono e…

4 **Un'inchiesta** L'insegnante ti darà un foglio con delle domande per un'inchiesta. Fa' le domande ai tuoi compagni e scrivi le risposte sul foglio usando frasi complete.

MODELLO

S1: Cosa speri che la famiglia faccia per il tuo compleanno?

S2: Io spero che, per il mio compleanno, la famiglia mi regali un nuovo computer portatile.

5 **Cosa voglio** A coppie, fate a turno a dire cosa volete che facciano per voi le diverse persone nella vostra vita. Usate la lista seguente o persone di vostra scelta.

MODELLO

S1: Cosa vuoi che facciano i tuoi amici per te?

S2: Voglio che i miei amici mi aiutino a pulire il mio appartamento!

i tuoi amici	la tua famiglia
i tuoi genitori	i tuoi professori
il tuo compagno di stanza	un perfetto sconosciuto (*stranger*)
la tua migliore amica	il tuo principale

6 **Due verità e una bugia** Crea una lista di tre fatti su te stesso/a. La lista deve contenere due verità e una bugia (*lie*). Poi, in gruppi di quattro, fate a turno a leggere le vostre frasi. Gli altri devono dire quale frase, secondo loro, è la bugia e quali frasi sono le verità. La persona che legge ottiene un punto ogni volta che un'altra persona non indovina.

MODELLO

S1: Conosco il cugino di Taylor Swift. Ho nove fratelli e sorelle. Ho sei dita sul mio piede sinistro.

S2: È vero che conosci il cugino di Taylor Swift ed è anche vero che hai nove fratelli e sorelle. Dubito che tu abbia sei dita sul piede sinistro.

7

La visita guidata
A coppie, scrivete una storia divertente su una visita guidata in Italia. Create dei nomi per sei personaggi e usate il congiuntivo per descrivere cosa è incluso nella visita e le reazioni dei personaggi. Siate creativi!

MODELLO

Signor Ravello: nervoso, irritabile

Il Signor Ravello è nervoso perché c'è troppa gente e teme che sia difficile vedere il *David*.

il *David*

1. Ponte Vecchio

2. il Vaticano

3. il Colosseo

4. il Duomo di Milano

5. un'opera di Shakespeare

6. il Ponte dei Sospiri

8

Chi fa cosa in ufficio
Lavorate a coppie. L'insegnante vi darà due fogli diversi, ciascuno con metà delle informazioni su un ufficio. Domandatevi a turno cosa ogni persona vuole, crede o desidera che gli altri facciano. Usate le informazioni che ottenete per scrivere frasi complete sulla vita in quest'ufficio.

MODELLO

S1: Cosa vuole la segretaria?
S2: La segretaria vuole che l'assistente amministrativo faccia le fotocopie dei documenti.

Il mio di·zio·na·rio

Aggiungi al tuo dizionario personalizzato cinque parole relative al mondo del lavoro.

efficiente

traduzione
efficient

categoria grammaticale
aggettivo

uso
I nostri impiegati sono tutti molto efficienti.

sinonimi
produttivo, capace

antonimi
incapace, inefficiente

risorse

SAM
WB: pp. 169–172

SAM
LM: pp. 97–98

(S) sentieri.vhlcentral.com

Panorama

Dalle Alpi alla Riviera

S Interactive Map Reading

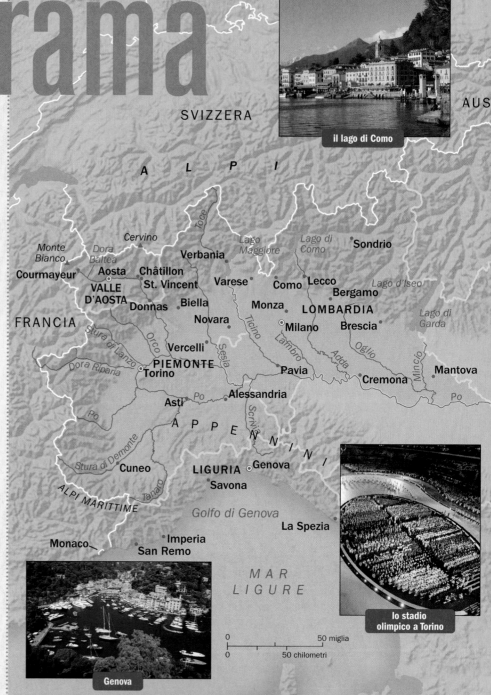

Valle d'Aosta

La regione in cifre

▸ Superficie: *3.263 kmq*
▸ Popolazione: *125.979*
▸ Città principali: *Aosta, Saint-Vincent, Donnas*

Valdostani celebri

▸ Italo Mus, *pittore impressionista (1892–1967)*
▸ Gloriana Pellissier, *sci alpinista° (1976–)*

Piemonte

La regione in cifre

▸ Superficie: *25.400 kmq*
▸ Popolazione: *4.401.266*
▸ Città principali: *Torino, Novara, Alessandria*

Piemontesi celebri

▸ Cesare Pavese, *scrittore e poeta (1908–1950)*
▸ Carla Bruni, *cantautrice° e modella (1967–)*

Liguria

La regione in cifre

▸ Superficie: *5.420 kmq*
▸ Popolazione: *1.609.822*
▸ Città principali: *Genova, La Spezia, Savona*

Liguri celebri

▸ Giuseppe Mazzini, *patriota, politico e filosofo (1805–1872)*
▸ Vanessa Beecroft, *artista (1969–)*

Lombardia

La regione in cifre

▸ Superficie: *23.863 kmq*
▸ Popolazione: *9.642.406*
▸ Città principali: *Milano, Brescia, Monza*

Lombardi celebri

▸ Veronica Gambara, *poetessa (1485–1550)*
▸ Andrea Pirlo, *calciatore (1979–)*

sci alpinista *ski mountaineer* **cantautrice** *singer-songwriter*
liutai *violin makers* **sono suonati** *they are played*

il lago di Como

lo stadio olimpico a Torino

Genova

Incredibile ma vero!

Amati, Guarneri e Stradivari sono tre famosi liutai° di Cremona. I loro violini sono considerati i migliori del mondo. Oggigiorno ci sono circa 50 Stradivari in circolazione e sono suonati° dai migliori musicisti del mondo. Il prezzo più alto pagato per uno Stradivari è di più di 1,3 milioni di euro nel 1998.

Lo sport

La Valle d'Aosta in inverno

La Valle d'Aosta è una meta° sciistica da non perdere! In Valle d'Aosta ci sono quattro delle più alte montagne europee: il Monte Bianco (alto più di 4.800 metri), il Cervino°, il Monte Rosa e il Gran Paradiso. Qui si trova anche Courmayeur, una delle località di montagna più famose in Europa e nel mondo. Uno sport sempre più famoso è lo scialpinismo. Come dice la parola, lo scialpinismo combina le tecniche dello sci e quelle dell'alpinismo, per un'esperienza invernale senza limiti!

La gastronomia

Il pesto alla genovese

Il pesto è una delle salse più famose del mondo. È nato in Liguria intorno al Seicento, ed è fatto con basilico, aglio, pinoli, parmigiano-reggiano, pecorino e olio d'oliva. Il pesto alla genovese è uno dei molti prodotti europei DOP°. Oggi il pesto è diffusissimo° anche in America. Il primo riferimento scritto in America è apparso grazie ad Angelo Pellegrini, che ne ha pubblicato una ricetta nel 1944 sul *New York Times*. Questa salsa, però, è diventata popolare in Nord America solo negli anni '80 e '90.

La letteratura

Torino, una città di letterati

Capitale d'Italia tra il 1861 e il 1865, Torino è diventata un centro culturale importante in cui molti artisti e scrittori hanno vissuto e lavorato. Tra i nomi più importanti ricordiamo Umberto Eco, Edmondo De Amicis, Antonio Gramsci, Cesare Pavese e Primo Levi. Torino è anche la sede di molte case editrici° che ne hanno fatto un centro culturale molto importante. L'Einaudi, fondata nel 1933 da Giulio Einaudi, è una delle più conosciute, ma molto note sono anche la Società Editrice Internazionale (SEI), la Loescher, la Paravia e la Utet.

L'industria

Fabbrica Italiana Automobili Torino

La Fiat nasce a Torino nel 1899. La prima macchina è la «3½ HP» di cui, nel 1899, ne furono prodotti otto esemplari°. Uno dei modelli Fiat più famosi è la 500, che ha avuto molto successo grazie a una buona combinazione di dimensioni e prezzo. Negli anni '30 la Fiat ha avuto quasi il monopolio del mercato e negli anni '50, con le macchine 500 e 600, ha contribuito in modo incredibile al «miracolo economico» italiano. Oggi la Fiat produce macchine, SUV e furgoni°, di cui il Ducato è il più venduto in Europa.

Quanto hai imparato? Completa le frasi.

1. Stradivari era un _____ di Cremona.

2. I migliori musicisti del mondo suonano _____ Stradivari originali.

3. Il Monte Bianco, il Cervino, il Monte Rosa e il Gran Paradiso sono _____.

4. Lo scialpinismo combina lo sci e _____.

5. Gli ingredienti del pesto alla genovese sono basilico, aglio, _____, parmigiano-reggiano, pecorino e olio d'oliva.

6. Angelo Pellegrini ha pubblicato la _____ del pesto per la prima volta in America.

7. Umberto Eco e Primo Levi sono due _____ che hanno lavorato a Torino.

8. L'Einaudi è una _____ di Torino.

9. La Fiat è nata a _____ nel 1899.

10. Le macchine Fiat 500 e 600 sono state create negli anni _____.

risorse

SAM
WB: pp. 173–174

sentieri.vhlcentral.com

Practice more at **sentieri.vhlcentral.com**.

SU INTERNET

Go to **sentieri.vhlcentral.com** to find more cultural information related to this **PANORAMA**.

1. Che cosa rende i violini Stradivari così unici e ricercati? Dove si trovano oggi alcuni degli esemplari originali?

2. Ricerca più notizie sulla città di Torino. Trova informazioni sulla sua storia o su eventi particolari. Poi presenta i risultati della ricerca alla classe.

3. Lo sviluppo industriale della Fiat è molto legato agli eventi storici italiani. Trova informazioni sul ruolo della Fiat fra le due guerre mondiali.

meta *destination* **Cervino** *Matterhorn* **DOP** *PDO (protected denomination of origin)* **diffusissimo** *very wide-spread* **case editrici** *publishing companies* **ne furono prodotti otto esemplari** *eight of them were made* **furgoni** *vans*

Lettura  Ⓢ Dramatic Recording

Prima di leggere

Identifying point of view

You can understand a text more completely if you identify the point of view of the narrator. You can do this by simply asking yourself from whose perspective the story is being told. Some stories are narrated in the first person. That is, the narrator is a character in the story, and everything you read is filtered through that person's thoughts, emotions, and opinions. Other texts have an omniscient narrator who is not a character in the story but who reports the thoughts and actions of the story's characters.

Esamina il testo

Guarda il testo e l'immagine. Secondo te, di che cosa tratta il testo? Descrivi la foto. Cosa fa quella persona? Secondo te, qual è il posto più comodo per leggere?

L'autore

Italo Calvino

Italo Calvino nasce a Cuba da genitori italiani nel 1923 e si trasferisce in Italia con la famiglia nel 1926. Negli anni quaranta si iscrive° al Partito Comunista Italiano e inizia a frequentare personaggi importanti nell'ambiente° letterario dell'epoca, tra cui Cesare Pavese, famoso poeta e scrittore italiano che sarà suo amico e guida letteraria, e Natalia Ginzburg. Nel 1947 si laurea e inizia a lavorare con la casa editrice Einaudi. Nel 1964, Calvino torna a Cuba e si sposa con Esther Judith Singer. Alla fine dell'anno torna in Italia dove resta per tre anni. Nel 1976 va a vivere a Parigi con la moglie e la figlia Giovanna, ma ritorna a Roma nei primi anni '80. Calvino muore a Siena nel 1985. Tra le sue opere più conosciute ricordiamo *Il sentiero dei nidi di ragno* (1947), *Il barone rampante* (1957) e *Se una notte d'inverno un viaggiatore* (1979).

si iscrive *he enrolls* **ambiente** *circle*

Se una notte d'inverno un viaggiatore

Stai per cominciare a leggere il nuovo romanzo *Se una notte d'inverno un viaggiatore* di Italo Calvino. Rilassati. Raccogliti°. Allontana da te ogni altro pensiero. Lascia che il mondo che
5 ti circonda sfumi° nell'indistinto. La porta è meglio chiuderla; di là c'è sempre la televisione accesa. Dillo subito, agli altri: «No, non voglio vedere la televisione!» Alza la voce, se no non ti sentono: «Sto leggendo! Non voglio essere disturbato!» Forse non ti hanno
10 sentito, con tutto quel chiasso°; dillo più forte, grida: «Sto cominciando a leggere il nuovo romanzo di Italo Calvino!» O se non vuoi non dirlo; speriamo che ti lascino in pace.

Prendi la posizione più comoda: seduto, sdraiato,
15 raggomitolato, coricato°. Coricato sulla schiena, su un fianco, sulla pancia. In poltrona, sul divano, sulla sedia

a dondolo°, sulla sedia a sdraio, sul pouf. Sull'amaca°, se hai un'amaca. Sul letto, naturalmente, o dentro il letto. Puoi anche metterti a testa in giù°, in posizione
20 yoga. Col libro capovolto°, si capisce.

Certo, la posizione ideale per leggere non si riesce a trovarla. Una volta si leggeva in piedi, di fronte a un leggio°. Si era abituati a stare fermi in piedi. Ci si riposava così quando si era stanchi d'andare a cavallo.
25 A cavallo nessuno ha mai pensato di leggere; eppure ora l'idea di leggere stando in arcioni°, il libro posato sulla criniera° del cavallo, magari appeso alle orecchie del cavallo con un finimento° speciale, ti sembra attraente. Coi piedi nelle staffe° si dovrebbe stare molto
30 comodi per leggere; tenere i piedi sollevati° è la prima condizione per godere della lettura.

Bene, cosa aspetti? Distendi le gambe, allunga pure i piedi su un cuscino, su due cuscini, sui braccioli del divano, sugli orecchioni° della poltrona, sul tavolino da

35 tè, sulla scrivania, sul pianoforte, sul mappamondo.
Togliti le scarpe, prima. Se vuoi tenere i piedi sollevati;
se no, rimettitele. Adesso non restare lì con le scarpe in
una mano e il libro nell'altra.

Regola la luce in modo che non ti stanchi la vista.
40 Fallo adesso, perché appena sarai sprofondato° nella
lettura non ci sarà più verso di smuoverti. Fa' in modo
che la pagina non resti in ombra°, un addensarsi° di
lettere nere su sfondo grigio, uniformi come un branco
di topi°; ma sta' attento che non le batta addosso una
40 luce troppo forte e non si rifletta sul bianco crudele
della carta rosicchiando° le ombre dei caratteri come
in un mezzogiorno del Sud. Cerca di prevedere ora tutto
ciò che può evitarti d'interrompere la lettura. [...] Che
c'è ancora? Devi far pipì? Bene, saprai tu.

Raccogliti *Concentrate* **sfumi** *fades away* **chiasso** *noise* **sdraiato, raggomitolato, coricato**
sprawled out, curled up, lying down **sedia a dondolo** *rocking chair* **amaca** *hammock* **a testa in**
giù *inverted* **capovolto** *upside-down* **leggio** *lectern* **arcioni** *bow-legged* **criniera** *mane* **finimento**
finishing touch **staffe** *stirrups* **sollevati** *raised* **orecchioni** *wings* **sprofondato** *immersed in*
in ombra *in the shadows* **addensarsi** *mass* **branco di topi** *horde of mice* **rosicchiando** *nibbling*

Dopo la lettura

Vero o falso? Determina se queste frasi sono **vere** o **false**. Usa parole dal testo per giustificare la tua risposta.

1. Quando leggi un libro, è meglio avere la porta aperta.

   _____

2. Se stai leggendo, è bene smettere e andare a guardare la televisione.

   _____

3. È bene leggere in una posizione comoda.

   _____

4. La posizione più famosa per leggere è su un cavallo.

   _____

5. Una condizione molto importante per leggere è avere in piedi in su.

   _____

6. È bene tenere le scarpe in mano quando leggi.

   _____

7. Un altro elemento importante è la luce.

   _____

8. È importante non avere luce sulla pagina.

   _____

9. È sempre possibile cambiare la luce spesso.

   _____

10. Dopo aver iniziato a leggere, è importante non interrompere la lettura.

Il narratore Leggi di nuovo il brano. Chi è il narratore? A chi è diretto il testo? Perché, secondo te, Calvino scrive in questo modo? Che effetto ha questo stile sul lettore? A coppie, discutete le vostre risposte.

Istruzioni In questo brano, l'autore dà istruzioni al lettore su come leggere un libro. Scegli un'attività e scrivi le istruzioni su come farla nel migliore dei modi (*in the best possible way*). Includi quanti più dettagli possibili.

 Practice more at **sentieri.vhlcentral.com**.

In ascolto

Audio: Activity

STRATEGIA

Listening for linguistic clues

You can enhance your listening comprehension by listening for specific linguistic cues. For example, if you listen for the endings of conjugated verbs or for familiar constructions, such as the **passato prossimo**, **avere voglia di** + [*infinitive*], or **avere bisogno di** + [*infinitive*], you can find out whether a person did something in the past, wants to do something, or needs to do something.

 To practice listening for linguistic clues, you will listen to four sentences. As you listen, note whether each sentence refers to a past, present, or future action.

Preparazione

Guarda la fotografia. Per quale tipo di lavoro fa domanda l'uomo? Come sta andando il colloquio? Secondo te, l'uomo otterrà il lavoro?

Ascoltiamo

Ascolta la conversazione due volte. Dopo la seconda volta completa gli appunti dell'intervistatrice sul candidato.

> Nome: Carmelo Nanni
>
> Posizione: _____
>
> Diploma in: _____
>
> Esperienza professionale:
>
> • _____ presso (*with*) i laboratori della Johnson & Johnson a Roma
>
> • Ricerca su _____
>
> • Lavoro a metà tempo presso _____
>
> • Cerca _____

Comprensione

Rispondere Rispondi alle seguenti domande basate sulla conversazione. Usa frasi complete.

1. Perché Carmelo vuole essere un assistente di laboratorio?

2. Dove e quando si è laureato Carmelo?

3. Quanto è durato lo stage presso la Johnson & Johnson?

4. Dov'era lo stage che ha fatto Carmelo?

5. A Carmelo piacerebbe viaggiare?

6. Dove gli piacerebbe viaggiare?

7. Quali giorni lavora Carmelo?

8. Carmelo è interessato a un lavoro a tempo parziale?

Una lettera a un intervistatore Immagina di essere stato/a intervistato/a per un apprendistato (*apprenticeship*) presso una compagnia italiana. L'intervista è andata bene e ora sei ansioso/a di avere notizie dalla compagnia. A coppie, preparate una lettera in cui ringraziate (*you thank*) l'intervistatore per il suo tempo e il suo interesse. Usate questa opportunità per ripetere quali sono le vostre qualifiche per il lavoro. Ricordatevi di usare il **Lei** formale.

 Practice more at **sentieri.vhlcentral.com.**

Scrittura

Writing strong introductions and conclusions

Introductions and conclusions serve a similar purpose: both are intended to focus the reader's attention on the topic being covered. The introduction presents a brief preview of the topic. In addition, it informs your reader of the important points that will be covered in the body of your writing. The conclusion reaffirms those points and concisely sums up the information that has been provided. A compelling fact or statistic, a humorous anecdote, or a question directed to the reader are all interesting ways to begin or end your writing.

For example, if you were writing a cover letter for a job application, you might start by indentifying the job posting to which you are responding. The rest of your introductory paragraph could outline the areas you will cover in the body of your letter, such as your work experience and your reasons for wanting the job. In your conclusion, you might sum up the most important and convincing points of your letter and tie them together in a way that would leave your reader impressed and curious to learn more. You could, for example, use your conclusion to state why your qualifications make you the ideal candidate for the job and convince your reader of your enthusiasm for the position.

Tema
Scrivi una lettera di accompagnamento

Scrivi una lettera di accompagnamento per fare domanda per il lavoro dei tuoi sogni. La lettera dovrebbe avere tre parti: un'introduzione, uno sviluppo e una conclusione. Nell'introduzione, dichiara brevemente lo scopo della lettera. Nello sviluppo, descrivi in dettaglio le tue qualifiche e i tuoi interessi. Nella conclusione, riassumi i vari punti e spiega perché sei un(a) buon candidato/a per quella posizione. Usa i seguenti suggerimenti come punti di partenza.

INTRODUZIONE

- Di' qual è il titolo della posizione per cui fai domanda.
- Spiega perché fai domanda per questo lavoro.

SVILUPPO

- Riassumi la tua istruzione e le tue esperienze.
- Di' che cosa hai imparato da queste esperienze.
- Spiega perché tali esperienze ti rendono qualificato/a per questo lavoro.
- Descrivi quali attributi particolari puoi apportare alla compagnia.

CONCLUSIONE

- Conferma il tuo entusiasmo e il tuo interesse per il lavoro.
- Spiega perché questo lavoro può aiutare la tua carriera e come puoi beneficiare il datore di lavoro.

Espressioni

dare le dimissioni	to resign
dirigere	to manage
essere ben/mal pagato/a	to be well/poorly paid
essere disoccupato/a	to be unemployed
fallire (-isc-)	to fail
fare domanda	to apply
fare progetti	to make plans
fotocopiare	to photocopy
guadagnare	to earn
licenziare	to fire, to dismiss
ottenere	to get, to obtain
prendere un appuntamento	to make an appointment
prendere un congedo	to take leave time
trovare lavoro	to find a job

Al lavoro

l'assicurazione (sulla vita) (f.)	(life) insurance
l'aumento	raise
il/la consulente	consultant
il/la dirigente	executive; manager
il livello	level
il/la pensionato/a	retiree
il/la principale	boss, head
la promozione	promotion
la riunione	meeting
il successo	success
il sindacato	(labor) union
a tempo parziale	part-time
a tempo pieno	full-time
esigente	demanding

La cancelleria per ufficio

la bacheca	bulletin board
la cucitrice	stapler
la graffetta	paper clip; staple
la rubrica	address book

Le carriere

l'agente immobiliare	real estate agent
l'agricoltore/ agricoltrice	farmer
il/la banchiere/a	banker
il/la barista	bartender
il/la bidello/a	caretaker; custodian
il/la camionista	truck driver
il/la casalingo/a	househusband; housewife
il/la contabile	accountant
il/la cuoco/a	cook, chef
il/la docente	teacher, lecturer
l'elettricista	electrician
il/la funzionario/a	civil servant
il/la giardiniere/a	gardener
il/la giudice	judge
l'operaio/a	(factory) worker
il/la pompiere/a	firefighter
il/la portiere/a	doorman; caretaker
lo/la psicologo/a	psychologist
lo/la scienziato/a	scientist
il/la segretario/a	secretary
il/la tassista	taxi driver
il/la tecnico	technician
il/la veterinario/a	veterinarian

Al telefono

Attenda in linea, per favore.	Please hold.
C'è il/la signor(a)...?	Is Mr./Mrs. . . . there?
Chi è?/Chi parla?	Who's calling?
Da parte di chi?	On behalf of whom?
Pronto?	Hello?
la cornetta	receiver
il numero di telefono	telephone number
lasciare un messaggio	to leave a message
restare in attesa	to be on hold
riattaccare il telefono	to hang up the phone
rispondere al telefono	to answer the phone

Cercare lavoro

l'assistente amministrativo/a	administrative assistant
l'azienda	firm
il/la candidato/a	candidate
il colloquio di lavoro	job interview
il consiglio	advice
il curriculum vitae, il C.V.	résumé
il direttore/ la direttrice	manager
il direttore/ la direttrice del personale	personnel manager
l'esperienza professionale	professional experience
l'istruzione (f.)	education
l'impiegato/a	employee
la lettera di referenze	letter of reference
le referenze	references
il mestiere	occupation, trade
le offerte di lavoro	job openings
la posizione	position
il salario (elevato/basso)	(high/low) salary
il settore	field; sector
lo/la specialista	specialist
lo stage	internship
il tirocinio	professional training

Espressioni utili	See pp. 389 and 405.
Impersonal expressions	See pp. 392 and 409.
Verbs that trigger the subjunctive	See pp. 409 and 410.
Verbs that do not trigger the subjunctive	See pp. 409 and 411.

L'ambiente naturale

Per cominciare
- Dove sono Paolo, Emily e Marcella?
  - a. un prato   b. un deserto   c. una montagna
- Che cosa stanno facendo?
  - a. remano   b. esplorano   c. fanno un picnic
- Cosa c'è dietro di loro?
  - a. l'oceano   b. degli alberi   c. la luna

Lezione 12A

Communicative Goals

You will learn how to:
- talk about nature
- talk about outdoor activities

All'aria aperta

Talking Picture Audio: Activity

Vocabolario

la natura	*nature*
l'alba	*dawn; sunrise*
la baita	*cabin (mountain shelter)*
la campagna	*countryside*
il campo	*field*
la cascata	*waterfall*
la costa	*coast*
il deserto	*desert*
la fattoria	*farm*
il fieno	*hay*
il fiore	*flower*
il fiume	*river*
la foresta	*forest*
la montagna	*mountain*
l'oceano	*ocean*
l'orizzonte (*m.*)	*horizon*
la pineta	*pine forest*
il prato	*meadow*
il sentiero	*path*
il sole	*sun*
il tramonto	*sunset*
sorgere*	*to rise (sun)*
tramontare	*to set (sun)*
gli insetti e gli animali	*insects and animals*
l'ape (*f.*)	*bee*
la capra	*goat*
il gabbiano	*seagull*
la pecora	*sheep*
la rondine	*swallow*
il toro	*bull*
l'uccello	*bird*
le attività	*activities*
esplorare	*to explore*
passare	*to pass by; to spend (time)*
remare	*to row*
scalare	*to climb*

il cielo

la valle

l'albero

la pianta

Fanno un picnic.

lo scoiattolo

l'erba

la mucca

risorse

SAM WB: pp. 175–176	SAM LM: p. 99	sentieri.vhlcentral.com

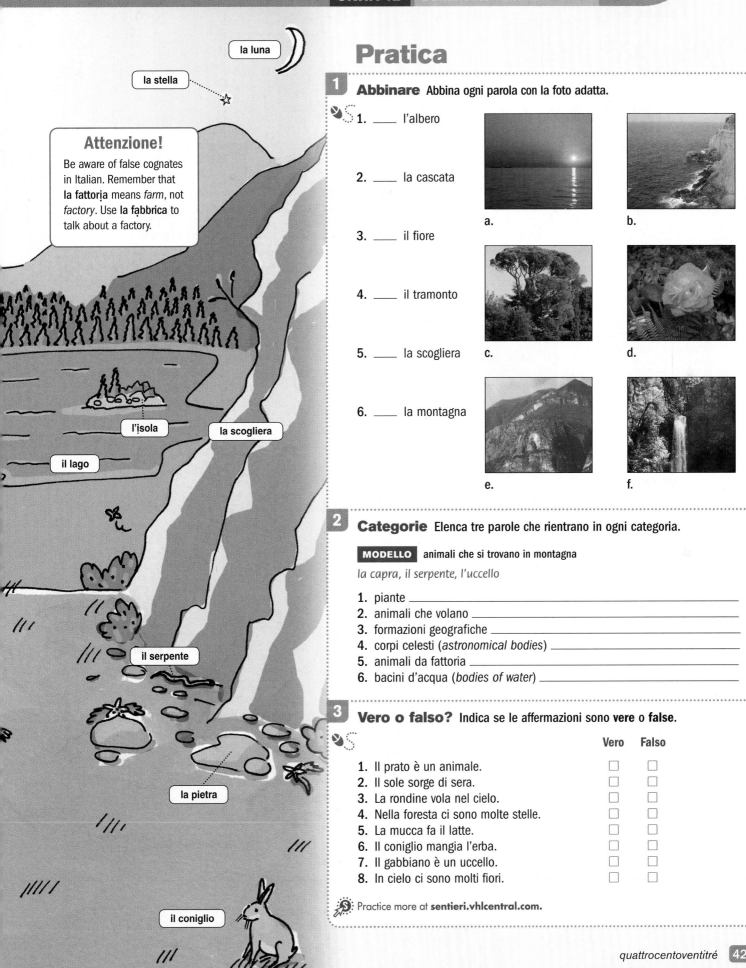

la luna

la stella

Attenzione!

Be aware of false cognates in Italian. Remember that **la fattoria** means *farm*, not *factory*. Use **la fabbrica** to talk about a factory.

l'isola

la scogliera

il lago

il serpente

la pietra

il coniglio

Pratica

1 **Abbinare** Abbina ogni parola con la foto adatta.

1. ____ l'albero

2. ____ la cascata

3. ____ il fiore

4. ____ il tramonto

5. ____ la scogliera

6. ____ la montagna

a.

b.

c.

d.

e.

f.

2 **Categorie** Elenca tre parole che rientrano in ogni categoria.

MODELLO animali che si trovano in montagna

la capra, il serpente, l'uccello

1. piante _____
2. animali che volano _____
3. formazioni geografiche _____
4. corpi celesti (*astronomical bodies*) _____
5. animali da fattoria _____
6. bacini d'acqua (*bodies of water*) _____

3 **Vero o falso?** Indica se le affermazioni sono **vere** o **false**.

	Vero	Falso
1. Il prato è un animale.	☐	☐
2. Il sole sorge di sera.	☐	☐
3. La rondine vola nel cielo.	☐	☐
4. Nella foresta ci sono molte stelle.	☐	☐
5. La mucca fa il latte.	☐	☐
6. Il coniglio mangia l'erba.	☐	☐
7. Il gabbiano è un uccello.	☐	☐
8. In cielo ci sono molti fiori.	☐	☐

Practice more at **sentieri.vhlcentral.com.**

CONTESTI

Comunicazione

4 Che cosa stanno facendo? 🎧 Ascolta ogni conversazione. Poi, a coppie, decidete a quale foto corrisponde ogni conversazione e scrivete quello che ogni coppia di persone sta facendo.

MODELLO *You hear:*

—Che bel colore ha il cielo!

—È vero. Alle sei di sera è così rosso... Sembra di fuoco!

—È proprio romantico guardarlo insieme!

Conversazione __1__
Stanno guardando il tramonto.

1. Conversazione ____

2. Conversazione ____

3. Conversazione ____

4. Conversazione ____

5. Conversazione ____

5 Una bellissima vacanza! A coppie, mettete in ordine le frasi per creare una conversazione logica.

____ **DAVIDE** Per fortuna nel pomeriggio abbiamo trovato una baita dove rifugiarci dalla pioggia.

____ **DAVIDE** Ti ricordi che bella era la vacanza in montagna della scorsa estate?

____ **SILVIA** Abbiamo anche visto molti animali: mucche, capre, scoiattoli, pecore... Peccato che siamo partiti con il sole, ma poi è arrivato il temporale!

____ **DAVIDE** È vero! Abbiamo camminato molto per valli e sentieri. Abbiamo visto tanti fiumi e tante cascate.

____ **SILVIA** E alla sera è tornato il sereno. Che tramonto incantevole, e che stelle! Penso che sia stata la gita più bella della nostra vita!

____ **SILVIA** Sì, ci siamo divertiti molto. Quella gita che abbiamo fatto è stata stupenda. Ma che fatica!

6 Le sette differenze Lavorate a coppie.
L'insegnante vi darà due fogli diversi, ciascuno con un disegno. Fatevi domande per trovare le sette differenze fra i disegni.

MODELLO

S1: *Quanti fiumi ci sono nel tuo disegno?*
S2: *Ci sono due fiumi. E nel tuo?*
S1: *Ah, nel mio ce n'è uno!*

7 Un dibattito In gruppi di quattro, dividetevi in due squadre e discutete qual è la migliore destinazione per le vacanze: la campagna o la città. Ogni squadra presenta una lista di vantaggi e di svantaggi. Poi discutete la questione.

MODELLO

S1: *È meglio la città. Ci sono negozi e ristoranti e...*
S2: *Ma la natura è così bella!*

Pronuncia e ortografia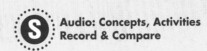

Audio: Concepts, Activities Record & Compare

 ## Common abbreviations

---

avv. = avvocato   dott. = dottore   sen. = senatore

Abbreviations (**Abbreviazioni**) are very common in written Italian. Abbreviations never end with a vowel, and double consonants must be maintained. A period indicates where the word has been shortened.

---

pagg. = pagine   dott.ri = dottori   prof.ssa = professoressa

When making abbreviations plural, double the final consonant of the abbreviation. If an abbreviation already ends in a doubled consonant, add the final part of the word after the period. Final letters are also added for feminine abbreviations.

Fiat = Fabbrica Italiana Automobili Torino   Onu = Organizzazione delle Nazioni Unite

Italians use many acronyms (**acronimi**) in speaking and writing to replace the full names of companies or organizations. **Acronimi** may be written by using all capital letters or capital letters separated with periods. Today, it is common to write **acronimi** with an initial capital letter followed by lowercase letters.

TIM = Telecom Italia Mobile
say: TIM

APT = Azienda di Promozione Turistica
say: a-pi-ti

Acronimi are usually formed in a manner that can be easily pronounced as a word. When the letters cannot be pronounced as a word, spell out the letters.

Pronunciare Ripeti gli acronimi e abbreviazioni ad alta voce.

1. RAI = Radio Audizioni Italiane
2. C.A.P. = Codice Avviamento Postale
3. IVA = Imposta sul Valore Aggiunto
4. ISTAT = Istituto di Statistica
5. C.V. = Curriculum Vitae
6. S.p.A. = Società per Azioni

Articolare Ripeti le frasi ad alta voce.

1. La dott.ssa Bianchi scrive agli avv.ti Rossi e Giannini.
2. Compro un vestito nuovo alla STANDA.
3. Qual è il C.A.P. della tua città?
4. Aprite il libro a pag. 14.
5. Il prezzo non include l'IVA.
6. La sig.ra Mancini e il sig. Tommasi sono andati in crociera negli Usa.

> *La mala erba cresce in fretta.[2]*

Proverbi Ripeti i proverbi ad alta voce.

> *Il sole che nasce ha più adoratori di quel che tramonta.[1]*

[1] The rising sun has more admirers than the setting one.
[2] Weeds grow quickly.

FOTOROMANZO

Picnic d'addio Video: *Fotoromanzo*

PERSONAGGI

Emily

Lorenzo

Marcella

Paolo

Riccardo

Viola

LORENZO Buongiorno, Marcella.

MARCELLA Come sei elegante, Lorenzo. A che ora parti?

LORENZO Devo prendere il treno dell'una e mezza per Milano. Ho un appuntamento domani mattina.

MARCELLA Che peccato che tu non possa restare per il picnic. Non mi avevi detto che dovevi partire. L'avremmo fatto un altro giorno.

LORENZO È meglio così. Mi mancherà la tua cucina, Marcella.

MARCELLA Spero che tu sia stato bene qua.

LORENZO Molto bene, grazie. Puoi salutare Emily e Viola da parte mia?

MARCELLA Non vuoi farlo tu?

LORENZO Non mi piace...

MARCELLA Lorenzo! Come sei tenero!

EMILY Stai proprio bene, Lorenzo.

LORENZO Grazie. Vado a dare il mio ultimo esame e poi prendo il treno per Milano dell'una e mezza.

EMILY Riccardo mi ha detto del tuo colloquio domani. In bocca al lupo.

LORENZO Crepi. Ci sono state delle divergenze tra di noi, Emily, ma sei un'ottima persona. Spero che troverai il caffè perfetto.

RICCARDO E il bar?

EMILY Non guadagnerei abbastanza per pagare l'affitto di un appartamento.

PAOLO Puoi restare con noi.

MARCELLA Ma Paolo, stanno per arrivare i nuovi ospiti.

EMILY Grazie per l'ospitalità, Paolo. Ma tua madre conduce un'attività. È meglio che io vada a casa.

MARCELLA Ovunque tu vada, Emily, Roma resterà nel tuo cuore.

RICCARDO Eh già, non c'è nessun posto come questo al mondo. Quando torni a Chicago?

EMILY Il mio volo parte il 20.

RICCARDO Allora abbiamo un'altra settimana per esplorare la costa e le montagne. Vero, Viola? Viola?

VIOLA Sì?

RICCARDO Possiamo far vedere a Emily un altro po' d'Italia prima che vada via.

VIOLA Sì, certo.

EMILY Sei ancora arrabbiata con me?

VIOLA No. Ma dov'è Lorenzo?

PAOLO In viaggio per Milano.

RICCARDO No, non ancora.

ATTIVITÀ

1 **Vero o falso?** Decidi se le seguenti affermazioni sono vere o false.

1. Lorenzo ha un appuntamento a Milano tra due giorni.
2. Lorenzo è stato bene alla pensione di Marcella.
3. Emily augura (*wishes*) buona fortuna a Lorenzo.
4. Lorenzo pensa di dimenticarsi di Marcella.
5. Fanno un picnic sulla spiaggia.
6. Emily ha deciso di lavorare in un bar.
7. Riccardo propone (*suggests*) di far vedere a Emily un altro po' d'Italia.
8. Viola vuole mandare un messaggio a Riccardo.
9. Emily parte all'una e mezza.
10. Marcella presta il suo scooter a Viola e a Riccardo.

 Practice more at **sentieri.vhlcentral.com**.

I ragazzi fanno un ultimo picnic insieme.

EMILY Abbi cura di te, Lorenzo. E guarda il blog ogni tanto.
LORENZO Lo farò.
EMILY Hai visto Viola?
LORENZO No. (*A Marcella*) Verrò a prendere i bagagli dopo l'esame. Qualunque cosa accada, non mi dimenticherò mai di te.

Al parco...
EMILY Che bel prato!
RICCARDO È il parco più bello che ci sia a Roma, Emily.
MARCELLA Hai deciso che cosa farai?
EMILY I miei genitori non vogliono che io resti a Roma a meno che non trovi un lavoro.

VIOLA Devo parlare con lui.
RICCARDO Sembra che, invece, lui non voglia parlare con te.
VIOLA Avete il suo numero di cellulare? Potrei mandargli un messaggio.
RICCARDO No.
VIOLA Con quale treno parte?
EMILY Quello dell'una e mezza.

VIOLA Marcella, Marcella, puoi prestare il tuo scooter a me e a Riccardo?
MARCELLA Certo.
RICCARDO No, non vado da nessuna parte prima del dolce.
VIOLA Tu sei in debito con me, Riccardo. Andiamo!... Andiamo!
RICCARDO Maledetta gratitudine!

Espressioni ụtili

More uses of the subjunctive

- **Che peccato che tu non possa restare.**
  It's a shame you can't stay.
- **Spero che tu sịa stato bene qui.**
  I hope you enjoyed your time here.
- **qualunque cosa accada**
  whatever happens
- **È il parco più bello che ci sịa a Roma.**
  It's the prettiest park there is in Rome.
- **...a meno che non trovi un lavoro**
  . . . unless I get a job
- **ovunque tu vada** • **prima che vada vịa**
  wherever you go *before she leaves*

Additional vocabulary

- **Puoi salutare Emily e Viola da parte mịa?**
  Will you say good-bye to Emily and Viola for me?
- **Riccardo mi ha detto del tuo colloquio.**
  Riccardo told me about your interview.
- **Stanno per arrivare i nuovi ọspiti.**
  The new guests are about to arrive.
- **Tụa madre conduce un'attività.**
  Your mother runs a business.
- **Possiamo far vedere a Emily un altro po' d'Italia.**
  We can show Emily a little more of Italy.
- **Non vado da nessuna parte.**
  I'm not going anywhere.
- **Tu sei in dẹbito con me.**
  You owe me.
- **Maledetta gratitụdine!**
  Darn gratitude!
- **Come sei tẹnero!** • **Stai proprio bene.**
  You're so sweet! *You look good.*
- **divergenze** • **ogni tanto**
  differences *every so often*
- **Abbi cura di te.**
  Take care of yourself.

---

2 **Per parlare un po'** In gruppi di cinque, organizzate un picnic per il prossimo fine settimana. Dove andrete? A che ora vi troverete? Come ci arriverete? Che cosa porterete da mangiare? Quali altre persone volete invitare? Poi parlate del vostro programma con il resto della classe.

3 **Approfondimento** Emily, Riccardo e Viola hanno una settimana per visitare l'Italia partendo da Roma. Scegli alcuni posti che dovrebbero visitare, poi fai una ricerca su Internet e scopri quali mezzi di trasporto devono prendere e dove possono alloggiare. Presenta il tuo programma alla classe.

risorse

SAM
VM: pp. 45–46

DVD
Puntata 23

sentieri.vhlcentral.com

ATTIVITÀ

IN PRIMO PIANO

Una gita fuori porta

Quali sono le attività all'aperto che gli italiani amano di più per stare a contatto con la natura? La maggior parte della gente preferisce escursioni, passeggiate e giri in bicicletta. Il tipo di attività praticato dipende molto dalla regione dove una persona abita.

L'escursionismo°, per esempio, è più popolare nelle zone di montagna ed è certamente il tipo di attività meglio organizzato: lungo° tutte le Alpi e gli Appennini esistono sentieri mantenuti° dallo Stato o da volontari. Di solito un'escursione comincia con una salita° su un monte per godersi° il panorama e finisce in un rifugio°, una casa tra i boschi° che offre ospitalità e cibo. Per i più avventurosi ci sono i bivacchi°, piccole capanne° nelle zone più isolate, con dei letti e una scorta di provviste° che, per buona educazione°, bisogna mangiare e rimpiazzare° con un po' del proprio cibo.

L'escursionismo è praticato anche in altre parti d'Italia, soprattutto nelle zone umide, dove è possibile osservare numerose specie di uccelli. Anche andare in bicicletta è popolare e ci sono sempre più piste ciclabili°, specialmente lungo i fiumi del nord e tra i boschi delle colline° del centro e del sud.

Non tutte le attività all'aperto, però, implicano° uno sforzo° fisico; spesso il vero scopo° di un'escursione è mangiare in un rifugio o fare un picnic. La stagione delle escursioni, infatti, si apre con una gita particolare: il picnic di Pasquetta. Il lunedì dopo Pasqua gli italiani vanno in campagna per una colazione sull'erba, la prima dell'anno, per godersi il primo sole e per passeggiare nel verde. Insomma, viva la vita nella natura… ma con qualche comodità°!

Le escursioni degli italiani

	GENNAIO-MARZO	APRILE-GIUGNO	LUGLIO-SETTEMBRE	OTTOBRE-DICEMBRE
Numero di escursionisti	32.488	48.611	60.423	23.147
Destinazioni principali	Campania, Lombardia, Piemonte, Toscana	Campania, Lombardia, Toscana, Sicilia	Campania, Lazio, Lombardia, Toscana	Campania, Lombardia, Toscana, Veneto

FONTE: ISTAT (2007)

escursionismo *hiking* **lungo** *along* **mantenuti** *maintained* **salita** *ascent* **godersi** *enjoy* **rifugio** *refuge* **boschi** *woods* **bivacchi** *bivouacs* **capanne** *huts* **scorta di provviste** *supply of provisions* **buona educazione** *good manners* **rimpiazzare** *replace* **piste ciclabili** *cycling paths* **colline** *hills* **implicano** *require* **sforzo** *effort* **scopo** *purpose* **comodità** *comfort*

ATTIVITÀ

1 **Vero o falso?** Indica se l'affermazione è **vera** o **falsa**. Correggi le affermazioni false.

1. Fra le attività all'aperto, gli italiani preferiscono passeggiate, escursioni e giri in bicicletta.

2. L'escursionismo è praticato solo in montagna.

3. I sentieri di montagna sono mantenuti dallo Stato e da volontari.

4. I rifugi sono piccole capanne tra i monti con dei letti e una provvista di cibo.

5. In un bivacco è anche possibile dormire.

6. Nelle zone umide puoi osservare numerose specie di uccelli.

7. In Italia non ci sono piste per andare in bicicletta.

8. Le attività all'aperto sono tutte fisiche e implicano uno sforzo.

9. La stagione delle gite si apre con il picnic di Pasquetta.

10. Pasquetta è il nome del sabato prima di Pasqua.

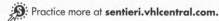 Practice more at **sentieri.vhlcentral.com**.

Nel bosco

l'abete	fir
la bacca	berry
il cespuglio	bush
il cipresso	cypress
la foglia	leaf
il muschio	moss
la quercia	oak
la radice	root
la radura	clearing
il ramo	branch
il ruscello	stream
il sasso	stone

Vacanze in campagna

In Italia esiste un turismo a contatto con la natura chiamato l'**agriturismo**. Fare agriturismo significa soggiornare° in un appartamento in uno degli edifici di una fattoria, entrare in un'atmosfera famigliare a contatto con la vita quotidiana dei padroni di casa, assaggiare il cibo prodotto da loro e venire a contatto con l'artigianato, le feste e la cultura rurale. Alcuni agriturismi organizzano anche escursioni a cavallo o corsi di cucina, ma generalmente le loro attrattive sono il relax e i prezzi bassi, adatti per le famiglie.

Questa formula non è solo originale ma anche utile: il turismo, infatti, sostiene i redditi° degli agricoltori e recupera le vecchie case di campagna in rovina°.

soggiornare stay **redditi** earnings **in rovina** run-down

A favore della natura

Pro Natura, la prima associazione italiana per la protezione della natura, nasce nel 1948 con gli obiettivi° di educare al rispetto dell'ambiente° e di proteggere e conservare° le bellezze naturali per le generazioni future.

L'associazione amministra° alcune zone naturali, chiamate *oasi*, e cerca di recuperare° altre zone inquinate°. Lo scopo° è dimostrare che è possibile gestire° le risorse naturali in armonia con l'uomo. Per questo, ogni oasi è organizzata come un laboratorio, dove tecniche moderne d'ingegneria dell'ambiente sono usate per conservare l'equilibrio naturale e spiegate° ai visitatori. Infatti, l'educazione e l'informazione sono una priorità nell'attività di Pro Natura.

Le oasi mostrano così un'Italia fatta non solo di monumenti antichi o panorami da cartolina, ma anche di una natura viva sebbene discreta.

obiettivi aims **ambiente** environment **conservare** preserve **amministra** manages **recuperare** recover **inquinate** polluted **scopo** goal **gestire** to manage **spiegate** explained

 SU INTERNET

 **Cerca tre posti in Italia per fare l'agriturismo.**

Go to **sentieri.vhlcentral.com** to find more information related to this **CULTURA**.

2 Completare Completa le frasi.

1. Pro Natura nasce nel _____.
2. Pro Natura amministra alcune aree naturalistiche chiamate _____.
3. Tra le priorità di Pro Natura ci sono l'informazione e _____.
4. Fare agriturismo significa soggiornare in un _____.
5. Alcuni agriturismi organizzano escursioni _____ e corsi di cucina.
6. L'agriturismo aiuta anche a sostenere i _____ degli agricoltori.

3 A voi A coppie, discutete le seguenti domande.

1. Quali attività fuori porta sono comuni nella tua regione?
2. Quali associazioni per la protezione della natura conosci?
3. Una vacanza in un agriturismo può essere considerata un'esperienza culturale? Perché?

risorse

sentieri.vhlcentral.com

A T T I V I T À

STRUTTURE

12A.1 The past subjunctive

Punto di partenza You have learned how to use the present subjunctive in certain situations to talk about actions and events taking place in the present or future. To express actions that took place in the past in such sentences, use the **congiuntivo passato** (*past subjunctive*).

congiuntivo presente	congiuntivo passato
Ernesto pensa che **scalino** la montagna.	Ernesto pensa che **abbiano scalato** la montagna.
*Ernesto thinks they **are** **climbing** the mountain.*	*Ernesto thinks they **climbed** the mountain.*

- Form the past subjunctive with the present subjunctive of **avere** or **essere** + [*past participle*].

Congiuntivo passato

	parlare	andare
io	abbia parlato	sia andato/a
tu	abbia parlato	sia andato/a
Lei/lui/lei	abbia parlato	sia andato/a
noi	abbiamo parlato	siamo andati/e
voi	abbiate parlato	siate andati/e
loro	abbiano parlato	siano andati/e

- As with the present subjunctive, use the past subjunctive in subordinate clauses when the main clause contains a verb or expression in the present that triggers the subjunctive mood.

indicative	subjunctive
È vero che le rondini **sono tornate**.	**Crede** che le rondini **siano tornate**.
*It's **true** that the swallows **have returned**.*	*He **believes** that the swallows **have returned**.*

- Choose the past subjunctive when the action in the subordinate clause takes place *before* the action in the main clause.

MAIN CLAUSE	SUBORDINATE CLAUSE
Present Tense	Present Subjunctive
	che Sara **remi** ora?
	*that Sara **is rowing** now?*
Sei contento	Past Subjunctive
Are you happy	che Sara **abbia** già **remato**?
	*that Sara already **rowed**?*

PRATICA

1 Associare Associa la prima parte di ogni frase con la conclusione corretta.

1. Io penso che in classe tu ____
2. Mariuccia non crede che noi ____
3. Tu e Silvestro pensate che io____
4. Noi dubitiamo che loro ____
5. Tu hai paura che Giuliano ____
6. Nino e Lina sono felici che voi ____

a. abbiamo già finito tutti i compiti.
b. abbiano creduto alla nostra storia.
c. non si sia messo a dieta come promesso.
d. abbia fatto la migliore presentazione.
e. siate arrivati alla festa.
f. non mi sia mai fidata di voi.

2 Completare Completa ogni frase con la forma corretta del congiuntivo passato.

1. È importante che tu _____ (capire) le istruzioni.
2. Questa è la cascata più impressionante che noi _____ (visitare) in questa regione.
3. Ho paura che le vacanze _____ (finire già).
4. È bene che voi _____ (fare) un picnic ieri, perché oggi pioverà.
5. Le api sono gli insetti più pericolosi con cui io _____ (lavorare).
6. Sono contenta che tu e Paolo _____ (scegliere) questo prato; è perfetto per giocare a calcio!
7. È il cielo più stellato che io _____ (vedere mai).
8. Dubito che Giacinta _____ (andare) al concerto ieri sera.

3 Trasformare Usa gli indizi dati per creare frasi complete al congiuntivo passato.

1. non è vero / noi / dormire nel deserto quest'estate
2. penso / la guida turistica / consigliare questa baita per la notte
3. questo albero è il più piccolo / voi / comprare quest'anno
4. è male / noi / arrivare in ritardo
5. dubitiamo / voi / fidanzarsi senza dirlo a nessuno
6. non è possibile / tu / remare per tre ore ieri
7. loro sono contenti / io / venire al lago questa settimana
8. questo è il tramonto / più romantico a cui noi / assistere

Practice more at **sentieri.vhlcentral.com.**

COMUNICAZIONE

4   **Domande** Di' ai tuoi compagni di classe se pensi o no che abbiano fatto le attività descritte. Quando trovi qualcuno che ha fatto un'attività, scrivi il suo nome.

MODELLO

S1: *Penso che tu sia andato in montagna in bicicletta. È vero?*

S2: *Sì, è vero./No, non è vero.*

Attività	Nome
andare in montagna in bicicletta	Alessia
collezionare insetti	
dare da mangiare agli scoiattoli	
esplorare un sentiero nascosto (hidden)	
essere punto (stung) da un'ape	
fare un picnic in inverno	
giocare a football americano	
nuotare nell'oceano	

5   **Un'escursione** A coppie, fate una descrizione di un'escursione (*outing*) nella natura durante la quale otto studenti fanno cose diverse. Usate il congiuntivo passato con le attività elencate nella lista.

MODELLO   nuotare nel lago

È bene che Michele abbia nuotato nel lago.

cercare insetti	guardare il tramonto
esplorare sentieri segreti	passare la giornata sul lago
fare un picnic	remare tutto il giorno
fotografare piante	scalare la montagna

6   **Vero o falso?** Scrivi quattro affermazioni, vere o false, usando il congiuntivo passato e il superlativo. Poi, in gruppi di quattro, leggete le vostre frasi mentre gli altri indovinano se la persona crede veramente o no a ciò che ha letto.

MODELLO

S1: *Il lago Erie è il lago più bello che io abbia mai visto.*

S2: *Penso che tu lo creda davvero.*

S3: *Non penso che tu lo creda veramente.*

- The past subjunctive follows the same rules of agreement as the **passato prossimo**.

  È male che le api **abbiano scoperto** il nostro picnic.
  *It's bad that the bees **discovered** our picnic.*

  Temo che gli scoiattoli **siano scappati** con i panini.
  *I am afraid the squirrels **ran off** with the rolls.*

  Credi che noi **siamo entrate** nella foresta senza di lui?
  *Do you believe that we **entered** the forest without him?*

  Peccato che lei non **abbia potuto** vedere le stelle ieri sera.
  *It's a shame that she **couldn't** see the stars last night.*

- You have already learned to use **di** + [*infinitive*] when the subjects of the main verb and the subordinate verb are the same. Similarly, if such a sentence refers to a past action or event, use **di** + [*past infinitive*]. Form the past infinitive with **avere/essere** + [*past participle*].

  Non siamo felici di **essere andati** in campagna per le vacanze.
  *We're not happy about **having gone** to the country for vacation.*

  Quella capra è contenta di **avere mangiato** il nostro pranzo!
  *That goat is happy to **have eaten** our lunch!*

Superlatives and the subjunctive

You have already learned many types of sentences that require the subjunctive. The subjunctive is also used in clauses that follow a relative superlative.

RELATIVE SUPERLATIVE   SUBJUNCTIVE

È il tramonto **più bello** che io **abbia** mai **visto**!
*It's the **most beautiful** sunset that I **have** ever **seen**!*

È il fiume **più veloce** che **abbiamo** mai **navigato**.
*It's the **fastest** river that **we have** ever **navigated**.*

Provalo!	Scegli la forma corretta del congiuntivo passato per completare ogni frase.

1. Giuliana pensa che loro (sia arrivato / (siano arrivati)) ieri sera.
2. Patrizia e Riccardo sperano che voi (vi siate ricordati / ci siamo ricordati) di portare da bere.
3. Daniela teme che noi (vi siate persi / ci siamo persi).
4. Tu hai paura che loro non (abbiate avuto / abbiano avuto) una buon'idea.
5. È bene che loro (abbia parlato / abbiano parlato) con il professore.
6. È incredibile che Eleonora (abbia cucinato / abbiamo cucinato) per così tante persone.

12A.2 The subjunctive with conjunctions

Punto di partenza Conjunctions are used to connect two words or phrases together in a sentence. Certain conjunctions commonly introduce adverbial clauses, which describe *how*, *why*, *when*, or *where* an action takes place.

● You have already learned several conjunctions that are used with the indicative tenses.

Common conjunctions used with the indicative

appena	as soon as		mentre	while
e	and		o/oppure	or
ma	but		perché	because

Faccio una foto **appena** sorge il sole.
*I'll take a photo **as soon as** the sun rises.*

Vorresti fare un picnic **oppure** esplorare la valle?
*Would you like to have a picnic **or** explore the valley?*

● Some conjunctions, however, must be followed by the subjunctive in Italian.

Common conjunctions used with the subjunctive

affinché			a condizione che	
in modo che	} so that		a patto che	} provided that
perché			purché	
benché			prima che	before
per quanto	} although		senza che	without
sebbene			a meno che... non	unless

MAIN CLAUSE	conjunction	SUBORDINATE CLAUSE
Andiamo al fiume	**affinché**	i ragazzi **possano** fare il bagno.
Let's go to the river	*so that*	*the boys can go swimming.*
Vado alla fattoria	**a patto che**	tu **venga** con me.
I'll go to the farm	*provided that*	*you come with me.*

● **Perché** can mean either *because*, which is used with the indicative, or *so that*, which requires the subjunctive. Use the context of the sentence to determine its meaning.

Alle mucche piace quel campo **perché** lì l'erba **è** migliore.
*The cows like that field **because** the grass **is** better there.*

Porto la mucca nel campo **perché possa** mangiare l'erba.
*I bring the cow to the field **so that** it **can** eat the grass.*

PRATICA

1 **Scegliere** Scegli la forma del verbo che completa meglio ogni frase.

1. Ho letto un intero capitolo mentre tu (finivi / abbia finito) gli esercizi di matematica.
2. Lavo tutti i piatti in modo che la cucina (è / sia) più in ordine.
3. Vengo volentieri al concerto a meno che i bambini non (sono / siano) ancora malati.
4. O finite le verdure oppure non (potete / possiate) mangiare il gelato.
5. Parlate con il direttore per (hanno / avere) più vacanze.
6. È tornato molto tardi ieri sera senza che io (me ne accorgo / me ne sia accorto).
7. Andiamo in piscina perché (fa / fare) molto caldo.
8. Adele e Felice verranno in biblioteca con noi a patto che non (viene / venga) Carlo.

2 **Completare** Completa la conversazione con la forma corretta di ogni verbo.

DANIELA Mi piace molto andare al lago perché l'alba lì (1) _____ (essere) stupenda.

PIETRO Sono d'accordo. È impossibile (2) _____ (trovare) un posto più bello di quello. Vuoi andarci questo fine settimana?

DANIELA Che bella idea! Va bene, a condizione che tu non (3) _____ (portare) il tuo amico Gino e purché noi (4) _____ (lasciare) i nostri cellulari a casa.

PIETRO Perfetto. Appena tu e Veronica (5) _____ (potere) organizzarvi per andare al cinema un altro giorno, io inizio a organizzare il fine settimana e (6) _____ (comprare) da mangiare e da bere.

DANIELA Prendo un paio di film alla videoteca, sebbene tu non (7) _____ (fidarsi) dei miei gusti...

PIETRO Sì, ma prima di (8) _____ (andare) sappi che non mi piacciono i film troppo romantici!

3 **Rispondere** Completa ogni frase con una risposta personale.

1. Io vado in campagna affinché...
2. Mi piacciono gli animali a condizione che...
3. Non andrei mai a vivere nel deserto perché...
4. Passerei un mese su un'isola deserta a patto che...
5. Chiamo sempre prima di...
6. Passo del tempo a dormire mentre...
7. Raccolgo (*I pick*) dei fiori per...
8. Esploro la pineta prima che...

 Practice more at **sentieri.vhlcentral.com**.

COMUNICAZIONE

4 **Condizioni** Lavorate a coppie. Rispondete a turno alle seguenti domande, usando una congiunzione della lista.

MODELLO

S1: *Ti alzi mai prima dell'alba?*

S2: *Mi alzo prima dell'alba a condizione che tu mi porti il caffè a letto.*

a condizione che	per quanto	perché

1. Salti (*Do you skip*) mai una classe?
2. Vai mai in vacanza senza il cellulare?
3. Vorresti passare tutta l'estate alle Hawaii?
4. Lavoreresti in una fattoria?
5. Guardi mai le stelle in cielo la sera?
6. Faresti il bagno in un fiume?

5 **Una catena di frasi** In gruppi di quattro, create una catena di frasi usando **perché** e il congiuntivo o l'indicativo. La prima persona inizia una frase usando **perché**. La seconda ripete quella frase e ne aggiunge un'altra, anche questa con **perché**. Continuate fino a quando la frase è troppo lunga da ricordare.

MODELLO

S1: *Mi piace scalare le montagne perché posso vedere molto lontano.*

S2: *Mi piace scalare le montagne perché posso vedere molto lontano e perché posso fare esercizio.*

S3: *Mi piace scalare le montagne perché...*

6 **Una storia disegnata** A coppie, create una pagina da una storia raccontata attraverso disegni. Usate almeno sei disegni. Ogni parte deve finire con la frase **a meno che non** e poi continuare nel pannello successivo.

MODELLO

La mia famiglia sta facendo campeggio. Mio fratello Pietro preparerà la cena a meno che non piova...

- Conjunctions that require the subjunctive generally do so also when the main and subordinate clauses share the same subject.

Dormiamo nella foresta **purché troviamo** la baita.	**Sebbene** il lago **sia** profondo, non ospita molti pesci.
*We will sleep in the forest **provided that we find** the shelter.*	***Although** the lake **is** deep, it is not home to many fish.*

- However, **perché**, **prima che**, and **senza che** take the subjunctive only when there are two different subjects. In same-subject sentences, **per**, **prima di**, and **senza** + [*infinitive*] are used instead.

Le compra una barca **perché impari** a remare.	Giuliana compra una barca **per imparare** a remare.
*He's buying her a boat **so that** she'll **learn** to row.*	*Giuliana is buying a boat **in order to learn** to row.*
Chiudi il cancello **prima che esca** il toro!	Chiudi il cancello **prima di uscire**!
*Close the gate **before** the bull **gets out**!*	*Close the gate **before you go out**!*
Non andate nel deserto **senza che** lo **sappia** vostro padre.	Non andate nel deserto **senza chieder**lo a vostro padre.
*Don't go to the desert **without** your father **knowing**.*	*Don't go to the desert **without asking** your father.*

- Note that the order of the main and subordinate clauses may also be reversed. However, the verb immediately following the conjunction must always be in the subjunctive.

Benché non ci **siano** molti fiori, il prato è bellissimo.	Non arriveremo mai **a meno che** tu **non trovi** il sentiero giusto.
***Although** there **aren't** many flowers, the meadow is very beautiful.*	*We will never get there **unless** you **find** the right path.*

Provalo! **Associa la prima parte delle frasi a sinistra con la seconda parte a destra.**

1. Devi studiare di più affinché ___f___   a. andare a giocare.
2. Andiamo tutti al lago sebbene _____   b. piova.
3. Dovete finire di pulire prima di _____   c. dormire.
4. Ti telefono appena _____   d. arrivo alla baita.
5. Non puoi sempre lavorare senza _____   e. facciamo a turno a guidare.
6. Prendiamo la mia macchina purché _____   f. i tuoi professori ti diano bei voti.

SINTESI

Ricapitolazione

1 **Reazioni** In gruppi di tre, leggete a turno le seguenti frasi e reagite usando un'espressione della lista.

MODELLO Abbiamo fatto un picnic proprio qui l'anno scorso.

È bello che abbiate fatto un picnic qui l'anno scorso.

Credo	È male	È triste	Non sono felice
È bello	È necessario	È un peccato	Sono contento/a

1. Hanno aperto un nuovo sentiero l'anno scorso.
2. Le mucche non sono rimaste molto in montagna l'anno scorso.
3. Mio padre ha costruito quella baita.
4. Non ho potuto fotografare quei fiori l'anno scorso.
5. Tu non hai esplorato la foresta l'anno scorso.
6. Abbiamo visto molte stelle in montagna l'anno scorso.
7. Ho trovato alcuni serpenti sul sentiero l'anno scorso.
8. Voi avete remato sul lago per un giorno intero l'anno scorso.

2 **Una gita di gruppo** A coppie, scegliete sei diverse persone che conoscete tutti e due e immaginate di portarle con voi per una camminata (*walk*) nella natura. Dite che cosa pensano della natura usando il congiuntivo passato.

MODELLO

S1: *Caterina pensa che la camminata non sia stata molto difficile.*

S2: *Enrico pensa che la camminata sia stata molto faticosa.*

3 **Un gioco** Scrivi su diversi pezzi di carta tre frasi usando il vocabolario della lezione, il passato prossimo e soggetti diversi (io, la mia famiglia, tu e i miei amici ecc.). Poi, in gruppi di quattro, piegate i pezzi di carta e metteteli insieme. Ogni giocatore sceglie un'espressione della lista. Poi prende un pezzo di carta e crea una frase completa usando il congiuntivo passato.

MODELLO

Non ho visto nessuno scoiattolo.

È incredibile che io non abbia visto nessuno scoiattolo!

Basta	È incredibile	È possibile
Bisogna	È interessante	Pare
È improbabile	È meglio	Peccato

4 **Regole** A coppie, scrivete sei regole che i visitatori devono seguire quando camminano nella foresta. Usate una congiunzione della lista per ogni frase.

MODELLO

Non camminare fuori dal sentiero a meno che non ci sia un'emergenza.

a condizione che	a patto che	per quanto	prima che
a meno che... non	in modo che	perché	senza che

5 **Compromessi** A coppie, create una conversazione tra due amici, uno che ama la campagna e uno che ama la città. Discutete le vostre idee per il fine settimana e trovate dei compromessi su sei attività. Usate le congiunzioni presentate in questa lezione.

MODELLO

S1: *Facciamo un picnic al lago!*

S2: *Io vengo al picnic a condizione che tu venga al concerto con me stasera.*

6 **Il buono e il cattivo** A coppie, discutete ogni foto dicendo cosa c'è di buono e cosa c'è di cattivo in ciascuna. Usate **benché** e il congiuntivo.

MODELLO

S1: *Mi piace questo sentiero, benché sia isolato.*

S2: *Sembra un sentiero interessante, benché ci siano molti insetti.*

1.

2.

3.

4.

5.

6.

risorse

SAM
WB: pp. 177–180

SAM
LM: pp. 101–102

sentieri.vhlcentral.com

Lo Zapping

S Video: Short Film

Due generazioni s'incontrano nel cortometraggio filmato da Marco Ottavio Graziano. Il giovane PG va a trovare il nonno, ormai cieco, che vive in campagna. Riparandogli la vecchia bicicletta, rotta e abbandonata nel garage, gli restituirà, anche solo per un giorno, lo sguardo purtroppo perduto su paesaggi cari e mai dimenticati.

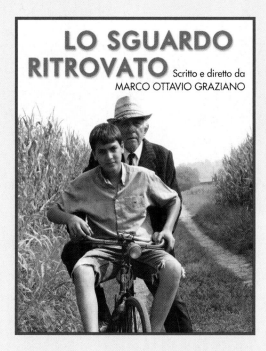

LO SGUARDO RITROVATO Scritto e diretto da MARCO OTTAVIO GRAZIANO

Espressioni utili

- **il campanile**
  bell tower
- **il campo**
  field

- **cieco/a**
  blind
- **le galline**
  hens

- **il magazzino**
  shed/warehouse
- **pedalare**
  to pedal

- **il pollaio**
  hen-house
- **la risaia**
  rice field

- **rotto/a**
  broken
- **lo sguardo**
  glance

- **la meliga/il granturco**
  corn

Per parlare del film

- **andare a trovare**
  to visit (someone)
- **il buio**
  darkness

- **burbero/a**
  grumpy
- **la solitudine**
  solitude

- **la vecchiaia**
  old age
- **la vista**
  eyesight

Preparazione

1 **In campagna** Decidi se le affermazioni sono **vere** o **false**. Correggi quelle false.

1. Le galline fanno le uova (*lay eggs*) nel magazzino.
2. Il granturco si coltiva nella risaia.
3. Per andare in bicicletta è necessario pedalare.
4. La meliga è sinonimo di granturco.
5. Una persona è cieca quando non può sentire.

2 **Vecchi e giovani** Leggi questi proverbi di origine africana: sei d'accordo? Perché? Discuti con un(a) compagno/a.

Il giovane prima parla e poi ascolta; l'anziano prima ascolta e poi parla.

Il giovane cammina più veloce dell'anziano, ma l'anziano conosce la strada.

SINTESI

Scene: Lo sguardo ritrovato

PG Nonno, di chi era questa bicicletta?

NONNO Era mia, la mia bicicletta.

PG Ma, nonno... perché è abbandonata lì dentro tutta rotta?

NONNO Che cosa me ne faccio?° Non ci vado da cinquant'anni. Da quando mi s'è spenta la luce°.

PG Nonno, ma con quella bicicletta tutta rotta che c'hai nel magazzino, dove andavi?

NONNO Quando c'andavo, non era mica° tutta rotta. C'andavo in città a lavorare, partivo la mattina e tornavo la sera. Mi ricordo le stradine di campagna, l'inverno con la pioggia, magari° anche la neve, un freddo! Però la domenica, i giorni di festa, non andavo mica vestito così, mi mettevo il mio vestito nuovo...

PG Nonno, la tua bicicletta.

NONNO Eh già...

PG Si può pedalare di nuovo!

NONNO Come?!

NONNO PG, da che parte stiamo?

PG Siamo sulla strada che porta al paese°, quella che passa per i campi.

NONNO Ah, sì, sì. Sento... sento l'acqua del canale. È qui, vero?

PG Bravo! È qui accanto a noi. Nonno, ma vado sempre avanti per questa strada?

NONNO Senti, dimmi cosa vedi.

PG Ci sono tanti tanti campi.

NONNO Il castello?

PG No, la meliga!

NONNO Senti, ma... è già sera?

PG Sì, nonno. Ma c'è ancora luce.

NONNO Ah. Ma fra poco° farà di nuovo buio... PG...

Che cosa me ne faccio? *What can I do with it?* **quando mi s'è spenta la luce** *when the lights went out on me*
non... mica *not . . . at all* **magari** *maybe* **che porta al paese** *that leads to town* **fra poco** *soon*

Analisi

3 **Comprensione** Rispondi alle domande.

1. Quante uova voleva il nonno? Perché PG ne ha prese così poche?
   _____

2. Di chi era la vecchia bicicletta che PG trova nel magazzino? Da quanto tempo non è più usata?
   _____

3. Che cosa ha cucinato il nonno per PG? Che ingredienti ha messo?
   _____

4. Perché PG si alza presto la mattina seguente?
   _____

5. Che cosa pensa PG del nonno?
   _____

6. Dove vuole andare il nonno?
   _____

7. Com'è il paesaggio che PG descrive al nonno? Che cosa vede?
   _____

8. Di chi è la macchina che arriva? Perché arriva?
   _____

4 **Interpretazione** A coppie, descrivete questi momenti del film inserendoli nella trama. Qual è la possibile importanza? Sono momenti chiave nel film? Perché?

MODELLO

S1: *Penso che questa scena dimostri un aspetto importante del nonno. Ci fa vedere l'importanza della luce.*

1. —Il buio è triste.

2. —Nonno, s'è rotta la lampadina.

3. —Nonno, sei un fenomeno!

4. —Ma così presto?

5 **Opinioni** Scegli la foto che meglio esprime, secondo te, il significato del film. Tieni presente anche il dialogo corrispondente. Poi, in gruppi di tre, giustificate la vostra scelta e cercate di convincere i compagni che la vostra scelta è la più appropriata.

1.

2.

3.

4.

 Practice more at **sentieri.vhlcentral.com**.

Lezione 12B

Communicative Goals

You will learn how to:
- talk about pollution
- talk about environmentalism

Proteggere il pianeta

S Talking Picture
Audio: Activity

Vocabolario

espressioni	*expressions*
migliorare	*to improve*
preservare	*to preserve*
proporre* una soluzione	*to propose a solution*
salvare il pianeta	*to save the planet*
sprecare	*to waste*
sviluppare	*to develop*

l'energia	*energy*
l'energia eolica	*wind power*
l'energia rinnovabile	*renewable energy*
l'energia solare	*solar energy*
l'energia termica	*thermal energy*
la fabbrica	*factory*
i rifiuti tossici	*toxic waste*

i problemi	*problems*
l'alluvione (f.)	*flood*
la catastrofe	*catastrophe*
il degrado	*deterioration*
il disboscamento	*deforestation*
l'effetto serra	*greenhouse effect*
il pericolo	*danger*
il riscaldamento globale	*global warming*
lo smog	*smog*
la sovrappopolazione	*overpopulation*

le soluzioni	*solutions*
l'agricoltura biologica	*organic farming*
l'ambientalismo	*environmentalism*
l'ambiente (m.)	*environment*
la coscienza ambientale	*environmental awareness*
l'ecologia	*ecology*
il governo	*government*
la legge	*law*
la macchina ibrida	*hybrid car*

l'energia nucleare

la pioggia acida

il pannello solare

la centrale nucleare

FABBRICA D'AUTOMOBILI

l'inquinamento

lo scappamento

Fanno i pendolari.

risorse

SAM
WB: pp. 181–182

SAM
LM: p. 103

S sentieri.vhlcentral.com

Pratica

il camion della nettezza urbana

il riciclaggio

Ricicla. (riciclare)

Vietato buttare rifiuti.

l'immondizia

1 Trova l'intruso Trova la parola che non appartiene al gruppo.

1. alluvione, pioggia acida, legge, effetto serra
2. sprecare, riciclare, preservare, migliorare
3. eolica, solare, acida, nucleare
4. riciclaggio, agricoltura biologica, macchina ibrida, rifiuti tossici
5. coscienza ambientale, degrado, ecologia, ambientalismo
6. pericolo, camion della nettezza urbana, immondizia, rifiuti

2 Mettere etichette Etichetta ogni fotografia con una parola o espressione dal vocabolario della lezione.

1. _____

2. _____

3. _____

4. _____

5. _____

6. _____

3 Scegliere Scegli la risposta che meglio completa ogni frasi.

1. Quando piove troppo può esserci un' (alluvione / ecologia).
2. Il riscaldamento globale è dovuto all' (energia solare / effetto serra).
3. È importante che il governo faccia nuove (spazzature / leggi) per proteggere l'ambiente.
4. Per risolvere il problema dei rifiuti bisogna (sprecare / riciclare) di più.
5. Una soluzione per lo smog sono le (macchine ibride / piogge acide).
6. Se il (disboscamento / pannello solare) continua, presto ci saranno più problemi ambientali.

4 Creare Completa le seguenti frasi in maniera logica.

MODELLO Una buona cosa delle macchine ibride è che...

riducono l'inquinamento in città.

1. Il riciclaggio è importante perché...
2. I vantaggi dell'agricoltura biologica sono...
3. La sovrappopolazione è un problema perché...
4. Alcuni esempi di energia rinnovabile sono...
5. È importante sviluppare nuove fonti (*sources*) di energia perché...
6. Per salvare il nostro pianeta è necessario...

Practice more at **sentieri.vhlcentral.com.**

CONTESTI

Comunicazione

5 **Un problema ambientale** Leggi l'articolo di giornale. Poi, a coppie, completate le frasi seguenti con le parole mancanti.

Notizie ambientali

La crisi energetica è un problema sempre più serio e deve essere affrontato (*dealt with*) al più presto. Le nostre fabbriche consumano troppo, senza contare che contribuiscono all'inquinamento del pianeta. Anche le nostre automobili consumano troppo e causano un problema serio per le nostre città: lo smog. Le soluzioni per migliorare la situazione della crisi energetica sono molteplici (*many*). Anzitutto, bisogna sviluppare energie alternative, come quella solare, quella eolica o quella nucleare. In città possiamo aumentare i mezzi pubblici e usare macchine ibride, così potremmo risolvere anche il problema dello smog. Ma il problema della crisi energetica si risolve anche nelle nostre case. Dobbiamo cercare di consumare meno energia, facendo attenzione al consumo delle nostre apparecchiature (*appliances*) elettriche. Lavoriamo insieme per salvare il pianeta!

1. Le fabbriche contribuiscono all'_____ del pianeta.
2. Un problema serio per le nostre città è lo _____.
3. Due esempi di energia alternativa sono quella _____ e quella _____.
4. Una soluzione per le città sono _____.
5. A casa bisogna consumare meno _____.
6. È necessario lavorare insieme per _____.

6 **Facciamo la nostra parte** 🎧 Ascolta questo annuncio alla radio e completa le seguenti frasi con le informazioni fornite. Poi, a coppie, scrivete un annuncio su un'altra questione ambientale.

Secondo l'annuncio...
1. ...dobbiamo riciclare la _____ e il _____.
2. ...è importante consumare meno _____ e meno _____.
3. ...quando è possibile, è meglio scegliere prodotti _____.
4. ...dobbiamo sviluppare una _____ e salvare il nostro _____.

7 **Intorno al mondo** Lavorate a coppie. L'insegnante vi darà due fogli diversi, ciascuno con metà delle informazioni su vari problemi ambientali e la loro collocazione geografica. Fatevi domande per aggiungere l'informazione mancante alla propria mappa. Poi scegliete tre dei problemi elencati e cercate di trovare insieme delle soluzioni possibili.

MODELLO

S1: *Quale paese ha un problema con lo smog nella tua mappa?*
S2: *Il Messico. E nella tua?*
S1: *L'Inghilterra.*

8 **Carriere del futuro** In gruppi di quattro, scrivete tre descrizioni per tre lavori che secondo voi diventeranno importanti nel futuro. Per ognuno, descrivete il tipo di lavoro, la sua importanza attuale e perché pensate che diventerà ancora più importante. Usate l'immaginazione e fornite (*provide*) il maggior numero di dettagli possibile.

MODELLO

S1: *Nel futuro il riscaldamento globale aumenterà.*
S2: *Quindi un buon lavoro sarà quello di occuparsi di...*

Pronuncia e ortografia

Audio: Concepts, Activities Record & Compare

Borrowed words in Italian

computer	**leader**	**suspense**	**standard**

English words have become common in the Italian language. In general, these words maintain the original English spelling.

e-mail	**file**	**Internet**	**marketing**

In Italian, English words generally maintain their original general pronunciation and syllabication, but the words are often more enunciated. The letter *r* is rolled, and vowels (besides the long English *i*) tend to have an Italian pronunciation.

il **Web**	lo **sport**	la **Duke University**	una **star**

Since English does not give a gender to nouns, English nouns often become masculine in Italian. However, if an English word has a close Italian equivalent, the gender of the Italian equivalent will be used.

i **computer**	i **film**	gli **sport**	le **star**

When used in Italian, English nouns do not add the letter *s* to form the plural. The singular form of the word is maintained, and the plural form is indicated by the preceding article.

bloggare	**chat**tare	**scroll**are	**stress**are

Some English verbs, especially those referring to business or computer activities, are "Italianized" by altering spellings and/or by adding Italian infinitive endings and conjugations.

Pronunciare Ripeti le parole ad alta voce.

1. il weekend
2. la privacy
3. il film
4. lo smog
5. i jeans
6. il bar
7. il business
8. cliccare
9. i quiz
10. il manager
11. la webcam
12. downlodare

Articolare Ripeti le frasi ad alta voce.

1. Siamo sotto stress in questo periodo.
2. Ho visto il direttore di marketing al bar.
3. C'è un bel film al multiplex.
4. Questo weekend vanno ad un bed and breakfast.
5. Chattiamo quando sono davanti al computer.
6. Fa un Master in ecologia all'università.

Proverbi Ripeti i proverbi ad alta voce.

> Una rondine non fa primavera.[2]

> Sole dopo tempesta mette gli uomini in festa.[1]

[1] Sunshine after a storm puts people in a festive mood.
[2] One swallow does not make it Spring.

FOTOROMANZO

Arrivederci, Roma!  Video: *Fotoromanzo*

Emily

Lorenzo

Lucia

Marcella

Paolo

Riccardo

Viola

PAOLO Pensi che Riccardo e Viola possano arrivare in tempo alla stazione?

MARCELLA Forse sì. Hanno più probabilità se i treni sono in ritardo.

EMILY Spero che ce la facciano.

PAOLO Cosa vuole dire Viola a Lorenzo?

EMILY Non lo so con certezza.

MARCELLA Alla fine lo scopriremo.

RICCARDO Ma, perché lo rincorri?

VIOLA Riccardo, pensa a guidare. Stai attento a non farlo ingolfare.

RICCARDO So guidare uno scooter, grazie mille.

VIOLA Lo pensavo anch'io prima che lo rompessi.

RICCARDO Se avessi un po' di buon senso, non ci troveremmo in questa situazione.

PAOLO Niente immondizia in giro! Sono un ecologista, io.

EMILY Pensavo che ti occupassi solo di film e computer.

PAOLO L'effetto serra è una cosa seria, Emily. Se non facciamo attenzione all'ambiente, rischiamo il riscaldamento globale.

RICCARDO Allora, com'è andata?

VIOLA Non ce l'ho fatta.

RICCARDO Che cosa volevi dirgli?

VIOLA Non capiresti.

RICCARDO Forse potrei.

EMILY Mia madre viene a Roma. Viaggeremo insieme per un mese.

MARCELLA Penso che sia un ottimo compromesso. Spero che tu ce la presenterai quando verrà a Roma.

EMILY Ho promesso che le preparerai gli spaghetti alla carbonara. Nel modo giusto. Non vedo l'ora di dirlo a Riccardo. Riccardo. Mi chiedo come sia andata a finire alla stazione.

VIOLA Volevo chiedergli scusa. Il treno per Milano era già partito.

RICCARDO Potremmo metterlo sul blog quando torniamo alla pensione.

VIOLA Sono una stupida, vero? ...Non sei costretto a rispondermi. Tu mi hai sempre detto quello che pensavi. Grazie.

RICCARDO Emily. (*Scrivendo un SMS*) Siamo arrivati troppo tardi.

---

1 **Completare** Completa le seguenti frasi.

1. Riccardo e Viola hanno più probabilità di arrivare in tempo alla stazione se i treni sono _____.

2. Se Viola avesse un po' di _____, lei e Riccardo non sarebbero in questa situazione.

3. Secondo Paolo, l'_____ è una cosa seria.

4. Se non si fa attenzione all'ambiente, si rischia il _____.

5. Paolo ha proposto l'impianto di _____.

6. Emily e sua madre viaggeranno per _____.

7. Viola voleva chiedere _____ a Lorenzo.

8. Riccardo pensa che Viola piaccia a Lorenzo perché è il suo _____.

9. Riccardo dice che Viola è sensibile e _____.

10. Viola pensa che Riccardo sia molto _____.

 Practice more at **sentieri.vhlcentral.com**.

Riccardo e Viola seguono Lorenzo alla stazione.

PAOLO Non mi piacerebbe avere un'amica che non si preoccupa dell'inquinamento e della deforestazione. Io e Caterina abbiamo proposto l'impianto di pannelli solari per la nostra scuola.

EMILY Caterina?

PAOLO È una ragazza che ho conosciuto durante un progetto di ecologia della scuola.

Alla stazione...

LUCIA Mi dispiace, scusa. Sto cercando il treno per Milano. Non ti ho visto.

LORENZO Non c'è di che. Lascia che... lascia che ti aiuti. Anch'io vado a Milano. Io sono Lorenzo.

LUCIA Lucia. Piacere di conoscerti.

LORENZO Dobbiamo sbrigarci se vogliamo prenderlo. Andiamo.

VIOLA Tra me e Lorenzo non avrebbe mai funzionato. Io l'ho sempre saputo. Aveva ragione Emily. Lui mi piaceva perché era attratto da me. Sono una stupida.

RICCARDO Non sei una stupida, Viola. Lorenzo deve ancora superare la storia con Francesca. Penso che tu gli piaccia perché sei il suo opposto.

VIOLA Non raffinata?

RICCARDO Non volevo dire questo. Sei così sensibile a volte. Tu sei molto interessante.

VIOLA Sei davvero molto dolce.

RICCARDO Era ora che te ne accorgessi.

VIOLA Andiamo.

Espressioni utili

Imperfect subjunctive

- **prima che lo rompessi**
  until you broke it
- **se avessi un po' di buon senso**
  if you had some good sense
- **pensavo che ti occupassi di...**
  I thought you were interested in . . .
- **Era ora che te ne accorgessi.**
  It was about time you figured that out.

Additional vocabulary

- **Spero che ce la facciano.**
  I hope they make it.
- **Perché lo rincorri?**
  Why are you chasing him?
- **farlo ingolfare**
  to flood the motor
- **Lascia che ti aiuti.**
  Let me help you.
- **Non ce l'ho fatta.**
  I didn't make it.
- **compromesso**
  compromise
- **nel modo giusto**
  the right way
- **Mi chiedo come sia andata a finire.**
  I wonder how everything went.
- **Non sei costretto a rispondere.**
  You don't have to answer.
- **Lorenzo deve ancora superare la storia con Francesca.**
  Lorenzo still needs to get over the whole Francesca thing.
- **Non raffinata?**
  Not refined?

---

2 Per parlare un po' A coppie, immaginate che Viola e Lorenzo si siano incontrati in stazione. Che cosa si sono detti? Scrivete un dialogo in italiano di almeno 15 battute e presentatelo alla classe.

3 Approfondimento Cerca una definizione della parola *ambientalismo*. Poi fai un elenco di alcuni problemi di cui si occupano gli ambientalisti e trova il nome di alcune associazioni ambientaliste italiane. Presenta la tua risposta alla classe.

risorse

SAM
VM: pp. 47–48

DVD
Puntata 24

sentieri.vhlcentral.com

ATTIVITÀ

CULTURA

Un mondo più pulito

Il principale problema ambientale in Italia è sicuramente lo smog urbano causato dalle molte auto e, d'inverno, dal riscaldamento° delle case.

Le città cercano di prevenire in vari modi il superamento° del livello di gas tossici nell'atmosfera. In primo luogo° c'è la pratica delle targhe alterne°; cioè possono muoversi in città solo le macchine con la targa che finisce con un numero pari° durante i giorni pari del mese, mentre le auto con la targa con un numero dispari° circolano solo nei giorni dispari. Un'altra iniziativa è quella delle domeniche a piedi; cioè le domeniche, di solito in primavera, in cui è proibito usare l'auto in città. In questi giorni, in genere, gli autobus sono gratuiti e in centro sono organizzati eventi come gare° non competitive in bicicletta, bancarelle° gastronomiche e spettacoli in piazza. Lo scopo è quello di vedere la città da una prospettiva diversa e abituare° la gente a usare meno l'auto.

Anche lo Stato cerca di affrontare° il problema, offrendo incentivi economici a chi usa energie alternative. Per esempio, lo Stato paga una parte della spesa effettuata per l'acquisto° di un'auto a metano° o l'installazione dei pannelli solari. Esiste anche un programma di sviluppo delle energie alternative, chiamato Libro Bianco, che punta° soprattutto sull'energia idroelettrica e geotermica. Attualmente° gli impianti° non producono molta energia, ma il Ministero dell'ambiente ha un programma per lo sviluppo delle tecnologie ambientali. Considerando che l'Italia è un paese vulcanico e termale e che le sorgenti geotermiche° sono sfruttate° sin dal 1827, l'obiettivo rimane quello di usare al meglio le risorse del paese.

riscaldamento *heating* **superamento** *surpassing* **In primo luogo** *In the first place* **targhe alterne** *alternating license plate numbers*
pari *even* **dispari** *odd* **gare** *races* **bancarelle** *stands* **abituare** *to accustom* **affrontare** *to face* **acquisto** *purchase* **a metano** *natural gas-powered*
punta *focuses* **Attualmente** *At the moment* **impianti** *power plants* **sorgenti geotermiche** *hot springs* **sfruttate** *exploited*

A T T I V I T À

1 **Vero o falso?** Indica se l'affermazione è **vera** o **falsa**. Correggi le affermazioni false.

1. Il maggiore problema ambientale in Italia è lo smog.

2. In inverno il problema dello smog è meno grave.

3. A volte, nei mesi pari, circolano solo le auto con targhe pari, mentre nei mesi dispari circolano le auto con targhe dispari.

4. Nelle domeniche a piedi è proibito usare tutti i mezzi di trasporto come auto, biciclette e autobus.

5. Le domeniche a piedi sono organizzate per abituare la gente a usare meno l'auto.

6. Lo Stato offre incentivi a chi usa energie alternative.

7. Se uno decide di installare dei pannelli solari a casa sua, lo Stato paga tutta la spesa.

8. Gli impianti idroelettrici e geotermici in Italia producono molta energia.

9. L'Italia è un paese ricco di acque termali ed energia geotermica.

10. L'energia geotermica è sfruttata in Italia sin dal 1827.

Practice more at **sentieri.vhlcentral.com.**

L'ITALIANO QUOTIDIANO

L'igiene pubblica

la discạrica	dump
il/la netturbino/a	garbage collector
le scorie	waste
buttare via	to throw away
conservare	to preserve
depurare	to purify
gettare	to throw
sbarazzarsi di	to get rid of
smaltire	to drain; to dispose of

COSTUMI E USANZE

Raccolta differenziata

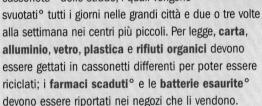

La raccolta° dei rifiuti in Italia è organizzata diversamente in ogni città. Generalmente i rifiuti sono gettati nei cassonetti° delle strade, i quali vengono svuotati° tutti i giorni nelle grandi città e due o tre volte alla settimana nei centri più piccoli. Per legge, **carta**, **alluminio**, **vetro**, **plastica** e **rifiuti organici** devono essere gettati in cassonetti differenti per poter essere riciclati; i **farmaci scaduti**° e le **batterie esaurite**° devono essere riportati nei negozi che li vendono.

I risultati di questa politica sono incoraggianti°: in alcune zone il 40% dei rifiuti è riciclato, ma resta ancora molto da fare. Per questo lo Stato punta sull'educazione e organizza nelle scuole delle campagne per sensibilizzare° i giovani al problema e creare così un futuro più ecologico.

raccolta pick-up **cassonetti** garbage bins **svuotati** emptied **farmaci scaduti** expired medicine **esaurite** used **incoraggianti** encouraging **sensibilizzare** to sensitize

RITRATTO

Slow food

L'associazione Slow food, fondata da **Carlo Petrini**, nasce in Italia nel 1986 e con il suo nome vuole criticare la cultura della velocità tipica della vita moderna. Infatti, l'associazione cerca di promuovere° la qualità del cibo e il piacere di vivere con calma. Le sue attività comprendono l'informazione per una dieta sana, la difesa delle diverse tradizioni alimentari del mondo e la promozione di coltivazioni° rispettose dei ritmi naturali.

L'idea è che dietro un buon piatto ci sono scelte° fatte nei campi, nelle scuole e nella politica. Slow food così è organizzata in «presidi°», cioè progetti per la protezione di produzioni alimentari minacciate° dal degrado ambientale o dall'agricoltura massiva. Oltre ai presidi, Slow food pubblica una rivista sulla biodiversità e sui vari temi eco-gastronomici.

I prodotti dei presidi Slow food sono riconoscibili° per il marchio della chiocciola°, animale lento, ma capace per questo di godersi la vita°.

promuovere promote **coltivazioni** farming **scelte** choices **presidi** defenses **minacciate** threatened **riconoscibili** identifiable **chiocciola** snail **godersi la vita** to enjoy life

SU INTERNET

Quali sono i principali presidi Slow food?

Go to **sentieri.vhlcentral.com** to find more information related to this **CULTURA**.

---

2 Completare Completa le frasi.

1. Slow food nasce in Italia nel _____.

2. Slow food pubblica una rivista sulla _____.

3. Il simbolo di Slow food è una _____.

4. In Italia, per legge, carta, alluminio, _____ e rifiuti organici devono essere riciclati.

5. Le batterie _____ e i farmaci _____ devono essere riportati al negozio che li ha venduti.

3 A voi A coppie, discutete le seguenti domande.

1. Come viene affrontato nella tua città il problema dello smog?

2. Esiste la raccolta differenziata nella tua città? Com'è organizzata?

3. Esistono programmi per sensibilizzare i giovani ai problemi ambientali negli Stati Uniti?

risorse

sentieri.vhlcentral.com

ATTIVITÀ

STRUTTURE

12B.1 The imperfect and the past perfect subjunctive

Punto di partenza Like the indicative mood, the subjunctive mood has multiple tenses to talk about the past.

- The **congiuntivo imperfetto** (*imperfect subjunctive*) is used in the same situations as the present subjunctive, except that the verb in the main clause is in the past or the conditional.

PRESENT	PRESENT SUBJUNCTIVE	PAST	IMPERFECT SUBJUNCTIVE
È bene che Roberta **ricicli**.		**Era** bene che Roberta **riciclasse**.	
*It's good that Roberta **recycles**.*		*It was good that Roberta **recycled**.*	

- The pattern of conjugation is identical for verbs ending in **-are**, **-ere**, and **-ire**. Drop the **-re** to form the stem and add the imperfect subjunctive endings. Note that the **io** and **tu** endings are identical.

Congiuntivo imperfetto

	parlare	leggere	dormire
io	parlassi	leggessi	dormissi
tu	parlassi	leggessi	dormissi
Lei/lui/lei	parlasse	leggesse	dormisse
noi	parlassimo	leggessimo	dormissimo
voi	parlaste	leggeste	dormiste
loro	parlassero	leggessero	dormissero

- While all verbs have the same endings, a few common verbs have irregular stems.

Irregular verbs in the *congiuntivo imperfetto*

essere	dare	stare	bere	dire	fare
fossi	dessi	stessi	bevessi	dicessi	facessi
fossi	dessi	stessi	bevessi	dicessi	facessi
fosse	desse	stesse	bevesse	dicesse	facesse
fossimo	dessimo	stessimo	bevessimo	dicessimo	facessimo
foste	deste	steste	beveste	diceste	faceste
fossero	dessero	stessero	bevessero	dicessero	facessero

- Use the imperfect subjunctive when the action in the subordinate clause takes place at the same time as or later than a past-tense or conditional action in the main clause.

Eri stupito che ci **fosse** tanto smog?	Mia moglie **preferirebbe** che io **comprassi** una macchina ibrida.
***Were you** amazed that there **was** so much smog?*	*My wife **would prefer** that I **buy** a hybrid car.*

PRATICA

1 Completare Scrivi la forma corretta del congiuntivo trapassato per completare le frasi seguenti.

1. Tu vorresti che io _____ (essere) più responsabile sul mio lavoro.
2. Sarebbe stato bello se tu _____ (potere) giocare a calcio con loro.
3. Vorrei che Daniele _____ (vedere) com'è Carla veramente!
4. I nostri genitori erano felici che noi _____ (scrivere) loro ogni settimana.
5. Non era probabile che Gioia _____ (venire) quella sera stessa.
6. Sarebbe stata una cosa buona se voi _____ (comprare) una macchina ibrida.

2 Trasformare Usa gli indizi dati per scrivere frasi al passato usando il congiuntivo imperfetto.

MODELLO

i miei amici essere felici / la fabbrica non inquinare il fiume
I miei amici erano felici che la fabbrica non inquinasse il fiume.

1. essere importante / la gente riciclare i rifiuti
2. io essere contento / il governo incoraggiare l'agricoltura biologica
3. sembrare / molte persone comprare macchine ibride
4. essere bene / la legge proteggere l'ecologia
5. tutti essere preoccupati / lo smog aumentare
6. i cittadini sperare / tu trovare una soluzione

3 Creare Usa le espressioni elencate per creare frasi con il congiuntivo imperfetto o il congiuntivo trapassato.

MODELLO l'energia termica

Ero contenta che la fabbrica usasse/avesse usato l'energia termica.

1. il riciclaggio
2. l'impianto nucleare
3. il disboscamento
4. lo smog
5. la coscienza ambientale
6. i rifiuti

 Practice more at **sentieri.vhlcentral.com**.

COMUNICAZIONE

4 Cosa ti piacerebbe? Lavorate a coppie. Fatevi a turno le seguenti domande usando il congiuntivo imperfetto. Non limitate le vostre risposte a «sì» e «no»; dite anche perché.

1. Secondo te, sarebbe più importante che la gente riciclasse la carta o la plastica?

2. Cosa vorresti che le fabbriche facessero per aiutare l'ambiente?

3. Secondo te, sarebbe importante che tutti comprassero macchine ibride?

4. Vorresti che la legge obbligasse i cittadini a fare solo agricoltura biologica?

5. Quale tipo di energia sarebbe bene che la gente non usasse?

6. Secondo te, sarebbe meglio che ci fossero più soluzioni per l'effetto serra?

5 Successi passati A coppie, date la vostra opinione su vari temi che sono accaduti nella vostra città nel passato. Usate la lista e il congiuntivo trapassato.

MODELLO

controllo governativo (*governmental*) sull'inquinamento
Era bene che trenta anni fa ci fosse già un controllo governativo sull'inquinamento.

Espressioni	Temi
Era bene	agricoltura biologica
Era impossibile che	leggi sull'ambiente
Era necessario	riciclaggio
Peccato che	buco (*hole*) dell'ozono
Sembrava che	rifiuti tossici
Speravo che	camion della nettezza urbana

6 Rimpianti Scrivi tre cose relative all'ambiente che vorresti vedere diverse. Poi, in gruppi di tre, paragonate a turno i vostri rimpianti (*regrets*). Decidete quali sono i tre rimpianti principali e poi parlatene come classe.

MODELLO

S1: *Vorrei che le persone riciclassero di più.*
S2: *Vorrei che il governo…*

Il congiuntivo trapassato

The **congiuntivo trapassato** (*past perfect subjunctive*) is used in the same situations as the past subjunctive, except that the main clause is in the past or the conditional.

- Form the **congiuntivo trapassato** with the imperfect subjunctive of **essere** or **avere** + [*past participle*].

Congiuntivo trapassato		
	parlare	andare
io	avessi parlato	fossi andato/a
tu	avessi parlato	fossi andato/a
Lei/lui/lei	avesse parlato	fosse andato/a
noi	avessimo parlato	fossimo andati/e
voi	aveste parlato	foste andati/e
loro	avessero parlato	fossero andati/e

- Use the past perfect subjunctive when the action in the subordinate clause takes place *before* the action in the main clause.

Aveva paura che i bambini **avessero** già **buttato** i rifiuti nel parco.
*She was afraid that the children **had** already **littered** in the park.*

Pensavi che l'inquinamento **avesse** già **contribuito** all'effetto serra?
*Did you think that pollution **had** already **contributed** to the greenhouse effect?*

- The past perfect subjunctive functions in a similar way to the past subjunctive. Compare the following examples.

PRESENT	CONGIUNTIVO PASSATO	PAST	CONGIUNTIVO TRAPASSATO

Sei felice che **abbiano usato** l'energia solare?
Are you happy that they used solar energy?

Eri felice che **avessero usato** l'energia solare?
Were you happy that they had used solar energy?

- Remember to use **di** + [*infinitive*] if there is no change of subject.

Avevano bisogno **di riciclare**?
Did they need to recycle?

Temevo **di avere sprecato** l'acqua.
*I feared **I had wasted** water.*

Provalo! Completa la tabella con le forme mancanti del congiuntivo imperfetto.

		giocare	bere	dormire
1.	io	giocassi	*bevessi*	dormissi
2.	tu	_____	bevessi	_____
3.	Lei/lui/lei	_____	bevesse	dormisse
4.	noi	_____	_____	dormissimo
5.	voi	giocaste	_____	_____
6.	loro	giocassero	bevessero	_____

12B.2 Tense correlations with the subjunctive

Punto di partenza You have learned that the tense of the subjunctive depends on the tense of the verb used in the main clause. For any verb tense used in the main clause, the tense of the subordinate clause is based on when the actions take place in relation to one another. Here are some guidelines to help you choose which subjunctive tense to use in each situation.

- These are the possibilities for sentences whose main clauses use the present, future, or (less commonly) imperative form.

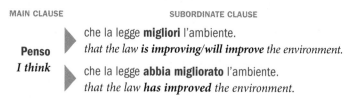

MAIN CLAUSE	SUBORDINATE CLAUSE
presente futuro imperativo	**congiuntivo presente** *if concurrent with or after main clause* **congiuntivo passato** *if before main clause*

- If the action of the subordinate clause is concurrent with or happens after that of the main clause, choose the **congiuntivo presente**. If the action occurs before that of the main clause, then use the **congiuntivo passato**.

Penso *I think*	che la legge **migliori** l'ambiente. *that the law **is improving/will improve** the environment.* che la legge **abbia migliorato** l'ambiente. *that the law **has improved** the environment.*

- These are the possibilities for sentences whose main clauses use either a past tense or the conditional.

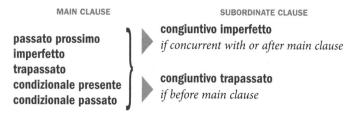

MAIN CLAUSE	SUBORDINATE CLAUSE
passato prossimo imperfetto trapassato condizionale presente condizionale passato	**congiuntivo imperfetto** *if concurrent with or after main clause* **congiuntivo trapassato** *if before main clause*

- If the action of the subordinate clause is concurrent with or happens after that of the main clause, choose the **congiuntivo imperfetto**. If the action occurs before that of the main clause, then use the **congiuntivo trapassato**.

Pensavo *I thought*	che la legge **migliorasse** l'ambiente. *that the law **improved** the environment.* che la legge **avesse migliorato** l'ambiente. *that the law **had improved** the environment.*

---

1 Associare Associa la prima parte delle frasi con la conclusione più logica.

1. Non credevo che in inverno il sole ___
2. Potremmo fare una gita sul lago ___
3. Non è possibile che i politici ___
4. Per ridurre l'inquinamento sarebbe bene che noi tutti ___
5. Se oggi c'è il sole ___
6. Credevo che questi uccelli ___
7. Se non avessimo praticato l'agricoltura biologica ___
8. Comprerebbe una macchina ibrida ___

a. i pomodori non sarebbero così saporiti.

b. guidassimo solo macchine ibride.

c. se costasse di meno.

d. non passino più leggi per l'ambiente.

e. tramontasse così presto.

f. non fossero sopravvissuti al freddo di questa regione.

g. vuoi venire in campagna con noi?

h. se facesse bel tempo.

2 Completare Usa l'indicazione temporale, che spiega quando si svolge l'azione subordinativa relativa all'azione principale, per scegliere la forma corretta del congiuntivo del verbo indicato.

MODELLO

Non credevo che noi *avessimo* (avere) sempre tanta fortuna. [*future*]

1. Spero che Luigi _____ (arrivare) senza problemi. [*past*]

2. Volevo che tu mi _____ (aiutare). [*concurrent*]

3. Sarà divertente benché _____ (piovere). [*future*]

4. Non credi che io _____ (andare) a quella riunione. [*future*]

5. Eri sicuro che i miei amici non _____ (telefonare)? [*past*]

6. Davvero pensava che loro _____ (essere) disonesti? [*concurrent*]

7. L'erba era verde nonostante non _____ (piovere) da un mese. [*past*]

8. Sembrava che i volontari _____ (lavorare) anche il fine settimana. [*concurrent*]

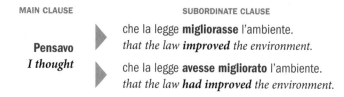 Practice more at **sentieri.vhlcentral.com**.

COMUNICAZIONE

3 Bene e male Lavorate a coppie e create delle frasi che comincino con **(Non) Penso che...** Date la vostra opinione su fatti che aiutano o danneggiano (*harm*) l'ambiente. Usate il congiuntivo presente o il congiuntivo passato nelle vostre risposte a seconda della situazione.

MODELLO
S1: *Penso che più persone usino i mezzi di trasporto pubblico oggi che vent'anni fa.*
S2: *Non penso che molte persone abbiano già comprato macchine ibride.*

4 Nel passato A coppie, completate le frasi seguenti usando o il congiuntivo imperfetto o il congiuntivo trapassato.

MODELLO Abbiamo deciso di usare l'energia solare...
S1: *Abbiamo deciso di usare l'energia solare sebbene costasse di più.*
S2: *Abbiamo deciso di usare l'energia solare sebbene il cielo fosse coperto negli ultimi mesi.*

1. Abbiamo fatto i pendolari per due mesi...
2. Ha proposto una soluzione...
3. Avete combattuto per la situazione ambientale...
4. Hanno buttato i rifiuti nel lago...
5. Hai ignorato il pericolo...
6. Ho denunciato (*reported*) la fabbrica...

5 E se...? Completa queste frasi. Poi, in gruppi di tre, paragonate le vostre risposte per vedere quanto avete in comune.

MODELLO Se io avessi comprato una macchina ibrida...
...non spenderei così tanti soldi in benzina.

Situazioni reali:

1. Se tutti rispetteranno la foresta...
2. Se noi facciamo una passeggiata su quel sentiero...

Situazioni ipotetiche:

3. Se il governo spendesse più soldi per l'ambiente...
4. Se al mercato si vendessero solo prodotti biologici...

Situazioni impossibili:

5. Se le fabbriche avessero costruito camion della nettezza ibridi...
6. Se tutte le famiglie del quartiere avessero usato pannelli solari...

Se and the subjunctive

Use the conjunction **se** (*if*) to create complex sentences. In **Lezione 7A**, you learned to use the future in both the *if*-clause (beginning with **se**) and the independent clause. Use the chart below to determine which verb forms to use with other types of *if*-clauses.

IF-CLAUSE		INDEPENDENT CLAUSE
	presente	▶ presente, futuro, imperativo
se +	congiuntivo imperfetto congiuntivo trapassato	▶ condizionale presente, condizionale passato

- To describe real or likely situations, use the indicative mood in the *if*-clause and the present or future indicative or the imperative in the independent clause. Note that when the *if*-clause is in the future, the independent clause must also be in the future.

Ci **sarà** una catastrofe se **continuiamo** a inquinare.
*There **will be** a catastrophe if **we continue** to pollute.*

Se **useremo** l'energia solare, **aiuteremo** l'ambiente.
*If **we use** solar energy, **we will help** the environment.*

- To describe a hypothetical situation, use the **congiuntivo imperfetto** in the *if*-clause and the conditional or past conditional in the independent clause.

Se tutti **andassero** in bicicletta, ci **sarebbe** tanto smog?
*If everyone **traveled** by bike, **would** there **be** so much smog?*

Avrebbe comprato i pannelli solari se non **costassero** tanto.
*He **would have bought** solar panels if **they didn't cost** so much.*

- To describe impossible or contrary-to-fact situations, use the **congiuntivo trapassato** in the *if*-clause, and the conditional or past conditional in the independent clause.

Se **avessi proposto** una soluzione, non **avremmo** questi problemi.
*If **you had proposed** a solution, **we wouldn't have** these problems.*

Non **avrei sprecato** i soldi per la benzina se **fossi andata** a piedi.
*I **wouldn't have wasted** the money on gas if **I had walked**.*

Provalo! Completa ogni frase con la forma corretta del congiuntivo.

1. È bene che la tua famiglia (iniziasse /(abbia iniziato)) ad usare i pannelli solari.
2. Temevo che lo smog (fosse / sia stato) peggiorato.
3. Ho paura che le fabbriche (inquinino / inquinassero) i fiumi.
4. Pensavo che il problema (sia risolto / fosse stato risolto).
5. Non è possibile che Giorgio (facesse / abbia fatto) il pendolare per dieci anni!
6. Spero veramente che la città (avesse trovato / trovi) presto una soluzione a questo problema.

SINTESI

Ricapitolazione

1 **Persone e ambiente** A coppie, fate a turno a leggere le seguenti frasi. Poi dite qual è stata la reazione di ciascuna persona nella lista. Usate le espressioni della lista e il congiuntivo imperfetto.

> **MODELLO** Si costruiscono nuove case nel deserto.
>
> **S1:** *L'agente immobiliare era contento che si costruissero nuove case nel deserto.*
> **S2:** *L'elettricista era sorpreso che...*

agente immobiliare	elettricista	pendolare
agricoltori	famiglie	sindaco
cittadini	governo	volontari

1. Hanno cancellato molti treni venerdì.
2. Le fabbriche hanno prodotto molti rifiuti tossici.
3. Molte persone hanno comprato macchine ibride.
4. I bambini non hanno inquinato la natura.
5. I turisti non hanno riciclato i rifiuti.
6. Hanno aumentato i prezzi dei prodotti biologici.

2 **La città perfetta** A coppie, immaginate una città che ha già risolto tutti i problemi ambientali. Dite cosa pensavano dell'ambiente e dei problemi le persone che vivevano lì già venti anni fa. Usate gli indizi elencati e il congiuntivo trapassato.

> **MODELLO**
>
> *I leader politici avevano paura che i problemi ambientali della città fossero aumentati troppo velocemente.*

1. Tutti pensavano che...
2. I residenti non credevano che...
3. Il sindaco aveva paura che...
4. Gli ingegneri e gli architetti erano felici che...
5. I proprietari delle fabbriche erano tristi che...
6. I giovani temevano che...

3 **Un'inchiesta** Chiedi ai tuoi compagni di classe di completare una frase dal foglio che ti darà l'insegnante. Scrivi le loro risposte e poi discutile con la classe per scoprire quali sono le opinioni più comuni.

> **MODELLO**
>
> **S1:** *Come sarebbe se tutti avessero meno figli?*
> **S2:** *Se tutti avessero meno figli, non ci sarebbe il problema della sovrappopolazione.*

4 **Felice o triste** A coppie, guardate le foto ed esprimete un'opinione positiva o negativa. Usate il congiuntivo passato o il congiuntivo trapassato.

> **MODELLO**
>
> **S1:** *Sono contenta che la gente abbia deciso di prendersi cura del lago.*
> **S2:** *Peccato che non ci siamo mai stati.*

1.

2.

3.

4.

5.

6.

5 **Soluzioni** A coppie, immaginate un gruppo di studenti che vogliono salvare l'ambiente. Completate ogni frase per dire che cosa ha fatto ogni persona per aiutare. Usate il congiuntivo imperfetto o il congiuntivo trapassato.

> **MODELLO** Elena ha piantato molti alberi in modo che...
>
> *Elena ha piantato molti alberi in modo che ci sia più natura in città.*

1. Paolo e Gloria hanno parlato del riciclaggio affinché...
2. Loretta ha aiutato a pulire il parco nonostante...
3. Tu pensavi di partecipare alla conferenza sul riscaldamento globale a condizione che...
4. Io e Veronica abbiamo lavorato come volontari alla fattoria senza che...
5. Mario ha proposto un'ottima soluzione a tutti i problemi per quanto...
6. Patrizia ha accettato di studiare la pioggia acida purché...

6 **Nel futuro** In gruppi di tre, scrivete almeno sei risoluzioni su cosa si deve fare nel futuro per aiutare l'ambiente. Usate il futuro e il congiuntivo presente.

> **MODELLO**
>
> *Nel futuro insisteremo che la mensa ricicli tutta la carta e la plastica che usa.*

7 **Se solo...** Fai una lista di cinque cose che avresti voluto fare durante la tua carriera accademica, basandoti sui disegni. Poi, in gruppi di quattro, condividete le vostre frasi. Avete le stesse idee?

MODELLO

S1: *Se avessi studiato invece di giocare avrei preso ottimi voti.*

1.

2.

3.

4.

5.

8 **Ipotesi** Lavorate a coppie. L'insegnante vi darà due fogli diversi, ciascuno con metà delle informazioni su Caterina e la sua mamma. A turno, fatevi domande su Caterina e create ipotesi su cosa farebbe la mamma se Caterina facesse le attività indicate.

MODELLO

S1: *Se Caterina prendesse l'aereo...*
S2: *...la sua mamma vorrebbe che telefonasse dall'aeroporto.*

Il mio di·zio·na·rio

Aggiungi al tuo dizionario personalizzato cinque parole relative alla natura e all'ambiente.

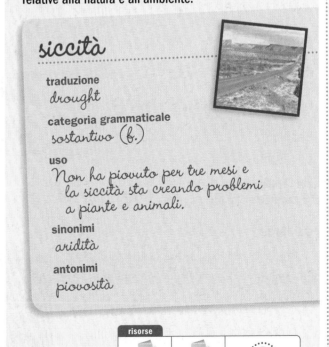

siccità

traduzione
drought

categoria grammaticale
sostantivo (f.)

uso
Non ha piovuto per tre mesi e la siccità sta creando problemi a piante e animali.

sinonimi
aridità

antonimi
piovosità

risorse

| SAM WB: pp. 183–186 | SAM LM: pp. 105–106 | S sentieri.vhlcentral.com |

Panorama

Interactive Map Reading

Il Mezzogiorno

Abruzzo

▶ **Superficie:** *10.795 kmq* ▶ **Popolazione:** *1.323.987*

▶ **Città principali:** *Pescara, L'Aquila, Chieti*

▶ **La gente:** ***Benedetto Croce**, filosofo (1866–1952)*

Molise

▶ **Superficie:** *4.438 kmq* ▶ **Popolazione:** *320.838*

▶ **Città principali:** *Campobasso, Termoli, Isernia*

▶ **La gente:** ***Benito Jacovitti**, fumettista° (1923–1997)*

Campania

▶ **Superficie:** *13.590 kmq* ▶ **Popolazione:** *5.811.390*

▶ **Città principali:** *Napoli, Salerno, Giugliano in Campania*

▶ **La gente:** ***Antonio «Totò» De Curtis**, attore (1898–1967)*

Puglia

▶ **Superficie:** *19.366 kmq* ▶ **Popolazione:** *4.076.546*

▶ **Città principali:** *Bari, Taranto, Foggia*

▶ **La gente:** ***Aldo Moro**, politico (1916–1978)*

Basilicata

▶ **Superficie:** *9.994 kmq* ▶ **Popolazione:** *591.001*

▶ **Città principali:** *Potenza, Matera, Pisticci*

▶ **La gente:** ***Isabella Morra**, poetessa (1520–1546)*

Calabria

▶ **Superficie:** *15.080 kmq* ▶ **Popolazione:** *2.007.707*

▶ **Città principali:** *Reggio Calabria, Catanzaro, Lamezia Terme*

▶ **La gente:** ***Donatella Versace**, stilista (1955–)*

Map labels

il Duomo di Amalfi

Teramo
Parco Nazionale del Gran Sasso e Monti della Laga
Corno Grande
L'Aquila
Pescara
Chieti
ABRUZZO
Parco Nazionale d'Abruzzo, Lazio e Molise
Isole Tremiti
Termoli
Monte Gargano
MOLISE
Isernia
Campobasso
Foggia
Golfo di Manfredonia
CAMPANIA
Caserta
Benevento
Andria
Bari
Giugliano in Campania
Napoli
Avellino
Monte Vulture
PUGLIA
Procida
Ischia
Monte Vesuvio
Matera
Brindisi
Torre del Greco
Salerno
Potenza
Pisticci
Taranto
Pompei
Amalfi
BASILICATA
Metaponto
Lecce
Capri
Golfo di Salerno
Golfo di Taranto
Golfo di Policastro
Parco Nazionale del Pollino
CALABRIA
Cosenza
MAR IONIO
Crotone
MARE ADRIATICO

la bellezza naturale di Capri

MAR TIRRENO

Lamezia Terme
Catanzaro
Reggio Calabria
Stretto di Messina

0   50 miglia
0   50 chilometri

i limoni

Incredibile ma vero!

Il Vesuvio è un vulcano attivo che si trova a Napoli. L'eruzione nel 79 d.C. ha distrutto completamente le città di Pompei, Ercolano e Stabia. Queste città sono state sepolte° da sei metri di ceneri° e sono state riscoperte molti anni dopo. L'ultima eruzione è avvenuta° nel 1944 e da allora il vulcano è in fase dormiente°.

---

fumettista *comic book writer* **sepolte** *buried* **ceneri** *ashes*
è avvenuta *occurred* **dormiente** *dormant*

La storia

L'influenza greca in Italia

In Basilicata due esempi di influenza greca sono Metaponto e Policoro. Metaponto è stata fondata dai greci nel VII secolo a.C. Oggi è una meta balneare° che attrae molti turisti in estate. L'attrazione maggiore è il tempio di Hera, di cui rimangono ancora in piedi 16 delle 36 enormi colonne doriche°. Anche l'area di Policoro è stata costruita nel VII secolo a.C. da greci provenienti dall'Asia Minore. Da non perdere sono il Parco Archeologico, il Santuario di Demetra e il tempio di Dionisio.

La gente

Il sogno di tutte le donne

Rodolfo Valentino è nato nel 1895 in Puglia ed è vissuto in Italia fino al 1913. A 18 anni parte per l'America, ma solo nel 1919 inizia la sua carriera di attore. Valentino diventa in poco tempo una star del cinema muto° e tantissime donne lo adorano e lo identificano con l'amante ideale. Tra i suoi film più famosi ci sono *I quattro cavalieri dell'Apocalisse*° (1921), *Sangue e arena*° (1922) e *Il figlio dello sceicco*° (1926). Valentino muore nel 1926 a soli 31 anni.

Il lavoro

Un'economia basata sulla pesca

Una parte importante dell'economia del Sud d'Italia è la pesca°. Alcuni piccoli villaggi dipendono completamente dal pesce, in un

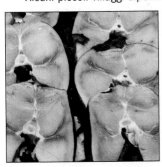

rapporto di amore-odio° per il mare e i suoi frutti. I pesci più comuni in questa zona sono pesce spada, tonno, sardine, alici, sgombri, spigole, orate, ostriche e mitili°. Nel passato i pescatori lungo l'Adriatico usavano i «trabucchi», lunghe piattaforme con grosse reti° sorrette° da corde° e carrucole°. Oggi i trabucchi sono considerati vere opere d'arte e attrazioni turistiche.

La gastronomia

Un olio d'oliva davvero speciale

L'Italia è uno dei maggiori produttori di olio in Europa e nel mondo, con più di 7,2 quintali° di olio d'oliva l'anno. Puglia, Calabria e Sicilia producono il 90% di tutto l'olio italiano. Inoltre, l'Italia produce olii di altissima qualità. Ci sono 37 oli DOP (denominazione di origine protetta) in Italia e il 40% degli olii DOP nella Comunità Europea sono oli italiani. L'olio, più usato nella cucina del sud che in quella del nord, ha più calorie del burro, ma, al contrario del burro, ha meno grassi saturi e non ha colesterolo.

 Quanto hai imparato? Completa le frasi.

1. Nel 79 d.C. il Vesuvio ha distrutto le città di _____.
2. L'ultima eruzione del Vesuvio è stata nel _____.
3. Metaponto e Policoro sono state fondate nel VII secolo a.C. dai _____.
4. A Metaponto si possono ancora vedere 16 _____ del Tempio di Era.
5. Rodolfo Valentino era una star del cinema _____.

6. Nel 1921 Valentino ha fatto il film _____.
7. La _____ è molto importante nell'economia del Sud d'Italia.
8. I _____ erano usati nel passato per pescare.
9. La maggior parte dell'olio italiano è prodotto in _____.
10. In Italia ci sono _____ oli DOP.

 Practice more at **sentieri.vhlcentral.com**.

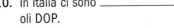

SU INTERNET

Go to **sentieri.vhlcentral.com** to find more cultural information related to this **PANORAMA**.

1. Sai perché il Sud d'Italia è chiamato «Il Mezzogiorno»? Cerca una spiegazione su Internet.
2. Cerca informazioni sulla famiglia Versace, la loro casa di moda, le relazioni con l'America e il tipo di vestiti caratteristici delle loro collezioni.
3. La storia del monte Vesuvio è affascinante e allo stesso tempo terribile. Cerca informazioni sulle eruzioni e sul rapporto che gli abitanti della zona hanno con il vulcano.

meta balneare *beach destination* **colonne doriche** *Doric columns* **muto** *silent* **I quattro cavalieri dell'Apocalisse** *The Four Horsemen of the Apocalypse* **Sangue e arena** *Blood and Sand* **Il figlio dello sceicco** *The Son of the Sheik* **pesca** *fishing* **rapporto di amore-odio** *love-hate relationship* **pesce spada, tonno, sardine, alici, sgombri, spigole, orate, ostriche e mitili** *swordfish, tuna, sardines, anchovies, mackerel, bass, sea bream, oysters, and mussels* **reti** *nets* **sorrette** *held* **corde** *ropes* **carrucole** *pulleys* **quintali** *quintals (one hundred kilograms)*

Lettura

Audio: Dramatic Recording

Prima di leggere

Esamina il testo

Leggi il titolo di questo brano e guarda velocemente il testo. Leggi la prima frase di ogni paragrafo. Secondo te, di che cosa parla il testo? Quali parole o frasi te lo fanno pensare?

L'autore
Umberto Eco

Umberto Eco è nato ad Alessandria nel 1932. Si è laureato all'Università di Torino in filosofia e da allora è sempre stato molto attivo come consulente editoriale°, professore e scrittore di saggi°, riviste e romanzi. Eco ha ricevuto molti titoli onorifici° da parte delle università di tutto il mondo, dove ha insegnato diversi corsi. Ha collaborato con molte organizzazioni, per esempio l'Unesco e la Fondation Européenne de la Culture, e con molte altre organizzazioni, accademie, e testate editoriali° nazionali e internazionali. Tra i suoi romanzi più famosi ricordiamo *Il nome della rosa* e *Il pendolo di Foucault*, entrambi diventati in breve tempo best-seller internazionali. Il testo che segue, intitolato *Come parlare degli animali*, è preso da una raccolta° di storie brevi dal titolo *Diario minimo*, pubblicato nel 1963.

consulente editoriale *publishing consultant* **saggi** *essays* **titoli onorifici** *honorary degrees* **testate editoriali** *newspapers* **raccolta** *collection*

Come parlare degli animali

Se non siete patiti° dell'attualità, questa storia è accaduta a New York qualche tempo fa.

Central Park, giardino zoologico. Alcuni ragazzini giocano vicino alla vasca degli orsi bianchi°. Uno sfida° gli altri a fare un bagno
5 nuotando attorno agli orsi, per obbligare gli amici a tuffarsi° gli nasconde gli abiti, i ragazzi entrano in acqua, sguazzano attorno a un orsacchione placido e sonnacchioso, lo sbertucciano°, quello si secca°, allunga una zampa e si mangia, ovvero si sbocconcella°, due bambini, lasciandone in giro dei pezzi. Accorre la polizia, arriva persino il sindaco,
10 si discute se uccidere l'orso, si riconosce che non era colpa sua, si scrive qualche articolo a effetto. Guarda caso, i bambini avevano dei nomi spagnoli: portoricani, forse di colore, forse arrivati di fresco, in ogni caso usi alla bravata° come accade a tutti i ragazzi che si radunano° in bande nei quartieri poveri.

15 Interpretazioni varie, tutte piuttosto severe. Alquanto diffusa la reazione cinica, almeno a voce: selezione naturale, se erano così stupidi da nuotare accanto a un orso, se lo sono meritato°, io neppure a cinque anni mi sarei buttato° nella vasca. Interpretazione sociale: sacche di povertà, scarsa educazione, ahimè si è sottoproletari anche
20 nell'imprudenza, nella sconsideratezza. Ma quale scarsa° educazione, mi chiedo, se anche il bambino più povero vede la televisione e legge i libri di scuola, dove gli orsi divorano gli uomini e i cacciatori li ammazzano°?

A quel punto mi sono chiesto se i bambini non siano entrati nella
25 vasca proprio perché guardano la televisione e vanno a scuola. Quei bambini sono stati probabilmente vittime della nostra cattiva coscienza interpretata dalla scuola e dai mass media.

Gli esseri umani° sono stati sempre spietati° con gli animali, e quando si sono accorti della propria cattiveria, hanno incominciato, se non ad
30 amarli tutti (perché con molta tranquillità continuano a mangiarne), almeno a parlarne bene. Se poi si pensa che i media, la scuola, gli enti° pubblici, hanno da farsi perdonare tante cose fatte contro gli uomini, diventa tutto sommato remunerativo°, psicologicamente ed eticamente, insistere sulla bontà° degli animali. Si lasciano morire i
35 bambini del Terzo mondo ma si invitano i bambini del Primo a rispettare non solo libellule° e coniglietti, ma anche balene°, coccodrilli, serpenti.

patiti *passionate* **orsi bianchi** *polar bears* **sfida** *challenges* **tuffarsi** *to dive*
lo sbertucciano *they bother him* **si secca** *gets annoyed* **si sbocconcella** *he nibbles*
usi alla bravata *used to bravado* **si radunano** *gather* **se lo sono meritato** *they deserved it*
mi sarei buttato *would have thrown myself* **scarsa** *little* **ammazzano** *kill* **esseri umani** *human beings* **spietati** *merciless* **enti** *organizations* **remunerativo** *profitable* **bontà** *goodness*
libellule *dragonflies* **balene** *whales*

Si noti che in sé questa azione educativa è corretta. Quello che è eccessivo è la tecnica persuasiva che viene scelta: per rendere gli animali degni° di sopravvivenza essi vengono umanizzati e bamboleggiati°. Non
40 si dice che hanno diritto alla sopravvivenza anche se, secondo i loro costumi, sono selvaggi° e carnivori, ma li si rende rispettabili rendendoli amabili, buffi, bonaccioni°, benevoli, saggi e prudenti.

Nessuno è più sconsiderato di un lemming, più infingardo° di un gatto, più bavoso° di un cane d'agosto, più puzzolente° di un porcello, più
45 isterico di un cavallo, più cretino di una falena°, più viscido° di una lumaca°, più velenoso° di una vipera, meno fantasioso di una formica° e meno musicalmente creativo di un usignolo°. Semplicemente occorre amare—e se proprio non possiamo, almeno rispettare—questi e altri animali per quel che sono. Le leggende di un tempo esageravano con il
50 lupo cattivo, le leggende di oggi esagerano con i lupi buoni. Non bisogna salvare le balene perché sono buone ma bisogna salvarle perché fanno parte dell'arredamento naturale e contribuiscono all'equilibrio ecologico. Invece i nostri bambini sono educati a base di balene parlanti°, lupi che si iscrivono al terz'ordine francescano e, soprattutto, Teddy Bear a
55 non finire°.

La pubblicità, i cartoni animati, i libri illustrati sono pieni di orsi buoni come il pane, ligi° alle leggi, coccoloni e protettivi. È insultante per un orso sentirsi dire che ha diritto di vivere perché — come ci si esprime dalle mie parti — è grande e grosso, ciula e balosso°. Pertanto sospetto
60 che i poveri bambini di Central Park siano morti non per difetto ma per eccesso di educazione. Sono vittime della nostra coscienza infelice.

Per fargli dimenticare quanto gli uomini siano cattivi gli hanno spiegato troppo che gli orsi sono buoni. Invece di dirgli lealmente e che cosa sono gli uomini e che cosa sono gli orsi.

---

degni worthy **bamboleggiati** treated like stuffed animals **selvaggi** wild **bonaccioni** good people **infingardo** sneaky **bavoso** drooling **puzzolente** smelly **falena** moth **viscido** slimy **lumaca** snail **velenoso** poisonous **formica** ant **usignolo** nightingale **parlanti** talking **Teddy Bear a non finire** endless Teddy Bears **ligi** obedient **grande e grosso, ciula e balosso** he's big and large, foolish and silly

---

Dopo la lettura

Rispondere Rispondi alle seguenti domande con frasi complete.

1. Dove si svolge la storia raccontata dall'autore?
   _____

2. Cosa decidono di fare dei bambini?
   _____

3. Perché la polizia non uccide l'orso?
   _____

4. Di quale nazionalità erano i bambini?
   _____

5. Perché i bambini sono entrati nella vasca, secondo l'autore?
   _____

6. Qual è l'immagine degli animali data a scuola e da altre fonti (*sources*) educative?
   _____

7. Quali animali sono elencati come esempi di animali sconsiderati, infingardi, bavosi, puzzolenti, isterici, cretini, viscidi, velenosi, poco fantasiosi e musicalmente non creativi?
   _____

8. Come erano considerati i lupi nelle leggende e come sono considerati oggi?
   _____

9. Quale descrizione può essere insultante per un orso?
   _____

10. Che cosa poteva salvare i bambini allo zoo di Central Park?

Un riassunto Scrivi un riassunto del brano. Di che cosa parla? Quali problemi affronta l'autore? Come spiega il suo punto di vista? A quali conclusioni arriva?

Gli animali selvatici 👥 L'autore parla, in questo testo, di come i mass media influenzano la percezione umana della natura. L'autore conclude che i media hanno creato una visione distorta degli animali, visione che, alla fine, è pericolosa per le persone. Sei d'accordo? Puoi pensare ad altri esempi di questo tipo? Parla con un compagno di classe e sii pronto a discutere le tue idee con la classe.

 Practice more at **sentieri.vhlcentral.com.**

In ascolto

 S Audio: Activity

STRATEGIA

Jotting down notes as you listen

Jotting down notes while you listen to a conversation in Italian can help you keep track of the important points or details. It will help you to focus actively on comprehension rather than on remembering what you have heard.

🎧 To practice this strategy, you will listen to a paragraph. Jot down the main points you hear.

Preparazione

Guarda la fotografia. Chi sono queste persone? Cosa stanno facendo? Perché stanno protestando? Secondo te, cosa dicono?

Ascoltiamo 🎧

Ascolta l'organizzatore che parla alla dimostrazione e indica quali dei seguenti argomenti sono menzionati.

1. _____ i rifiuti tossici
2. _____ i problemi ambientali
3. _____ il riciclaggio
4. _____ le macchine ibride
5. _____ il riscaldamento globale
6. _____ le leggi per proteggere l'ambiente
7. _____ le centrali nucleari
8. _____ la protezione dell'ecologia
9. _____ l'effetto serra
10. _____ la coscienza ambientale
11. _____ il degrado del nostro paese
12. _____ il disboscamento

Comprensione

Completare Scegli la risposta che meglio completa ogni frase su quello che hai appena ascoltato.

1. Noi tutti lottiamo (*are fighting*) _____.
   a. per un mondo migliore   b. per avere più lavoro
   c. per produrre più macchine ibride

2. Per combattere i problemi ambientali ci vuole _____.
   a. felicità   b. passione   c. amore

3. Il degrado del paese è causato da _____.
   a. il non riciclaggio   b. l'energia nucleare
   c. la sovrappopolazione   e i pannelli solari

4. I nostri figli hanno diritto a _____.
   a. un parco con molti giochi   b. prodotti sani e biologici
   c. un mondo pulito e verde

5. L'esempio di coscienza ambientale deve partire da _____.
   a. i genitori   b. gli amici   c. i politici

6. Dobbiamo unire le nostre voci e combattere per _____.
   a. una foresta più grande   b. un ambiente più sano
   c. un lago più pulito

Le leggi 👤👤👤 Un rappresentante del Congresso verrà alla tua università per discutere i problemi dell'ambiente. In piccoli gruppi, scegliete un problema ecologico che considerate molto importante. Provate a convincere il rappresentante che il governo dovrebbe fare di più su questa questione. Siate pronti a spiegare il problema e a dire quali sono i cambiamenti necessari per rendere le cose migliori. Pensate anche a quali nuove leggi ambientali potreste suggerire al rappresentante.

 Practice more at **sentieri.vhlcentral.com**.

Scrittura

STRATEGIA

Considering audience and purpose

Writing always has a purpose. During the planning stages, you must determine to whom you are addressing the piece and what you want to express to your reader. Once you have defined both your audience and your purpose, you will be able to decide which genre, vocabulary, and grammatical structures will best serve your composition.

Let's say you want to share your thoughts on local traffic problems. Your audience can be either the local government or the community. You could choose to write a newspaper article, a letter to the editor, or a letter to the city's governing board. You should first ask yourself these questions:

1. Are you going to comment on traffic problems in general, or are you going to point out several specific problems?

2. Are you intending to register a complaint?

3. Are you simply intending to inform others and increase public awareness of the problems?

4. Are you hoping to persuade others to adopt your point of view?

5. Are you hoping to inspire others to take concrete actions?

The answers to these questions will help you establish the purpose of your writing and determine your audience. Of course your writing can have more than one purpose. For example, you may intend for your writing to both inform others of a problem and inspire them to take action.

No matter the topic, choosing a purpose before you begin will make your writing more focused and effective.

Tema

Scrivi una lettera o un articolo

Scrivi su un problema ambientale che, secondo te, è molto importante.

1. Prima scegli il problema su cui vuoi scrivere. È un problema locale (per esempio, il riciclaggio sul campus) o un problema a livello globale (per esempio, la sovrappopolazione)?

2. Decidi chi sarà il tuo pubblico: vuoi scrivere una lettera a un amico, a un membro del governo, a un gruppo all'università ecc.? Preferiresti scrivere un articolo per un giornale o una rivista?

3. Identifica lo scopo della lettera o articolo: vuoi semplicemente informare il tuo pubblico o vuoi anche dare la tua opinione personale?

4. Prepara una breve introduzione, poi presenta il problema che hai scelto in modo logico.

5. Se scegli di dare la tua opinione personale, giustifica la tua posizione e convinci il lettore che hai ragione.

6. Prepara una conclusione per la tua lettera o articolo.

La natura

l'alba	dawn; sunrise
l'albero	tree
la baita	cabin (mountain shelter)
la campagna	countryside
il campo	field
la cascata	waterfall
il cielo	sky
la costa	coast
il deserto	desert
l'erba	grass
la fattoria	farm
il fieno	hay
il fiore	flower
il fiume	river
la foresta	forest
l'isola	island
il lago	lake
la luna	moon
la montagna	mountain
l'oceano	ocean
l'orizzonte (m.)	horizon
la pianta	plant
la pietra	rock
la pineta	pine forest
il prato	meadow
la scogliera	cliff
il sentiero	path
il sole	sun
la stella	star
il tramonto	sunset
la valle	valley

Le attività

esplorare	to explore
fare un picnic	to have a picnic
passare	to pass by; to spend (time)
remare	to row
scalare	to climb
sorgere	to rise (sun)
tramontare	to set (sun)

Le soluzioni

l'agricoltura biologica	organic farming
l'ambientalismo	environmentalism
l'ambiente (m.)	environment
il camion della nettezza urbana	garbage truck
la coscienza ambientale	environmental awareness
l'ecologia	ecology
il governo	government
la legge	law
la macchina ibrida	hybrid car
il riciclaggio	recycling

Espressioni

Vietato buttare rifiuti.	No littering.
fare il/la pendolare	to commute
migliorare	to improve
preservare	to preserve
proporre una soluzione	to propose a solution
riciclare	to recycle
salvare il pianeta	to save the planet
sprecare	to waste
sviluppare	to develop

Gli insetti e gli animali

l'ape (f.)	bee
la capra	goat
il coniglio	rabbit
il gabbiano	seagull
la mucca	cow
la pecora	sheep
la rondine	swallow
lo scoiattolo	squirrel
il serpente	snake
il toro	bull
l'uccello	bird

L'energia

la centrale nucleare	nuclear power plant
l'energia eolica	wind power
l'energia nucleare	nuclear energy
l'energia rinnovabile	renewable energy
l'energia solare	solar energy
l'energia termica	thermal energy
la fabbrica	factory
il pannello solare	solar panel
i rifiuti tossici	toxic waste

I problemi

l'alluvione (f.)	flood
la catastrofe	catastrophe
il degrado	deterioration
il disboscamento	deforestation
l'effetto serra	greenhouse effect
l'immondizia	trash
l'inquinamento	pollution
il pericolo	danger
la pioggia acida	acid rain
il riscaldamento globale	global warming
lo scappamento	exhaust (pipe)
lo smog	smog
la sovrappopolazione	overpopulation

Espressioni utili	See pp. 427 and 443.
Conjunctions	See p. 432.

Il mondo

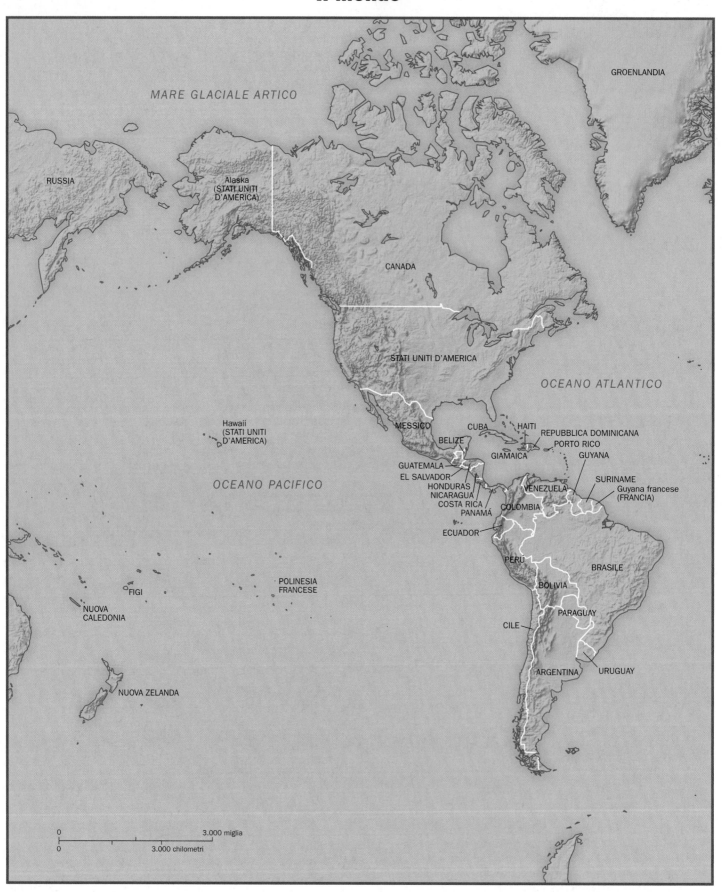

MARE GLACIALE ARTICO

GROENLANDIA

RUSSIA

Alaska
(STATI UNITI
D'AMERICA)

CANADA

STATI UNITI D'AMERICA

OCEANO ATLANTICO

Hawaii
(STATI UNITI
D'AMERICA)

MESSICO

CUBA

HAITI

REPUBBLICA DOMINICANA

PORTO RICO

BELIZE

GIAMAICA

GUYANA

OCEANO PACIFICO

GUATEMALA

EL SALVADOR

SURINAME

HONDURAS

Guyana francese
(FRANCIA)

NICARAGUA

VENEZUELA

COSTA RICA

PANAMÁ

COLOMBIA

ECUADOR

FIGI

POLINESIA
FRANCESE

PERÙ

BRASILE

BOLIVIA

NUOVA
CALEDONIA

PARAGUAY

CILE

NUOVA ZELANDA

ARGENTINA

URUGUAY

0   3.000 miglia

0   3.000 chilometri

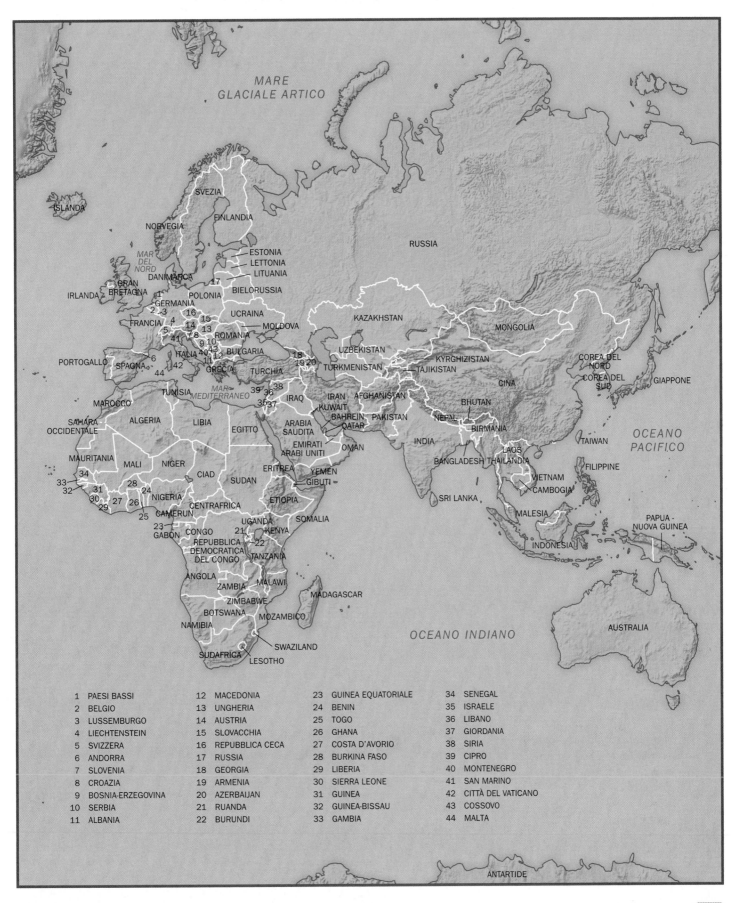

MARE
GLACIALE ARTICO

ISLANDA

SVEZIA

NORVEGIA   FINLANDIA

RUSSIA

MAR
DEL
NORD   ESTONIA
LETTONIA
DANIMARCA   LITUANIA
GRAN   17
IRLANDA   BRETAGNA   POLONIA   BIELORUSSIA
1
GERMANIA
2 3   16   UCRAINA   KAZAKHSTAN
FRANCIA   4   14   15   MOLDOVA   MONGOLIA
5   7 8   13   ROMANIA
41   9 10   43
ITALIA 40   BULGARIA   18   UZBEKISTAN   KYRGHIZISTAN
PORTOGALLO   6   42 11 12   19 20   TAJIKISTAN   COREA DEL
SPAGNA   44   GRECIA   TURCHIA   TURKMENISTAN   CINA   NORD
COREA DEL
SUD   GIAPPONE
TUNISIA   MAR   39 36   38
MEDITERRANEO   35 37   IRAQ   IRAN   AFGHANISTAN
MAROCCO   KUWAIT   BHUTAN   OCEANO
SAHARA   ALGERIA   LIBIA   EGITTO   ARABIA   BAHREIN   PAKISTAN   NEPAL   PACIFICO
OCCIDENTALE   SAUDITA   QATAR   INDIA   BIRMANIA   TAIWAN
EMIRATI   OMAN
MAURITANIA   MALI   NIGER   ARABI UNITI   BANGLADESH THAILANDIA   FILIPPINE
CIAD   ERITREA   LAOS
34   SUDAN   YEMEN   SRI LANKA   VIETNAM
33   28   24   GIBUTI   CAMBOGIA
32   31   27   NIGERIA   PAPUA-
30   26   CENTRAFRICA   ETIOPIA   MALESIA   NUOVA GUINEA
29   25   CAMERUN   SOMALIA   INDONESIA
23   UGANDA
GABON   CONGO   21   KENYA
REPUBBLICA   22
DEMOCRATICA   TANZANIA
DEL CONGO
ANGOLA   MALAWI
ZAMBIA
ZIMBABWE   MADAGASCAR   AUSTRALIA
BOTSWANA   MOZAMBICO
NAMIBIA   OCEANO INDIANO
SWAZILAND
SUDAFRICA   LESOTHO

1	PAESI BASSI	12	MACEDONIA	23	GUINEA EQUATORIALE	34	SENEGAL
2	BELGIO	13	UNGHERIA	24	BENIN	35	ISRAELE
3	LUSSEMBURGO	14	AUSTRIA	25	TOGO	36	LIBANO
4	LIECHTENSTEIN	15	SLOVACCHIA	26	GHANA	37	GIORDANIA
5	SVIZZERA	16	REPUBBLICA CECA	27	COSTA D'AVORIO	38	SIRIA
6	ANDORRA	17	RUSSIA	28	BURKINA FASO	39	CIPRO
7	SLOVENIA	18	GEORGIA	29	LIBERIA	40	MONTENEGRO
8	CROAZIA	19	ARMENIA	30	SIERRA LEONE	41	SAN MARINO
9	BOSNIA-ERZEGOVINA	20	AZERBAIJAN	31	GUINEA	42	CITTÀ DEL VATICANO
10	SERBIA	21	RUANDA	32	GUINEA-BISSAU	43	COSSOVO
11	ALBANIA	22	BURUNDI	33	GAMBIA	44	MALTA

ANTARTIDE

Paesi dove si parla italiano

Italy

Other regions where Italian is spoken

regional border

provincial border

• provincial capital

◉ regional capital

★ country capital

L'Europa

500 miglia

0   500 chilometri

Paesi dove l'italiano è una lingua ufficiale

MARE DI BARENTS

MARE DI NORVEGIA

ISLANDA
Reykjavik

SVEZIA

FINLANDIA

NORVEGIA

Helsinki

Stoccolma

Oslo

ESTONIA

Tallinn

RUSSIA

LETTONIA

Riga

Mosca

MARE DEL NORD

DANIMARCA

LITUANIA

Vilnius

Copenaghen

Minsk

RUSSIA

BIELORUSSIA

Dublino

IRLANDA

GRAN BRETAGNA

PAESI BASSI

Berlino

Varsavia

Kiev

Amsterdam

POLONIA

UCRAINA

Londra

GERMANIA

Bruxelles

LUSSEMBURGO

BELGIO

Praga

OCEANO ATLANTICO

Lussemburgo

REPUBBLICA CECA

SLOVACCHIA

MOLDOVA

Parigi

LIECHTENSTEIN

Bratislava

Vienna

Budapest

Chisinau

AUSTRIA

Berna

Vaduz

UNGHERIA

ROMANIA

FRANCIA

SVIZZERA

SLOVENIA

Lubiana

Zagabria

Bucarest

MARE NERO

Monaco

ITALIA

CROAZIA

Belgrado

SERBIA

MARE BALTICO

Andorra la Vella

SAN MARINO

Città di San Marino

BOSNIA-ERZEGOVINA

Sarajevo

COSSOVO

Pristina

BULGARIA

PORTOGALLO

MONACO

ANDORRA

Corsica

Roma

Sardegna

Sicilia

CITTÀ DEL VATICANO

MONTENEGRO

Podgorica

Tirana

ALBANIA

Sofia

Skopje

MACEDONIA

GRECIA

Atene

Ankara

TURCHIA

Nicosia

CIPRO

Madrid

SPAGNA

Lisbona

Algeri

Tunisi

La Valetta

MALTA

Rabat

ALGERIA

MAROCCO

TUNISIA

MARE MEDITERRANEO

Italian Terms for Direction Lines
and Classroom Use

Parole utili	Useful words
l'affermazione (f.)	statement
il/la compagno/a	partner
i compiti	homework
la conversazione	conversation
il disegno	drawing
la domanda	question
l'elenco, la lista	list
la fine	end
la frase completa	complete sentence
il gioco	game
l'inchiesta	survey; investigation
l'indizio	clue; indication
l'inizio	beginning
l'intervista	interview
la lavagna	(black)board
la lettura	reading
il nome	name
l'opuscolo	brochure
il personaggio	character
la prossima prova	next quiz
la pubblicità	ad/advertisement; commercial
il punto di partenza	starting point
il riassunto	summary
le risorse	resources
il saggio	essay, paper
lo scopo, il fine	purpose, goal
il sondaggio	opinion poll
la tabella	chart, table
il tema, l'argomento	topic
per esempio	for example
quello che	what; that which
giusto/a	right
sbagliato/a	wrong
vero/a	true
falso/a	false
a destra	to/on the right
a sinistra	to/on the left
adesso	now
allora	then
dopo	after
(tutti) insieme	(all) together
ogni	each
per primo	first
per ultimo	last
poi	then, later

Verbi utili	Useful verbs
abbinare	to match
aggiungere	to add
aiutare	to help
appartenere	to belong
ascoltare	to listen (to)
categorizzare	to categorize
cercare	to look for
chiacchierare	to chat
collegare	to connect
combinare	to combine
completare	to complete
controllare	to check
correggere	to correct
creare	to create
definire (-isc-)	to define
descrivere	to describe
dire	to say
discutere	to discuss
disegnare	to draw
domandare, chiedere	to ask
etichettare	to label
guardare	to look at
identificare	to identify
includere	to include
indicare	to show, to indicate
indovinare	to guess
lavorare	to work
leggere	to read
mescolare	to mix
paragonare	to compare
presentare	to present
provare	to try
raccontare	to tell
recitare	to role-play
riassumere	to summarize
riempire	to fill in
ripetere	to repeat
rispondere	to answer, to reply
scambiare	to exchange, to switch
scegliere	to choose
scoprire	to find out; to uncover
scrivere	to write
seguire	to follow
sostituire (-isc-)	to substitute
spiegare	to explain
tradurre	to translate
trasformare	to transform
trovare	to find
usare	to use

Espressioni utili   *Useful expressions*

A coppie...	*With a partner . . .*
A proposito di...	*Regarding . . .*
A tuo/vostro avviso...	*In your opinion . . .*
A turno...	*Take turns . . .*
ad alta voce	*aloud*
Andate/Vai a pagina 2.	*Go to page 2.*
Aprite/Chiudete i vostri libri.	*Open/Close your books.*
Avete/Hai capito?	*Do you understand?*
Avete/Hai delle domande?	*Do you have any questions?*
Avete/Hai finito?	*Have you finished?*
che completa meglio	*that best completes*
Chi ha vinto?	*Who won?*
Chiedo scusa per il ritardo.	*Excuse me for being late.*
Come si dice _____ in italiano?	*How do you say _____ in Italian?*
Come si scrive _____?	*How do you spell _____ ?*
Comincio io./Cominci tu.	*I'll start./You start.*
Completate/Completa la tabella.	*Fill in the chart.*
Completate/Completa le frasi.	*Complete the sentences.*
Congratulazioni!	*Congratulations!*
Correggete/Correggi le affermazioni false	*Correct the false statements.*
Cosa ne pensate/pensi?	*What do you think?*
Cosa pensate/pensi di...?	*What do you think about . . . ?*
Cosa vuol dire _____?	*What does _____ mean?*
Create/Formate delle frasi.	*Create/Form sentences.*
Descrivete/Descrivi le foto/i disegni.	*Describe the photos/drawings.*
Discutete le seguenti domande.	*Discuss the following questions.*
Dite/Di' se siete/sei d'accordo oppure no.	*Say if you agree or not.*
Dividetevi in gruppi di quattro.	*Get into groups of four.*
Domani non ci sarò.	*I won't be here tomorrow.*
Domani farete...	*Tomorrow you're going to do . . .*
Dopo un secondo ascolto...	*After a second listening . . .*
Etichettate/Etichetta...	*Label . . .*
Fate a turno a....	*Take turns . . .*
Fatevi le seguenti domande.	*Ask each other the following questions.*
Ho vinto!/Abbiamo vinto!	*I won!/We won!*
il/la più appropriato/a	*the most appropriate*
Indicate/Indica chi ha detto...	*Indicate who said . . .*
Indicate/Indica la parola che non appartiene.	*Indicate the word that doesn't belong.*
Leggete/Leggi...	*Read . . .*
Lentamente, per favore.	*Slowly, please.*
Mettete/Metti in ordine...	*Put in order . . .*
Mi presti la matita?	*Could you lend me your pencil?*
Mi scusi, ho dimenticato.	*I'm sorry, I forgot.*
Non capisco./Non ho capito.	*I don't understand.*
Non dirmi la risposta.	*Don't tell me the answer.*
Non ho capito.	*I don't understand. (past form.)*
Non ho/abbiamo ancora finito.	*I/We have not finished yet.*
Non lo so.	*I don't know.*
Per domani, fate...	*For tomorrow, do . . .*
Posso continuare?	*May I continue?*
la prima/seconda persona	*the first/second person*
Pronunciate/Pronuncia (con attenzione).	*Pronounce (carefully).*
Può ripetere per favore?	*Could you repeat please?*
Può spiegare ancora una volta, per favore?	*Could you explain again, please?*
Riempite/Riempi gli spazi bianchi.	*Fill in the blanks.*
Riscrivete/Riscrivi le frasi...	*Rewrite the sentences . . .*
Rispondete/Rispondi alle seguenti domande.	*Answer the following questions.*
Scambiate i ruoli.	*Switch roles.*
Scegliete/Scegli delle parole da ogni colonna.	*Choose words from each column.*
Scegliete/Scegli la forma corretta.	*Choose the correct form.*
Scegliete/Scegli la parola giusta.	*Choose the right word.*
Scrivete/Scrivi una lettera/frase.	*Write a letter/sentence.*
Secondo me/te...	*According to me/you . . .*
Siate creativi!/Sii creativo/a!	*Be creative!*
Siate pronti/Sii pronto/a a...	*Be ready to . . .*
Siete pronti?/Sei pronto/a?	*Are you ready?*
(Non) sono d'accordo.	*I (dis)agree.*
Tocca a...	*It's _____'s turn.*
Tocca a te./Tocca a me.	*It's your/my turn.*
Trovate/Trova la parola che non appartiene al gruppo.	*Find the word that doesn't belong to the group.*
Trovate/Trova l'intruso.	*Choose the item that doesn't belong.*
Unitevi a un altro gruppo.	*Get together with another group.*
Usando...	*Using . . .*
Vero o falso?	*True or false?*
Venite/Vieni alla lavagna.	*Come to the board.*
Vuoi lavorare con me?	*Do you want to work with me?*

Glossary of Grammatical Terms

ADJECTIVE A word that modifies, or describes, a noun or pronoun.

dei libri **interessanti**
some *interesting* books

un uomo **alto**
a tall man

dei **bei** fiori
some *pretty* flowers

Tu sei **generosa**.
You are generous.

Demonstrative adjective An adjective that specifies which noun a speaker is referring to.

questa camicia
this shirt

quest'armadio
this closet

quell'albergo
that hotel

queste scatole
these boxes

Possessive adjective An adjective that indicates ownership or possession.

il **mio** bel orologio
my beautiful watch

È **sua** cugina.
It's his/her cousin.

le **tue** matite
your pencils

Sono le **loro** zie.
They are their aunts.

ADVERB A word that modifies, or describes, a verb, adjective, or another adverb.

Giovanni parla **bene** l'italiano.
Giovanni speaks Italian well.

Questi bambini sono **veramente** intelligenti.
These children are really smart.

Lei corre **molto** velocemente.
She runs very fast.

ARTICLE A word that points out a noun in either a specific or a non-specific way.

Definite article An article that points out a noun in a specific way.

il mercato
the market

la valigia
the suitcase

lo zaino
the backpack

l'amica
the friend

i dizionari
the dictionaries

le parole
the words

Indefinite article An article that points out a noun in a general, non-specific way.

una bicicletta
a bike

un ragazzo
a boy

CLAUSE A group of words that contains both a conjugated verb and a subject, either expressed or implied.

Main (or Independent) clause A clause that can stand alone as a complete sentence.

Ho un cappotto verde.
I have a green overcoat.

Subordinate (or Dependent) clause A clause that does not express a complete thought and therefore cannot stand alone as a sentence.

Lavoro in un ristorante **perché ho bisogno di soldi**.
I work in a restaurant because I need money.

COMPARATIVE A construction used with an adjective or adverb to express a comparison between two people, places, or things.

Tommaso è **più alto di** Giuseppe.
Tommaso is taller than Giuseppe.

A Bologna, piove **meno spesso che** a Roma.
In Bologna, it rains less often than in Rome.

Questa casa ha **tante finestre quante** porte.
This house has as many windows as it does doors.

CONJUGATION A set of the forms of a verb for a specific tense or mood, or the process by which these verb forms are presented.

Imperfetto conjugation of **cantare:**

io cant**avo**	noi cant**avamo**
tu cant**avi**	voi cant**avate**
Lei/lui/lei cant**ava**	loro cant**avano**

CONJUNCTION A word used to connect words, clauses, or phrases.

Susanna **e** Piero abitano in Svizzera.
Susanna and Piero live in Switzerland.

Non disegno molto bene, **ma** mi piacciono le lezioni d'arte.
I don't draw very well, but I like art classes.

CONTRACTION The joining of two words into one. Examples of Italian contractions are **agli**, **dalla**, **del**, and **nelle**.

Mia sorella è andata **al** concerto ieri sera.
*My sister went **to the** concert last night.*

Ritiro **dei** soldi **dalla** cassa automatica.
*I withdraw **some** money **from the** ATM.*

Lui parla sempre **della** politica italiana.
*He always talks **about** Italian politics.*

Nel passato, giocavamo a scacchi.
***In the** past, we used to play chess.*

DIRECT OBJECT A noun or pronoun that directly receives the action of the verb.

Pietro legge **un libro**.	**L'**ho visto ieri.
*Pietro reads **a book**.*	*I saw **him** yesterday.*

GENDER The grammatical categorizing of certain kinds of words, such as nouns, pronouns, and adjectives as masculine or feminine.

Masculine
articles **il, un**
pronouns **lui, lo, questo, quello, gli**
adjective **generoso**

Feminine
articles **la, una**
pronouns **lei, la, questa, quella, le**
adjective **generosa**

IMPERSONAL EXPRESSION A third-person expression with no expressed or specific subject.

Piove.	Qui **si parla** italiano.
***It's raining**.*	*Italian **is spoken** here.*

INDIRECT OBJECT A noun or pronoun that receives the action of the verb indirectly; the object, often a living being, to or for whom an action is performed.

Mario regala un libro **a Linda**.
*Mario gives a book **to Linda**.*

Il professore **mi** ha dato un bel voto.
*The teacher gave **me** a good grade.*

INFINITIVE The basic form of a verb. Most Italian infinitives end in **-are**, **-ere**, or **-ire**.

parlare	**leggere**	**partire**
to speak	*to read*	*to leave*

INTERROGATIVE An adjective or pronoun used to ask a question.

Chi parla?
***Who** is speaking?*

Quanti biscotti hai comprato?
***How many** cookies did you buy?*

Cosa pensi di fare oggi?
***What** do you plan to do today?*

INVERSION Changing the word order of a sentence, often to form a question.

Statement: **Laura ha comprato i fagioli.**

Inversion: **Ha comprato i fagioli Laura?**

MOOD A grammatical distinction of verbs that indicates whether the verb is intended to make a statement or command or to express doubt, emotion, or a condition contrary to fact.

Conditional mood Verb forms used to express what would be done or what would happen under certain circumstances; to make a polite request or soften a demand; to express what someone could or should do; or to state a contrary-to-fact situation.

Farebbe una passeggiata se avesse il tempo.
***He would go** for a walk if he had the time.*

Spegneresti le luci, per favore?
***Would you** turn off the lights, please?*

Avrei dovuto parlare con lei gentilmente.
***I should have** talked to her nicely.*

Imperative mood Verb forms used to make commands or suggestions.

Parla lentamente.	**Venite** con me.
***Speak** slowly.*	***Come** with me.*

Indicative mood Verb forms used to state facts, actions, and states considered to be real.

So che lui **ha** un gatto.
***I know** that **he has** a cat.*

Subjunctive mood Verb forms used principally in subordinate (dependent) clauses to express wishes, desires, emotions, doubts, and certain conditions, such as contrary-to-fact situations.

È importante che **tu finisca** i compiti.
*It's important that **you finish** your homework.*

Dubito che **Lele abbia** abbastanza soldi.
*I doubt that **Lele has** enough money.*

NOUN A word that identifies people, animals, places, things, and ideas.

uomo	**gatto**
man	*cat*
Belgio	**casa**
Belgium	*house*
amicizia	**libro**
friendship	*book*

NUMBER A grammatical term that refers to singular or plural. Nouns in Italian and English have number. Other parts of a sentence, such as adjectives, articles, and verbs, can also have number.

Singular	Plural
una cosa	**delle** cose
a thing	*some things*
il professore	**i** professori
the professor	*the professors*

NUMBERS Words that represent amounts.

Cardinal numbers Words that indicate specific amounts.

cinque minuti
five minutes

l'anno **duemilaundici**
the year 2011

Ordinal numbers Words that indicate the order of a noun in a series.

il **quarto** giocatore	la **decima** volta
the fourth player	*the tenth time*

PAST PARTICIPLE A past form of the verb used in compound tenses. The past participle may also be used as an adjective, in which case it must agree in number and gender with the word it modifies.

Hanno **camminato** molto.
They have walked a lot.

Non ho **studiato** per l'esame.
I haven't studied for the exam.

C'è una finestra **aperta** nel soggiorno.
There is an open window in the living room.

PERSON The form of the verb or pronoun that indicates the speaker, the one spoken to, or the one spoken about. In Italian, as in English, there are three persons: first, second, and third.

Person	Singular		Plural	
1st	**io**	*I*	**noi**	*we*
2nd	**tu/Lei**	*you*	**voi/Loro**	*you*
3rd	**lui/lei**	*he/she*	**loro**	*they*

PREPOSITION A word or words that describe(s) the relationship, most often in time or space, between two other words.

Anna abita **lontano da** Roma.
Anna lives far from Rome.

La giacca è **nella** macchina.
The jacket is in the car.

Marina si è pettinata **prima di** uscire.
Marina combed her hair before going out.

PRONOUN A word that takes the place of a noun or nouns.

Demonstrative pronoun A pronoun that takes the place of a specific noun.

Voglio **questo**.
I want this one.

Comprerà **quello**?
Will you buy that one?

Andrea preferiva **quelle**.
Andrea preferred those.

Disjunctive pronoun A pronoun used after a preposition or in order to provide emphasis.

Sei sempre arrabbiata con **me**.
You are always angry with me.

Ha scritto il libro da **sé**.
He wrote the book by himself.

Object pronoun A pronoun that functions as a direct or indirect object of the verb.

Lei **gli** dà un regalo.
She gives him a present.

Federica **me** l'ha portato.
Federica brought it to me.

Reflexive pronoun A pronoun that indicates that the action of a verb is performed by the subject on itself. These pronouns are often expressed in English with
-*self*: *myself, yourself*, etc.

Mi lavo prima di uscire.
*I wash (**myself**) before going out.*

Maria **si** è addormentata alle undici e mezzo.
Maria fell asleep at eleven-thirty.

Relative pronoun A pronoun that connects a subordinate clause to a main clause.

Quando vedremo la chiesa **che** mi piace?
*When will we see the church **that** I like?*

Ecco il poliziotto con **cui** ha parlato Mario.
*There's the police officer with **whom** Mario spoke.*

Subject pronoun A pronoun that replaces the name or title of a person or thing, and acts as the subject of a verb.

Tu parti subito.
***You** are leaving immediately.*

Lui arriva domani.
***He** arrives tomorrow.*

SUBJECT A noun or pronoun that performs the action of a verb and is often implied by the verb.

Alfredo va al supermercato.
***Alfredo** goes to the supermarket.*

(**Loro**) lavorano molto.
***They** work a lot.*

Quei libri sono molto costosi.
***Those books** are very expensive.*

SUPERLATIVE A word or construction used with an adjective, adverb, or a noun to express the highest or lowest degree of a specific quality among three or more people, places, or things.

Il corso d'italiano è **il più interessante** di tutti.
*The Italian class is **the most interesting** of all.*

Silvio corre **meno velocemente** di tutti.
*Silvio runs **the least fast** of all.*

Il suo giardino ha **il maggior numero di alberi**.
*Her garden has **the most trees**.*

TENSE A set of verb forms that indicates the time of an action or state: past, present, or future.

Compound tense A two-word tense made up of an auxiliary verb and a present or past participle. In Italian, there are two auxiliary verbs: **essere** and **avere**.

Il pacco non **è** ancora **arrivato**.
*The package **has** not **arrived** yet.*

Lei **ha bevuto** un bicchiere d'acqua.
*She **drank** a glass of water.*

Simple tense A tense expressed by a single verb form.

Valentina **gioca** a pallavolo ogni settimana.
*Valentina **plays** volleyball every week.*

Claudia **parlerà** a suo fratello domani.
*Claudia **will speak** with her brother tomorrow.*

VERB A word that expresses actions or states-of-being.

Auxiliary verb A verb used with a present or past participle to form a compound tense. **Avere** is the most commonly used auxiliary verb in Italian.

I bambini **hanno** visto gli elefanti.
*The children **have** seen the elephants.*

Spero che tu **abbia** mangiato.
*I hope you **have** eaten.*

Reflexive verb A verb that describes an action performed by the subject on itself and is always used with a reflexive pronoun.

Io **mi sono comprato** una macchina nuova.
*I **bought myself** a new car.*

Paolo e Letizia **si alzano** molto presto.
*Paolo and Letizia **get (themselves) up** very early.*

Spelling-change verb A verb that undergoes a predictable change in spelling in the various conjugations.

cominciare	(- i)	comincio	→	comin**c**i
mangiare	(- i)	mangiamo	→	mang**e**remo
cercare	(+ h)	cerco	→	cer**chi**amo
pagare	(+ h)	pagate	→	pa**gh**erete

Verb Conjugation Tables

The list of verbs below and the model verb tables that start on page 473 show you how to conjugate the verbs that appear in **SENTIERI**. Each verb in the list is followed by a model verb conjugated according to the same pattern. The number in parentheses indicates where in the verb tables you can find the conjugated forms of the model verb. For example, if you want to find out how to conjugate the verb **offrire**, look up number 10 to refer to its model verb, **aprire**. The cross symbol (†) after a verb indicates that it is conjugated with **essere** in the **passato prossimo** and

other compound tenses. Note that some verbs take **avere** when they are used transitively and **essere** when they are used intransitively, as noted in the verb list. Reminder: All reflexive verbs use **essere** as their auxiliary verb in compound tenses. Remember, too, that the second-person singular negative imperative form for all verbs is formed by placing **non** in front of the infinitive: **non dimenticare!**

In the tables you will find the infinitive, past participle, gerund, and all the forms of each model verb you have learned.

abbracciarsi like cominciare (16), alzarsi (5) †

abbronzarsi like alzarsi (5) †

abitare like adorare (1)

accedere like credere (2)

accendere like prendere (35)

accomodarsi like alzarsi (5) †

accorgersi like credere (2), alzarsi (5) †, *except* irreg. p. part. **accorto**

addormentarsi like alzarsi (5) †

adorare (1)

affittare like adorare (1)

aggiustare like adorare (1)

aiutare like adorare (1)

aiutarsi like alzarsi (5) †

allacciare like cominciare (16)

alzarsi (5) †

amare like adorare (1)

amarsi like alzarsi (5) †

andare (8) †

annoiarsi like cambiare (13), alzarsi (5) †

annullare like adorare (1)

apparecchiare like cambiare (13)

applaudire like dormire (3)

aprire (10)

arrabbiarsi like cambiare (13), alzarsi (5) †

arrendersi like prendere (35), alzarsi (5) †

arricciare like cominciare (16)

arrivare like adorare (1) †

ascoltare like adorare (1)

aspettare like adorare (1)

assaggiare like mangiare (27)

attendere like prendere (35)

atterrare like adorare (1)

attraversare like adorare (1)

avere (6)

baciare like cominciare (16)

baciarsi like cominciare (16), alzarsi (5) †

ballare like adorare (1)

bastare like adorare (1) †

bere (11)

bucare like cercare (14)

cadere (12) †

cambiare (13) †; **p.p.** with **avere** if transitive

camminare like adorare (1)

cancellare like adorare (1)

cantare like adorare (1)

capire (4)

caricare like dimenticare (19)

cenare like adorare (1)

cercare (14)

chiamare like adorare (1)

chiamarsi like alzarsi (5) †

chiedere (15)

chiudere like credere (2), *except* irreg. p. part. **chiuso**

colpire like capire (4)

cominciare (16) †; **p.p.** with **avere** if transitive

commettere like mettere (28)

comporre like porre (33)

comprare like adorare (1)

condurre like produrre (36)

conoscere like credere (2), *except* irreg. p. part. **conosciuto**

conoscersi like credere (2), alzarsi (5), *except* irreg. p. part. **conosciuto** †

consigliare like cambiare (13)

controllare like adorare (1)

correre like credere (2), *except* irreg. p. part. **corso** †; **p.p.** with **avere** if transitive

costare like adorare (1) †

costruire like capire (4)

credere (2)

curare like adorare (1)

dare (18)

darsi like dare (18), alzarsi (5) †

decidere like credere (2), *except* irreg. p. part. **deciso**

decollare like adorare (1)

depositare like adorare (1)

desiderare like adorare (1)

dimenticare (19)

dimenticarsi like dimenticare (19), alzarsi (5) †

dipingere like credere (2), *except* irreg. p. part. **dipinto**

dire (20)

dispiacere like tacere (46) †

diventare like adorare (1) †

divertirsi like dormire (3), alzarsi (5) †

domandare like adorare (1)

dormire (3)

dovere (22)

dubitare like adorare (1)

entrare like adorare (1) †

esplorare like adorare (1)

ẹssere (7) †

evitare like adorare (1)

fallire like capire (4)

fare (23)

farsi like fare (23), alzarsi (5) †

fermarsi like alzarsi (5) †

fidarsi like alzarsi (5) †

fịngere like credere (2), *except* irreg. p. part. **finto**

finire like capire (4) †; **p.p.** with **avere** if transitive

firmare like adorare (1)

fotocopiare like cambiare (13)

frenare like adorare (1)

frequentare like adorare (1)

frịggere like credere (2), *except* irreg. p. part. **fritto**

funzionare like adorare (1)

giocare (24)

girare like adorare (1)

guadagnare like sognare (43)

guardare like adorare (1)

guardarsi like alzarsi (5) †

guarire like capire (4) †; **p.p.** with **avere** if transitive

guidare like adorare (1)

imbucare like cercare (14)

immaginare like adorare (1)

imparare like adorare (1)

incontrare like adorare (1)

incontrarsi like alzarsi (5) †

indossare like adorare (1)

indovinare like adorare (1)

ingolfare like adorare (1)

innamorarsi like alzarsi (5) †

insegnare like sognare (43)

insịstere like credere (2), *except* irreg. p. part. **insistito**

interpretare like adorare (1)

inventare like adorare (1)

inviare (25)

invitare like adorare (1)

lamentarsi like alzarsi (5) †

lasciare like cominciare (16)

lasciarsi like cominciare (16), alzarsi (5) †

laurearsi like alzarsi (5) †

lavare like adorare (1)

lavarsi like alzarsi (5) †

lavorare like adorare (1)

lẹggere like credere (2), *except* irreg. p. part. **letto**

macchiare like cambiare (13)

mancare like cercare (14) †; **p.p.** with **avere** if transitive

mandare like adorare (1)

mangiare (27)

mantenersi like tenere (47), alzarsi (5) †

meritare like adorare (1)

mẹttere (28)

mẹttersi like mettere (28), alzarsi (5) †

migliorare like adorare (1)

morire (29) †

mostrare like adorare (1)

nạscere like credere (2), *except* irreg. p. part. **nato** †

navigare like litigare (26)

nevicare like dimenticare (19)

noleggiare like mangiare (27)

nuotare like adorare (1)

obbligare like litigare (26)

occuparsi like alzarsi (5) †

odiarsi like inviare (25), alzarsi (5) †

offrire like aprire (10)

ordinare like adorare (1)

orientarsi like alzarsi (5) †

ottenere like tenere (47)

pagare like litigare (26)

parcheggiare like mangiare (27)

parere (32) †

parlare like adorare (1)

parlarsi like alzarsi (5) †

partire like dormire (3) †

passare like adorare (1) †; **p.p.** with **avere** if transitive

pensare like adorare (1)

pẹrdere like credere (2), *except* irreg. p. part. **perso/perduto**

pẹrdersi like credere (2), alzarsi (5), *except* irreg. p. part. **perso/perduto** †

permẹttere like mettere (28)

pescare like cercare (14)

pettinarsi like alzarsi (5) †

piacere like tacere (46) †

piạngere like credere (2), *except* irreg. p. part. **pianto**

piọvere like credere (2), *except* irreg. p. part. **piovuto**

portare like adorare (1)

possedere like sedere (42)

potere (34)

praticare like dimenticare (19)

preferire like capire (4)

prẹndere (35)

prenotare like adorare (1)

preoccuparsi like alzarsi (5) †

preparare like adorare (1)

prepararsi like alzarsi (5) †

presentare like adorare (1)

preservare like adorare (1)

prestare like adorare (1)

promẹttere like mettere (28)

proporre like porre (33)

proseguire like dormire (3) †; **p.p.** with **avere** if transitive

provare like adorare (1)

pubblicare like dimenticare (19)

pulire like capire (4)

raccomandare like adorare (1)

radersi like credere (2), alzarsi (5); *except* irreg. p. part. **raso** †

recitare like adorare (1)

regalare like adorare (1)

registrare like adorare (1)

remare like adorare (1)

rendersi like prendere (35), alzarsi (5) †

restare like adorare (1) †

restituire like capire (4)

riattaccare like cercare (14)

ricevere like credere (2)

riciclare like adorare (1)

riconoscere like credere (2), *except* irreg. p. part. **riconosciuto**

ricordare like adorare (1)

ricordarsi like alzarsi (5) †

ridare like dare (18)

riempire (37)

rimanere (38) †

rincorrere like credere (2), *except* irreg. p. part. **rincorso**

rinviare like inviare (25)

riparare like adorare (1)

ripetere like credere (2)

riposarsi like alzarsi (5) †

risparmiare like cambiare (13)

rispettare like adorare (1)

rispondere (39)

ritirare like adorare (1)

ritornare like adorare (1) †

riuscire like uscire (51) †

rivedere like vedere (53)

rompersi like credere (2), alzarsi (5), *except* irreg. p. part. **rotto** †

rosolare like adorare (1)

salire (40) †; **p.p.** *with* **avere** if transitive

salutarsi like alzarsi (5) †

salvare like adorare (1)

sapere (41)

sbadigliare like cambiare (13)

sbagliarsi like cambiare (13), alzarsi (5) †

sbrigarsi like litigare (26), alzarsi (5) †

scalare like adorare (1)

scaricare like dimenticare (19)

scendere like prendere (35) †; **p.p.** with **avere** if transitive

scherzare like adorare (1)

scolpire like capire (4)

scrivere like credere (2), *except* irreg. p. part. **scritto**

scriversi like credere (2), alzarsi (5), *except* irreg. p. part. **scritto** †

scusare like adorare (1)

sedersi like sedere (42), alzarsi (5) †

seguire like dormire (3) †; **p.p.** with **avere** if transitive

sembrare like adorare (1) †

sentire like dormire (3)

sentirsi like dormire (3), alzarsi (5) †

servire like dormire (3)

significare like dimenticare (19)

sistemare like adorare (1)

smettere like mettere (28)

sognare (43)

sorgere like credere (2), *except* irreg. p. part. **sorto** †

sparecciare like cambiare (13)

spazzare like adorare (1)

spedire like capire (4)

spegnere (44)

spendere like prendere (35)

sperare like adorare (1)

spiegare like litigare (26)

spogliarsi like cambiare (13) †

spolverare like adorare (1)

sporcare like cercare (14)

sposarsi like alzarsi (5) †

sprecare like cercare (14)

squillare like adorare (1)

stampare like adorare (1)

stare (45) †

starnutire like capire (4)

stirare like adorare (1)

strafare like fare (23)

studiare like cambiare (13)

subaffittare like adorare (1)

succedere like credere (2), *except* irreg. p. part. **successo** †

suggerire like capire (4)

suonare like adorare (1)

superare like adorare (1)

svegliarsi like cambiare (13), alzarsi (5) †

sviluppare like adorare (1)

tagliare like cambiare (13)

telefonare like adorare (1)

telefonarsi like alzarsi (5) †

temere like credere (2)

tenere (47)

toccare like cercare (14)

tornare like adorare (1) †

tossire like capire (4)

tradurre like produrre (36)

tramontare like adorare (1) †

trasferirsi like capire (4), alzarsi (5) †

traslocare like cercare (14)

trattenersi like tenere (47), alzarsi (5) †

trovare like adorare (1)

truccarsi like cercare (14), alzarsi (5) †

usare like adorare (1)

uscire (51) †

vedere (53)

vedersi like vedere (53), alzarsi (5) †

vendere like credere (2)

venire (54) †

vestirsi like dormire (3), alzarsi (5) †

viaggiare like mangiare (27)

vincere (55)

visitare like adorare (1)

vivere (56) †; **p.p.** with **avere** if transitive

volere (57)

Regular verbs

1 — adorare (to adore)

Participio passato: adorato · Gerundio presente: adorando · Infinito passato: avere adorato

	INDICATIVO				CONDIZIONALE	CONGIUNTIVO		IMPERATIVO
	Presente	Passato prossimo	Imperfetto	Futuro	Presente	Presente	Imperfetto	
	adoro	ho adorato	adoravo	adorerò	adorerei	adori	adorassi	
	adori	hai adorato	adoravi	adorerai	adoreresti	adori	adorassi	adora (non adorare)
	adora	ha adorato	adorava	adorerà	adorerebbe	adori	adorasse	adori
	adoriamo	abbiamo adorato	adoravamo	adoreremo	adoreremmo	adoriamo	adorassimo	adoriamo
	adorate	avete adorato	adoravate	adorerete	adorereste	adoriate	adoraste	adorate
	adorano	hanno adorato	adoravano	adoreranno	adorerebbero	adorino	adorassero	adorino

2 — credere (to believe)

Participio passato: creduto · Gerundio presente: credendo · Infinito passato: avere creduto

	INDICATIVO				CONDIZIONALE	CONGIUNTIVO		IMPERATIVO
	Presente	Passato prossimo	Imperfetto	Futuro	Presente	Presente	Imperfetto	
	credo	ho creduto	credevo	crederò	crederei	creda	credessi	
	credi	hai creduto	credevi	crederai	crederesti	creda	credessi	credi (non credere)
	crede	ha creduto	credeva	crederà	crederebbe	creda	credesse	creda
	crediamo	abbiamo creduto	credevamo	crederemo	crederemmo	crediamo	credessimo	crediamo
	credete	avete creduto	credevate	crederete	credereste	crediate	credeste	credete
	credono	hanno creduto	credevano	crederanno	crederebbero	credano	credessero	credano

3 — dormire (to sleep)

Participio passato: dormito · Gerundio presente: dormendo · Infinito passato: avere dormito

	INDICATIVO				CONDIZIONALE	CONGIUNTIVO		IMPERATIVO
	Presente	Passato prossimo	Imperfetto	Futuro	Presente	Presente	Imperfetto	
	dormo	ho dormito	dormivo	dormirò	dormirei	dorma	dormissi	
	dormi	hai dormito	dormivi	dormirai	dormiresti	dorma	dormissi	dormi (non dormire)
	dorme	ha dormito	dormiva	dormirà	dormirebbe	dorma	dormisse	dorma
	dormiamo	abbiamo dormito	dormivamo	dormiremo	dormiremmo	dormiamo	dormissimo	dormiamo
	dormite	avete dormito	dormivate	dormirete	dormireste	dormiate	dormiste	dormite
	dormono	hanno dormito	dormivano	dormiranno	dormirebbero	dormano	dormissero	dormano

4 — capire (to understand)

Participio passato: capito · Gerundio presente: capendo · Infinito passato: avere capito

	INDICATIVO				CONDIZIONALE	CONGIUNTIVO		IMPERATIVO
	Presente	Passato prossimo	Imperfetto	Futuro	Presente	Presente	Imperfetto	
	capisco	ho capito	capivo	capirò	capirei	capisca	capissi	
	capisci	hai capito	capivi	capirai	capiresti	capisca	capissi	capisci (non capire)
	capisce	ha capito	capiva	capirà	capirebbe	capisca	capisse	capisca
	capiamo	abbiamo capito	capivamo	capiremo	capiremmo	capiamo	capissimo	capiamo
	capite	avete capito	capivate	capirete	capireste	capiate	capiste	capite
	capiscono	hanno capito	capivano	capiranno	capirebbero	capiscano	capissero	capiscano

Reflexive (Pronominal)

Infinito	INDICATIVO				CONDIZIONALE	CONGIUNTIVO		IMPERATIVO
Participio passato / Gerundio presente / Infinito passato	Presente	Passato prossimo	Imperfetto	Futuro	Presente	Presente	Imperfetto	
alzarsi (*to get up*)	mi alzo	mi sono alzato/a	mi alzavo	mi alzerò	mi alzerei	mi alzi	mi alzassi	
	ti alzi	ti sei alzato/a	ti alzavi	ti alzerai	ti alzeresti	ti alzi	ti alzassi	àlzati (non alzarti/ non ti alzare)
alzato/a	si alza	si è alzato/a	si alzava	si alzerà	si alzerebbe	si alzi	si alzasse	si alzi
alzandosi	ci alziamo	ci siamo alzati/e	ci alzavamo	ci alzeremo	ci alzeremmo	ci alziamo	ci alzassimo	alziamoci
essersi alzato/a	vi alzate	vi siete alzati/e	vi alzavate	vi alzerete	vi alzereste	vi alziate	vi alzaste	alzatevi
	si alzano	si sono alzati/e	si alzavano	si alzeranno	si alzerebbero	si alzino	si alzassero	si alzino

Auxiliary verbs: *avere* and *essere*

Infinito	INDICATIVO				CONDIZIONALE	CONGIUNTIVO		IMPERATIVO
Participio passato / Gerundio presente / Infinito passato	Presente	Passato prossimo	Imperfetto	Futuro	Presente	Presente	Imperfetto	
avere (*to have*)	**ho**	ho avuto	avevo	**avrò**	avrei	abbia	avessi	
	hai	hai avuto	avevi	**avrai**	avresti	abbia	avessi	**abbi** (non avere)
avuto	**ha**	ha avuto	aveva	**avrà**	avrebbe	abbia	avesse	**abbia**
avendo	**abbiamo**	abbiamo avuto	avevamo	**avremo**	avremmo	abbiamo	avessimo	**abbiamo**
avere avuto	avete	avete avuto	avevate	**avrete**	avreste	abbiate	aveste	**abbiate**
	hanno	hanno avuto	avevano	**avranno**	avrebbero	abbiano	avessero	**abbiano**
essere (*to be*)	sono	sono stato/a	ero	sarò	sarei	sia	fossi	
	sei	sei stato/a	eri	sarai	saresti	sia	fossi	sii (non essere)
stato/a	è	è stato/a	era	sarà	sarebbe	sia	fosse	sia
essendo	siamo	siamo stati/e	eravamo	saremo	saremmo	siamo	fossimo	siamo
essere **stato/a**	siete	siete stati/e	eravate	sarete	sareste	siate	foste	siate
	sono	sono stati/e	erano	saranno	sarebbero	siano	fossero	siano

Compound tenses: Perfect tenses

Ausiliare	INDICATIVO				CONDIZIONALE	CONGIUNTIVO	
	Passato prossimo	Trapassato prossimo	Trapassato remoto	Futuro anteriore	Passato	Passato	Trapassato
avere *(to have)*	ho / hai / ha / abbiamo / avete / hanno + adorato, perduto, dormito, capito	avevo / avevi / aveva / avevamo / avevate / avevano + adorato, perduto, dormito, capito	ebbi / avesti / ebbe / avemmo / aveste / ẹbbero + adorato, perduto, dormito, capito	avrò / avrai / avrà / avremo / avrete / avranno + adorato, perduto, dormito, capito	avrei / avresti / avrebbe / avremmo / avreste / avrẹbbero + adorato, perduto, dormito, capito	abbia / abbia / abbia / abbiamo / abbiate / abbiano + adorato, perduto, dormito, capito	avessi / avessi / avesse / avẹssimo / aveste / avẹssero + adorato, perduto, dormito, capito
essere *(to be)*	sono / sei / è / siamo / siete / sono + andato/a ... andati/e	ero / eri / era / eravamo / eravate / ẹrano + andato/a ... andati/e	fui / fosti / fu / fummo / foste / fụrono + andato/a ... andati/e	sarò / sarai / sarà / saremo / sarete / saranno + andato/a ... andati/e	sarei / saresti / sarebbe / saremmo / sareste / sarẹbbero + andato/a ... andati/e	sia / sia / sia / siamo / siate / siano + andato/a ... andati/e	fossi / fossi / fosse / fọssimo / foste / fọssero + andato/a ... andati/e

Irregular verbs

Infinito / Participio passato / Gerundio presente / Infinito passato	INDICATIVO				CONDIZIONALE	CONGIUNTIVO		IMPERATIVO
	Presente	Passato prossimo	Imperfetto	Futuro	Presente	Presente	Imperfetto	
8 **andare** *(to go)* andato/a andando essere andato/a	**vado** / **vai** / **va** / andiamo / andate / **vanno**	sono andato/a / sei andato/a / è andato/a / siamo andati/e / siete andati/e / sono andati/e	andavo / andavi / andava / andavamo / andavate / andạvano	**andrò** / **andrai** / **andrà** / **andremo** / **andrete** / **andranno**	**andrei** / **andresti** / **andrebbe** / **andremmo** / **andreste** / **andrẹbbero**	**vada** / **vada** / **vada** / andiamo / andiate / **vạdano**	andassi / andassi / andasse / andạssimo / andaste / andạssero	**vai, va'** (non andare) / **vada** / andiamo / andate / **vạdano**
9 **apparire** *(to appear)* **apparso/a** apparendo essere **apparso/a**	**appạio** / appari / appare / appariamo / apparite / **appạiono**	sono **apparso/a** / sei **apparso/a** / è **apparso/a** / siamo **apparsi/e** / siete **apparsi/e** / sono **apparsi/e**	apparivo / apparivi / appariva / apparivamo / apparivate / apparịvano	apparirò / apparirai / apparirà / appariremo / apparirete / appariranno	apparirei / appariresti / apparirebbe / appariremmo / apparireste / apparirẹbbero	**appạia** / **appạia** / **appạia** / appariamo / appariate / **appạiano**	apparissi / apparissi / apparisse / apparịssimo / appariste / apparịssero	appari (non apparire) / **appạia** / appariamo / apparite / **appạiano**

10 — aprire (to open)

Infinito: aprire · Participio passato: **aperto** · Gerundio presente: aprendo · Infinito passato: avere **aperto**

	INDICATIVO				CONDIZIONALE	CONGIUNTIVO		IMPERATIVO
	Presente	Passato prossimo	Imperfetto	Futuro	Presente	Presente	Imperfetto	
	apro	ho **aperto**	aprivo	aprirò	aprirei	apra	aprissi	
	apri	hai **aperto**	aprivi	aprirai	apriresti	apra	aprissi	apri (non aprire)
	apre	ha **aperto**	apriva	aprirà	aprirebbe	apra	aprisse	apra
	apriamo	abbiamo **aperto**	aprivamo	apriremo	apriremmo	apriamo	aprissimo	apriamo
	aprite	avete **aperto**	aprivate	aprirete	aprireste	apriate	apriste	aprite
	aprono	hanno **aperto**	aprivano	apriranno	aprirebbero	aprano	aprissero	aprano

11 — bere (to drink)

Infinito: bere · Participio passato: **bevuto** · Gerundio presente: **bevendo** · Infinito passato: avere **bevuto**

	INDICATIVO				CONDIZIONALE	CONGIUNTIVO		IMPERATIVO
	Presente	Passato prossimo	Imperfetto	Futuro	Presente	Presente	Imperfetto	
	bevo	ho **bevuto**	**bevevo**	**berrò**	**berrei**	**beva**	**bevessi**	
	bevi	hai **bevuto**	**bevevi**	**berrai**	**berresti**	**beva**	**bevessi**	**bevi** (non bere)
	beve	ha **bevuto**	**beveva**	**berrà**	**berrebbe**	**beva**	**bevesse**	**beva**
	beviamo	abbiamo **bevuto**	**bevevamo**	**berremo**	**berremmo**	**beviamo**	**bevessimo**	**beviamo**
	bevete	avete **bevuto**	**bevevate**	**berrete**	**berreste**	**beviate**	**beveste**	**bevete**
	bevono	hanno **bevuto**	**bevevano**	**berranno**	**berrebbero**	**bevano**	**bevessero**	**bevano**

12 — cadere (to fall)

Infinito: cadere · Participio passato: caduto · Gerundio presente: cadendo · Infinito passato: essere caduto/a

	INDICATIVO				CONDIZIONALE	CONGIUNTIVO		IMPERATIVO
	Presente	Passato prossimo	Imperfetto	Futuro	Presente	Presente	Imperfetto	
	cado	sono caduto/a	cadevo	**cadrò**	**cadrei**	cada	cadessi	
	cadi	sei caduto/a	cadevi	**cadrai**	**cadresti**	cada	cadessi	cadi (non cadere)
	cade	è caduto/a	cadeva	**cadrà**	**cadrebbe**	cada	cadesse	cada
	cadiamo	siamo caduti/e	cadevamo	**cadremo**	**cadremmo**	cadiamo	cadessimo	cadiamo
	cadete	siete caduti/e	cadevate	**cadrete**	**cadreste**	cadiate	cadeste	cadete
	cadono	sono caduti/e	cadevano	**cadranno**	**cadrebbero**	cadano	cadessero	cadano

13 — cambiare (to change)

Infinito: cambiare · Participio passato: cambiato · Gerundio presente: cambiando · Infinito passato: avere cambiato

	INDICATIVO				CONDIZIONALE	CONGIUNTIVO		IMPERATIVO
	Presente	Passato prossimo	Imperfetto	Futuro	Presente	Presente	Imperfetto	
	cambio	ho cambiato	cambiavo	cambierò	cambierei	**cambi**	cambiassi	
	cambi	hai cambiato	cambiavi	cambierai	cambieresti	**cambi**	cambiassi	cambia (non cambiare)
	cambia	ha cambiato	cambiava	cambierà	cambierebbe	**cambi**	cambiasse	**cambi**
	cambiamo	abbiamo cambiato	cambiavamo	cambieremo	cambieremmo	**cambiamo**	cambiassimo	**cambiamo**
	cambiate	avete cambiato	cambiavate	cambierete	cambiereste	**cambiate**	cambiaste	cambiate
	cambiano	hanno cambiato	cambiavano	cambieranno	cambierebbero	**cambino**	cambiassero	**cambino**

14 — cercare (to look for)

Infinito: cercare · Participio passato: cercato · Gerundio presente: cercando · Infinito passato: avere cercato

	INDICATIVO				CONDIZIONALE	CONGIUNTIVO		IMPERATIVO
	Presente	Passato prossimo	Imperfetto	Futuro	Presente	Presente	Imperfetto	
	cerco	ho cercato	cercavo	**cercherò**	**cercherei**	**cerchi**	cercassi	
	cerchi	hai cercato	cercavi	**cercherai**	**cercheresti**	**cerchi**	cercassi	cerca (non cercare)
	cerca	ha cercato	cercava	**cercherà**	**cercherebbe**	**cerchi**	cercasse	**cerchi**
	cerchiamo	abbiamo cercato	cercavamo	**cercheremo**	**cercheremmo**	**cerchiamo**	cercassimo	**cerchiamo**
	cercate	avete cercato	cercavate	**cercherete**	**cerchereste**	**cerchiate**	cercaste	cercate
	cercano	hanno cercato	cercavano	**cercheranno**	**cercherebbero**	**cerchino**	cercassero	**cerchino**

15 — chiedere (to ask for)

Infinito: chiedere · Participio passato: **chiesto** · Gerundio presente: chiedendo · Infinito passato: avere **chiesto**

	INDICATIVO				CONDIZIONALE	CONGIUNTIVO		IMPERATIVO
	Presente	Passato prossimo	Imperfetto	Futuro	Presente	Presente	Imperfetto	
	chiedo	ho **chiesto**	chiedevo	chiederò	chiederei	chieda	chiedessi	
	chiedi	hai **chiesto**	chiedevi	chiederai	chiederesti	chieda	chiedessi	chiedi (non chiedere)
	chiede	ha **chiesto**	chiedeva	chiederà	chiederebbe	chieda	chiedesse	chieda
	chiediamo	abbiamo **chiesto**	chiedevamo	chiederemo	chiederemmo	chiediamo	chiedessimo	chiediamo
	chiedete	avete **chiesto**	chiedevate	chiederete	chiedereste	chiediate	chiedeste	chiedete
	chiedono	hanno **chiesto**	chiedevano	chiederanno	chiederebbero	chiedano	chiedessero	chiedano

	Infinito / Participio passato / Gerundio presente / Infinito passato	INDICATIVO Presente	Passato prossimo	Imperfetto	Futuro	CONDIZIONALE Presente	CONGIUNTIVO Presente	Imperfetto	IMPERATIVO
16	cominciare *(to begin)* / cominciato / cominciando / avere cominciato	comincio / **cominci** / comincia / **cominciamo** / cominciate / cominciano	ho cominciato / hai cominciato / ha cominciato / abbiamo cominciato / avete cominciato / hanno cominciato	cominciavo / cominciavi / cominciava / cominciavamo / cominciavate / cominciavano	**comincerò** / **comincerai** / **comincerà** / **cominceremo** / **comincerete** / **cominceranno**	**comincerei** / **cominceresti** / **comincerebbe** / **cominceremmo** / **comincereste** / **comincerebbero**	**cominci** / **cominci** / **cominci** / **cominciamo** / **cominciate** / **comincino**	cominciassi / cominciassi / cominciasse / cominciassimo / cominciaste / cominciassero	comincia (non cominciare) / **cominci** / **cominciamo** / **cominciate** / **comincino**
17	cuocere *(to cook)* / cotto / cuocendo / avere cotto	**cuocio** / cuoci / cuoce / cuociamo / cuocete / **cuociono**	ho **cotto** / hai **cotto** / ha **cotto** / abbiamo **cotto** / avete **cotto** / hanno **cotto**	cuocevo / cuocevi / cuoceva / cuocevamo / cuocevate / cuocevano	cuocerò / cuocerai / cuocerà / cuoceremo / cuocerete / cuoceranno	cuocerei / cuoceresti / cuocerebbe / cuoceremmo / cuocereste / cuocerebbero	**cuocia** / **cuocia** / **cuocia** / cuociamo / cuociate / **cuociano**	cuocessi / cuocessi / cuocesse / cuocessimo / cuoceste / cuocessero	cuoci (non cuocere) / cuocia / cuociamo / cuocete / **cuociano**
18	dare *(to give)* / dato / dando / avere dato	**do, dò** / **dai** / **dà** / diamo / date / **danno**	ho dato / hai dato / ha dato / abbiamo dato / avete dato / hanno dato	davo / davi / dava / davamo / davate / davano	**darò** / **darai** / **darà** / **daremo** / **darete** / **daranno**	**darei** / **daresti** / **darebbe** / **daremmo** / **dareste** / **darebbero**	**dia** / **dia** / **dia** / diamo / diate / **diano**	**dessi** / **dessi** / **desse** / **dessimo** / **deste** / **dessero**	**dai, da', dà** (non dare) / **dia** / diamo / date / **diano**
19	dimenticare *(to forget)* / dimenticato / dimenticando / avere dimenticato	dimentico / **dimentichi** / dimentica / **dimentichiamo** / dimenticate / dimenticano	ho dimenticato / hai dimenticato / ha dimenticato / abbiamo dimenticato / avete dimenticato / hanno dimenticato	dimenticavo / dimenticavi / dimenticava / dimenticavamo / dimenticavate / dimenticavano	**dimenticherò** / **dimenticherai** / **dimenticherà** / **dimenticheremo** / **dimenticherete** / **dimenticheranno**	**dimenticherei** / **dimenticheresti** / **dimenticherebbe** / **dimenticheremmo** / **dimentichereste** / **dimenticherebbero**	**dimentichi** / **dimentichi** / **dimentichi** / **dimentichiamo** / **dimentichiate** / **dimentichino**	dimenticassi / dimenticassi / dimenticasse / dimenticassimo / dimenticaste / dimenticassero	dimentica (non dimenticare) / **dimentichi** / **dimentichiamo** / dimenticate / **dimentichino**
20	dire *(to say)* / detto / dicendo / avere detto	**dico** / **dici** / **dice** / **diciamo** / dite / **dicono**	ho **detto** / hai **detto** / ha **detto** / abbiamo **detto** / avete **detto** / hanno **detto**	**dicevo** / **dicevi** / **diceva** / **dicevamo** / **dicevate** / **dicevano**	dirò / dirai / dirà / diremo / direte / diranno	direi / diresti / direbbe / diremmo / direste / direbbero	**dica** / **dica** / **dica** / diciamo / diciate / **dicano**	**dicessi** / **dicessi** / **dicesse** / **dicessimo** / **diceste** / **dicessero**	**di', di** (non dire) / **dica** / diciamo / dite / **dicano**

21 — dolere (to hurt)

Participio passato: doluto/a · Gerundio presente: dolendo · Infinito passato: essere doluto/a

	INDICATIVO				CONDIZIONALE	CONGIUNTIVO		IMPERATIVO
	Presente	Passato prossimo	Imperfetto	Futuro	Presente	Presente	Imperfetto	
	dolgo	sono doluto/a	dolevo	dorrò	dorrei	dolga, doglia	dolessi	
	duoli	sei doluto/a	dolevi	dorrai	dorresti	dolga, doglia	dolessi	duoli (non dolere)
	duole	è doluto/a	doleva	dorrà	dorrebbe	dolga, doglia	dolesse	dolga
	doliamo, dogliamo	siamo doluti/e	dolevamo	dorremo	dorremmo	doliamo, dogliamo	dolessimo	doliamo
	dolete	siete doluti/e	dolevate	dorrete	dorreste	doliate, dogliate	doleste	dolete
	dolgono	sono doluti/e	dolevano	dorranno	dorrebbero	dolgano	dolessero	dolgano

22 — dovere (to have to; to owe)

Participio passato: dovuto · Gerundio presente: dovendo · Infinito passato: avere dovuto

	INDICATIVO				CONDIZIONALE	CONGIUNTIVO		IMPERATIVO
	Presente	Passato prossimo	Imperfetto	Futuro	Presente	Presente	Imperfetto	
	devo, debbo	ho dovuto	dovevo	dovrò	dovrei	deva, debba	dovessi	
	devi	hai dovuto	dovevi	dovrai	dovresti	deva, debba	dovessi	
	deve	ha dovuto	doveva	dovrà	dovrebbe	deva, debba	dovesse	This verb is not used in the imperative form.
	dobbiamo	abbiamo dovuto	dovevamo	dovremo	dovremmo	dobbiamo	dovessimo	
	dovete	avete dovuto	dovevate	dovrete	dovreste	dobbiate	doveste	
	devono, debbono	hanno dovuto	dovevano	dovranno	dovrebbero	devano, debbano	dovessero	

23 — fare (to do; to make)

Participio passato: fatto · Gerundio presente: facendo · Infinito passato: avere fatto

	INDICATIVO				CONDIZIONALE	CONGIUNTIVO		IMPERATIVO
	Presente	Passato prossimo	Imperfetto	Futuro	Presente	Presente	Imperfetto	
	faccio	ho fatto	facevo	farò	farei	faccia	facessi	
	fai	hai fatto	facevi	farai	faresti	faccia	facessi	fai, fa' (non fare)
	fa	ha fatto	faceva	farà	farebbe	faccia	facesse	faccia
	facciamo	abbiamo fatto	facevamo	faremo	faremmo	facciamo	facessimo	facciamo
	fate	avete fatto	facevate	farete	fareste	facciate	faceste	fate
	fanno	hanno fatto	facevano	faranno	farebbero	facciano	facessero	facciano

24 — giocare (to play)

Participio passato: giocato · Gerundio presente: giocando · Infinito passato: avere giocato

	INDICATIVO				CONDIZIONALE	CONGIUNTIVO		IMPERATIVO
	Presente	Passato prossimo	Imperfetto	Futuro	Presente	Presente	Imperfetto	
	gioco	ho giocato	giocavo	giocherò	giocherei	giochi	giocassi	
	giochi	hai giocato	giocavi	giocherai	giocheresti	giochi	giocassi	gioca (non giocare)
	gioca	ha giocato	giocava	giocherà	giocherebbe	giochi	giocasse	giochi
	giochiamo	abbiamo giocato	giocavamo	giocheremo	giocheremmo	giochiamo	giocassimo	giochiamo
	giocate	avete giocato	giocavate	giocherete	giochereste	giochiate	giocaste	giocate
	giocano	hanno giocato	giocavano	giocheranno	giocherebbero	giochino	giocassero	giochino

25 — inviare (to send)

Participio passato: inviato · Gerundio presente: inviando · Infinito passato: avere inviato

	INDICATIVO				CONDIZIONALE	CONGIUNTIVO		IMPERATIVO
	Presente	Passato prossimo	Imperfetto	Futuro	Presente	Presente	Imperfetto	
	invio	ho inviato	inviavo	invierò	invierei	invii	inviassi	
	invii	hai inviato	inviavi	invierai	invieresti	invii	inviassi	invia (non inviare)
	invia	ha inviato	inviava	invierà	invierebbe	invii	inviasse	invii
	inviamo	abbiamo inviato	inviavamo	invieremo	invieremmo	inviamo	inviassimo	inviamo
	inviate	avete inviato	inviavate	invierete	inviereste	inviate	inviaste	inviate
	inviano	hanno inviato	inviavano	invieranno	invierebbero	inviino	inviassero	inviino

Infinito / Participio passato / Gerundio presente / Infinito passato	INDICATIVO Presente	Passato prossimo	Imperfetto	Futuro	CONDIZIONALE Presente	CONGIUNTIVO Presente	Imperfetto	IMPERATIVO
26 litigare *(to quarrel)* / litigato / litigando / avere litigato	litigo / **litighi** / litiga / **litighiamo** / litigate / litigano	ho litigato / hai litigato / ha litigato / abbiamo litigato / avete litigato / hanno litigato	litigavo / litigavi / litigava / litigavamo / litigavate / litigavano	**litigherò** / **litigherai** / **litigherà** / **litigheremo** / **litigherete** / **litigheranno**	**litigherei** / **litigheresti** / **litigherebbe** / **litigheremmo** / **litighereste** / **litigherebbero**	**litighi** / **litighi** / **litighi** / **litighiamo** / **litighiate** / **litighino**	litigassi / litigassi / litigasse / litigassimo / litigaste / litigassero	litiga (non litigare) / **litighi** / **litighiamo** / litigate / **litighino**
27 mangiare *(to eat)* / mangiato / mangiando / avere mangiato	mangio / **mangi** / mangia / **mangiamo** / mangiate / mangiano	ho mangiato / hai mangiato / ha mangiato / abbiamo mangiato / avete mangiato / hanno mangiato	mangiavo / mangiavi / mangiava / mangiavamo / mangiavate / mangiavano	**mangerò** / **mangerai** / **mangerà** / **mangeremo** / **mangerete** / **mangeranno**	**mangerei** / **mangeresti** / **mangerebbe** / **mangeremmo** / **mangereste** / **mangerebbero**	**mangi** / **mangi** / **mangi** / **mangiamo** / mangiate / **mangino**	mangiassi / mangiassi / mangiasse / mangiassimo / mangiaste / mangiassero	mangia (non mangiare) / **mangi** / **mangiamo** / mangiate / **mangino**
28 mettere *(to put)* / **messo** / mettendo / avere **messo**	metto / metti / mette / mettiamo / mettete / mettono	ho **messo** / hai **messo** / ha **messo** / abbiamo **messo** / avete **messo** / hanno **messo**	mettevo / mettevi / metteva / mettevamo / mettevate / mettevano	metterò / metterai / metterà / metteremo / metterete / metteranno	metterei / metteresti / metterebbe / metteremmo / mettereste / metterebbero	metta / metta / metta / mettiamo / mettiate / **mettano**	mettessi / mettessi / mettesse / mettessimo / metteste / mettessero	metti (non mettere) / metta / mettiamo / mettete / mettano
29 morire *(to die)* / **morto/a** / morendo / essere **morto/a**	**muoio** / **muori** / **muore** / moriamo / morite / **muoiono**	sono **morto/a** / sei **morto/a** / è **morto/a** / siamo **morti/e** / siete **morti/e** / sono **morti/e**	morivo / morivi / moriva / moriamo / morivate / morivano	morirò, **morrò** / morirai, **morrai** / morirà, **morrà** / moriremo, **morremo** / morirete, **morrete** / moriranno, **morranno**	morirei, **morrei** / moriresti, **morresti** / morirebbe, **morrebbe** / moriremmo, **morremmo** / morireste, **morreste** / morirebbero, **morrebbero**	**muoia** / **muoia** / **muoia** / moriamo / moriate / **muoiano**	morissi / morissi / morisse / morissimo / moriste / morissero	**muori** (non morire) / **muoia** / moriamo / morite / **muoiano**
30 muovere *(to move)* / **mosso** / muovendo, **movendo** / avere **mosso**	muovo / muovi / muove / muoviamo, **moviamo** / muovete, **movete** / muovono	ho **mosso** / hai **mosso** / ha **mosso** / abbiamo **mosso** / avete **mosso** / hanno **mosso**	muovevo, **movevo** / muovevi, **movevi** / muoveva, **moveva** / muovevamo, **movevamo** / muovevate, **movevate** / muovevano, **movevano**	muoverò, **moverò** / muoverai, **moverai** / muoverà, **moverà** / muoveremo, **moveremo** / muoverete, **moverete** / muoveranno, **moveranno**	muoverei, **moverei** / muoveresti, **moveresti** / muoverebbe, **moverebbe** / muoveremmo, **moveremmo** / muovereste, **movereste** / muoverebbero, **moverebbero**	muova / muova / muova / muoviamo, **moviamo** / muoviate, **moviate** / muovano	muovessi, **movessi** / muovessi, **movessi** / muovesse, **movesse** / muovessimo, **movessimo** / muoveste, **moveste** / muovessero, **movessero**	muovi (non muovere) / muova / muoviamo, moviamo / muovete, movete / muovano

31 — nuocere (to harm)

Participio passato: **nuociuto**, nociuto
Gerundio presente: nuocendo, **nocendo**
Infinito passato: avere **nuociuto**, nociuto

	INDICATIVO Presente	Passato prossimo	Imperfetto	Futuro	CONDIZIONALE Presente	CONGIUNTIVO Presente	Imperfetto	IMPERATIVO
	nuoccio, noccio	ho **nuociuto**/nociuto	nuocevo, **nocevo**	nuocerò, **nocerò**	nuocerei, **nocerei**	**nuoccia**	nuocessi, **nocessi**	
	nuoci	hai **nuociuto**/nociuto	nuocevi, **nocevi**	nuocerai, **nocerai**	nuoceresti, **noceresti**	**nuoccia**	nuocessi, **nocessi**	nuoci (non nuocere)
	nuoce	ha **nuociuto**/nociuto	nuoceva, noceva	nuocerà, **nocerà**	nuocerebbe, **nocerebbe**	**nuoccia**	nuocesse, **nocesse**	nuoccia, noccia
	nuociamo, nociamo	abbiamo **nuociuto**/nociuto	nuocevamo, **nocevamo**	nuoceremo, **noceremo**	**nuoceremmo**, noceremmo	nuociamo, nociamo	nuocessimo, **nocessimo**	nuociamo, nociamo
	nuocete, nocete	avete **nuociuto**/nociuto	nuocevate, **nocevate**	nuocerete, **nocerete**	nuocereste, **nocereste**	nuociate, nociate	nuoceste, **noceste**	nuocete, nocete
	nuocciono, nocciono	hanno **nuociuto**/nociuto	nuocevano, **nocevano**	nuoceranno, **noceranno**	nuocerebbero, **nocerebbe**	**nuocciano**	nuocessero, **nocessero**	**nuocciano**

32 — parere (to seem)

Participio passato: **parso/a**
Gerundio presente: parendo
Infinito passato: essere **parso/a**

	INDICATIVO Presente	Passato prossimo	Imperfetto	Futuro	CONDIZIONALE Presente	CONGIUNTIVO Presente	Imperfetto	IMPERATIVO
	paio	sono **parso/a**	parevo	**parrò**	**parrei**	**paia**	paressi	
	pari	sei **parso/a**	parevi	**parrai**	**parresti**	**paia**	paressi	
	pare	è **parso/a**	pareva	**parrà**	**parrebbe**	**paia**	paresse	
	paiamo	siamo **parsi/e**	parevamo	**parremo**	**parremmo**	**paiamo**	paressimo	*This verb is not used in*
	parete	siete **parsi/e**	parevate	**parrete**	**parreste**	**paiate**	pareste	*the imperative form.*
	paiono	sono **parsi/e**	parevano	**parranno**	**parrebbero**	**paiano**	paressero	

33 — porre (to put)

Participio passato: **posto**
Gerundio presente: ponendo
Infinito passato: avere **posto**

	INDICATIVO Presente	Passato prossimo	Imperfetto	Futuro	CONDIZIONALE Presente	CONGIUNTIVO Presente	Imperfetto	IMPERATIVO
	pongo	ho **posto**	ponevo	porrò	**porrei**	**ponga**	**ponessi**	
	poni	hai **posto**	ponevi	porrai	**porresti**	**ponga**	**ponessi**	poni (non porre)
	pone	ha **posto**	poneva	porrà	**porrebbe**	**ponga**	**ponesse**	**ponga**
	poniamo	abbiamo **posto**	ponevamo	porremo	**porremmo**	**poniamo**	**ponessimo**	**poniamo**
	ponete	avete **posto**	ponevate	porrete	**porreste**	**poniate**	**poneste**	**ponete**
	pongono	hanno **posto**	ponevano	porranno	**porrebbero**	**pongano**	**ponessero**	**pongano**

34 — potere (to be able to)

Participio passato: potuto
Gerundio presente: potendo
Infinito passato: avere potuto

	INDICATIVO Presente	Passato prossimo	Imperfetto	Futuro	CONDIZIONALE Presente	CONGIUNTIVO Presente	Imperfetto	IMPERATIVO
	posso	ho potuto	potevo	potrò	potrei	possa	potessi	
	puoi	hai potuto	potevi	potrai	potresti	possa	potessi	
	può	ha potuto	poteva	potrà	potrebbe	possa	potesse	
	possiamo	abbiamo potuto	potevamo	potremo	potremmo	**possiamo**	potessimo	*This verb is not used in*
	potete	avete potuto	potevate	potrete	potreste	**possiate**	poteste	*the imperative form.*
	possono	hanno potuto	potevano	potranno	potrebbero	**possano**	potessero	

35 — prendere (to take)

Participio passato: **preso**
Gerundio presente: prendendo
Infinito passato: avere **preso**

	INDICATIVO Presente	Passato prossimo	Imperfetto	Futuro	CONDIZIONALE Presente	CONGIUNTIVO Presente	Imperfetto	IMPERATIVO
	prendo	ho **preso**	prendevo	prenderò	prenderei	prenda	prendessi	
	prendi	hai **preso**	prendevi	prenderai	prenderesti	prenda	prendessi	prendi (non prendere)
	prende	ha **preso**	prendeva	prenderà	prenderebbe	prenda	prendesse	prenda
	prendiamo	abbiamo **preso**	prendevamo	prenderemo	prenderemmo	prendiamo	prendessimo	prendiamo
	prendete	avete **preso**	prendevate	prenderete	prendereste	prendiate	prendeste	prendete
	prendono	hanno **preso**	prendevano	prenderanno	prenderebbero	prendano	prendessero	prendano

36. produrre (*to produce*)

Participio passato: **prodotto** · Gerundio presente: producendo · Infinito passato: avere **prodotto**

	INDICATIVO				CONDIZIONALE	CONGIUNTIVO		IMPERATIVO
	Presente	Passato prossimo	Imperfetto	Futuro	Presente	Presente	Imperfetto	
	produco	ho **prodotto**	**producevo**	**produrrò**	**produrrei**	**produca**	**producessi**	
	produci	hai **prodotto**	**producevi**	**produrrai**	**produrresti**	**produca**	**producessi**	**produci** (non **produrre**)
	produce	ha **prodotto**	**produceva**	**produrrà**	**produrrebbe**	**produca**	**producesse**	**produca**
	produciamo	abbiamo **prodotto**	**producevamo**	**produrremo**	**produrremmo**	**produciamo**	**producessimo**	**produciamo**
	producete	avete **prodotto**	**producevate**	**produrrete**	**produrreste**	**produciate**	**produceste**	**producete**
	prodụcono	hanno **prodotto**	**producẹvano**	**produrranno**	**produrrẹbbero**	**prodụcano**	**producẹssero**	**prodụcano**

37. riempire (*to fill*)

Participio passato: **riempiuto**, riempito · Gerundio presente: **riempiendo** · Infinito passato: avere **riempiuto**, riempito

	INDICATIVO				CONDIZIONALE	CONGIUNTIVO		IMPERATIVO
	Presente	Passato prossimo	Imperfetto	Futuro	Presente	Presente	Imperfetto	
	riempio, riempisco	ho **riempiuto**/riempito	**riempievo**, riempivo	riempirò	riempirei	riempia, riempa	**riempiessi**	
	riempi, riempisci	hai **riempiuto**/riempito	**riempievi**, riempivi	riempirai	riempiresti	riempia, riempa	**riempiessi**	**riempi**, **riempisci** (non **riempire**)
	riempie, riempisce	ha **riempiuto**/riempito	**riempieva**, riempiva	riempirà	riempirebbe	riempia, riempa	**riempiesse**	**riempia**, **riempisca**
	riempiamo	abbiamo **riempiuto**/riempito	**riempievamo**, riempivamo	riempiremo	riempiremmo	riempiamo	**riempiẹssimo**	riempiamo
	riempiete	avete **riempiete**/riempito	**riempievate**, riempivate	riempirete	riempireste	riempiate	**riempieste**	**riempiete**, riempite
	riempiono, riempiscono	hanno **riempiuto**/riempito	**riempiẹvano**, riempivano	riempiranno	riempirẹbbero	**riempiano**, riẹmpano	**riempiẹssero**	**riẹmpiano**, riempiscano

38. rimanere (*to stay*)

Participio passato: **rimasto/a** · Gerundio presente: rimanendo · Infinito passato: essere **rimasto/a**

	INDICATIVO				CONDIZIONALE	CONGIUNTIVO		IMPERATIVO
	Presente	Passato prossimo	Imperfetto	Futuro	Presente	Presente	Imperfetto	
	rimango	sono **rimasto/a**	rimanevo	**rimarrò**	**rimarrei**	**rimanga**	rimanessi	
	rimani	sei **rimasto/a**	rimanevi	**rimarrai**	**rimarresti**	**rimanga**	rimanessi	rimani (non rimanere)
	rimane	è **rimasto/a**	rimaneva	**rimarrà**	**rimarrebbe**	**rimanga**	rimanesse	**rimanga**
	rimaniamo	siamo **rimasti/e**	rimanevamo	**rimarremo**	**rimarremmo**	rimaniamo	rimanẹssimo	rimaniamo
	rimanete	siete **rimasti/e**	rimanevate	**rimarrete**	**rimarreste**	rimaniate	rimaneste	rimanete
	rimạngono	sono **rimasti/e**	rimanẹvano	**rimarranno**	**rimarrẹbbero**	**rimạngano**	rimanẹssero	**rimạngano**

39. rispondere (*to answer*)

Participio passato: **risposto** · Gerundio presente: rispondendo · Infinito passato: avere **risposto**

	INDICATIVO				CONDIZIONALE	CONGIUNTIVO		IMPERATIVO
	Presente	Passato prossimo	Imperfetto	Futuro	Presente	Presente	Imperfetto	
	rispondo	ho **risposto**	rispondevo	risponderò	risponderei	risponda	rispondessi	
	rispondi	hai **risposto**	rispondevi	risponderai	risponderesti	risponda	rispondessi	rispondi (non rispondere)
	risponde	ha **risposto**	rispondeva	risponderà	risponderebbe	risponda	rispondesse	risponda
	rispondiamo	abbiamo **risposto**	rispondevamo	risponderemo	risponderemmo	rispondiamo	rispondẹssimo	rispondiamo
	rispondete	avete **risposto**	rispondevate	risponderete	rispondereste	rispondiate	rispondeste	rispondete
	rispondono	hanno **risposto**	rispondẹvano	risponderanno	risponderẹbbero	rispondano	rispondẹssero	rispọndano

40. salire (*to go up*)

Participio passato: **salito/a** · Gerundio presente: salendo · Infinito passato: essere **salito/a**

	INDICATIVO				CONDIZIONALE	CONGIUNTIVO		IMPERATIVO
	Presente	Passato prossimo	Imperfetto	Futuro	Presente	Presente	Imperfetto	
	salgo	sono salito/a	salivo	salirò	salirei	**salga**	salissi	
	sali	sei salito/a	salivi	salirai	saliresti	**salga**	salissi	sali (non salire)
	sale	è salito/a	saliva	salirà	salirebbe	**salga**	salisse	**salga**
	saliamo	siamo saliti/e	salivamo	saliremo	saliremmo	saliamo	salissimo	saliamo
	salite	siete saliti/e	salivate	salirete	salireste	saliate	saliste	salite
	salgono	sono saliti/e	salivano	saliranno	salirẹbbero	**salgano**	salissero	**salgano**

Infinito / Participio passato / Gerundio presente / Infinito passato	INDICATIVO Presente	Passato prossimo	Imperfetto	Futuro	CONDIZIONALE Presente	CONGIUNTIVO Presente	Imperfetto	IMPERATIVO
41 sapere (*to know*) saputo sapendo avere saputo	**so** **sai** **sa** **sappiamo** sapete **sanno**	ho saputo hai saputo ha saputo abbiamo saputo avete saputo hanno saputo	sapevo sapevi sapeva sapevamo sapevate sapevano	**saprò** **saprai** **saprà** **sapremo** **saprete** **sapranno**	**saprei** **sapresti** **saprebbe** **sapremmo** **sapreste** **saprebbero**	**sappia** **sappia** **sappia** **sappiamo** **sappiate** **sappiano**	sapessi sapessi sapesse sapessimo sapeste sapessero	**sappi** (non sapere) **sappia** **sappiamo** **sappiate** **sappiano**
42 sedere (*to sit*) seduto sedendo avere seduto	**siedo, seggo** **siedi** **siede** sediamo sedete **siedono, seggono**	ho seduto hai seduto ha seduto abbiamo seduto avete seduto hanno seduto	sedevo sedevi sedeva sedevamo sedevate sedevano	sederò, **siederò** sederai, **siederai** sederà, **siederà** sederemo, **siederemo** sederete, **siederete** sederanno, **siederanno**	sederei, siederei sederesti, siederesti sederebbe, siederebbe sederemmo, siederemmo sedereste, siedereste sederebbero, siederebbero	**sieda, segga** **sieda, segga** **sieda, segga** sediamo sediate **siedano, seggano**	sedessi sedessi sedesse sedessimo sedeste sedessero	**siedi** (non sedere) **sieda, segga** sediamo sedete **siedano, seggano**
43 sognare (*to dream*) sognato sognando avere sognato	sogno sogni sogna sogniamo, **sognamo** **sogniate, sognate** sognano	ho sognato hai sognato ha sognato abbiamo sognato avete sognato hanno sognato	sognavo sognavi sognava sognavamo sognavate sognavano	sognerò sognerai sognerà sogneremo sognerete sogneranno	sognerei sogneresti sognerebbe sogneremmo sognereste sognerebbero	sogni sogni sogni sogniamo, **sognamo** sogniate, **sognate** sognino	sognassi sognassi sognasse sognassimo sognaste sognassero	sogna (non sognare) sogni sogniamo sognate sognino
44 spegnere (*to turn off*) **spento** spegnendo avere **spento**	**spengo** spegni spegne spegniamo spegnete **spengono**	ho **spento** hai **spento** ha **spento** abbiamo **spento** avete **spento** hanno **spento**	spegnevo spegnevi spegneva spegnevamo spegnevate spegnevano	spegnerò spegnerai spegnerà spegneremo spegnerete spegneranno	spegnerei spegneresti spegnerebbe spegneremmo spegnereste spegnerebbero	**spenga** **spenga** **spenga** spegniamo spegniate **spengano**	spegnessi spegnessi spegnesse spegnessimo spegneste spegnessero	spegni (non spegnere) **spenga** spegniamo spegnete **spengano**
45 stare (*to stay; to be*) stato/a stando essere stato/a	sto **stai** sta stiamo state **stanno**	sono stato/a sei stato/a è stato/a siamo stati/e siete stati/e sono stati/e	stavo stavi stava stavamo stavate stavano	**starò** starai starà staremo starete staranno	**starei** staresti starebbe **staremmo** starete **starebbero**	**stia** **stia** **stia** stiamo stiate **stiano**	**stessi** **stessi** **stesse** **stessimo** **steste** **stessero**	**stai, sta'** (non stare) **stia** stiamo state **stiano**

46. tacere (*to be silent*) — Participio passato: **taciuto**; Gerundio presente: tacendo; Infinito passato: avere **taciuto**

	INDICATIVO				CONDIZIONALE	CONGIUNTIVO		IMPERATIVO
	Presente	Passato prossimo	Imperfetto	Futuro	Presente	Presente	Imperfetto	
	taccio	ho **taciuto**	tacevo	tacerò	tacerei	**taccia**	tacessi	
	taci	hai **taciuto**	tacevi	tacerai	taceresti	**taccia**	tacessi	taci (non tacere)
	tace	ha **taciuto**	taceva	tacerà	tacerebbe	**taccia**	tacesse	**taccia**
	tacciamo	abbiamo **taciuto**	tacevamo	taceremo	taceremmo	**tacciamo**	tacęssimo	**tacciamo**
	tacete	avete **taciuto**	tacevate	tacerete	tacereste	**tacciate**	taceste	tacete
	tacciono	hanno **taciuto**	tacęvano	taceranno	tacerębbero	**tacciano**	tacęssero	**tacciano**

47. tenere (*to hold*) — Participio passato: tenuto; Gerundio presente: tenendo; Infinito passato: avere tenuto

	INDICATIVO				CONDIZIONALE	CONGIUNTIVO		IMPERATIVO
	Presente	Passato prossimo	Imperfetto	Futuro	Presente	Presente	Imperfetto	
	tengo	ho tenuto	tenevo	**terrò**	**terrei**	**tenga**	tenessi	
	tieni	hai tenuto	tenevi	**terrai**	**terresti**	**tenga**	tenessi	**tieni** (non tenere)
	tiene	ha tenuto	teneva	**terrà**	**terrebbe**	**tenga**	tenesse	**tenga**
	teniamo	abbiamo tenuto	tenevamo	**terremo**	**terremmo**	teniamo	tenęssimo	teniamo
	tenete	avete tenuto	tenevate	**terrete**	**terreste**	teniate	teneste	tenete
	tęngono	hanno tenuto	tenęvano	**terranno**	**terrębbero**	**tęngano**	tenessero	**tęngano**

48. togliere (*to remove*) — Participio passato: **tolto**; Gerundio presente: togliendo; Infinito passato: avere **tolto**

	INDICATIVO				CONDIZIONALE	CONGIUNTIVO		IMPERATIVO
	Presente	Passato prossimo	Imperfetto	Futuro	Presente	Presente	Imperfetto	
	tolgo	ho **tolto**	toglievo	toglierò	toglierei	**tolga**	togliessi	
	togli	hai **tolto**	toglievi	toglierai	toglieresti	**tolga**	togliessi	**togli** (non togliere)
	toglie	ha **tolto**	toglieva	toglierà	toglierebbe	**tolga**	togliesse	**tolga**
	togliamo	abbiamo **tolto**	toglievamo	toglieremo	toglieremmo	**togliamo**	toglięssimo	**togliamo**
	togliete	avete **tolto**	toglievate	toglierete	togliereste	**togliate**	toglieste	togliete
	tǫlgono	hanno **tolto**	toglięvano	toglieranno	toglierębbero	**tǫlgano**	toglięssero	**tǫlgano**

49. trarre (*to draw*) — Participio passato: **tratto**; Gerundio presente: traendo; Infinito passato: avere **tratto**

	INDICATIVO				CONDIZIONALE	CONGIUNTIVO		IMPERATIVO
	Presente	Passato prossimo	Imperfetto	Futuro	Presente	Presente	Imperfetto	
	traggo	ho **tratto**	traevo	**trarrò**	**trarrei**	**tragga**	traessi	
	trai	hai **tratto**	traevi	**trarrai**	**trarresti**	**tragga**	traessi	trai (non trarre)
	trae	ha **tratto**	traeva	**trarrà**	**trarrebbe**	**tragga**	traesse	**tragga**
	traiamo	abbiamo **tratto**	traevamo	**trarremo**	**trarremmo**	traiamo	traęssimo	traiamo
	traete	avete **tratto**	traevate	**trarrete**	**trarreste**	traiate	traeste	traete
	tręggono	hanno **tratto**	traęvano	**trarranno**	**trarrębbero**	**tręggano**	traęssero	**traggano**

50. udire (*to hear*) — Participio passato: udito; Gerundio presente: udendo; Infinito passato: avere udito

	INDICATIVO				CONDIZIONALE	CONGIUNTIVO		IMPERATIVO
	Presente	Passato prossimo	Imperfetto	Futuro	Presente	Presente	Imperfetto	
	odo	ho udito	udivo	udirò, **udrò**	udirei, **udrei**	**oda**	udissi	
	odi	hai udito	udivi	udirai, **udrai**	udiresti, **udresti**	**oda**	udissi	**odi** (non udire)
	ode	ha udito	udiva	udirà, **udrà**	udirebbe, **udrebbe**	**oda**	udisse	**oda**
	udiamo	abbiamo udito	udivamo	udiremo, **udremo**	udiremmo, **udremmo**	udiamo	udissimo	udiamo
	udite	avete udito	udivate	udirete, **udrete**	udireste, **udreste**	udiate	udiste	udite
	ǫdono	hanno udito	udivano	udiranno, **udranno**	udirębbero, **udrębbero**	**ǫdano**	udissero	**ǫdano**

51. uscire (*to go out*) — Participio passato: uscito/a; Gerundio presente: uscendo; Infinito passato: ęssere uscito/a

	INDICATIVO				CONDIZIONALE	CONGIUNTIVO		IMPERATIVO
	Presente	Passato prossimo	Imperfetto	Futuro	Presente	Presente	Imperfetto	
	esco	sono uscito/a	uscivo	uscirò	uscirei	**esca**	uscissi	
	esci	sei uscito/a	uscivi	uscirai	usciresti	**esca**	uscissi	**esci** (non uscire)
	esce	è uscito/a	usciva	uscirà	uscirebbe	**esca**	uscisse	**esca**
	usciamo	siamo usciti/e	uscivamo	usciremo	usciremmo	usciamo	uscissimo	usciamo
	uscite	siete usciti/e	uscivate	uscirete	uscireste	usciate	usciste	uscite
	ęscono	sono usciti/e	uscivano	usciranno	uscirębbero	**ęscano**	uscissero	**ęscano**

INDICATIVO / CONDIZIONALE / CONGIUNTIVO / IMPERATIVO

Infinito / Participio passato / Gerundio presente / Infinito passato	INDICATIVO Presente	Passato prossimo	Imperfetto	Futuro	CONDIZIONALE Presente	CONGIUNTIVO Presente	Imperfetto	IMPERATIVO
52 valere (to be worth) / **valso** / valendo / avere **valso**	**valgo** / vali / vale / valiamo / valete / **valgono**	ho **valso** / hai **valso** / ha **valso** / abbiamo **valso** / avete **valso** / hanno **valso**	valevo / valevi / valeva / valevamo / valevate / valevano	varrò / varrai / varrà / varremo / varrete / varranno	varrei / varresti / varrebbe / varremmo / varreste / varrebbero	valga / valga / valga / valiamo / valiate / valgano	valessi / valessi / valesse / valessimo / valeste / valessero	— / vali (non valere) / valga / valiamo / valete / valgano
53 vedere (to see) / **visto,** veduto / vedendo / avere **visto,** veduto	vedo / vedi / vede / vediamo / vedete / vedono	ho **visto**/veduto / hai **visto**/veduto / ha **visto**/veduto / abbiamo **visto**/veduto / avete **visto**/veduto / hanno **visto**/veduto	vedevo / vedevi / vedeva / vedevamo / vedevate / vedevano	vedrò / vedrai / vedrà / vedremo / vedrete / vedranno	vedrei / vedresti / vedrebbe / vedremmo / vedreste / vedrebbero	veda / veda / veda / vediamo / vediate / vedano	vedessi / vedessi / vedesse / vedessimo / vedeste / vedessero	— / vedi (non vedere) / veda / vediamo / vedete / vedano
54 venire (to come) / venuto/a / venendo / essere venuto/a	**vengo** / **vieni** / **viene** / veniamo / venite / **vengono**	sono venuto/a / sei venuto/a / è venuto/a / siamo venuti/e / siete venuti/e / sono venuti/e	venivo / venivi / veniva / venivamo / venivate / venivano	**verrò** / **verrai** / **verrà** / **verremo** / **verrete** / **verranno**	**verrei** / **verresti** / **verrebbe** / **verremmo** / **verreste** / **verrebbero**	**venga** / **venga** / **venga** / veniamo / veniate / **vengano**	venissi / venissi / venisse / venissimo / veniste / venissero	— / **vieni** (non venire) / **venga** / veniamo / venite / **vengano**
55 vincere (to win) / **vinto** / vincendo / avere **vinto**	vinco / vinci / vince / vinciamo / vincete / vincono	ho **vinto** / hai **vinto** / ha **vinto** / abbiamo **vinto** / avete **vinto** / hanno **vinto**	vincevo / vincevi / vinceva / vincevamo / vincevate / vincevano	vincerò / vincerai / vincerà / vinceremo / vincerete / vinceranno	vincerei / vinceresti / vincerebbe / vinceremmo / vincereste / vincerebbero	vinca / vinca / vinca / vinciamo / vinciate / vincano	vincessi / vincessi / vincesse / vincessimo / vinceste / vincessero	— / vinci (non vincere) / vinca / vinciamo / vincete / vincano
56 vivere (to live) / **vissuto** / vivendo / essere **vissuto**	vivo / vivi / vive / viviamo / vivete / vivono	sono **vissuto/a** / sei **vissuto/a** / è **vissuto/a** / siamo **vissuti/e** / siete **vissuti/e** / sono **vissuti/e**	vivevo / vivevi / viveva / vivevamo / vivevate / vivevano	**vivrò** / **vivrai** / **vivrà** / **vivremo** / **vivrete** / **vivranno**	**vivrei** / **vivresti** / **vivrebbe** / **vivremmo** / **vivreste** / **vivrebbero**	viva / viva / viva / viviamo / viviate / vivano	vivessi / vivessi / vivesse / vivessimo / viveste / vivessero	— / vivi (non vivere) / viva / viviamo / vivete / vivano
57 volere (to want) / voluto / volendo / avere voluto	**voglio** / **vuoi** / **vuole** / **vogliamo** / volete / **vogliono**	ho voluto / hai voluto / ha voluto / abbiamo voluto / avete voluto / hanno voluto	volevo / volevi / voleva / volevamo / volevate / volevano	**vorrò** / **vorrai** / **vorrà** / **vorremo** / **vorrete** / **vorranno**	**vorrei** / **vorresti** / **vorrebbe** / **vorremmo** / **vorreste** / **vorrebbero**	**voglia** / **voglia** / **voglia** / **vogliamo** / **vogliate** / **vogliano**	volessi / volessi / volesse / volessimo / voleste / volessero	— / **vogli** (non volere) / **voglia** / **vogliamo** / **vogliate** / **vogliano**

These verbs follow regular conjugation patterns in all forms but the **participio passato** and the **passato remoto**. (See p. 486 for a brief introduction to the **passato remoto**.) Use this table to study the irregular past participles and first-person **passato remoto** forms, and follow regular cojugation patterns for all other forms. The full conjugation of several high-frequency verbs is presented in the preceding pages for your reference.

Infinito		participio passato	passato remoto
accendere	to turn on	acceso	accesi
accorgersi	to realize	accorto	accorsi
aprire	to open	aperto	apersi
assistere	to assist	assistito	assistetti
attendere	to wait for	atteso	attesi
chiedere	to ask for	chiesto	chiesi
chiudere	to close	chiuso	chiusi
commettere	to commit	commesso	commisi
conoscere	to know	conosciuto	conobbi
correre	to run	corso	corsi
crescere	to grow	cresciuto	crebbi
decidere	to decide	deciso	decisi
dipingere	to paint	dipinto	dipinsi
fingere	to pretend	finto	finsi
friggere	to fry	fritto	frissi
insistere	to insist	insistito	insistetti
leggere	to read	letto	lessi
mettere	to put	messo	misi
nascere	to be born	nato	nacqui
offrire	to offer	offerto	offersi
perdere	to lose	perso, perduto	persi
permettere	to permit	permesso	permesi
piangere	to cry	pianto	piansi
piovere	to rain	piovuto	piovve (3rd person)
porgere	to give	porto	porsi
prendere	to take	preso	presi
promettere	to promise	promesso	promisi
radere	to shave	raso	rasi
rendere	to give back	reso	resi
ridere	to laugh	riso	risi
rispondere	to answer	risposto	risposi
rompere	to break	rotto	ruppi
scendere	to descend	sceso	scesi
scrivere	to write	scritto	scrissi
smettere	to quit	smesso	smisi
sorgere	to rise	sorto	sorsi
spendere	to spend	speso	spesi
spingere	to push	spinto	spinsi
succedere	to happen	successo	successi
vincere	to win	vinto	vinsi

The *passato remoto*

You've learned to use the **passato prossimo** to talk about actions, events, and states of being that began and ended in the past. Italian has another past tense, the **passato remoto**, which is also used to narrate completed past actions. Use the **passato remoto** to refer to events that took place in a completed time period in the past and that have no continuing effect on the present. Compare the following examples.

passato prossimo	passato remoto
Ieri **ho scritto** una poesia per la mia ragazza. *Yesterday **I wrote** a poem for my girlfriend.*	Dante **scrisse** il suo capolavoro mentre era in esilio. *Dante **wrote** his masterpiece while he was in exile.*
Sono nati molti bambini quest'anno. *Many children **were born** this year.*	Leonardo da Vinci **nacque** nel 1452. *Leonardo da Vinci **was born** in 1452.*

- The use of the **passato remoto** in conversation varies by region. Northern speakers generally use it less frequently (some not at all). Its use in spoken Italian is more common in the South, where speakers may also use it in place of the **passato prossimo** to refer to recent events. As students of Italian, you do not need to use the **passato remoto** for everyday conversation. It is, however used in writing and you should be able to recognize its forms when reading, especially for literature.

- To form the **passato remoto**, drop the **-re** ending of the infinitive for all but the third-person singular form, which drops the characteristic vowel as well; then add the endings. Most **-ere** verbs also have alternate first-person singular and third-person forms.

The *passato remoto*					
parlare		**credere**		**dormire**	
parlai	parlammo	credei (credetti)	credemmo	dormii	dormimmo
parlasti	parlaste	credesti	credeste	dormisti	dormiste
parlò	parlarono	credè (credette)	crederono (credettero)	dormì	dormirono

- Many common verbs are irregular in the **passato remoto**.

essere	bere	dare	dire	fare	stare
fui	bevvi	diedi (detti)	dissi	feci	stetti
fosti	bevesti	desti	dicesti	facesti	stesti
fu	bevve	diede (dette)	disse	fece	stette
fummo	bevemmo	demmo	dicemmo	facemmo	stemmo
foste	beveste	deste	diceste	faceste	steste
furono	bevvero	diedero (dettero)	dissero	fecero	stettero

- Most irregular verbs follow a 1-3-3 pattern: the first-person singular (**io**) and third-person singular and plural (**lui/lei, loro**) forms only are irregular. These forms have a different stem and their endings are **-i**, **-e**, and **-ero**.

Some irregular *passato remoto* first-person forms							
avere	ebbi	conoscere	conobbi	nascere	nacqui	sapere	seppi
chiedere	chiesi	leggere	lessi	piacere	piacqui	scrivere	scrissi
chiudere	chiusi	mettere	misi	prendere	presi	venire	venni

Guide to Vocabulary

Abbreviations used in this glossary

adj.	adjective	*fam.*	familiar	*p.p.*	past participle
adv.	adverb	*form.*	formal	*pl.*	plural
art.	article	*imp.*	imperative	*poss.*	possessive
comp.	comparative	*indef.*	indefinite	*prep.*	preposition
conj.	conjunction	*interr.*	interrogative	*pron.*	pronoun
dbl.o.	double object	*invar.*	invariable	*refl.*	reflexive
def.	definite	*i.o.*	indirect object	*rel.*	relative
dem.	demonstrative	*m.*	masculine	*sing.*	singular
disj.	disjunctive	*n.*	noun	*sub.*	subject
d.o.	direct object	*obj.*	object	*super.*	superlative
f.	feminine	*part.*	partitive	*v.*	verb

Italiano-Inglese

A

a *prep.* at; in; to 1B
　a casa at home 3A
　a condizione che *conj.*
　provided that 12A
　a destra *prep.* to the right 7A
　A domani. See you
　tomorrow. 1A
　A dopo. See you later. 1A
　a due passi da not far from 9A
　a letto in/to bed 3A
　a lezione in class 1B
　a meno che... non *conj.*
　unless 12A
　a mezzanotte at midnight 3A
　a patto che *conj.* provided
　that 12A
　a piedi on foot 3A
　A più tardi. See you later. 1A
　A presto. See you soon. 1A
　a righe *adj.* striped 4B
　a scuola at/to school 3A
　a sinistra *prep.* to the left 7A
　a suo agio *adv.* at ease 7B
　a tavola at the table 3A
　a teatro at/to the theater 3A
　a tempo parziale *adj.*
　part-time 11A
　a tempo pieno *adj.*
　full-time 11A
　a tinta unita *adj.* solid color 4B
　a volte *adv.* sometimes 6A
　al cinema at/to the movies 3A
　al completo *adj.* full;
　no vacancies 8B
　al mare at/to the beach 3A
　al solito suo as he/she usually
　does 8A
　al vapore *adj.* steamed 5A

alla griglia *adj.* grilled 5A
Alla prossima! Until next
　time! 1A
all'estero *adv.* abroad 8B
all'inizio *adv.* at first 2A
abbastanza *adv.* enough 1A
　Abbastanza bene.
　Pretty well. 1A
abbigliamento *m.* clothing 4B
abbonamento *m.* subscription;
　pass 8A
abbracciare *v.* to hug 6A
abbracciarsi *v.* to hug each
　other 6A
abbronzarsi *v.* to tan 8B
abete *m.* fir 12A
abitare *v.* to live, to reside 2A
　Dove abiti? Where do you
　live? 7A
abito *m.* dress 4B
accadere *v.* to happen 12A
accanto (a) *prep.* next to 7A
accappatoio *m.* bathrobe 6A
accendere *v.* to turn on 4A
acceso/a (accendere) *p.p., adj.*
　turned on 4B
Accidenti! Wow! 4B; Darn! 5B
accorgersi *v.* to realize 12B
acido/a *adj.* acidic 12A
　pioggia acida *f.* acid rain 12A
acqua (frizzante, naturale) *f.*
　(sparkling, still) water 5B
acquisito/a *adj.* acquired 3A
　parenti acquisiti *m., pl.*
　in-laws 3A
addormentarsi *v.* to fall asleep 6A
adesso *adv.* now 5B
adorare *v.* to adore 2A
adottare *v.* to adopt 3A
aereo *m.* airplane 8B
aeroporto *m.* airport 8B
affatto *adv.* at all; completely 9B
　non... affatto not at all 9B

affinché *conj.* so that 12A
affittare *v.* to rent (*owner*) 7A
　affittasi for rent 7A
affitto *m.* rent 7A
　prendere in affitto *v.* to rent
　(*tenant*) 7A
affollato/a *adj.* crowded 8A
affumicato/a *adj.* smoked 5A
agenda *f.* planner 1B
agente *m., f.* agent 8B
　agente di viaggio *m., f.*
　travel agent 8B
　agente immobiliare *m., f.*
　real estate agent 11A
agenzia *f.* agency 7A
　**agenzia di somministrazione
　lavoro** *f.* temp agency 11B
　agenzia immobiliare *f.*
　real estate agency 7A
aggiustare *v.* to fix 4A
agio *m.* ease 7B
　a suo agio *adv.* at ease 7B
aglio *m.* garlic 5A
agosto *m.* August 2B
agricoltore/agricoltrice *m., f.*
　farmer 11A
agricoltura *f.* agriculture 12A
　agricoltura biologica *f.*
　organic farming 12A
agrodolce *adj.* sweet and sour 5A
aiuola *f.* flower bed 9A
aiutare *v.* to help 2A
aiutarsi *v.* to help each other 6A
alba *f.* dawn; sunrise 12A
**albergo (a cinque
　stelle)** *m.* (five-star) hotel 8B
albero *m.* tree 12A
alcuni/e *indef. adj., pron.* some,
　a few 5A
alimentari *m., pl.* foodstuffs 5A
　negozio d'alimentari *m.*
　grocery store 5A
allacciare *v.* to buckle (*seatbelt*) 8A

allegramente *adv.* cheerfully 5B

allegro/a *adj.* cheerful 3B

allergico/a *adj.* allergic 6B

alloggi *m., pl.* lodgings 8B

allora *adv., adj.* so; then 1A

alluvione *f.* flood 12A

alto/a *adj.* tall 3B

altro *indef. pron.* something/anything else 9B

altro/a/i/e *indef. adj.* other 9B

  l'altro ieri the day before yesterday 4B

  l'un l'altro/a each other 6A

altri/e *indef. pron.* others

altroché *conj.* absolutely 9B

alunno/a *m., f.* pupil; student 1B

alzarsi *v.* to stand, to get (oneself) up 6A

amare *v.* to love 10A

amaro/a *adj.* bitter 3B

amarsi *v.* to love each other 6A

ambientalismo *m.* environmentalism 12A

ambiente *m.* environment 12A

ambulanza *f.* ambulance 6B

americano/a *adj.* American 1B

amico/a *m., f.* friend 1A

ananas *m.* pineapple 5A

anche *conj.* also; too; as well 1A

  Anch'io. Me, too. 1A

ancora *adv.* still; yet; again 4B

  non… ancora *adv.* not yet 4B

andare *v.* to go 2A

  (non) andare di moda. to be/not be in fashion 4B

  andare a cavallo to go horseback riding 2A

  andare al cinema to go to the movies 2A

  andare dal dottore to go to the doctor 6B

  andare in bicicletta to ride a bicycle 2A

  Come si va… How do you get to . . . ? 9A

  Come va? How are things? 1A

  Va moltissimo ora! It's very trendy now! 4B

andata e ritorno *adj.* round trip 8B

angolo *m.* corner 9A

  dietro l'angolo around the corner 9A

animale *m.* animal 12A

  animale domestico *m.* pet 3A

anno *m.* year 1A

  avere… anni to be . . . years old 2B

annoiarsi *v.* to get/be bored 6A

annullare *v.* to cancel 8B

annuncio *m.* advertisement 11B

  annuncio di lavoro *m.* job ad 11B

antipasto *m.* appetizer; starter 5B

antipatico/a *adj.* unpleasant 1B

ape *f.* bee 12A

aperto/a (aprire) *p.p., adj. (used as past participle)* opened; *(used as adjective)* open 4B

apparecchiare *v.* to set 7B

  apparecchiare la tavola *v.* to set the table 7B

appartamento *m.* apartment 7A

  appartamento arredato *m.* furnished apartment 7A

appena *adv., conj.* just; as soon as 6B

applaudire *v.* to applaud 10A

applauso *m.* applause 10A

appuntamento *m.* appointment; date 11B

  prendere un appuntamento to make an appointment 11B

appunti *m., pl.* notes 1B

aprile *m.* April 2B

aprire *v.* to open 3A

arancia *f.* orange 5A

arancione *adj.* orange *(color)* 4B

arbitro *m.* referee 2A

architetto *m.* architect 3B

armadio *m.* closet 7A

aroma *m.* aroma; flavoring 10A

arrabbiarsi *v.* to get angry 6A

arrabbiato/a *adj.* angry 3B

arrampicata *f.* climbing 2A

arrendersi *v.* to surrender; to give up 2B

arricciare *v.* to curl 6A

arrivare *v.* to arrive 2A

  Arrivo subito. I'll be right there. 1A

ArrivederLa/ci. *(form./fam.)* Good-bye. 1A

arrivi *m., pl.* arrivals 8B

arrosto *adj., invar.* roasted 5A

arte *f.* art 1A

  belle arti *f., pl.* fine arts 10B

  opera d'arte *f.* work of art 10B

  visitare una galleria d'arte to visit an art gallery 10B

artistico/a *adj.* artistic 10B

ascensore *m.* elevator 8B

asciugacapelli *m., invar.* hair dryer 6A

asciugamano *m.* towel 6A

asciugatrice *f.* clothes dryer 7B

asciutto/a *adj.* dry 5A

  pasta asciutta *f.* pasta

ascoltare *v.* to listen 2A

  ascoltare la musica to listen to music 2A

aspettare *v.* to wait (for) 2A

aspirapolvere *m.* vacuum cleaner 7B

passare l'aspirapolvere to vacuum 7B

aspirina *f.* aspirin 6B

assaggiare *v.* to taste 5B

asse da stiro *f.* ironing board 7B

assegno *m.* check 9B

  pagare con assegno to pay by check 9B

assicurazione (sulla vita) *f.* (life) insurance 11A

assistente amministrativo/a *m., f.* administrative assistant 11B

assolo *m.* solo 10A

assumere *v.* to hire 11A

assunzione *f.* hiring 11B

atletica *f.* track and field 2A

atletico/a *adj.* athletic 3B

attendere *v.* to wait for 11B

  Attenda in linea, per favore. Please hold. 11B

attento/a *adj.* attentive 2A

attenzione *f.* attention 2A

  fare attenzione to pay attention 2A

atterrare *v.* to land 8B

attesa *f.* waiting 11B

  restare in attesa to be on hold 11B

attimo *m.* minute; moment 5A

attività *f.* activity 2A; business 12A

  condurre un'attività to run a business 12A

attivo/a *adj.* active 3B

atto *m.* act 10A

attore/attrice *m., f.* actor/actress 1A

attraversare *v.* to cross *(street)* 9A

audace *adj.* audacious, bold 3B

aula *f.* lecture hall; classroom 1B

aumento *m.* raise 11A

autista *m., f.* driver 8A

autobus *m.* bus 1A

  in autobus by bus 3A

automobile *f.* car 1A

automobilismo *m.* car racing 2A

autore/autrice *m., f.* author 10B

autostrada *f.* highway 8A

autunno *m.* fall, autumn 2B

avaro/a *adj.* greedy 3B

avere *v.* to have 2B

  avercela con qualcuno to be angry at someone 6A

  avere… anni to be . . . years old 2B

  avere bisogno (di) to need 2B

  avere caldo to feel hot 2B

  avere fame to be hungry 2B

  avere freddo to feel cold 2B

  avere fretta to be in a hurry 2B

  avere il raffreddore to have a cold 6B

avere la febbre to have a fever 6B

avere mal di pancia (schiena, testa) to have a stomachache (backache, headache) 6B

avere paura (di) to be afraid (of) 2B

avere ragione to be right 2B

avere sete to be thirsty 2B

avere sonno to be sleepy 2B

avere torto to be wrong 2B

avere un incidente to have/be in an accident 8A

avere voglia (di) to feel like 2B

avvocato *m.* lawyer 1A

azienda *f.* firm 11B

azzurro/a *adj.* (sky) blue 3B

B

bacca *f.* berry 12A

bacheca *f.* bulletin board 11B

baciare *v.* to kiss 6A

baciarsi *v.* to kiss each other 6A

bagaglio a mano *m.* carry-on baggage 8B

bagno *m.* bath 2A; bathroom 6A

   fare il bagno to take a bath 2A

   vasca da bagno *f.* bathtub 7A

baita *f.* cabin (*mountain shelter*) 12A

balconata *f.* theater balcony; dress circle 10A

balcone *m.* balcony 7A

balia *f.* nanny 7B

ballare *v.* to dance 2A

ballerino/a *m., f.* (ballet) dancer, ballerina 10A

balletto *m.* ballet 10A

balneare *adj.* bathing; beach 8B

   località balneare *f.* ocean resort 8B

bambino/a *m., f.* child; baby 3A

banana *f.* banana 5A

banca *f.* bank 9B

   in banca at/to the bank 3A

bancario/a *adj.* banking 9B

   conto bancario *m.* bank account 9B

banchiere/a *m., f.* banker 11A

banco *m.* desk 1B

bancomat *m.* ATM 9B

banconota *f.* bill (*banknote*) 9B

barba *f.* beard 6A

   farsi la barba to shave (*beard*) 6A

   schiuma da barba *f.* shaving cream 6A

barca *f.* boat 8A

barista *m., f.* bartender 11A

barocco/a *adj.* Baroque 10B

basket *m.* basketball 2A

basso/a *adj.* short (*height*) 3B

   salario basso *m.* low salary 11B

bastare *v.* to be enough 5B

batteria *f.* drums 2A

batterista *m., f.* drummer 10A

baule *m.* trunk 8A

beh *inter.* well 2A

beige *adj., invar.* beige 4B

bellezza *f.* beauty 9B

   salone di belleza *m.* beauty salon 9B

bellino/a *adj.* cute, pretty 10B

bello/a *adj.* beautiful, handsome 1B

   belle arti *f., pl.* fine arts 10B

   È bello. It's nice out. 2B

   Fa bel tempo. The weather is nice. 2B

benché *conj.* although 12A

bene *adj.* well 1A

   Abbastanza bene. Pretty well. 1A

   Sto (molto) bene. I am (very) well. 1A

   Tutto bene? Everything OK? 1A

Benvenuto/a/i/e! Welcome! 1A

benzina *f.* gas 8A

   fare benzina *v.* to get gas 8A

bere *v.* to drink 5A

bernoccolo *m.* bump 6B

biancheria intima *f.* underwear 4B

bianco/a *adj.* white 3B

bibita *f.* drink 5B

biblioteca *f.* library 1B

   in biblioteca at/to the library 3A

bicchiere *m.* glass 5B

bicicletta *f.* bicycle 2A

   in bicicletta by bicycle 3A

bidello/a *m., f.* caretaker; custodian 11A

biglietteria *f.* ticket office/ window 8A

biglietto *m.* ticket 8A

   biglietto a fascia chilometrica *m.* kilometric zone ticket 8A

   biglietto intero *m.* full price ticket 10A

   biglietto ridotto *m.* reduced ticket 10A

bilocale *m.* two-room apartment 7A

binario *m.* track; platform 8A

biologia *f.* biology 1A

biologico/a *adj.* biological; organic 12A

   agricoltura biologica *f.* organic farming 12A

biondo/a *adj.* blond(e) 3B

birra *f.* beer 5B

birreria *f.* pub; beer garden 5B

biscotto *m.* cookie 5A

bisnonno/a *m., f.* great grandfather/grandmother 3A

bisogna it's necessary 11A

bizantino/a *adj.* Byzantine 10B

blu *adj., invar.* blue 3B

bocca *f.* mouth 6A

   In bocca al lupo. Good luck. (*lit.* In the mouth of the wolf.) 1B

bocciare *v.* to fail (*exam*) 1B

boccuccia *f.* cute little mouth 10B

bollette *f., pl.* bills 7A

   pagare le bollette to pay the bills 9B

borsa *f.* handbag, purse 4B

borsetta *f.* small purse 10B

bottiglia *f.* bottle 5B

braccio (*pl.* braccia *f.*) *m.* arm 6A

bravo/a *adj.* good; skilled 1B

briciola *f.* crumb 7B

brillante *adj.* bright 3B

brillare *v.* to sparkle 6B

brindisi *m.* toast 4A

bruciore di stomaco *m.* heartburn 6B

bruno/a *adj.* dark-haired 3B

brutto/a *adj.* ugly 3B

bucare *v.* to puncture 8A

   bucare una gomma to get a flat tire 8A

bucato *m.* laundry 7B

   fare il bucato to do laundry 7B

buffo/a *adj.* funny 3B

buffone *m.* buffoon 10A

   fare il buffone to act the fool 10A

Buona giornata! Have a nice day! 1A

Buonanotte. Good night. 1A

Buonasera. Good evening. 1A

Buongiorno. Hello.; Good morning. 1A

buono/a *adj.* good 1B

   buon affare *m.* good deal 4B

burro *m.* butter 5A

busta *f.* envelope 9B

buttare via *v.* to throw away 12A

   Vietato buttare rifiuti. No littering. 12A

C

C.V. *m.* résumé 11B

cabina telefonica *f.* phone booth 9A

cadere *v.* to fall 5A

caffè *m.* coffee 1A

caffettiera *f.* coffee maker 7B

cafone/a *m., f.* slob 7B

calciatore/calciatrice *m., f.* soccer player 2A

calcio *m.* soccer 2A

caldo/a *adj.* hot 2B

   avere caldo to feel hot 2B

   ondata di caldo *f.* heat wave 2B

calzino *m.* sock 4B

cambiare *v.* to change 2A

camera *f.* room 7A

camera da letto *f.* bedroom 7A
camera doppia *f.* double room 7A
camera singola *f.* single room 7A
   servizio in camera *m.* room service 8B
cameriere/a *m., f.* waiter 3B
camicetta *f.* blouse 4B
camicia *f.* dress shirt 4B
camion *m.* truck 8A
   camion della nettezza urbana *m.* garbage truck 12A
camionista *m., f.* truck driver 11A
camminare *v.* to walk 2A
campagna *f.* countryside 12A
campeggio *m.* camping 2A
campo *m.* field; court 2A
canadese *adj.* Canadian 1B
canale (televisivo) *m.* (television) channel 4A
canarino *m.* canary 3A
cancellare *v.* to erase 4A
candidato/a *m., f.* candidate 11B
cane *m.* dog 3A
canottiera *f.* tank top 4B
cantante *m., f.* singer 10A
cantare *v.* to sing 2A
canzone *f.* song 10A
capacità *f.* skill 11B
caparra *f.* deposit 7A
capelli *m., pl.* hair 6A
   capelli a spazzola *m., pl.* crew cut 6A
   capelli raccolti *m., pl.* pulled back hair 6A
   capelli sciolti *m., pl.* loose hair 6A
   spuntare i capelli *v.* to trim one's hair 6A
   tagliare i capelli *v.* to cut one's hair 6A
capire *v.* to understand 3A
capodanno *m.* New Year's Day 8B
capolavoro *m.* masterpiece 10B
capolinea *m.* terminus 8A
cappello *m.* hat 4B
cappotto *m.* overcoat 4B
capra *f.* goat 12A
caraffa *f.* carafe 5B
carciofo *m.* artichoke 5A
carica batteria *m.* battery charger 4A
caricare *v.* to charge; to load 4A
carie *f., invar.* cavity 6B
carino/a *adj.* cute 3B
carne *f.* meat 5A
   carne di maiale *f.* pork 5A
   carne di manzo *f.* beef 5A
caro/a *adj.* expensive; dear 4B
carota *f.* carrot 5A
carriera *f.* career 11A

carta *f.* paper; card 2A
   carta di credito/ debito *f.* credit/debit card 9B
   carta d'imbarco *f.* boarding pass 8B
   foglio di carta *m.* sheet of paper 1B
carte *f., pl.* playing cards 2A
cartella *f.* folder 4A
cartina *f.* map 1B
cartoleria *f.* stationery store 9B
cartolina *f.* postcard 9B
cartone animato *m.* cartoon 10B
caruccio/a *adj.* sweet, very dear 10B
casa *f.* house 1A
   a casa at home 3A
casalingo/a *m., f.* househusband/ housewife 11A
cascata *f.* waterfall 12A
casino *m.* mess 7B
   Che casino! What a mess! 7B
cassa automatica *f.* ATM 9B
cassetta delle lettere *f.* mailbox 9B
cassettiera *f.* dresser 7A
cassetto *m.* drawer 7A
castano/a *adj.* brown (*hair, eyes*) 3B
catastrofe *f.* catastrophe 12A
cattivello/a *adj.* a little bit naughty 10B
cattivo/a *adj.* bad; naughty 1B
cavallo *m.* horse 2A
   andare a cavallo to go horseback riding 2A
CD *m.* CD 4A
CD-ROM *m.* CD-ROM 4A
c'è there is 1A
   C'è il temporale. It's stormy. 2B
   C'è il/la signor(a)…? Is Mr./Mrs. . . . there? 11B
   C'è il sole. It's sunny. 2B
   C'è vento. It's windy. 2B
   Che c'è di nuovo? What's new? 1A
   Che cosa c'è? What's wrong? 1B
celibe *adj.* single (*male*) 3A
cellulare *m.* cell phone 4A
cena *f.* supper, dinner 5B
cenare *v.* to have dinner 2A
centesimo/a *adj.* hundreth 10B
cento *m., adj.* one hundred 1A
centomila *m., adj., invar.* one hundred thousand 2B
centrale nucleare *f.* nuclear power plant 12A
centro *m.* center; downtown 3A
   centro commerciale *m.* mall; shopping center 9A
   centro storico *m.* downtown 9A
   in centro in town 3A

cercare *v.* to look for 2A; to try 10A 2A
certo/a *adj.* certain 11B
cespuglio *m.* bush 12A
cestino *m.* wastebasket 1B
che *interr. pron.* what 3B; *rel. pron.* who, whom, that, which 9A
   Che casino! What a mess! 7B
   Che c'è di nuovo? What's new? 1A
   Che conciato/a! What a slob!, How badly dressed he/she is! 4B
   Che cosa c'è? What's wrong? 1B
   Che cos'è? *exp.* What is it? 1B
   Che giorno è oggi? What's the date? 2B
   Che noia! How boring! 1B
   Che ora è/Che ore sono? What time is it? 1B
   Che tempo fa? What is the weather like? 2B
   prima che *conj.* Before 12A
chi *interr. pron.* who, whom 3B; *rel. pron.* those who, the one(s) who 9A
   Chi è? Who is it? 1B
   Chi parla? Who's calling? 11B
   Da parte di chi? On behalf of whom? 11B
chiacchierone/a *m., f.* chatterbox 10B
chiamare *v.* to call 2A
chiamarsi *v.* to be called; to call each other 6A
   Come si/ti chiama/i? (*form./ fam.*) What is your name? 1A
   Mi chiamo… My name is . . . 1A
chiaro/a *adj.* light 4B; clear 11B
chiave *f.* key 8B
chic *adj., invar.* chic 3B
chiedere *v.* to ask (for) 2B
   chiedere un prestito to ask for a loan 9B
chiesa *f.* church 9A
chiesto/a (chiedere) *p.p., adj.* asked; requested 4B
chilo *m.* kilo 5A
chiosco *m.* newsstand; kiosk 9A
   chiosco per le informazioni *m.* information booth 9A
chirurgo/a *m., f.* surgeon 6B
chitarra *f.* guitar 2A
chitarrista *m., f.* guitarist 10A
chiudere *v.* to close 2B
chiuso/a (chiudere) *p.p., adj.* closed 4B
ci *d.o. pron., pl.* us 5A; *i.o. pron., pl.* (to, for) us 5B; *adv.* there 6A
   ci sono there are 1A
   Ci sono 18 gradi. It's 18 degrees out. 2B
   Ci vediamo! See you soon! 1A
Ciao. Hi.; Good-bye. 1A

ciascuno *adj., pron.* each (one) 4B

cibo *m.* food 5A

ciclismo *m.* cycling 2A

ciclone *m.* cyclone 2B

cielo *m.* sky 12A

ciglio (*pl.* ciglia *f.*) *m.* eyelashes 6A

Cin cin! Cheers! 1A

cinema *m.* cinema 2A
  al cinema at/to the movies 3A

cinese *adj.* Chinese 1B

cinquanta *m., adj., invar.* fifty 1A

cinque *m., adj., invar.* five 1A

cinquecentesimo/a *adj.* five hundreth 10B

cinquecento *m., adj., invar.* five hundred 2B

cinquemila *m., adj., invar.* five thousand 2B

cintura *f.* belt 4B
  cintura di sicurezza *f.* seatbelt 8A

ciò che *rel. pron.* that which, what 9A

cioccolateria *f.* café specializing in chocolate 5B

cipolla *f.* onion 5A

cipresso *m.* cypress 12A

città *f.* city 1A

ciuffo *m.* tuft of hair 6A

civile *adj.* civil 3A
  stato civile *m.* marital status 3A

clarinetto *m.* clarinet 10A

classe *f.* class; classroom 1B
  classe economica *f.* economy class 8B
  classe turistica *f.* tourist class 8B
  prima/seconda classe *f.* first/second class 8A

classico/a *adj.* classical; classic 10B

cliente *m., f.* customer; client 8B

clima *m.* climate 10A

coda *f.* ponytail 6A

cofano *m.* hood 8A

cognato/a *m., f.* brother-/sister-in-law 3A

cognome *m.* last name 3A

coincidenza *f.* connection 8A

coinquilino/a *m., f.* roommate 9A

colazione *f.* breakfast 5B
  fare colazione to have breakfast 2A

collaboratrice domestica f. maid 7B

collana *f.* necklace 4B

collezione *f.* collection 10B

collo *m.* neck 6A

colloquio di lavoro *m.* job interview 11B

colore *m.* color 4B
  Di che colore? What color? 4B

colpire *v.* to hit 8A

coltello *m.* knife 5B

come *adv.* how 3B
  Come si va… How do you get to . . . ? 9A
  Come si/ti chiama/i? *(form./fam.)* What is your name? 1A
  Come sta/stai? *(form./fam.)* How are you? 1A
  Come te la passi? How are you getting along? 1A
  Come va? How are things? 1A

cominciare *v.* to begin 2A; to start 4A

commedia *f.* comedy 10A

commesso/a *m., f.* salesperson 4B

commettere *v.* to commit 11B

commissioni *f., pl.* errands 9B
  fare delle commissioni to run errands 9B

commovente *adj.* touching, moving 10B

comodino *m.* night table 7A

compact disc *m.* CD 4A

compagno/a di classe *m., f.* classmate 1B

competenza *f.* competence; ability 11B

compiti *m., pl.* homework 1B

compleanno *m.* birthday 2B
  Quando è il tuo compleanno? When is your birthday? 2B

completo *m.* suit; matching outfit 4B

completo/a *adj.* complete 8B
  al completo *adj.* full; no vacancies 8B

comporre *v.* to dial; to compose 4A

compositore/compositrice *m., f.* composer 10A

composto (comporre) *p.p., adj.* composed 4B

comprare *v.* to buy 2A

compressa *f.* tablet 6B

compromesso *m.* compromise 12B

computer (portatile) *m.* (laptop) computer 4A

comune *m.* town hall 9B

comunque *conj., adv.* however 4A

con *prep.* with 3A

concerto *m.* concert 10A

condizione *f.* condition 12A
  a condizione che *conj.* provided that 12A

condurre *v.* to manage, to run 12A
  condurre un'attività to run a business 12A

congedo *m.* leave 11A
  prendere un congedo to take leave time 11A

congelatore *m.* freezer 7B

coniglio *m.* rabbit 12A

connesso/a *adj.* connected 4A
  essere connesso/a to be connected 4A

conoscere *v.* to know; to meet 4B
  conoscere di vista to know by sight 4B
  conoscere la strada to know the way 4B
  conoscere… a fondo to know something inside and out 4B
  Piacere di conoscerLa/ti. *(form./fam.)* Pleased to meet you. 1A

conoscersi *v.* to meet each other 6A

conservare *v.* to preserve 12A

consigliare *v.* to advise 5B

consiglio *m.* advice 11B

consulente *m., f.* consultant 11A

contabile *m., f.* accountant 11A

contanti *m., pl.* cash 9B
  pagare in contanti to pay in cash 9B

contemporaneo/a *adj.* contemporary; modern 10B

contento/a *adj.* content, happy 1B

continuare *v.* to continue 10A

conto *m.* bill 5A; account 9B
  conto bancario *m.* bank account 9B
  conto corrente *m.* checking account 9B
  conto risparmio *m.* savings account 9B
  rendersi conto (di) to realize, to become aware (of) 6A

contorno *m.* side dish 5B

contratto *m.* contract; lease 7A

contributi *m., pl.* contributions; taxes 11A

controllare *v.* to check 6B
  controllare la linea to watch one's weight 6B

controllo *m.* control 8B
  controllo passaporti *m.* passport control 8B

controllore *m.* ticket collector 8A

convalidare *v.* to validate *(ticket)* 8A

conversazione *f.* conversation 1B

convinto/a *adj.* earnest 3B

coperta *f.* blanket 7B

coperto/a *adj.* overcast 2B

coppia *f.* couple 3A

coraggioso/a *adj.* courageous 3B

cornetta *f.* phone receiver 11B

coro *m.* chorus 10A

corpo *m.* body 6A

corrente *adj.* current 9B
  conto corrente *m.* checking account 9B

correre *v.* to run 2B

corridoio *m.* hallway 7A
corso *m.* course 2A
corso/a (correre) *p.p., adj.* run 4B
cortese *adj.* courteous 3B
cortesia *f.* courtesy 1A
  forme di cortesia polite expressions 1A
cortile *m.* courtyard 7A
corto/a *adj.* short (*length*) 3B
cortometraggio *m.* short film 10B
cosa *interr. pron.* what 3B; *f.* thing 1A
  (Che) cos'è? *exp.* What is it? 1B
  Cosa vuol dire…? What does . . . mean? 4A
  La solita cosa. The usual. 1A
coscienza ambientale *f.* enviornmental awareness 12A
così *adv.* so 8A
  così… come *adv.* as . . . as 8A
  Così così. So-so. 1A
costa *f.* coast 12A
costare *v.* to cost, to be worth 5A
  Quanto costa…? How much is . . . ? 5A
costoso/a *adj.* expensive 4B
costruire *v.* to build 9A
costume da bagno *m.* bathing suit 4B
cotone *m.* cotton 4B
cottura *f.* cooking 7A
  piano cottura *m.* stovetop 7A
cravatta *f.* tie 4B
credenza *f.* cupboard 7A
credere *v.* to believe 10A
credito *m.* credit 9B
  pagare con carta di credito to pay with a credit card 9B
crema *f.* lotion 6A
Crepi. Thanks. (*lit.* May the wolf die.) 1B
cretino/a *m., f.* jerk 7A
crociera *f.* cruise 8B
crostata *f.* pie 5A
crudele *adj.* cruel 3B
cucchiaino *m.* teaspoon 5B
cucchiaio *m.* spoon 5B
cucina *f.* kitchen 7A
cucinare *v.* to cook 5A
cucitrice *f.* stapler 11B
cuffie *f., pl.* headphones 4A
cugino/a *m., f.* cousin 3A
cui *rel. pron.* whom, which 9A
cuoco/a *m., f.* cook, chef 5B
cuore *m.* heart 6A
curare *v.* to heal 6B
curioso/a *adj.* curious 3B
curriculum vitae *m.* résumé 11B
cuscino *m.* pillow 7B
cutaneo/a *adj.* skin 6B
  eruzione cutanea *f.* rash 6B

D

da *prep.* from; at; by; since 1B
  Da parte di chi? On behalf of whom? 11B
  Da quando… Since when 2B
  Da quanto tempo…? For how long . . . ? 2B
  Da questa parte. This way. 1A
danza classica *f.* classical dance 2A
dare *v.* to give 2A
  dare le dimissioni to resign 11A
  dare un passaggio to give (someone) a ride 9A
  dare un'occhiata to take a look 4B
  Ma dai! Oh, come on! 1A
darsi *v.* to give to each other 6A
  può darsi it's possible 11B
data *f.* date 2B
davanti (a) *prep.* in front (of) 7A
davvero *adv., adj.* really 5B
debito *m.* due; debt 9B
  pagare con carta di debito to pay with a debit card 9B
debole *adj.* weak 3B
debutto *m.* debut 10A
decidere *v.* to decide 10A
decimo/a *adj.* tenth 10B
decisione *f.* decision 2B
  prendere una decisione to make a decision 2B
deciso/a (decidere) *p.p., adj.* decided 4B
decollare *v.* to take off 8B
degrado *m.* deterioration 12A
deluso/a *adj.* disappointed 8A
denaro *m.* money 9B
  depositare il denaro to deposit money 9B
dente *m.* tooth 6A
  lavarsi i denti *v.* to brush one's teeth 6A
dentifricio *m.* toothpaste 6A
dentista *m., f.* dentist 6B
dentro *prep.* inside 7A
depositare *v.* to deposit 9B
  depositare il denaro to deposit money 9B
depressione *f.* depression 6B
depurare *v.* to purify 12A
descrizioni personali *f., pl.* personal descriptions 3B
deserto *m.* desert 12A
desiderare *v.* to desire, to want 2A to wish 10A
destra *f.* right 7A
  a destra *prep.* to the right 7A
detto (dire) *p.p., adj.* said 4B
di (d') *prep.* of, from 3A
  dei *part. art., m., pl.* some 5A

degli *part. art., m., pl.* some 5A
del *part. art., m., sing.* some 5A
dell' *part. art., m., f., sing.* some 5A
della *part. art., f., sing.* some 5A
delle *part. art., f., pl.* some 5A
dello *part. art., m., sing.* some 5A
Di che colore? What color? 4B
Di dove sei? Where are you from? 1B
di fronte a *prep.* across from 9A
di media statura *adj.* of average height 3B
Di niente. You're welcome. 1A
di nuovo *adv.* again 3B
di solito *adv.* usually 5B
di tanto in tanto off and on 4A
dicembre *m.* December 2B
diciannove *m., adj., invar.* nineteen 1A
diciassette *m., adj., invar.* seventeen 1A
diciottesimo/a *adj.* eighteenth 10B
diciotto *m., adj., invar.* eighteen 1A
dieci *m., adj., invar.* ten 1A
dieta *f.* diet 5B
  essere a dieta to be on a diet 5B
dietro (a) *prep.* behind 7A
  dietro l'angolo around the corner 9A
difficile *adj.* difficult 1B
digitale *adj.* digital
  macchina fotografica digitale *f.* digital camera 4A
dilemma *m.* dilemma, quandary 10A
diluvio *m.* torrential downpour; flood 2B
dimenticare *v.* to forget 2A
dimenticarsi (di) *v.* to forget 10A
dinamico/a *adj.* dynamic 3B
dipingere *v.* to paint 2B, 10A
diploma *m.* diploma; degree 10A
dire *v.* to say; to tell 4A
  Cosa vuol dire…? What does . . . mean? 4A
diretta *f.* live broadcast 7B
  in diretta *adv.* live 7B
direttore/direttrice (del personale) *m., f.* (personnel) manager 11B
dirigente *m., f.* executive; manager 11A
dirigere *v.* to manage 11A
diritto *prep.* straight 9A
disboscamento *m.* deforestation 12A
discarica *f.* dump 12A
disco rigido *m.* hard drive 4A
discreto/a *adj.* discreet 3B
disinvolto/a *adj.* confident 3B

disoccupato/a *adj.* unemployed 11A

   essere disoccupato/a to be unemployed 11A

disonesto/a *adj.* dishonest 1B

dispensa *f.* pantry 7A

dispiacere *v.* to be sorry 5B

disponibile *adj.* helpful; available 3B

   posto disponibile *m.* vacancy 8B

dito (*pl.* dita *f.*) *m.* finger 6A

dito *m.* **del piede (*pl.* dita *f.*)** toe 6A

divano *m.* couch 7A

diventare *v.* to become 5A

divergenza *f.* difference 12A

divertente *adj.* fun 1B

divertirsi *v.* to have fun 6A

divorziato/a *adj.* divorced 3A

dizionario *m.* dictionary 1B

doccia *f.* shower 2A

   fare la doccia to take a shower 2A

docente *m., f.* teacher, lecturer 11A

documentario *m.* documentary 10B

documento *m.* document 4A; ID 8B

dodici *m., adj., invar.* twelve 1A

dogana *f.* customs 8B

dolce *adj.* sweet 3B; *m.* dessert 5B

dolore *m.* pain 6B

domanda *f.* question 1A

   fare domanda to apply 11B

   fare una domanda to ask a question 2A

domandare *v.* to ask 2B

domani *adv.* tomorrow 2B

   A domani. See you tomorrow. 1A

domenica *f.* Sunday 1B

domestico/a *adj.* domestic 3A

   animale domestico *m.* pet 3A

   collaboratrice domestica *f.* maid 7B

donna *f.* woman 1A

donna d'affari *f.* businesswoman 3B

dono *m.* gift 10A

dopo *prep.* after 4A; *adv.* after, afterwards 5B

   A dopo. See you later. 1A

dopodomani *adv.* the day after tomorrow 7A

dormire *v.* to sleep 3A

dotato/a *adj.* gifted; talented 10B

dottore(ssa) *m., f.* doctor 1A

   andare dal dottore to go to the doctor's 2A

dove *adv.* where 3B

   Di dove sei? Where are you from? 1B

Dove abiti? Where do you live? 7A

dovere *v.* to have to/must; to owe 4A

dramma *m.* drama; play 10A

   dramma psicologico *m.* psychological drama 10B

drammatico/a *adj.* dramatic 10B

drammaturgo/a *m., f.* playwright 10A

dubitare *v.* to doubt 10A

due *m., adj., invar.* two 1A

duecento *m., adj., invar.* two hundred 2B

duemila *m., adj., invar.* two thousand 2B

durante *prep.* during 7B

durare *v.* to last 7B

duro/a *adj.* hard; tough 3B

E

e *conj.* and 1B

   E Lei/tu? *(form./fam.)* And you? 1A

ecco *adv.* here 1A

ecologia *f.* ecology 12A

economia *f.* economics 1B

edicola *f.* newsstand 9B

editoria *f.* publishing industry 10B

effetto *m.* effect 12B

   effetto serra *m.* greenhouse effect 12B

egoista *adj.* selfish 3B

Ehilà! Hey there! 1A

elettricista *m., f.* electrician 11A

elettrodomestico *m.* appliance 7B

elevato/a *adj.* high 11B

   salario elevato *m.* high salary 11B

e-mail *f.* e-mail message 4A

emicrania *f.* migraine 6B

energia *f.* energy 12A

   energia eolica *f.* wind power 12A

   energia nucleare *f.* nuclear energy 12A

   energia rinnovabile *f.* renewable energy 12A

   energia solare *f.* solar energy 12A

   energia termica *f.* thermal energy 12A

energico/a *adj.* energetic 3B

enoteca *f.* store specializing in wine 5B

entrare *v.* to enter 5A

epico/a *adj.* epic 10B

   racconto epico *m.* epic 10B

epifania *f.* Twelfth Night, Epiphany 8B

erba *f.* grass 12A

errore *m.* error 11B

eruzione *f.* eruption 2B

   eruzione cutanea *f.* rash 6B

   eruzione vulcanica *f.* volcanic eruption 2B

esame *m.* exam 1A

escursione *f.* outing 12A

esercitazione a scuola *f.* school project 10B

esercizio *m.* exercise 6B

   fare esercizio to exercise 6B

esibizione *f.* performance 10A

esigente *adj.* demanding 11A

esperienza *f.* experience 11B

   esperienza professionale *f.* professional experience 11B

esplorare *v.* to explore 12A

esposizione *f.* exhibit 10B

espressione *f.* expression 5A

essere *v.* to be 1B

   Che ora è/Che ore sono? What time is it? 1B

   Di dove sei? Where are you from? 1B

   È bello. It's nice out. 2B

   È il 15 agosto. It's August 15th. 2B

   È il 23 marzo. It's March 23rd. 2B

   È un porcile! It's a pigsty! 7B

   essere a dieta to be on a diet 5B

   essere al verde to be broke 9B

   essere allergico (a) to be allergic (to) 6B

   essere ben/mal pagato/a to be well/poorly paid 11A

   essere connesso/a to be connected 4A

   essere disoccupato/a to be unemployed 11A

   essere forte in... to be strong in . . . 1B

   essere in buona salute to be in good health 6B

   essere in linea to be online 4A

   essere in panne to break down 8A

   essere in tour to be on tour 10A

   essere in/fuori forma to be in/out of shape 6B

   essere incinta to be pregnant 6B

   essere nato nel... to be born in . . . 2B

   essere negato/a per to be no good at . . . 1B

est *m.* east 9A

estate *f.* summer 2B

estero *m.* foreign countries 8B

   all'estero *adv.* abroad 8B

etto *m.* 100 grams 5A

evitare (di) *v.* to avoid 6B

F

fa *adv.* ago 4B
  dieci giorni fa ten days ago 4B
  un anno fa a year ago 4B
fabbrica *f.* factory 12A
faccende *f., pl.* chores 7B
  fare le faccende to do household chores 7B
faccia *f.* face 6A
facile *adj.* easy 1B
facoltà *f.* faculty; department 1B
fagiolino *m.* green bean 5A
falegname *m.* carpenter 7B
fallire *v.* to fail 11A
fame *f.* hunger 2B
  avere fame to be hungry 2B
famiglia *f.* family 3A
fantascienza *f.* science-fiction 10B
  film di fantascienza *m.* sci-fi film 10B
fare *v.* to do; to make 2A
  Che tempo fa? What is the weather like? 2B
  Fa bel/brutto tempo. The weather is nice/bad. 2B
  Fa caldo/freddo/fresco. It's hot/cold/cool. 2B
  Fammi vedere. Let me see. 2B
  far soffriggere to brown, to fry lightly 5A
  far tostare to toast 5A
  fare attenzione to pay attention 2A
  fare benzina to get gas 8A
  fare colazione to have breakfast 2A
  fare delle commissioni to run errands 9B
  fare domanda to apply 11B
  fare due passi to take a short walk 2A
  fare esercizio to exercise 6B
  fare i mestieri/le faccende to do household chores 7B
  fare il bagno to take a bath 2A
  fare il bucato to do the laundry 7B
  fare il buffone to act the fool 10A
  fare il letto to make the bed 7B
  fare il pendolare to commute 12A
  fare il ponte to take a long weekend 8B
  fare la doccia to take a shower 2A
  fare la fila to wait in line 9B
  fare la spesa/le spese to buy groceries/to shop 2A
  fare la valigia to pack a suitcase 8B

fare progetti to make plans 11B
fare spese to go shopping 4B
fare un picnic to have a picnic 12A
fare un viaggio to take a trip 2A
fare una domanda to ask a question 2A
fare una foto to take a picture 2A
fare una gita to take a field trip 2A
fare una passeggiata to take a walk 2A
fare una puntura to give a shot 6B
farsi la barba to shave (*beard*) 6A
farsi male to hurt oneself 6A
farmacia *f.* pharmacy 6A
farmacista *m., f.* pharmacist 6B
faro *m.* headlight 8A
fatto/a (fare) *p.p., adj.* done; made 4B
  fatto/a in casa adj. homemade 5B
fattoria *f.* farm 12A
favola *f.* fairy tale 10B
favore *m.* favor 1A
  per favore please 1A
fax *m.* fax 4A
febbraio *m.* February 2B
febbre *f.* fever 6B
  avere la febbre to have a fever 6B
fedele *adj.* faithful 3B
felice *adj.* happy 1B
felpa *f.* sweatshirt 4B
femmina *f.* female 3A
femminista *adj.* feminist 3B
ferie *f., pl.* paid vacation 11A
ferita *f.* injury; wound 6B
fermare *v.* to stop 6A
fermarsi *v.* to stop (*oneself*) 6A
fermata *f.* (*bus/train*) stop 8A
  fermata a richiesta *f.* stop on request 8A
ferragosto *m.* August 15 holiday 8B
ferro (da stiro) *m.* iron 7B
festival *m.* festival 10A
festivo *m.* public holiday 8B
fetta *f.* slice 5A
fidanzato/a *adj.* engaged 3A; *m., f.* fiancé(e); boyfriend/girlfriend 3A
fidarsi *v.* to trust 11A
fiducia *f.* trust 11A
fieno *m.* hay 12A
figliastro/a *m., f.* stepson/stepdaughter 3A
figlio/a *m., f.* son/daughter 3A
  figlio/a unico/a *m., f.* only child 3A

fila *f.* line 9B
  fare la fila to wait in line 9B
film (dell'orrore/di fantascienza) *m.* (horror/sci-fi) film 10B
filmino *m.* short film; home video 10B
fine *f.* end 10A
finestra *f.* window 1B
fingere *v.* to pretend 10A
finire *v.* to finish 3A
fino a *prep.* until 2B
fiore *m.* flower 7A
fiorista *m.* flower shop; *m., f.* florist 9B
firmare *v.* to sign 9B
fisarmonica *f.* accordion 10A
fiume *m.* river 12A
flauto *m.* flute 10A
focacceria *f.* store specializing in focaccia 5B
foglia *f.* leaf 12A
foglio di carta *m.* sheet of paper 1B
fondo *m.* bottom 4B
  conoscere... a fondo to know something inside and out 4B
  in fondo *prep.* at the end; bottom 9B
fontana *f.* fountain 9A
football americano *m.* football 2A
forchetta *f.* fork 5B
foresta *f.* forest 12A
forma *f.* shape 6B
  essere in/fuori forma to be in/out of shape 6B
  forme di cortesia polite expressions 1A
formaggio *m.* cheese 5A
formazione *f.* training 11B
fornelli *m., pl.* stovetop; burners 7B
forno *m.* oven 7B
  (forno a) microonde *m.* microwave (oven) 7B
forse *adv.* maybe 3A
forte *adj.* strong 3B
  essere forte in... to be strong in . . . 1B
foruncolo *m.* pimple 6B
Forza! Come on! 5B
foschia *f.* mist 2B
foto(grafia) *f.* photo(graph) 1A
  fare una foto to take a picture 2A
fotocopiare to photocopy 11B
fotografo *m.* photo shop 9B
fotografo/a *m., f.* photographer 9B
fra *prep.* among, between, in 3A
  fra di loro (*between/among*) each other 6A
  fra due giorni in two days 7A
  fra poco in a little while 7A
  fra una settimana in a week 7A

fragola *f.* strawberry 5A
francese *adj.* French 1B
francobollo *m.* stamp 9B
frangia *f.* bang 6A
fratellastro *m.* stepbrother; half brother 3A
fratellino *m.* little/younger brother 3A
fratello *m.* brother 3A
frattura *f.* fracture 6B
freccette *f., pl.* darts 2A
freddo/a *adj.* cold 2B
   avere freddo to feel cold 2B
frenare *v.* to brake 8A
freni *m., pl.* brakes 8A
frequentare *v.* to attend 2A
   frequentare la lezione to attend class 1B
frequentemente *adv.* frequently 5B
fresco/a *adj.* cool, fresh 2B
fretta *f.* haste 2B
   avere fretta to be in a hurry 2B
friggere *v.* to fry 5B
frigo(rifero) *m.* fridge, refrigerator 7B
fritto/a *adj.* fried 5A
frizione *f.* clutch 8A
frizzante *adj.* sparkling 5B
   acqua frizzante *f.* sparkling water 5B
fronte *f.* front 9A
   di fronte a *prep.* across from 9A
frutta *f.* fruit 5A
frutti di mare *m., pl.* seafood 5A
fulmine *m.* lightning 2B
fungo *m.* mushroom 5A
funzionare *v.* to work, to function 4A
funzionario/a *m., f.* civil servant 11A
fuori *prep.* outside 7A
furbo/a *adj.* shrewd, sly 3B
futurista *adj.* Futurist 10B
futuro *m.* future 7A
   in futuro in the future 7A

G

gabbiano *m.* seagull 12A
gabinetto *m.* toilet 7A
galleria *f.* gallery 10A
   visitare una galleria d'arte to visit an art gallery 10B
gamba *f.* leg 6A
   in gamba *adj.* smart, sharp 3B
gamberetto *m.* shrimp 5A
garage *m., invar.* garage 7A
gatto *m.* cat 3A
gelateria *f.* ice cream shop 5A
geloso/a *adj.* jealous 3B

gemelli/e *m., f., pl.* twins 3A
genere *m.* kind; genre 10B
   in genere *adv.* generally 3A
genero *m.* son-in-law 3A
generoso/a *adj.* generous 1B
genio/a *m., f.* genius 4A
genitori *m., pl.* parents 3A
gennaio *m.* January 2B
gente *f.* people 1B
gentile *adj.* kind 3B
gestore *m., f.* manager 11B
gettare *v.* to throw 12A
già *inter.* yeah 2A; *adv.* already 4B
giacca *f.* jacket 4B
giallo/a *adj.* yellow 4B
giapponese *adj.* Japanese 1B
giardiniere/a *m., f.* gardener 11A
ginnastica *f.* gymnastics 4B
   scarpa da ginnastica *f.* running shoe 4B
ginocchio (*pl.* ginocchia *f.*) *m.* knee 6A
giocare *v.* to play 2A
giocatore/giocatrice *m., f.* player 2A
gioielleria *f.* jewelry store 9B
giornalaccio *m.* trashy newspaper 10B
giornale *m.* newspaper 8B
giornalista *m., f.* journalist 3B
giornataccia *f.* bad day 10B
giorno *m.* day 1B
   Che giorno è oggi? What's the date? 2B
   fra due giorni in two days 7A
   giorno festivo *m.* public holiday 8B
giovane *adj.* young 3B
giovedì *m.* Thursday 1B
gioventù *f.* youth 8B
   ostello della gioventù *m.* youth hostel 8B
girare *v.* to turn 9A; to film, to shoot 10B
giro *m.* turn; tour 4B
   in giro around; out and about 4B
   prendere in giro to tease 8B
gita *f.* field trip 2A
   fare una gita to take a field trip 2A
giudice *m., f.* judge 11A
giugno *m.* June 2B
giurisprudenza *f.* law 1B
giusto/a *adj.* right 11A
gli *def. art. m., pl.* the 1A; *i.o. pron., m., sing.* (to, for) him 5B; *i.o. pron., m., f., pl.* (to, for) them 5B
glielo/a/i/e/ne *dbl.o. pron. m., f., sing.* it (to, for) him/her 7A
gola *f.* throat 6A
   mal di gola *m.* sore throat 6B

gomito *m.* elbow 6A
gomma *f.* eraser 1A; tire 8A
gonna *f.* skirt 4B
gotico/a *adj.* Gothic 10B
governo *m.* government 12A
gradinata *f.* tier 10A
gradino *m.* step 9A
grado *m.* degree 2B
   Ci sono 18 gradi. It's 18 degrees out. 2B
graffetta *f.* paper clip; staple 11B
grande *adj.* big 2A
grande magazzino *m.* department store 9A
grandine *f.* hail 2B
grasso/a *adj.* fat 3B
gratis *adj.* free 10A
gratitudine *f.* gratitude 12A
grave *adj.* serious 6B
Grazie. Thank you. 1A
   Grazie mille. Thanks a lot. 1A
greco/a *adj.* Greek 1B
grigio/a *adj.* gray 3B
griglia *f.* grill 5A
   alla griglia *adj.* grilled 5A
gruppo rock *m.* rock band 10A
guadagnare *v.* to earn 11A
guanto *m.* glove 4B
guardare *v.* to look at 6A
   guardare la TV to watch TV 2A
guardarsi *v.* to look at each other 6A
guarire *v.* to get better 6B
guidare *v.* to drive 2A
gusto *m.* flavor, taste 5B
gustoso/a *adj.* tasty 5B

I

i *def. art., m., pl.* the 1A
idea *f.* idea 1A
idraulico *m* plumber 7B
ieri *adv.* yesterday 4B
   ieri sera last night 4B
   l'altro ieri the day before yesterday 4B
il *def. art., m., sing.* the 1A
imbarco *m.* boarding 8B
   carta d'imbarco *f.* boarding pass 8B
imbianchino *m.* painter 7B
imbucare *v.* to mail 9B
   imbucare una lettera to mail a letter 9B
immaginare *v.* to imagine 11B
immobiliare *adj.* building 11A
   agente immobiliare *m., f.* real estate agent 11A
   agenzia immobiliare *f.* real estate agency 7A
immondizia *f.* trash 12A

impanare *v.* to bread 5A
imparare (a) *v.* to learn (to) 2A
impeccabile *adj.* impeccable; perfectly clean 7B
impermeabile *m.* raincoat 2B
impianto *m.* system 4A
   impianto stereo *m.* stereo system 4A
impiegato/a *m., f.* employee 11B
importante *adj.* important 1B
impossibile *adj.* impossible 11A
impressione *f.* impression 11B
improbabile *adj.* unlikely 11A
in *prep.* in; to; at 3A
   in autobus by bus 3A
   in banca at/to the bank 3A
   in biblioteca at/to the library 3A
   in bicicletta by bicycle 3A
   In bocca al lupo. Good luck. (*lit.* In the mouth of the wolf.) 1B
   in centro in town 3A
   in diretta *adv.* live 7B
   in fondo *prep.* at the end; bottom 9B
   in futuro in the future 7A
   in gamba *adj.* smart, sharp 3B
   in genere *adv.* generally 3A
   in giro around; out and about 4B
   in macchina by car 3A
   in modo che *conj.* so that 12A
   in montagna in/to the mountains 3A
   in treno by train 3A
   in umido *adj.* stewed 5A
   in vacanza on vacation 3A
incidente *m.* accident 8A
   avere un incidente to have/be in an accident 8A
incinta *adj.* pregnant 6B
   essere incinta to be pregnant 6B
incominciare *v.* to begin 2A
incontrare *v.* to meet with 2A
incontrarsi *v.* to meet each other 6A
incredibile *adj.* incredible 11B
incrocio *m.* intersection 9A
indicazione *f.* direction 9A
indipendente *adj.* independent 1B
indirizzo *m.* address 9B
indossare *v.* to wear 4B
indovinare *v.* to guess 8A
infermiere/a *m., f.* nurse 6B
infezione *f.* infection 6B
influenza *f.* flu 6B
informatica *f.* computer science 1B
ingegnere *m., f.* engineer 1A
ingenuo/a *adj.* naïve 3B
inglese *adj.* English 1B
ingolfare *v.* to flood 12B
innamorarsi *v.* to fall in love 6A
innanzitutto *adv.* first of all 9A
innovativo/a *adj.* innovative 10B

inopportuno/a *adj.* inappropriate 11A
inquietante *adj.* disturbing 10B
inquilino/a *m., f.* tenant 7A
inquinamento *m.* pollution 12A
insalata *f.* salad 5B
insegnante *m., f.* instructor 1B
insegnare *v.* to teach 2A
insensibile *adj.* insensitive 3B
insetto *m.* insect 12A
insieme *adv.* together 2A
insipido/a *adj.* bland 5B
insistere *v.* to insist 11B
insonnia *f.* insomnia 6B
intasato/a *adj.* crowded; clogged 6B, 8A
intelligente *adj.* intelligent 1B
interessante *adj.* interesting 1B
interesse *m.* interest 9B
   tasso di interesse *m.* interest rate 9B
Internet café *m.* Internet café 9B
interpretare *v.* to perform 10A
intervallo *m.* intermission 10A
invece *adv.* instead; on the other hand 1B
inventare *v.* to invent 10A
inverno *m.* winter 2B
investimento *m.* investment 9B
inviare *v.* to send 9B
invitare *v.* to invite 10A
io *sub. pron.* I 1B
irresponsabile *adj.* irresponsible 3B
isola *f.* island 12A
   isola pedonale *f.* pedestrian area 9A
isolato *m.* block 9A
istantaneo/a *adj.* instantaneous 4A
   messaggio istantaneo *m.* instant message, IM 4A
istruzione *f.* education 11B
italiano/a *adj.* Italian 1B

J

jeans *m., pl.* jeans 4B

L

l' *def. art., m., f., sing.* the 1A
la *def. art., f., sing.* the 1A; *d.o. pron., f., sing.* her/it 5A
La *d.o. pron., sing., form.* you 5A
là *adv.* there 1A
labbro (pl. labbra f.) *m.* lip 6A
laboratorio *m.* laboratory 5B
   laboratorio di pasta fresca *m.* store specializing in homemade pasta 5B
lagna *f.* whiner 7B
lago *m.* lake 12A

lamentarsi (di) *v.* to complain (about) 6A
lamentoso/a *adj.* whiny 3B
lampada *f.* lamp 7A
lampo *m.* flash of lightning 2B
lampone *m.* raspberry 5A
lana *m.* wool 4B
largo/a *adj.* loose, big 4B
lasciare *v.* to allow, to let; to leave 10A
   Lasciami in pace. Leave me alone. 1A
   lasciare un messaggio to leave a message 11B
lasciarsi *v.* to leave each other, to split up 6A
latte *m.* milk 5B
lattuga *f.* lettuce 5A
laurearsi *v.* to graduate from college 6A
lavagna *f.* (black)board 1B
lavanderia *f.* laundromat 9B
lavare *v.* to wash 7B
   lavare i piatti to wash the dishes 7B
lavarsi *v.* to wash oneself 6A
   lavarsi i denti *v.* to brush one's teeth 6A
lavastoviglie *f.* dishwasher 7B
lavatrice *f.* washing machine 7B
lavavetri *m.* window cleaner 7B
lavello *m.* kitchen sink 7B
lavorare *v.* to work 2A
lavoro *m.* work; job 11B
   agenzia di somministrazione lavoro *f.* temp agency 11B
   annuncio di lavoro *m.* job ad 11B
   offerte di lavoro *f., pl.* job openings 11B
   trovare lavoro *v.* to find a job 11B
le *def. art., f., pl.* the 1A; *d.o. pron., f., pl.* them 5A; *i.o. pron., f., sing.* (to, for) her 5B
Le *i.o. pron., sing., form.* (to, for) you 5B
legge *f.* law 12A
leggere *v.* to read 2A
   leggere la mappa to read a map 8B
leggero/a *adj.* light 5B; slight 6B
legumi *m., pl.* legumes 5A
lei *sub. pron.* she 1B; *disj. pron., f., sing.* her 4A
Lei *sub. pron., sing., form.* you 1B; *disj. pron., sing., form.* you 4A
lentamente *adv.* slowly 5B
lento/a *adj.* slow 3B
lenzuolo (pl. lenzuola f.) *m.* sheet 7B
lettera *f.* letter 9B

imbucare una lettera *v.* to mail a letter 9B

lettera di referenze *f.* letter of reference 11B

letteratura *f.* literature 1A

lettere *f., pl.* arts; humanities 1B

letterona *f.* long letter 10B

letto *m.* bed 7A

  a letto in/to bed 3A

  fare il letto to make the bed 7B

letto/a (leggere) *p.p., adj.* read 4B

lettore *m.* reader 4A

  lettore CD (portatile) *m.* (portable) CD player 4A

  lettore DVD *m.* DVD player 4A

lettura *f.* reading 1B

lezione *f.* lesson 1A

  a lezione in class 1B

  frequentare la lezione to attend class 1B

  saltare la lezione to skip class 1B

li *d.o. pron., m., pl.* them 5A

lì *adv.* there 1A

libreria *f.* bookstore 1B

libro *m.* book 1A

licenziare *v.* to fire, to dismiss 11A

liceo *m.* high school 1B

limite di velocità *m.* speed limit 8A

linea *f.* line 4A

  essere in linea to be online 4A

lingue *f., pl.* languages (*subject*) 1B

liquidazione *f.* buyout; settlement 11A

liscio/a *adj.* straight (*hair*); smooth; plain 3B

livello *m.* level 11A

  passaggio a livello *m.* level crossing 8A

livido *m.* bruise 6B

lo *def. art., m., sing.* the 1A; *d.o. pron., m., sing.* him/it 5A

locale notturno *m.* nightclub 9A

località *f.* resort 8B

località balneare *f.* ocean resort 8B

località montana *f.* mountain resort 8B

loggione *m.* upper circle 10A

lontano/a *adj.* far 9A

  lontano da *prep.* far from 9A

Loro *sub. pron., pl., form.* you 1B

loro *sub. pron.,* they 1B; *poss. adj., m., f.* their 3A; *disj. pron., m., f., pl.* themselves 4A; *i.o. pron., m., f., pl.* (to, for) them 5B

  fra di loro (between/among) each other 6A

luglio *m.* July 2B

lui *sub. pron.* he 1B; *disj. pron., m., sing.* him 4A

luna *f.* moon 12A

lunedì *m.* Monday 1B

lungo/a *adj.* long 1B

luogo *m.* place 1B

lupo *m.* wolf 1B

  In bocca al lupo. Good luck. (*lit.* In the mouth of the wolf.) 1B

M

ma *conj.* but 12A

  Ma dai. Oh, come on. 1A

  Ma quando mai! No way! 9A

macchiare *v.* to stain 6B

macchiato/a *adj.* stained 7B

macchina *f.* car 8A

  in macchina by car 3A

  macchina ibrida *f.* hybrid car 12A

  macchina fotografica (digitale) *f.* (digital) camera 4A

macellaio/a *m., f.* butcher's shop 5A

macelleria *f.* butcher 5A

madre *f.* mother 3A

magazzino *m.* warehouse 9A

  grande magazzino *m.* department store 9A

maggio *m.* May 2B

maggiore *adj.* elder 3A; bigger 8A

maglietta (a maniche corte/lunghe) *f.* (short-/long-sleeved) T-shirt 4B

maglione *m.* sweater 4B

magro/a *adj.* thin 3B

mah *inter.* well 3A

mai *adv.* ever 2B

  Ma quando mai! No way! 9A

  non... mai *adv.* never 2B

maiale *m.* pork 5A

malato/a *adj.* ill 6B

malattia *f.* ailment, sickness 6B

male *m.* evil; pain 6A

  avere mal di pancia (schiena, testa) to have a stomachache (backache, headache) 6A

  farsi male to hurt oneself 6A

  mal di gola *m.* sore throat 6B

  mal di mare *m.* sea-sickness 6B

  Non c'è male. Not bad. 1A

  Sto male. I am not well. 1A

maledetto/a *adj.* darned 12A

mamma *f.* mom 3A

mancare *v.* to miss 5B

mancia *f.* tip 5B

mandare *v.* to send 2A

mangiare *v.* to eat 2A

manica *f.* sleeve 4B

  maglietta (a maniche corte/lunghe) *f.* (short-/long-sleeved) T-shirt 4B

manierista *adj.* Mannerist 10B

manina *f.* little hand 10B

mano (*pl.* le mani) *f.* hand 6A

mansarda *f.* attic 7A

mantenersi *v.* to provide for oneself 11B

manzo *m.* beef 5A

mappa *f.* map 9A

  leggere la mappa *v.* to read a map 8B

marca *f.* brand 4B

marciapiede *m.* sidewalk 9A

mare *m.* sea 8B

  al mare at/to the beach 3A

  frutti di mare *m., pl.* seafood 5A

  mal di mare *m.* sea-sickness 6B

marea *f.* tide 2B

  onda di marea *f.* tidal wave 2B

marito *m.* husband 3A

  primo/secondo marito *m.* first/second husband 3A

marmellata *f.* jam 5A

marmo *m.* marble 8B

marocchino/a *adj.* Moroccan 1B

marrone *adj.* brown 3B

martedì *m.* Tuesday 1B

marzo *m.* March 2B

maschio *m.* male 3A

massimo/a *adj.* biggest, greatest 8A

matematica *f.* mathematics 1A

materia *f.* subject 1B

matita *f.* pencil 1B

matrigna *f.* stepmother 3A

matrimonio *m.* wedding; marriage 3A

mattina *f.* morning 1B

me *disj. pron., sing.* me, myself 4A

meccanico/a *m., f.* mechanic 8A

media *m., pl.* media 10B

medicina *f.* medicine 1B; drug 6B

medico (di famiglia) *m.* (family) doctor 6B

medio/a *adj.* average 3B

  di media statura *adj.* of average height 3B

Medioevo *m.* Middle Ages 8B

meglio *adv.* better 8A

mela *f.* apple 5A

melanzana *f.* eggplant 5A

melone *m.* melon 5A

meno *prep.* minus 1B; *adv.* less 8A

  a meno che... non *conj.* unless 12A

mensa *f.* cafeteria 1B

mensilità *f.* monthly paycheck; salary 11A

mentre *conj.* while 6B

menu *m.* menu 5B

mercato *m.* market 5A

mercoledì *m.* Wednesday 1B

merenda *f.* afternoon snack 5B

meritare *v.* to earn 11A

mese *m.* month 2B

mese scorso last month 4B
messaggio *m.* message 11B
  messaggio istantaneo *m.* instant message, IM 4A
messicano/a *adj.* Mexican 1B
messo/a (mettere) *p.p., adj.* put, placed 4B
mestiere *m.* occupation, trade 11B
mestieri *m., pl.* chores 7B
  fare i mestieri to do household chores 7B
metro(politana) *f.* subway 8A
mettere *v.* to put 2B
  metterci *v.* to spend (*time*) 7B
  mettere in ordine *v.* to tidy up 7B
  mettere in scena *v.* to put on a show
mettersi *v.* to put on 6A
mezzanotte *f.* midnight 1B
  a mezzanotte at midnight 3A
mezzo/a *m., f.* half; half hour 1B
  mezzo di trasporto *m.* means of transportation 8A
mezzogiorno *m.* noon 1B
mi *d.o. pron., sing.* me 5A; *i.o. pron., sing.* (to, for) me 5B
  Mi chiamo… My name is . . . 1A
  Mi raccomando. Take care of yourself. 1B
microfono *m.* microphone 4A
microonda *f.* microwave 7B
  (forno a) microonde *m.* microwave (oven) 7B
miglio (*pl.* miglia *f.*) *m.* mile 10A
migliorare *v.* to improve 12A
migliore *adj.* better 8A
milione *m., adj., invar.* million 2B
mille *m., adj., invar.* thousand 2B
  Grazie mille. Thanks a lot. 1A
millesimo/a *adj.* thousandth 10B
minestrone *m.* thick soup 10B
minimo/a *adj.* smallest 8A
minore *adj.* younger 3A; smaller 8A
minuto *m.* minute 7B
mio/a, miei, mie *poss. adj., m., f.* my 3A
  i miei *m., pl.* my parents 3A
miseria *f.* fraction 10B
  Porca miseria! Darn! 8A
mobili *m., pl.* furniture 7A
moda *f.* fashion 4B
  (non) andare di moda to be/not be in fashion 4B
modesto/a *adj.* modest 3B
modo *m.* way 12A
  in modo che *conj.* so that 12A
modulo *m.* form 9B
  riempire un modulo *v.* to fill out a form 9B
moglie *f.* wife 3A

molto/a/i/e *indef. adj., pron.* many, a lot of; much 5A
  Molto piacere. A real pleasure. 1A
moneta *f.* coin; change 9B
monolocale *m.* studio apartment 7A
montagna *f.* mountain 12A
  in montagna in/to the mountains 3A
montano/a *adj.* mountain 8B
  località montana *f.* mountain resort 8B
morbillo *m.* measles 6B
morire *v.* to die 5A
morso *m.* bit 7A
morto/a (morire) *p.p., adj. (used as past participle)* died; (*used as adjective*) dead 5A
mosso/a *adj.* wavy 3B
mostra *f.* show 10B
mostrare *v.* to show 5B
motore *m.* engine; motor 8A
motorino *m.* scooter 8A
mouse *m.* mouse (*computer*) 4A
mucca *f.* cow 12A
multa *f.* fine 8A
mura *f., pl.* city walls 9A
muratore *m.* bricklayer 7B
muschio *m.* moss 12A
muscoloso/a *adj.* muscular 3B
musica *f.* music 2A
  ascoltare la musica to listen to music 2A
musicale *adj.* musical 10A
  strumento musicale *m.* musical instrument 10A
musicista *m., f.* musician 3B

N

nascere *v.* to be born 5A
nasino *m.* little nose 10B
naso *m.* nose 6A
  naso intasato *m.* stuffy nose 6B
Natale *m.* Christmas 8B
nato/a (nascere) *p.p., adj.* born 5A
  essere nato/a nel… to be born in . . . 2B
naturale *adj.* natural 5B
  acqua naturale *f.* still water 5B
nausea *f.* nausea 6B
nave *f.* ship 8A
navigare *v.* to navigate 4A
  navigare in rete *v.* to surf the Web 4A
ne *pron.* some, any; of it/them 6A
né *conj.* neither; nor 9B
  non… né… né neither . . . nor 9B
neanche *adv.* not even 9B

non… neanche not even 9B
necessario/a *adj.* necessary 11A
negato/a *adj.* denied 1B
  essere negato/a per to be no good at . . . 1B
negozio *m.* store 9A
  negozio d'alimentari *m.* grocery store 5A
nemmeno *conj.* not even 9B
  non… nemmeno not even 9B
neoclassico/a *adj.* Neoclassical 10B
neppure *conj.* not even 9B
  non… neppure not even 9B
nero/a *adj.* black 3B
nervoso/a *adj.* nervous 1B
nessuno/a *adj., pron. (used as adj.)* no; not; any; (*used as pron.*) nobody; anybody 9B
  non… nessuno *nobody* 9B
netturbino/a *m., pl.* garbage collector 12A
neve *f.* snow 2B
nevicare *v.* to snow 2B
niente *pron.* nothing 9B
  Di niente. You're welcome. 1A
  Niente di nuovo. Nothing new. 1A
  non… niente/nulla nothing 9B
nipote *m., f.* nephew/niece; grandson/granddaughter 3A
no *adv.* no 1B
noi *sub. pron.* we 1B; *disj. pron., m., f., pl.* us; ourselves 4A
noia *f.* boredom 1B
  Che noia! How boring! 1B
noioso/a *adj.* boring 1B
noleggiare *v.* to rent (*car*) 8A
non *adv.* not 1B
  Non c'è male. Not bad. 1A
  Non lo so. I don't know. 1A
  Non vedo l'ora. I can't wait. 5B
  non… affatto *adv.* not at all 9B
  non… ancora *adv.* not yet 4B
  non… mai *adv.* never 2B
  non… né… né neither . . . nor 9B
  non… neanche/nemmeno/neppure not even 9B
  non… nessuno nobody 9B
  non… niente/nulla nothing 9B
  non… più *adv.* no more, no longer 5B
nonno/a *m., f.* grandfather/grandmother 3A
nono/a *adj.* ninth 10B
nord *m.* north 9A
nostro/a/i/e *poss. adj. m., f.* our 3A
notte *f.* night 1A
novanta *m., adj., invar.* ninety 1A
nove *m., adj., invar.* nine 1A
novecento *m., adj., invar.* nine hundred 2B

novembre *m.* November 2B
nubile *adj.* single (*female*) 3A
nulla *pron.* nothing 9B
  non… nulla nothing 9B
numero *m.* number 11B
  numero di telefono *m.* phone number 11B
nuora *f.* daughter-in-law 3A
nuotare *v.* to swim 2A
nuoto *m.* swimming 2A
nuovo/a *adj.* new 1A
  Che c'è di nuovo? What's new? 1A
  di nuovo *adv.* again 3B
nuvola *f.* cloud 2B
nuvoloso/a *adj.* cloudy 2B

O

o *conj.* or 12A
obbligare *v.* to force, to compel 10A
occhiali (da sole) *m., pl.* (sun) glasses 4B
occhiata *f.* look 4B
  dare un'occhiata *v.* to take a look 4B
occhio *m.* eye 6A
occuparsi *v.* to be interested in 12B
occupazione *f.* occupation 11B
  prima occupazione *f.* first job 11B
oceano *m.* ocean 12A
odiare *v.* to hate 6A
odiarsi *v.* to hate each other 6A
offerta *f.* offer 11B
  offerte di lavoro *f., pl.* job openings 11B
offerto/a (offrire) *p.p., adj.* offered 4B
offrire *v.* to offer 3A
oggi *adv.* today 1B
  Che giorno è oggi? What's the date? 2B
ogni *adj.* each, every 9B
Ognissanti *m.* All Saints' Day 8B
olio (d'oliva) *m.* (olive) oil 5A
oliva *f.* olive 5A
ombrello *m.* umbrella 2B
onda *f.* wave 2B
  onda di marea *f.* tidal wave 2B
  ondata di caldo *f.* heat wave 2B
onesto/a *adj.* honest 1B
opera *f.* opera 10A; work 10B
  opera d'arte *f.* work of art 10B
operaio/a *m., f.* (factory) worker 11A
opportuno/a *adj.* appropriate 11A
oppure *conj.* or 12A
ora *f.* hour 1B
  A che ora? What time? 1B

Che ora è?/Che ore sono? What time is it? 1B
  è ora it's time 11A
  Non vedo l'ora. I can't wait. 5B
orario *m.* schedule, timetable 8A
orchestra *f.* orchestra 10A
ordinare *v.* to order 5B
ordine *m.* order 7B
  mettere in ordine *v.* to tidy up 7B
orecchio (pl. orecchie f.) *m.* ear 6A
orientarsi *v.* to get one's bearings 9A
orizzonte *m.* horizon 12A
ormai *adv.* by now; already 2A
orologio *m.* clock; watch 1B
orrore *m.* horror 10B
  film dell'orrore *m.* horror film 10B
orticaria *f.* hives 6B
ospedale *m.* hospital 6B
ostello della gioventù *m.* youth hostel 8B
osteria *f.* small restaurant 5B
ottanta *m., adj., invar.* eighty 1A
ottantaduesimo/a *adj.* eighty-second 10B
ottantun(o) *m., adj.* eighty-one 1A
ottavo/a *adj.* eighth 10B
ottenere *v.* to get; to obtain 11B
ottimista *adj.* optimistic 3B
ottimo/a *adj.* excellent 8A
otto *m., adj., invar.* eight 1A
ottobre *m.* October 2B
ottocento *m. adj., invar.* eight hundred 2B
ovest *m.* west 9A
ovunque *adv.* wherever; all over 11A

P

pacco *m.* package 9B
padre *m.* father 3A
padrone/a di casa *m., f.* landlord/landlady 7A
paesaggio *m.* landscape 10B
paese *m.* town; country 9A
pagare *v.* to pay 2A
  pagare con assegno to pay by check 9B
  pagare con carta di credito/debito to pay with a credit/debit card 9B
  pagare in contanti to pay in cash 9B
  pagare le bollette to pay the bills 9B
pagato/a *adj.* paid 11A
  essere ben/mal pagato/a to be well/poorly paid 11A

paio (pl. paia f.) *m.* pair 10A
palazzo *m.* apartment building; palace 7A
palco *m.* box; stage 10A
palestra *f.* gymnasium 2A
pallacanestro *f.* basketball 2A
pallavolo *f.* volleyball 2A
pallone *m.* ball; soccer 2A
panchina *f.* bench 9A
pane *m.* bread 5A
panetteria *f.* bakery 5A
paninoteca *f.* sandwich shop 5B
panne *f., invar.* breakdown 8A
  essere in panne to break down 8A
pannello solare *m.* solar panel 12A
panorama *m.* panorama, landscape 10A
pantaloncini *m., pl.* shorts 4B
pantaloni *m., pl.* pants, trousers 4B
pantofole *f., pl.* slippers 6A
papà *m.* dad 3A
parapendio *m.* paragliding 2A
parcheggiare *v.* to park 8A
parenti *m., pl.* relatives 3A
  parenti acquisiti *m., pl.* in-laws 3A
parere *v.* to seem 11A
parete *f.* wall 7A
parlare *v.* to speak 2A
  Chi parla? Who's calling? 11B
parlarsi *v.* to speak to each other 6A
parrucchiere/a *m., f.* hairdresser 3B
parte *f.* part 7A
  Da parte di chi? On behalf of whom? 11B
  Da questa parte. This way. 1A
partenze *f., pl.* departures 8B
partire *v.* to leave, to depart 2A
  partire in vacanza to leave for vacation 8B
partita *f.* game; match 2A
parziale *adj.* partial 11A
  a tempo parziale *adj.* part-time 11A
pasqua *f.* Easter Sunday 8B
pasquetta *f.* Easter Monday 8B
passaggio *m.* passage 8A
  dare un passaggio *v.* to give (someone) a ride 9A
  passaggio a livello *m.* level crossing 8A
passaporto *m.* passport 8B
  controllo passaporti *m.* passport control 8B
passare *v.* to pass by; to spend time 12A
  Come te la passi? How are you getting along? 1A

passare l'aspirapolvere to vacuum 7B

passeggero *m* passenger 8B

passeggiata *f.* walk 2A
　fare una passeggiata to take a walk 2A

passo *m.* step; pass 2A
　a due passi da not far from 9A
　fare due passi to take a short walk 2A

password *f.* password 4A

pasta (asciutta) *f.* pasta 5A
　laboratorio di pasta fresca *m.* store specializing in homemade pasta 5B

pasticceria *f.* pastry shop 5A

pasto *m.* meal 5B

patata *f.* potato 5A

patente *f.* driver's license 8A

patrigno *m.* stepfather 3A

patto *m.* deal 12A
　a patto che *conj.* provided that 12A

paura *f.* fear 2B
　avere paura (di) to be afraid (of) 2B

pavimento *m.* floor 6B

paziente *adj.* patient 3B; *m., f.* patient 6B

pazzo/a *adj.* crazy 3B

peccato *m.* pity 11A

pecora *f.* sheep 12A

pedone *m.* pedestrian 9A

peggio *adv.* worse 8A

peggiore *adj.* worse, worst 8A

pelle *f.* leather 4B; skin 6A

pendolare *m., f.* commuter 12A
　fare il pendolare to commute 12A

penna *f.* pen 1B

pensare (a/di) *v.* to think (about/of doing) 2A

pensionato/a *m., f.* retiree 11A

pensione *f.* boarding house 8B; pension 11A

pepe *m.* pepper 5B

peperone (rosso, verde) *m.* (red, green) pepper 5A

per *prep.* for, through, in order to 3A
　per favore *please* 1A
　per quanto *conj.* although 12A

percento *m.* percent 2B

pera *f.* pear 5A

perché *conj.* why 3B; so that 12A

perciò *conj.* so 9A

perdere *v.* to lose 2A

perdersi *v.* to get lost 9A

pericolo *m.* danger 12A

pericoloso/a *adj.* dangerous 6B

permettere *v.* to permit 10A

perso/a (perdere) *p.p., adj.* lost 4B

persona *f.* person 1A

personaggio (principale) *m.* (main) character 10A

pesante *adj.* rich, heavy 5B

pesca *f.* peach 5A

pescare *v.* to go fishing 2A

pesce *m.* fish 3A

pescheria *f.* fish/seafood shop 5A

peso *m.* weight 9A

pessimista *adj.* pessimistic 3B

pessimo/a *adj.* very bad, awful 8A
　Il tempo è pessimo. The weather is dreadful. 2B

pettinare *v.* to brush 6A

pettinarsi *v.* to comb/brush one's hair 6A

pettine *m.* comb 6A

petto *m.* chest 6A

piacere *v.* to please 2B
　(Non) mi piace... I (don't) like . . . 2A
　Molto piacere. A real pleasure. 1A
　Piacere di conoscerLa/ti. *(form./fam.)* Pleased to meet you. 1A
　Piacere mio. My pleasure. 1A
　Piacere. Delighted. 1A

piaciuto/a (piacere) *p.p., adj.* liked 5A

pianeta *m.* planet 12A
　salvare il pianeta to save the planet 12A

piangere *v.* to cry 6B

pianista *m., f.* pianist 10A

piano *m.* piano 2A

piano cottura *m.* stovetop 7A

pianta *f.* plant 12A

piatto *m.* plate 5B
　lavare i piatti to wash the dishes 7B
　primo/second piatto *m.* first/second course 5B

piccante *adj.* spicy 5B

piccolino/a *adj.* very small 10B

piccolo *adj.* little, small 4A

picnic *m.* picnic 12A
　fare un picnic to have a picnic 12A

piede *m.* foot 6A
　a piedi on foot 3A

pieno/a *adj.* full 6B
　a tempo pieno *adj.* full-time 11A

pietra *f.* rock 12A

pigiama *m.* pajamas 6A

pigro/a *adj.* lazy 1B

pillola *f.* pill 6B

pineta *f.* pine forest 12A

pioggia *f.* rain 2B
　pioggia acida *f.* acid rain 12A

piovere *v.* to rain 2B

piovoso/a *adj.* rainy 2B

piscina *f.* pool 9A

pittore/pittrice *m., f.* painter 10B

pittura *f.* painting; paint 10B

più *adj., adv.* more; most 1A; *prep.* plus 2B
　A più tardi. See you later. 1A
　non... più *adv.* no more, no longer 5B

pizzeria *f.* pizza shop 5B

pizzico *m.* pinch 5B

platea *f.* stall 10A

poco/a (po') *adj.* little, few 5A, 9B; *adv.* little, few, not much, not very 5B
　fra poco in a little while 7A
　un po' di a little bit of 5A

poema *m.* poem 10A

poesia *f.* poem; poetry 10B

poeta/poetessa *m., f.* poet 10B

poi *adv.* then, later 5B

poliziotto/a *m., f.* police officer 9A

poltrona *f.* armchair 7A; seat 10A

pomeriggio *m.* afternoon 1B

pomodoro *m.* tomato 5A

pompiere/a *m., f.* firefighter 9A

ponte *m.* bridge 9A
　fare il ponte to take a long weekend 8B

Porca miseria! Darn! 8A

porcile *m.* pigsty 7B
　È un porcile! It's a pigsty! 7B

porta *f.* door 1B

portare *v.* to bring 2A; to wear 4B
　portare fuori la spazzatura to take out the trash 7B
　portare un vestito *v.* to wear a suit 4B

portatile *adj.* portable 4A
　(computer) portatile laptop (computer) 4A
　lettore CD portatile *m.* portable CD player 4A

portiera *f.* door (*car*) 8A

portiere/a *m., f.* doorman; caretaker 11A

posizione *f.* position 7A

possedere *v.* to possess; to own 10B

possibile *adj.* possible 11A

posta *f.* mail 9B
　posta prioritaria *f.* priority mail 9B

poster *m.* poster 7A

postino/a *m., f.* mail carrier 9B

posto *m.* room 8B
　posto disponibile *m.* vacancy 11B

potere *v.* to be able to/can 4A
　può darsi it's possible 11B

poveraccio *m.* poor man 10B

povero/a *adj.* poor 3B

pranzo *m.* lunch 5B
   sala da pranzo *f.* dining room 7A
praticare *v.* to practice, to play 2A
prato *m.* meadow 12A
preferibile *adj.* preferable 11B
preferire *v.* to prefer 3A
preferito/a *adj.* favorite 3B
Prego. You're welcome. 1A
premio *m.* prize 2A
prendere *v.* to take 2B
   prendere in affitto *v.* to rent (*tenant*) 7A
   prendere in giro to tease 8B
   prendere un appuntamento to make an appointment 11B
   prendere un congedo. to take leave time 11A
   prendere una decisione to make a decision 2B
prenotare *v.* to make a reservation 8B
prenotazione *f.* reservation 8A
preoccuparsi (di) *v.* to worry (about) 6A
preoccupato/a *adj.* worried 3B
preparare *v.* to prepare 5B
prepararsi *v.* to get oneself ready 6A
presentare *v.* to present; to introduce 1A
   Le/Ti presento... (*form./fam.*) I would like to introduce [*name*] to you. 1A
presentazione *f.* introduction 1A
preservare *v.* to preserve 12A
preso/a (prendere) *p.p.*, *adj.* taken 4B
prestare *v.* to lend 5B
prestito *m.* loan 9B
presto *adv.* soon quickly 5B
   A presto. See you soon. 1A
prima *prep.* before 4A; *adv.* before, first, beforehand 5B
prima che *conj.* before 12A
primavera *f.* spring 2B
primo *m.* first 2B
primo/a *adj.* first 10B
   prima classe *f.* first class 8A
   prima occupazione *f.* first job 11B
   primo piatto *m.* first course 5B
   primo marito *m.* first husband 3A
primogenito/a *m., f.* first-born 3A
principale *adj.* main 10A; *m., f.* boss; head 11A
   personaggio (principale) *m.* (main) character 10A
prioritario/a *adj.* priority 9B
   posta prioritaria *f.* priority mail 9B
probabile *adj.* likely 11A
problema *m.* problem 10A
prof *m., f.* professor 1B

professionale *adj.* professional 11B
   esperienza professionale *f.* professional experience 11B
professione *f.* profession 3B
professore(ssa) *m., f.* professor, teacher 1A
profumeria *f.* perfume/cosmetics shop 9B
progetto *m.* plan 11B
   fare progetti to make plans 11B
programma *m.* program 4A; plan 10A
proiezione *f.* screening 10A
promettere *v.* to promise 10A
promozione *f.* promotion 11A
pronto/a *adj.* ready 3B
   pronto soccorso *m.* first aid; emergency room 6B
Pronto? Hello? (*on the phone*) 1A, 11B
proporre *v.* to propose 12A
   proporre una soluzione to propose a solution 12A
proprietario/a *m., f.* owner 3B
prosciutto *m.* ham 5A
proseguire *v.* to continue 9A
prossimo/a *adj.* next 7A
   Alla prossima! Until next time! 1A
   settimana prossima next week 7A
proteggere *v.* to protect 12B
provare *v.* to try 10A
pseudonimo *m.* screen name 4A
psicologico/a *adj.* psycological 10B
   dramma psicologico *m.* psychological drama 10B
psicologo/a *m., f.* psychologist 11A
pubblicare *v.* to publish 10B
pubblico *m.* public; audience 10A
pulire *v.* to clean 3A
pulito/a *adj.* clean 7B
pullman *m.* bus; coach 8A
puntuale *adj.* on-time 8B
puntura *f.* shot 6B
   fare una puntura to give a shot 6B
purché *conj.* provided that 12A
pure *adv.* also; even 3B

Q

qua *adv.* here 1A
quaderno *m.* notebook 1A
quadro *m.* painting 7A
qualche *adj.* some, a few 5A, 9B
   qualche volta *adv.* sometimes 5B
quale *adj., pron., adv.* which/what 3B
qualifica *f.* qualification 11B
quando *conj., adv.* when 3B
   Da quando... Since when ... 2B
   Ma quando mai! No way! 9A

Quando è il tuo compleanno? When is your birthday? 2B
quanti/e *adj.* how many 1A
   Quanti gradi ci sono? What is the temperature? 2B
quanto/a *adj., pron., adv.* how much 3B
   Da quanto tempo...? For how long ... ? 2B
   Quanto costa...? How much is ... ? 5A
   tanto... quanto *adv.* as ... as 8A
quaranta *m., adj., invar.* forty 1A
quarantaseiesimo/a *adj.* forty-sixth 10B
quartiere *m.* neighborhood 9A
quarto *m.* quarter hour 1B
quarto/a *adj.* fourth 10B
quattordici *m., adj., invar.* fourteen 1A
quattro *m., adj., invar.* four 1A
quattrocento *m., adj., invar.* four hundred 2B
quel che *rel. pron.* that which; what 9A
quello *rel. pron.* that which; what 9A
quello/a *adj.* that 3B
quercia *f.* oak 12A
questo/a *adj., pron.* this 3B
   Da questa parte. This way. 1A
   questo weekend this weekend 7A
questura *f.* police headquarters 9B
qui *adv.* here 1A
   qui vicino *prep.* nearby 9A
quindici *m., adj., invar.* fifteen 1A
quinto/a *adj.* fifth 10B

R

raccomandare *v.* to recommend; to urge 1B
   Mi raccomando. Take care of yourself. 1B
raccomandata *f.* registered letter 9B
raccomandazione *f.* recommendation 11B
racconto *m.* short story 10B
   racconto epico *m.* epic 10B
radersi *v.* to shave 6A
radice *f.* root 12A
radura *f.* clearing 12A
raffreddore *m.* cold 6B
   avere il raffreddore to have a cold 6B
rafting *m.* rafting 2A
ragazzaccio *m.* bad boy 10B
ragazzo/a *m., f.* boy/girl 1A; boyfriend/girlfriend 3A
ragione *f.* reason 2B

avere ragione to be right 2B
ramo *m.* branch 12A
rappresentazione dal vivo *f.*
   live performance 10A
raramente *adv.* rarely 5B
rasoio *m.* razor 6A
rata *f.* installment; payment 9B
recensione *f.* review 10B
recitare *v.* to recite; to act 10A
   recitare un ruolo to play
   a role 10A
referenze *f., pl.* references 11B
   lettera di referenze *f.* letter of
   reference 11B
regalare *v.* to give (*gift*) 5B
regista *m., f.* director 10A
registrare *v.* to record 4A
registratore *m.* recorder (*tape, CD,*
   etc.) 4A
remare *v.* to row 12A
rendersi *v.* to become 6A
   rendersi conto (di) to realize,
   to become aware (of) 6A
responsabile *adj.* responsible 3B
restare *v.* to stay, to remain 5A
   restare in attesa to be on
   hold 11B
restituire *v.* to give back 5B
rete *f.* net 4A
   navigare in rete *v.* to surf
   the Web 4A
riattaccare *v.* to hang up 11B
   riattaccare il telefono *v.* to
   hang up the phone 11B
riccio/a *adj.* curly 3B
ricco/a *adj.* rich 3B
ricetta *f.* prescription; recipe 6B
ricevere *v.* to receive 2B
richiesta *f.* request 8A
   fermata a richiesta *f.* stop
   on request 8A
riciclaggio *m.* recycling 12A
riciclare *v.* to recycle 12A
riconoscere *v.* to recognize 4B;
   to acknowledge 11B
ricordare *v.* to remember 2A
ricordarsi *v.* to remember 10A
ridare *v.* to give back 10A
riempire *v.* to fill 9B
   riempire un modulo *v.* to fill
   out a form 9B
rifiuti *m., pl.* garbage 12A
   rifiuti tossici *m., pl.* toxic
   waste 12A
   Vietato buttare rifiuti.
   No littering. 12A
riga *f.* part; stripe 6A
   a righe *adj.* striped 4B
rigido *adj.* rigid, hard 4A
   disco rigido *m.* hard drive 4B
rimanere *v.* to remain, to stay 5A

rimasto/a (rimanere) *p.p., adj.*
   (*used as past participle*) remained;
   (*used as adjective*) remaining 5A
rimborso *m.* refund 8A
rinascimentale *adj.*
   Renaissance 10B
rincorrere *v.* to chase 12B
riparare *v.* to repair 8A
ripetere *v.* to repeat 2B
riposarsi *v.* to rest 6A
riscaldamento globale *m.* global
   warming 12B
riso *m.* rice 5A
risorse umane *f., pl.* human
   resources 11B
risparmiare *v.* to save 7B
risparmio *m.* saving 9B
   conto risparmio *m.* savings
   account 9B
rispettare *v.* to respect 5B
rispondere *v.* to reply 2B; to
   answer 11B
   risponde al telefono to answer
   the phone 11B
risposto/a (rispondere) *p.p.,*
   adj. answered 4B
ristorante *m.* restaurant 5B
ritardo *m.* delay 8B
ritirare *v.* to withdraw 9B
   ritirare dei soldi *v.* to withdraw
   money 9B
ritornare *v.* to return 2A
ritorno *m.* return 8B
   andata e ritorno *adj.* round-
   trip 8B
ritratto *m.* portrait 10B
riunione *f.* meeting 11A
riuscire *v.* to succeed; to
   manage 4A
rivedere *v.* to recognize 4B
rivista *f.* magazine 9B
rock *m.* rock (*music*) 10A
   gruppo rock *m.* rock band 10A
romanico/a *adj.* Romanesque 10B
romantico/a *adj.* Romantic 10B
romanzo *m.* novel 10B
rompere *v.* to break 6B
   rompersi un braccio *v.* to break
   an arm 6B
rondine *f.* swallow 12A
rosa *adj., invar.* pink 4B
rosolare *v.* to brown 5B
rossetto *m.* lipstick 6A
rosso/a *adj.* red 3B
rotonda *f.* traffic circle, rotary 9A
rozzo/a *adj.* crude 9B
rubrica *f.* address book 11B
ruolo *m.* role 10A
   recitare un ruolo to play
   a role 10A
ruscello *m.* stream 12A

S

sabato *m.* Saturday 1B
sacco *m.* sack 5B
   un sacco di a ton of 5A
sala *f.* room/hall 1A
   sala da pranzo *f.* dining room 7A
salario (elevato/basso) *m.* (high/
   low) salary 11B
salato/a *adj.* salty 5B
saldi *m., pl.* sales 4B
sale *m.* salt 5B
salire *v.* to climb, to go up; to get
   on (*bus, train*) 5A
   salire le scale *v.* to climb
   stairs 9A
salone di belleza *m.* beauty
   salon 9B
saltare *v.* to jump 1B
   saltare la lezione to skip
   class 1B
salumeria *f.* delicatessen 5A
salutare *v.* to greet 6A
salutarsi *v.* to greet each other 6A
salute *f.* health 6B
   essere in buona salute to be
   in good health 6B
saluto *m.* greeting 1A
salvare *v.* to save 4A
   salvare il pianeta to save
   the planet 12A
Salve. Hello. 1A
sangue *m.* blood 6A
sano/a *adj.* healthy 6B
sapere *v.* to know 4B
   Non lo so. I don't know. 1A
sapone *m.* soap 6A
saporito/a *adj.* tasty 5B
sasso *m.* stone 12A
sassofono *m.* saxophone 10A
sbadigliare *v.* to yawn 6A
sbagliarsi *v.* to make a mistake 6A
sbagliato/a *adj.* wrong 6A
sbarazzarsi di *v.* to get rid of 12A
sbrigarsi *v.* to hurry up 4A
scacchi *m., pl.* chess 2A
scaffale *m.* bookshelf 7A
scalare *v.* to climb 12A
scala *f.* staircase 9A
   salire le scale *v.* to climb
   stairs 9A
   scendere le scale *v.* to go down
   the stairs 9A
scappamento *m.* exhaust 12A
scaricare *v.* to download 4A
scarpa (da ginnastica) *f.*
   (running) shoe 4B
scatola *f.* box 10A
scemo/a *adj.* dim-witted 3B
scena *f.* scene 10A

mettere in scena to put on a play 10A

scendere *v.* to go down 5A

scendere le scale *v.* to go down the stairs 9A

sceso/a (scendere) *p.p., adj.* descended 5A

schema *m.* scheme; diagram 10A

schermo *m.* screen 4A

scherzare *v.* to joke 4B

scherzo *m.* joke 8B

scherzoso/a *adj.* playful 3B

schiena *f.* back 6A

schifoso/a *adj.* disgusting 7B

schiuma da barba *f.* shaving cream 6A

sci *m.* skiing 2A

sciarpa *f.* scarf 4B

scienze *f., pl.* science 1B

scienziato/a *m., f.* scientist 11A

Sciò! Shoo! 5B

scodella *f.* bowl 5B

scogliera *f.* cliff 12A

scoiattolo *m.* squirrel 12A

scolpire *v.* to carve; to sculpt 10B

scopa *f.* broom 7B

scoria *f.* waste 12A

scorso/a *adj.* last 4B

mese scorso last month 4B

scortese *adj.* discourteous 3B

scottatura *f.* burn 6B

scritto/a (scrivere) *p.p., adj.* written 4B

scrittore/scrittrice *m., f.* writer 10B

scrivania *f.* desk 7A

scrivere *v.* to write 2B

scriversi *v.* to write to each other 6A

scultore/scultrice *m., f.* sculptor 10B

scultura *f.* sculpture 10B

scuola *f.* school 3A

a scuola at/to school 3A

scuro/a *adj.* dark 4B

scusare *v.* to excuse 1A

Scusi/a. *(form./fam.)* Excuse me. 1A

se *conj.* if 12A

sé *disj. pron., m., f., sing., pl.* yourself; himself/herself/itself; themselves 4A; *disj. pron., sing., form.* yourself 4A

sebbene *conj.* although 12A

secco/a *adj.* dry 2B

secondo *prep.* according to 4A

secondo/a *adj.* second 10B

seconda classe *f.* second class 8A

secondo marito *m.* second husband 3A

sedersi *v.* to sit down 6A

sedia *f.* chair 1B

sedicesimo/a *adj.* sixteenth 10B

sedici *m., adj., invar.* sixteen 1A

segretario/a *m., f.* secretary 11A

segreteria telefonica *f.* answering machine; voicemail 4A

seguire *v.* to follow; to take (*a class*) 3A

sei *m., adj., invar.* six 1A

seicento *m., adj., invar.* six hundred 2B

semaforo *m.* traffic light 9A

sembrare *v.* to seem 5B

seminterrato *m.* basement; garden-level apartment 7A

sempre *adv.* always 2B

sensibile *adj.* sensitive 3B

senso unico *m.* one way 8A

sentiero *m.* path 12A

sentire *v.* to feel; to hear 3A

sentirsi *v.* to feel 6A

senza *prep.* without 4A

senza che *conj.* without 12A

separato/a *adj.* separated 3A

sera *f.* evening 1B

ieri sera last night 4B

serata *f.* evening 3B

serio/a *adj.* serious 1B

serpente *m.* snake 12A

serra *f.* greenhouse 12B

effetto serra *m.* greenhouse effect 12B

servire *v.* to serve 3A

servizio *m.* service 5B

servizio in camera *m.* room service 8B

stazione di servizio *f.* service station 8A

sessanta *m., adj., invar.* sixty 1A

sesto/a *adj.* sixth 10B

seta *f.* silk 4B

sete *f.* thirst 2B

avere sete to be thirsty 2B

settanta *m., adj., invar.* seventy 1A

sette *m., adj., invar.* seven 1A

settecento *m., adj., invar.* seven hundred 2B

settembre *m.* September 2B

settimana *f.* week 1B

fra una settimana in a week 7A

settimana bianca *f.* ski vacation 8B

settimana prossima next week 7A

settimana scorsa last week 4B

settimo/a *adj.* seventh 10B

settore *m.* block of seats; section 10A; field; sector 11B

shampoo *m., invar.* shampoo 6A

si *ref. pron., m., f., sing., pl.* oneself/himself/herself/themselves/itself 6A; *pron.* one 9A

Come si va...? How do you get to . . . ? 9A

siccità *f.* drought 2B

sicuro/a *adj.* sure; safe; certain 11B

significare *v.* to mean 3A

signor(a)... *m., f.* Mr./Mrs. . . . 1A

C'è il/la signor(a)...? Is Mr./Mrs. . . . there? 11B

signorina... *f.* Miss . . . 1A

simpatico/a *adj.* nice; likeable 1B

sincero/a *adj.* sincere 1B

sindacato *m.* (labor) union 11A

sindaco *m.* mayor 9A

sinistra *f.* left 7A

a sinistra *prep.* to the left 7A

sintomo *m.* symptom 6B

sistema *m.* system 10A

sistemare *v.* to put together 11B

sito Internet *m.* Web site 4A

smaltire *v.* to drain; to dispose of 12B

smettere *v.* to stop, to quit 10A

smog *m.* smog 12A

SMS *m.* text message 4A

socievole *adj.* sociable; friendly 3B

socio/a *m., f.* partner 8B

socio/a d'affari *m., f.* business partner 8B

soffriggere *v.* to brown; to fry lightly 5A

far soffriggere to brown; to fry lightly 5A

soffitto *m.* ceiling 7A

soggiorno *m.* living room 7A

sognare *v.* to dream 10A

solare *adj.* solar 12A

pannello solare *m.* solar panel 12A

soldi *m., pl.* money 9B

ritirare dei soldi *v.* to withdraw money 9B

sole *m.* sun 12A

C'è il sole. It's sunny. 2B

soleggiato/a *adj.* sunny 2B

solito/a *adj.* usual 5B

al solito suo as he/she usually does 8A

di solito *adv.* usually 5B

La solita cosa. The usual. 1A

soltanto *adv.* only 2A

soluzione *f.* solution 12A

proporre una soluzione to propose a solution 12A

somministrazione *f.* administration 11B

agenzia di somministrazione lavoro *f.* temp agency 11B

sonno *m.* sleep 2B

avere sonno to be sleepy 2B.

sopra *prep.* above, over 7A

sopracciglio (pl. sopracciglia f.) *m.* eyebrow 6A

sorella *f.* sister 3A
sorellastra *f.* stepsister; half sister 3A
sorellina *f.* little/younger sister 3A
sorgere *v.* to rise (*sun*) 12A
sottaceto *adj. invar.* pickled 5A
sotto *prep.* under 4A, 7A
sottolio *adj. invar.* in oil 5A
sovrappopolazione *f.* overpopulation 12A
spagnolo/a *adj.* Spanish 1B
spalla *f.* shoulder 6A
sparecchiare *v.* to clear 7B
  sparecchiare la tavola to clear the table 7B
spazzacamino *m.* chimney sweep 7B
spazzare *v.* to sweep 7B
spazzatura *f.* garbage 7B
  portare fuori la spazzatura to take out the trash 7B
spazzino/a *m., f.* street sweeper; garbage collector 9A
spazzola *f.* hairbrush 6A
spazzolino (da denti) *m.* toothbrush 6A
specchio *m.* mirror 6A
specialista *m., f.* specialist 11B
specializzazione *f.* specialization 11B
spedire *v.* to send 3A
spegnere *v.* to turn off 4A
spendere *v.* to spend (*money*) 2B
spento/a (spegnere) *p.p., adj.* turned off 4B
sperare *v.* to hope 10A
spesa *f.* expense; purchase 2A
  fare la spesa to buy groceries 2A
  fare le spese to shop 2A
speso/a (spendere) *p.p., adj.* spent 4B
spesso *adv.* often 2B
spettacolo *m.* show 10A
spettatore/spettatrice *m., f.* spectator 10A
spiaggia *f.* beach 8B
spiegare *v.* to explain 2A
spiritoso/a *adj.* funny; clever 3B
spogliarsi *v.* to undress 6A
spolverare *v.* to dust 7B
sporcare *v.* to soil 7B
sporco/a *adj.* dirty 7B
sport *m.* sport 1A
  sport estremi *m., pl.* extreme sports 2A
sportello *m.* window (*teller*) 9B
sportivo/a *adj.* active 3B
sposare *v.* to marry 6A
sposarsi *v.* to get married/to marry each other 6A
sposato/a *adj.* married 3A
sprecare *v.* to waste 12A

spuntare (i capelli) *v.* to trim (one's hair) 6A
spuntino *m.* snack 5B
squadra *f.* team 2A
squillare *v.* to ring (*telephone*) 4A
squisito/a *adj.* exquisite 2A
stadio *m.* stadium 2A
stage *m.* internship 11B
stagione *f.* season 2B
stagista *m., f.* intern 2A
stamattina *adv.* this morning 6B
stampante *f.* printer 4A
stampare *v.* to print 4A
stanco/a *adj.* tired 3B
stanza *f.* room 7A
stare *v.* to be; to stay 2A
  Come sta/stai? (*form./fam.*) How are you? 1A
  stare attento/a to pay attention 2A
  stare zitto/a to be/stay quiet 2A
  Sto (molto) bene. I am (very) well. 1A
  Sto male. I am not well. 1A
starnutire *v.* to sneeze 6B
stasera *adv.* tonight, this evening 5A
stato (essere; stare) *p.p.* been 5A
stato civile *m.* marital status 3A
statua *f.* statue 9A
statura *f.* height 3B
  di media statura *adj.* of average height 3B
stazione *f.* station 1A
  stazione di servizio *f.* service station 8A
stella *f.* star 12A
stereo/a *adj.* stereo(phonic) 4A
  impianto stereo *m.* stereo system 4A
stilista *m., f.* designer 4B
stipendio *m.* wage; salary 11A
stirare *v.* to iron 7B
stiro *m.* ironing 7B
  asse da stiro *f.* ironing board 7B
  ferro da stiro *m.* iron 7B
stivale *m.* boot 4B
stomaco *m.* stomach 6A
  bruciore di stomaco *m.* heartburn 6B
storia *f.* history; story 1B
strada *f.* street 9A
  conoscere la strada to know the way 4B
strafare *v.* to overdo things 8A
straniero/a *adj.* foreign 3B
strano/a *adj.* weird, strange 3B
stretto/a *adj.* tight-fitting 4B
strisce (pedonali) *f., pl.* crosswalk 9A
strumento musicale *m.* musical instrument 10A

studente(ssa) *m., f.* student 1A
studi *m., pl.* studies 1B
studiare *v.* to study 2A
studio *m.* office; study 7A
studioso/a *adj.* studious 1B
su *prep.* in; on 3A
  su Internet online/on the Internet 3A
  sul computer on the computer 3A
  sul giornale in the newspaper 3A
subaffittare *v.* to sublet 7A
subito *adv.* immediately; right away 5B
succedere *v.* to happen 6A
successo *m.* success 11A
succo (d'arancia) *m.* (orange) juice 5B
sud *m.* south 9A
suggerire *v.* to suggest 10A
suo/a, suoi, sue *poss. adj., m., f.* his, her, its 3A
suocero/a *m., f.* father-/mother-in-law 3A
suonare *v.* to play (*instrument*) 2A
superare *v.* to pass (*exam*) 1B; to overcome 12B
superato/a *adj.* old-fashioned 4B
supermercato *m.* supermarket 5A
supplemento *m.* supplement; excess fare 8A
svago *m.* relaxation 7A
svedese *adj.* Swedish 1B
sveglia *f.* alarm clock 6A
svegliare *v.* to wake 6A
svegliarsi *v.* to wake up 6A
sviluppare *v.* to develop 12A
svizzero/a *adj.* Swiss 1B

T

taglia *f.* clothing size 4B
tagliare *v.* to cut 8B
  tagliare i capelli *v.* to cut one's hair 6A
tailleur *m.* women's suit 4B
tamburo *m.* drum 10A
tanto/a *adj.* so much, so many 5A; *adv.* so much, so many, so 5A
  di tanto in tanto off and on 4A
  tanto... quanto *adv.* as . . . as 8A
tappeto *m.* carpet 7A
tardi *adv.* late 5B
  A più tardi. See you later. 1A
tariffa *f.* fare 8A
tassì *m.* taxi 8A
tassista *m., f.* taxi driver 11A
tasso di interesse *m.* interest rate 9B
tastiera *f.* keyboard 4A
tavola *f.* table 3A

a tạvola at the table 3A
sparecchiare la tạvola to clear the table 7B
tạvola calda *f.* snack bar; cafeteria 5B
tạvolo *m.* table 1A
taxi *m.* taxi 8A
tazza *f.* cup; mug 5B
te *disj. pron., sing., fam.* you, yourself 4A
tè *m.* tea 5B
teatrale *adj.* theatrical 10A
teatro *m.* theater 3A
a teatro at/to the theater 3A
tẹcnico *m., f.* technician 11A
tẹcnico del telẹfono/ televisore/computer *m., f.* telephone/TV/computer repairman/woman 7B
tecnologịa *f.* technology 4A
tecnolọgico/a *adj.* tecnological 4A
tedesco/a *adj.* German 1B
telecomando *m.* remote control 4A
telefonare (a) *v.* to telephone 2A
telefonarsi *v.* to phone each other 6A
telefọnico/a *adj.* telephone 4A
cabina telefọnica *f.* phone booth 9A
segreterịa telefọnica *f.* answering machine 4A
telẹfono *m.* telephone 11B
rispọndere al telẹfono to answer the phone 11B
televisione *f.* television 1A
televisore *m.* TV set 4A
tema *m.* theme; essay 10A
temere *v.* to fear 10A
tempaccio *m.* bad weather 10B
tempo *m.* time; weather 2B
a tempo parziale *adj.* part-time 11A
Che tempo fa? What is the weather like? 2B
Fa bel/brutto tempo. The weather is nice/bad. 2B
Il tempo è pẹssimo. The weather is dreadful. 2B
tempo lịbero *m.* free time 2A
temporale *m.* storm 2B
C'è il temporale. It's stormy. 2B
tenace *adj.* tenacious 3B
tenda *f.* curtain 7A
tenere *v.* to keep 10B
tẹnero/a *adj.* sweet; tender 12A
tennis *m.* tennis 2A
teorema *m.* theorem 10A
tergicristallo *m.* windshield wiper 8A
tẹrmine *m.* term 4A
termọmetro *m.* thermometer 6B

terrazza *f.* terrace 7A
terremoto *m.* earthquake 2B
terzo/a *adj.* third 10B
tesina *f.* essay; term paper 5A
testa *f.* head 6A
mal di testa *m.* headache 6B
testardo/a *adj.* stubborn 3B
testo *m.* textbook 1B
tetto *m.* roof 7A
ti *d.o. pron., sing., fam.* you 5A; *i.o. pron., sing., fam.* (to, for) you 5B
Ti amo. I love you. 4A
Ti piace… ? Do you like …? 2A
Ti voglio bene. I care for you. 4A
tifare *v.* to root for a team 2A
tịmido/a *adj.* timid; shy 1B
tinta *f.* dye; color 4B
a tinta unita *adj.* solid color 4B
tintorịa *f.* dry cleaner 9B
tipo *m.* guy 1B
tirocinio *m.* professional training 11B
Tocca a me. My turn. 3A
toccare *v.* to touch 3A
tonno *m.* tuna 5A
tonto/a *adj.* thick; dumb 3B
topolino *m.* little mouse 10B
tormenta *f.* blizzard 2B
tornado *m.* tornado 2B
tornare *v.* to return 2A
toro *m.* bull 12A
torto *m.* fault 2B
avere torto to be wrong 2B
tosse *f.* cough 6B
tọssico/a *adj.* toxic 12A
rifiuti tọssici *m., pl.* toxic waste 12A
tossire *v.* to cough 6B
tostapane *m.* toaster 7B
tostare *v.* to toast 5A
far tostare to toast 5A
tour *m.* tour 10A
ẹssere in tour to be on tour 10A
tovaglia *f.* tablecloth 5B
tovagliolo *m.* napkin 5B
tra *prep.* among, between, in 3A
traffico *m.* traffic 8A
tragedia *f.* tragedy 10A
traghetto *m.* ferry 8A
trama *f.* plot 10B
tramontare *v.* to set (*sun*) 12A
tramonto *m.* sunset 12A
tranquillo/a *adj.* tranquil; calm 1B
trasferirsi *v.* to move 7A
traslocare *v.* to move 7A
trasporto *m.* transportation 8A
mezzo di trasporto *m.* means of transportation 8A
trasporto pụbblico *m.* public transportation 8A

trattenersi *v.* to restrain oneself 6B
trattorịa *f.* small restaurant 5B
trauma *m.* trauma 10A
tre *m., adj., invar.* three 1A
treccia *f.* braid 6A
treccine *f., pl.* dreadlocks 6A
trecento *m., adj., invar.* three hundred 2B
tredicẹsima *f.* year-end bonus 11A
trẹdici *m., adj., invar.* thirteen 1A
trendy *adj., invar.* trendy 3B
treno *m.* train 8A
in treno by train 3A
trenta *m., adj., invar.* thirty 1A
trentatreẹsimo/a *adj.* thirty-third 10B
tribuna *f.* stand 10A
triste *adj.* sad 1B
troppo/a *adj.* too much 5A, 9B; *adv.* too, too much 5B
trovare *v.* to find 2A
Dove si trova…? Where is . . . ? 9A
trovare lavoro to find a job 11B
truccarsi *v.* to put on makeup 6A
trucco *m.* makeup 6A
tu *sub. pron., sing., fam.* you 1B
tụo/a, tuoi, tụe *poss. adj., m., f.* your 3A
i tuoi *m., pl.* your parents 3A
tuono *m.* thunder 2B
turịstico/a *adj.* tourist 8B
villaggio turịstico *m.* resort 8B
tutto/a *adj., pron.* all 5A
tutti e due/tre *adj., pron.* both/all 7A
Tutto bene? Everything OK? 1A
TV *f.* TV 2A
guardare la TV to watch TV 2A

U

uccello *m.* bird 12A
ufficio *m.* office 1A
ufficio informazioni *m.* (*tourist*) information office 9B
ufficio postale *m.* post office 9B
ụltimo/a *adj.* last 5A
umano/a *adj.* human 11B
risorse umane *f., pl.* human resources 11B
umidità *f.* humidity 2B
ụmido/a *adj.* humid 2B
in ụmido *adj.* stewed 5A
un *indef. art., m., adj.* a; an 1A
l'un l'altro/a each other 6A
un' *indef. art., f., adj.* a; an 1A
una *indef. art., f., adj.* a; an 1A
undicẹsimo/a *adj.* eleventh 10B
ụndici *m., adj., invar.* eleven 1A
ụnico/a *adj.* only; unique 3A

figlio/a unico/a *m., f.* only child 3A
  senso unico *m.* one way 8A
unito/a *adj.* united 4B
  a tinta unita *adj.* solid color 4B
università *f.* university 1B
un(o) *m., adj.* one 1A; *indef. art., m.* a; an 1A
uomo (*pl.* uomini) *m.* man 1A
uomo d'affari *m.* businessman 3B
uovo (*pl.* uova *f.*) *m.* egg 5A
urbano/a *adj.* urban 8A
  vigile urbano/a *m., f.* traffic officer 8A
usare *v.* to use 2A
uscire *v.* to go out; to leave 4A
uscita *f.* exit 8B
uva *f.* grapes 5A

V

vacanza *f.* vacation 8B
  in vacanza on vacation 3A
  partire in vacanza to go on vacation 8B
valigetta *f.* briefcase 4B
valigia *f.* suitcase 8B
  fare la valigia to pack a suitcase 8B
valle *f.* valley 12A
vapore *m.* steam 5A
  al vapore *adj.* steamed 5A
varicella *f.* chicken pox 6B
vasca da bagno *f.* bathtub 7A
vaso *m.* vase 7A
vecchio/a *adj.* old 3B
vedere *v.* to see 2B
  Ci vediamo! See you soon! 1A
  Fammi vedere. Let me see. 2B
  Non vedo l'ora. I can't wait. 5B
vedersi *v.* to see each other 6A
vedovo/a *adj.* widowed 3A
veloce *adj.* fast 3B
velocemente *adv.* quickly 5B
vendere *v.* to sell 2B
  vendesi for sale 7A
venerdì *m.* Friday 1B
venire *v.* to come 4A
ventesimo/a *adj.* twentieth 10B
venti *m., adj., invar.* twenty 1A
venticinque *m., adj., invar.* twenty-five 1A
ventidue *m., adj., invar.* twenty-two 1A
ventinove *m., adj., invar.* twenty-nine 1A

ventiquattro *m., adj., invar.* twenty-four 1A
ventisei *m., adj., invar.* twenty-six 1A
ventisette *m., adj., invar.* twenty-seven 1A
ventitré *m., adj., invar.* twenty-three 1A
vento *m.* wind 2B
  C'è vento. It's windy. 2B
ventoso/a *adj.* windy 2B
ventotto *m., adj., invar.* twenty-eight 1A
ventre *m.* abdomen 6A
ventun(o) *m., adj.* twenty-one 1A
venuto (venire) *p.p., adj.* come 5A
veramente *adv.* truly 5B
verde *adj.* green 3B
  essere al verde to be broke 9B
verdura *f.* vegetable 5A
verista *adj.* belonging to the *Verismo* movement 10B
verso *prep.* toward 9A
vestirsi *v.* to get dressed 6A
vestiti *m., pl.* clothing 4A
vestito *m.* dress; suit 4B
  portare un vestito *v.* to wear a suit 4B
veterinario/a *m., f.* veterinarian 11A
vetrina *f.* shop window 8A
vetro *m.* windshield 8A
vi *d.o. pron., pl., fam., form.* you 5A; *i.o. pron., pl., fam., form.* (to, for) you 5B
via *f.* street 9A
viaggiare *v.* to travel 2A
viaggiatore/viaggiatrice *m., f.* traveler 8B
viaggio *m.* trip 2A
  agente di viaggio *m., f.* travel agent 8B
  fare un viaggio to take a trip 2A
vicino/a *adj.* near 9A
  qui vicino *prep.* nearby 9A
  vicino a *prep.* close to 9A
vicolo *m.* alley 9A
videocamera *f.* camcorder 4A
videoteca *f.* video store 9B
Vietato buttare rifiuti. No littering. 12A
vigile urbano/a *m., f.* traffic officer 8A
villa *f.* single-family home; villa 7A
villaggio turistico *m.* resort 8B
vincere *v.* to win 2A
vino (bianco, rosso) *m.* (white, red) wine 5B

vinto/a (vincere) *p.p., adj.* won 4B
viola *adj., invar.* purple 4B
violinista *m., f.* violinist 10A
violino *m.* violin 10A
visitare *v.* to visit 10B
  visitare una galleria d'arte *v.* to visit an art gallery 10B
vissuto (vivere) *p.p., adj.* lived 5A
vista *f.* sight 4B
  conoscere di vista to know by sight 4B
visto *m.* visa 8B
visto/a (vedere) *p.p., adj.* seen 4B
vita *f.* waist; life 6A
vivere *v.* to live 2B
vivo/a *adj.* alive 10A
  rappresentazione dal vivo *f.* live performance 10A
voglia *f.* desire 2B
  avere voglia di to feel like 2B
voi *sub. pron., pl., fam.* you 1B; *disj. pron., pl., fam., form.* you, yourselves 4A
volante *m.* steering wheel 8A
volerci *v.* to take (*time*) 7B
volere *v.* to want 4A
  Cosa vuol dire...? What does . . . mean? 4A
  Vorrei... I would like . . . 5B
volo *m.* flight 8B
volta *f.* time; turn 6A
  a volte *adv.* sometimes 6A
  qualche volta *adv.* sometimes 5B
vongola *f.* clam 5A
vostro/a/i/e *poss. adj. m., f.* your 3A
voto *m.* grade 1B
vulcanico/a *adj.* volcanic 2B
  eruzione vulcanica *f.* volcanic eruption 2B
vuoto/a *adj.* empty 10A

W

windsurf *m.* windsurfing 2A

Y

yogurt *m.* yogurt 5A

Z

zaino *m.* backpack 1B
zero *m., adj., invar.* zero 1A
zio/a *m., f.* uncle/aunt 3A
zitto/a *adj.* quiet 2A
zuppa *f.* soup 5B

Inglese-Italiano

A

a **un** *indef. art., m.* 1A; **un'** *indef. art., m., f.* 1A; **una** *indef. art., f.* 1A; **uno** *indef. art., m.* 1A
abdomen **ventre** *m.* 6A
ability **competenza** *f.* 11B
able: to be able **potere** *v.* 4A
above **sopra** *prep.* 7A
abroad **all'estero** *adv.* 8B
absolutely **altroché** *conj.* 9B; **assolutamente** *adv.* 5B
accident **incidente** *m.* 8A
    to have/be in an accident **avere un incidente** *v.* 8A
according to **secondo** *prep.* 4A
accordion **fisarmonica** *f.* 10A
account **conto** *m.* 9B
accountant **contabile** *m., f.* 11A
acid rain **pioggia** *f.* **acida** 12A
acknowledge **riconoscere** *v.* 11B
across from **di fronte a** *prep.* 9A
act **atto** *m.* 10A; **recitare** *v.* 10A
active **attivo/a** *adj.* 3B; **sportivo/a** *adj.* 3B
actor **attore** *m.* 1A
actress **attrice** *f.* 1A
ad: job ad **annuncio** *m.* **di lavoro** 11B
address **indirizzo** *m.* 9B
    address book **rubrica** *f.* 11B
administrative assistant **assistente** *m., f.* **amministrativo/a** 11B
adopt **adottare** *v.* 3A
adore **adorare** *v.* 2A
advice **consiglio** *m.*
advise **consigliare** *v.* 10A
afraid: to be afraid (of) **avere paura (di)** *v.* 2B
after **dopo** *adv.* 5B
afternoon **pomeriggio** *m.* 1B
afterwards **dopo** *adv.* 5B
again **di nuovo** *adv.* 3B; **ancora** *adv.* 4B
agency **agenzia** *f.* 7A
agent **agente** *m., f.* 8B
ago **fa** *adv.* 4B
    ten days ago **dieci giorni fa** 4B
    one year ago **un anno fa** 4B
agriculture **agricoltura** *f.* 12A
ailment **malattia** *f.* 6B
airplane **aereo** *m.* 8B
airport **aeroporto** *m.* 8B
alarm clock **sveglia** *f.* 6A
all **tutto/a** *adj., pron.* 5A
    all over **ovunque** *adv.* 11A
    All Saints' Day **Ognissanti** *m.* 8B
    all three **tutti/e e tre** 7A
allergic: to be allergic (to) **essere allergico (a)** *v.* 6B

alley **vicolo** *m.* 9A
allow **lasciare** *v.* 10A
already **già** *adv.* 4B
    by now, already **ormai** *adv.* 2A
also **pure** *adv.* 3B; **anche** *conj.* 1A
although **benché** *conj.* 12A; **per quanto** *conj.* 12A; **sebbene** *conj.* 12A
always **sempre** *adv.* 2B
ambulance **ambulanza** *f.* 6B
American **americano/a** *adj.* 1B
among **fra** *prep.* 3A; **tra** *prep.* 3A
an **un** *indef. art.* 1A; **un'** *indef. art.* 1A; **una** *indef. art.* 1A; **uno** *indef. art.* 1A
and **e** *conj.* 1B
    And you? **E Lei/tu?** *(form./fam.)* 1A
angry **arrabbiato/a** *adj.* 3B
    to be angry at someone **avercela con qualcuno** *v.* 6A
    to get angry **arrabbiarsi** *v.* 6A
animal **animale** *m.* 12A
answer **rispondere** *v.* 11B
    to answer the phone **rispondere al telefono** *v.* 11B
answered **risposto/a (rispondere)** *p.p., adj.* 4B
answering machine **segreteria** *f.* **telefonica** 4A
any **nessun(o)/a** *adj.* 9B
    some, any; of it/them **ne** *pron.* 6A
anybody **qualcuno** *pron.* 1A; **nessuno/a** *pron.* 9B
apartment **appartamento** *m.* 7A
    apartment building **palazzo** *m.* 7A
    studio apartment **monolocale** *m.* 7A
    two-room apartment **bilocale** *m.* 7A
appetizer **antipasto** *m.* 5B
applaud **applaudire** *v.* 10A
applause **applauso** *m.* 10A
apple **mela** *f.* 5A
appliance **elettrodomestico** *m.* 7B
apply **fare domanda** *v.* 11B
appointment: to make an appointment **prendere un appuntamento** *v.* 11B
appropriate **opportuno/a** *adj.* 11A
April **aprile** *m.* 2B
architect **architetto** *m.* 3B
arm **braccio (pl. braccia f.)** *m.* 6A
armchair **poltrona** *f.* 7A
aroma **aroma** *m.* 10A
around **intorno** *prep.* 9A
    around the corner **dietro l'angolo** 9A
    around; out and about **in giro** *4B*
arrivals **arrivi** *m., pl.* 8B
arrive **arrivare** *v.* 2A
art **arte** *f.* 1A

artichoke **carciofo** *m.* 5A
artistic **artistico/a** *adj.* 10B
arts (humanities) **lettere** *f., pl.* 1B
as . . . as **così… come** *adv.* 8A; **tanto… quanto** *adv.* 8A
as well **anche** *conj.* 1A
ask **domandare** *v.* 2B
    to ask a question **fare una domanda** *v.* 2A
    to ask for **chiedere** *v.* 2B
asked **chiesto/a (chiedere)** *p.p., adj.* 4B
aspirin **aspirina** *f.* 6B
at **a** *prep.* 1B; **da** *prep.* 1B; **in** *prep.* 3A
athletic **atletico/a** *adj.* 3B
ATM **bancomat** *m.* 9B; **cassa** *f.* **automatica** 9B
attend **frequentare** *v.* 2A
attention: to pay attention **fare attenzione** *v.* 2A
attentive **attento/a** *adj.*
attic **mansarda** *f.* 7A
audacious **audace** *adj.* 3B
audience **pubblico** *m.* 10A
August **agosto** *m.* 2B
    It's August 15th. **È il 15 agosto.** 2B
aunt **zia** *f.* 3A
author **autore/autrice** *m., f.* 10B
autumn **autunno** *m.* 2B
average: of average height **di media statura** *adj.* 3B
avoid **evitare (di)** *v.* 6B
aware: to become aware (of) **rendersi conto (di)** *v.* 6A
awareness: evironmental awareness **coscienza** *f.* **ambientale** 12A
awful **pessimo/a** *adj.* 8A

B

baby **bambino/a** *m., f.* 3A
back **schiena** *f.* 6A
backache **mal** *m.* **di schiena** 6B
backpack **zaino** *m.* 1B
bad **cattivo/a** *adj.* 1B
    bad boy **ragazzaccio** *m.* 10B
    bad day **giornataccia** *f.* 10B
    bad weather **tempaccio** *m.* 10B
    very bad **pessimo/a** *adj.* 8A
bakery **panetteria** *f.* 5A
balcony **balcone** *m.* 7A
ball **pallone** *m.* 2A
ballerina **ballerina** *f.* 10A
ballet **balletto** *m.* 10A
banana **banana** *f.* 5A
band: rock band **gruppo** *m.* **rock** 10A
bang **frangia** *f.* 6A
bank **banca** *f.* 9B
    bank account **conto** *m.* **bancario** 9B

banker **banchiere/a** *m., f.* 11A
Baroque **barocco/a** *adj.* 10B
bartender **barista** *m., f.* 11A
basement **seminterrato** *m.* 7A
basketball **pallacanestro** *f.* 2A;
    basket *m.* 2A
bath **bagno** *m.* 2A
bathing suit **costume** *m.* **da
    bagno** 4B
bathrobe **accappatoio** *m.* 6A
bathroom **bagno** *m.* 6A
bathtub **vasca** *f.* **da bagno** 7A
battery charger **carica batteria** *m.* 4A
be **essere** *v.* 1B; **stare** *v.* 2A
beach **spiaggia** *f.* 8B
    at/to the beach **al mare** 3A
beard **barba** *f.* 6A
bearings: to get one's bearings
    orientarsi *v.* 9A
beautiful **bello/a** *adj.* 1B
beauty salon **salone** *m.*
    di belleza 9B
become **diventare** *v.* 5A
bed **letto** *m.* 7A
    to make the bed **fare il
    letto** *v.* 7B
bedroom **camera** *f.* **da letto** 7A
bee **ape** *f.* 12A
beef **carne** *f.* **di manzo** 5A
beer **birra** *f.* 5B
beer garden **birreria** *f.* 5B
before **prima** *adv.* 5B; **prima che**
    conj. 12A; **prima** *prep.* 4A
beforehand **prima** *adv.* 5B
begin **(in)cominciare** *v.* 2A
behalf: On behalf of whom?
    Da parte di chi? 11B
behind **dietro (a)** *prep.* 7A
beige **beige** *adj., invar.* 4B
believe **credere** *v.* 10A
below **sotto** *prep.* 7A
belt **cintura** *f.* 4B
bench **panchina** *f.* 9A
berry **bacca** *f.* 12A
best **migliore** *adj.* 8A
better **migliore** *adj.* 8A;
    meglio *adv.* 8A
    to get better **guarire** *v.* 6B
between **fra** *prep.* 3A; **tra** *prep.* 3A
bicycle **bicicletta** *f.* 2A
big **grande** *adj.* 2A
bigger **maggiore** *adj.* 8A
biggest **massimo/a** *adj.* 8A
bill **banconota** (*banknote*) *f.* 9B;
    conto *m.* 5B
bills **bollette** *f., pl.* 7A
    to pay the bills **pagare
    le bollette** *v.* 9B
biology **biologia** *f.* 1A
bird **uccello** *m.* 12A
birthday **compleanno** *m.* 2B

bite **morso** *m.* 7A
bitter **amaro/a** *adj.* 3B
black **nero/a** *adj.* 3B
blackboard **lavagna** *f.* 1B
bland **insipido/a** *adj.* 5B
blanket **coperta** *f.* 7B
blizzard **tormenta** *f.* 2B
block **isolato** *m.* 9A
    block of seats **settore** *m.* 10A
blond(e) **biondo/a** *adj.* 3B
blood **sangue** *m.* 6A
blouse **camicetta** *f.* 4B
blue **azzurro/a** *adj.* 3B; **blu** *adj.,
    invar.* 3B
boarding house **pensione** *f.* 8B
boarding pass **carta** *f.*
    d'imbarco 8B
boat **barca** *f.* 8A
body **corpo** *m.* 6A
bold **audace** *adj.* 3B
book **libro** *m.* 1A
bookshelf **scaffale** *m.* 7A
bookstore **libreria** *f.* 1B
boot **stivale** *m.* 4B
bored: to get bored **annoiarsi** *v.* 6A
boring **noioso/a** *adj.* 1B
    How boring! **Che noia!** 1B
born **nato/a** *p.p., adj.* 5A
    to be born **nascere** *v.* 5A
boss **principale** *m., f.* 11A
bottle **bottiglia** *f.* 5B
bottom **fondo** *m.* 4B; **in fondo**
    prep. 9B
bowl **scodella** *f.* 5B
box **palco** *m.* 10A; **scatola** *f.* 10A
boy **ragazzo** *m.* 1A
boyfriend **ragazzo** *m.* 3A;
    fidanzato *m.* 3A
braid **treccia** *f.* 6A
brake **frenare** *v.* 8A
brakes **freni** *m., pl.* 8A
branch **ramo** *m.* 12A
brand **marca** *f.* 4B
bread **pane** *m.* 5A; **impanare** *v.* 5A
break **rompere** *v.* 6B
    to break an arm **rompersi un
    braccio** *v.* 6B
break down **essere in panne** *v.* 8A
breakfast **colazione** *f.* 5B
bricklayer **muratore** *m.* 7B
bridge **ponte** *m.* 9A
briefcase **valigetta** *f.* 4B
bright **brillante** *adj.* 3B
bring **portare** *v.* 2A
broke: to be broke **essere
    al verde** *v.* 9B
broom **scopa** *f.* 7B
brother **fratello** *m.* 3A
    little/younger brother **fratellino**
    m. 3A
brother-in-law **cognato** *m.* 3A

brown **rosolare** *v.* 5B; **far
    soffriggere** *v.* 5A
    brown **marrone** *adj.* 3B
    brown (*hair, eyes*) **castano/a**
    adj. 3B
bruise **livido** *m.* 6B
brush **pettinare** *v.* 6A
    to brush one's hair **pettinarsi** *v.* 6A
    to brush one's teeth **lavarsi
    i denti** *v.* 6A
buckle (*seatbelt*) **allacciare** *v.* 8A
build **costruire** *v.* 9A
bull **toro** *m.* 12A
bulletin board **bacheca** *f.* 11B
bump **bernoccolo** *m.* 6B
burn **scottatura** *f.* 6B
burners **fornelli** *m., pl.* 7B
bus **autobus** *m.* 1A; **pullman** *m.* 8A
bush **cespuglio** *m.* 12A
businessman **uomo** *m.* **d'affari** 3B
businesswoman **donna** *f.* **d'affari** 3B
but **ma** *conj.* 12A
butcher **macellaio/a** *m., f.* 5A
butcher's shop **macelleria** *f.* 5A
butter **burro** *m.* 5A
buy **comprare** *v.* 2A
buyout **liquidazione** *f.* 11A
by **da; per** *prep.* 1B
    by now; already **ormai** *adv.* 2A
Byzantine **bizantino/a** *adj.* 10B

C

cabin (*mountain shelter*) **baita** *f.* 12A
cafè specializing in
    chocolate **cioccolateria** *f.* 5B
cafeteria **mensa** *f.* 1B; **tavola** *f.*
    calda 5B
call **chiamare** *v.* 2A
    to be called/to call each other
    chiamarsi *v.* 6A
calm **tranquillo/a** *adj.* 1B
camcorder **videocamera** *f.* 4A
camera: digital camera **macchina**
    f. **fotografica digitale** 4A
camping **campeggio** *m.* 2A
can **potere** *v.* 4A
Canadian **canadese** *adj.* 1B
canary **canarino** *m.* 3A
cancel **annullare** *v.* 8B
candidate **candidato** *m.* 11B
car **automobile** *f.* 1A;
    macchina *f.* 8A
car door **portiera** *f.* 8A
car racing **automobilismo** *m.* 2A
carafe **caraffa** *f.* 5B
card **carta** *f.* 2A
    playing cards **carte** *f., pl.* 2A
care: I care for you. **Ti voglio
    bene.** 4A

Take care of yourself. **Mi raccomando.** 1B
career **carriera** *f.* 11A
caretaker **bidello/a** *m., f.* 11A; **portiere/a** *m., f.* 11A
carpenter **falegname** *m.* 7B
carpet **tappeto** *m.* 7A
carrot **carota** *f.* 5A
carry-on baggage **bagaglio** *m.* **a mano** 8B
cartoon **cartone** *m.* **animato** 10B
carve **scolpire** *v.* 10B
cash **contanti** *m., pl.* 9B
  to pay in cash **pagare in contanti** *v.* 9B
cat **gatto** *m.* 3A
catastrophe **catastrofe** *f.* 12A
cavity **carie** *f. invar.* 6B
CD **CD/compact disc** *m.* 4A
CD player **lettore** *m.* **CD** 4A
  portable CD player **lettore** *m.* **CD portatile** 4A
CD-ROM **CD-ROM** *m.* 4A
ceiling **soffitto** *m.* 7A
cell phone **cellulare** *m.* 4A
center **centro** *m.* 3A
certain **certo/a** *adj.* 11B; **sicuro** *adj.* 11B
chair **sedia** *f.* 1B
chalk **gesso** *m.* 1B
change **moneta** *f.* 9B; **cambiare** *v.* 2A
channel: television channel **canale** *m.* **(televisivo)** 4A
character: main character **personaggio** *m.* **principale** 10A
charge **caricare** *v.* 4A
chase **rincorrere** *v.* 12B
chatterbox **chiacchierone/a** *m., f.* 10B
check **assegno** *m.* 9B; **controllare** *v.* 6B
  to pay by check **pagare con assegno** *v.* 9B
checking account **conto** *m.* **corrente** *m.* 9B
cheerful **allegro/a** *adj.* 3B
cheerfully **allegramente** *adv.* 5B
Cheers! **Cin, cin!** 1A
cheese **formaggio** *m.* 5A
chef **cuoco/a** *m., f.* 5B
chess **scacchi** *m., pl.* 2A
chest **petto** *m.* 6A
chic **chic** *adj., invar.* 3B
chicken-pox **varicella** *f.* 6B
child **bambino/a** *m., f.* 3A
  only child **figlio/a** *m., f.* **unico/a** 3A
chimney sweep **spazzacamino** *m.* 7B
Chinese **cinese** *adj.* 1B

chores **faccende** *f., pl.* 7B; **mestieri** *m., pl.* 7B
  to do household chores **fare i mestieri/le faccende** *v.* 7B
chorus **coro** *m.* 10A
Christmas **Natale** *m.* 8B
church **chiesa** *f.* 9A
cinema **cinema** *m.* 10B
city **città** *f.* 1A
city walls **mura** *f., pl.* 9A
civil servant **funzionario/a** *m., f.* 11A
clam **vongola** *f.* 5A
clarinet **clarinetto** *m.* 10A
class **classe** *f.* 1B
  in class **a lezione** 1B
classical; classic **classico/a** *adj.* 10B
classmate **compagno/a** *m., f.* **di classe** 1B
classroom **aula** *f.* 1B; **classe** *f.* 1B
clean **pulito/a** *adj.* 7B; **pulire** *v.* 3A
  perfectly clean **impeccabile** *adj.* 7B
clear **chiaro/a** *adj.* 11B
  to clear the table **sparecchiare la tavola** *v.* 7B
clearing **radura** *f.* 12A
clever **spiritoso/a** *adj.* 3B
client **cliente** *m., f.* 8B
cliff **scogliera** *f.* 12A
climate **clima** *m.* 10A
climb **scalare** *v.* 12A; **salire** *v.* 5A
  to climb stairs **salire le scale** *v.* 9A
climbing **arrampicata** *f.* 2A
clock **orologio** *m.* 1B
close **chiudere** *v.* 2B
close (to) **vicino (a)** *prep.* 9A
closed **chiuso** *p.p., adj.* 4B
closet **armadio** *m.* 7A
clothing **abbigliamento** *m.* 4A
cloud **nuvola** *f.* 2B
cloudy **nuvoloso/a** *adj.* 2B
clutch **frizione** *f.* 8A
coach **pullman** *m.* 8A
coast **costa** *f.* 12A
coffee **caffè** *m.* 1A
coffee maker **caffettiera** *f.* 7B
coin **moneta** *f.* 9B
cold **freddo/a** *adj.* 2B; **raffreddore** *m.* 6B
  It's cold. **Fa freddo.** 2B
  to feel cold **avere freddo** *v.* 2B
  to have a cold **avere il raffreddore** *v.* 6B
collection **collezione** *f.* 10B
color **colore** *m.* 4B
comb **pettine** *m.* 6A
  to comb one's hair **pettinarsi** *v.* 6A
come **venuto/a** *p.p., adj.* 5A
come **venire** *v.* 4A

Come on! **Forza!** 5B
Oh, come on. **Ma dai.** 1A
comedy **commedia** *f.* 10A
commit **commettere** *v.* 11B
commute **fare il pendolare** *v.* 12A
compel **obbligare** *v.* 10A
competence **competenza** *f.* 11B
complain (about) **lamentarsi (di)** *v.* 6A
completely **affatto** *adv.* 9B
compose **comporre** *v.* 4A
composed **composto/a** *p.p., adj.* 4B
composer **compositore/ compositrice** *m., f.* 10A
compromise **compromesso** *m.* 12B
computer **computer** *m.* 4A
computer science **informatica** *f.* 1B
concert **concerto** *m.* 10A
condition **condizione** *f.* 12A
confident **disinvolto/a** *adj.* 3B
connected: to be connected **essere connesso/a** *v.* 4A
connection **coincidenza** *f.* 8A
consultant **consulente** *m., f.* 11A
contemporary **contemporaneo/a** *adj.* 10B
content **contento/a** *adj.* 1B
continue **continuare** *v.* 10A; **proseguire** *v.* 9A
contract **contratto** *m.* 7A
contributions **contributi** *m., pl.* 11A
conversation **conversazione** *f.* 1B
cook **cuoco/a** *m., f.* 5B; **cucinare** *v.* 5A
cookie **biscotto** *m.* 5A
cool; **fresco/a** *adj.* 2B
  It's cool. **Fa fresco.** 2B
corner **angolo** *m.* 9A
cosmetics shop **profumeria** *f.* 9B
cost **costare** *v.* 5A
cotton **cotone** *m.* 4B
couch **divano** *m.* 7A
cough **tosse** *f.* 6B; **tossire** *v.* 6B
countryside **campagna** *f.* 12A
couple **coppia** *f.* 3A
courageous **coraggioso/a** *adj.* 3B
course **piatto** *m.* 5B; **corso** *m.* 2A
  first/second course **primo/ secondo piatto** *m.* 5B
court **campo** *m.* 2A
courteous **cortese** *adj.* 3B
courtesy **cortesia** *f.* 1A
courtyard **cortile** *m.* 7A
cousin **cugino/a** *m., f.* 3A
cow **mucca** *f.* 12A
crazy **pazzo/a** *adj.* 3B
credit card **carta** *f.* **di credito** 9B
  to pay with a credit card **pagare con carta di credito** *v.* 9B

crew cut **capelli** *m., pl.* **a spazzola** 6A

cross **attraversare** *v.* 9A

crosswalk **strisce** *f., pl.* **(pedonali)** 9A

crowded **affollato/a** *adj.* 8A; **intasato/a** *adj.* 8A

crude **rozzo/a** *adj.* 9B

cruel **crudele** *adj.* 3B

cruise **crociera** *f.* 8B

crumb **briciola** *f.* 7B

cry **piangere** *v.* 6B

cup **tazza** *f.* 5B

cupboard **credenza** *f.* 7A

curious **curioso/a** *adj.* 3B

curl **arricciare** *v.* 6A

curly **riccio/a** *adj.* 3B

curtain **tenda** *f.* 7A

custodian **bidello/a** *m., f.* 11A

customer **cliente** *m., f.* 8B

customs **dogana** *f.* 8B

cut **tagliare** *v.* 8B

   to cut one's hair **tagliare i capelli** *v.* 6A

cute **carino/a** *adj.* 3B; **bellino/a** *adj.* 10B

   cute little mouth **boccuccia** *f.* 10B

cycling **ciclismo** *m.* 2A

cyclone **ciclone** *m.* 2B

cypress **cipresso** *m.* 12A

D

dad **papà** *m.* 3A

dance **ballare** *v.* 2A

   classical dance **danza** *f.* **classica** 2A

danger **pericolo** *m.* 12A

dangerous **pericoloso/a** *adj.* 6B

dark **scuro/a** *adj.* 4B

dark-haired **bruno/a** *adj.* 3B

Darn! **Accidenti!** 5B; **Porca miseria!** 8A

darned **maledetto/a** *adj.* 12A

darts **freccette** *f., pl.* 2A

date **data** *f.* 2B; **appuntamento** *m.* 11B

daughter **figlia** *f.* 3A

daughter-in-law **nuora** *f.* 3A

dawn **alba** *f.* 12A

day **giorno** *m.* 1B; **giornata** *f.* 1A

dead **morto/a** *p.p., adj.* 5A

deal **affare** *m.* 4B; **patto** *m.* 12A

   good deal **buon affare** *m.* 4B

dear **caro/a** *adj.* 4B

   very dear, sweet **caruccio/a** *adj.* 10B

debit card **carta** *f.* **di debito** *f.* 9B

   to pay with a debit card **pagare con carta di debito** *v.* 9B

debut **debutto** *m.* 10A

December **dicembre** *m.* 2B

decide **decidere** *v.* 10A

decided **deciso/a** *p.p., adj.* 4B

decision: to make a decision **prendere una decisione** *v.* 2B

deforestation **disboscamento** *m.* 12A

degree **grado** *m.* 2B; **diploma** *m.* 10A

   It's 18 degrees out. **Ci sono 18 gradi.** 2B

delay **ritardo** *m.* 8B

delicatessen **salumeria** *f.* 5A

Delighted. **Piacere.** 1A

demanding **esigente** *adj.* 11A

dentist **dentista** *m., f.* 6B

depart **partire** *v.* 2A

department **facoltà** *f.* 1B

department store **grande magazzino** *m.* 9A

departures **partenze** *f., pl.* 8B

deposit **caparra** *f.* 7A

   to deposit money **depositare il denaro** *v.* 9B

depression **depressione** *f.* 6B

desert **deserto** *m.* 12A

designer **stilista** *m., f.* 4B

desire **voglia** *f.* 2B; **desiderare** *v.* 2A

desk **banco** *m.* 1B; **scrivania** *f.* 7A

dessert **dolce** *m.* 5B

deterioration **degrado** *m.* 12A

develop **sviluppare** *v.* 12A

diagram **schema** *m.* 10A

dial **comporre** *v.* 4A

dictionary **dizionario** *m.* 1B

die **morire** *v.* 5A

died **morto (morire)** *p.p.* 5A

diet **dieta** *f.* 5B

   to be on a diet **essere a dieta** *v.* 5B

difference **divergenza** *f.* 12A

difficult **difficile** *adj.* 1B

digital camera **macchina** *f.* **fotografica (digitale)** 4A

dilemma **dilemma** *m.* 10A

dim-witted **scemo/a** *adj.* 3B

dining room **sala** *f.* **da pranzo** 7A

dinner **cena** *f.* 5B

   to have dinner **cenare** *v.* 2A

diploma **diploma** *m.* 10A

direction **indicazione** *f.* 9A

director **regista** *m., f.* 10A

dirty **sporco/a** *adj.* 7B

disappointed **deluso/a** *adj.* 8A

discourteous **scortese** *adj.* 3B

discreet **discreto/a** *adj.* 3B

disgusting **schifoso/a** *adj.* 7B

dishonest **disonesto/a** *adj.* 1B

dishwasher **lavastoviglie** *f.* 7B

dismiss **licenziare** *v.* 12B

dispose of **smaltire** *v.* 11A

disturbing **inquietante** *adj.* 10B

divided by **diviso** *adj.* 2B

divorced **divorziato/a** *adj.* 3A

do **fare** *v.* 2A

doctor **dottore(ssa)** *m., f.* 1A

   family doctor **medico** *m.* **di famiglia** 6B

   to go to the doctor **andare dal dottore** *v.* 6B

document **documento** *m.* 4A

documentary **documentario** *m.* 10B

dog **cane** *m.* 3A

domestic **domestico/a** *adj.* 3A

done **fatto/a** *p.p., adj.* 4B

door **porta** *f.* 1B; **portiera** *f.* 8A

doorman **portiere/a** *m., f.* 11A

doubt **dubitare** *v.* 10A

download **scaricare** *v.* 4A

downtown **centro** *m.* **storico** 9A

drain **smaltire** *v.* 12B

drama **dramma** *m.* 10A

dramatic **drammatico/a** *adj.* 10B

drawer **cassetto** *m.* 7A

dreadlocks **treccine** *f., pl.* 6A

dream **sognare** *v.* 10A; **sogno** *m.* 10A

dress **abito** *m.* 4B; **vestito** *m.* 4B

   to get dressed **vestirsi** *v.* 6A

dress circle **balconata** *f.* 10A

dress shirt **camicia** *f.* 4B

dresser **cassettiera** *f.* 7A

drink **bibita** *f.* 5B; **bere** *v.* 5A

drive **guidare** *v.* 2A

driver **autista** *m., f.* 8A

driver's license **patente** *f.* 8A

drought **siccità** *f.* 2B

drug **medicina** *f.* 6B

drum **tamburo** *m.* 10A

drummer **batterista** *m., f.* 10A

drums **batteria** *f.* 2A

dry **secco/a** *adj.* 2B

dry clearner **tintoria** *f.* 9B

dryer (*clothes*) **asciugatrice** *f.* 7B

dumb **tonto/a** *adj.* 3B

dump **discarica** *f.* 12A

during **durante** *prep.* 7B

dust **spolverare** *v.* 7B

DVD player **lettore** *m.* **DVD** 4A

dynamic **dinamico/a** *adj.* 3B

E

each **ogni** *adj.* 9B

   each one **ciascuno/a** *adj., pron.* 4B

   each other **l'un l'altro/a** 6A; **fra di loro** 6A

ear **orecchio (*pl.* orecchie *f.*)** *m.* 6A

earn **guadagnare** *v.* 11A; **meritare** *v.* 11A

earnest **convinto/a** *adj.* 3B

earthquake **terremoto** *m.* 2B
ease: at ease **a suo agio** 7B
east **est** *m.* 9A
Easter Monday **Pasquetta** *f.* 8B
Easter Sunday **Pasqua** *f.* 8B
easy **facile** *adj.* 1B
eat **mangiare** *v.* 2A
ecology **ecologia** *f.* 12A
economics **economia** *f.* 1B
economy class **classe** *f.*
  economica 8B
education **istruzione** *f.* 11B
effect **effetto** *m.* 12B
egg **uovo** (*pl.* **uova** *f.*) *m.* 5A
eggplant **melanzana** *f.* 5A
eight **otto** *m., adj.* 1A
eight hundred **ottocento** *m.,*
  adj. 2B
eighteen **diciotto** *m., adj.* 1A
eighteenth **diciottesimo/a** *adj.* 10B
eighth **ottavo/a** *adj.* 10B
eighty **ottanta** *m., adj.* 1A
eighty-one **ottantun(o)** *m., adj.* 1A
eighty-second **ottantaduesimo/a**
  adj. 10B
elbow **gomito** *m.* 6A
elder **maggiore** *adj.* 3A
electrician **elettricista** *m., f.* 11A
elevator **ascensore** *m.* 8B
eleven **undici** *m., adj., invar.* 1A
eleventh **undicesimo/a** *adj.* 10B
e-mail message **e-mail** *f.* 4A
emergency room **pronto**
  soccorso *m.* 6B
employee **impiegato/a** *m., f.* 11B
empty **vuoto/a** *adj.* 10A
end **fine** *f.* 10A
  at the end, bottom **in fondo**
  prep. 9B
energetic **energico/a** *adj.* 3B
energy **energia** *f.* 12A
engaged **fidanzato/a** *adj.* 3A
engine **motore** *m.* 8A
engineer **ingegnere** *m., f.* 1A
English **inglese** *adj.* 1B
enough **abbastanza** *adv.* 1A
  to be enough **bastare** *v.* 5B
enter **entrare** *v.* 5A
envelope **busta** *f.* 9B
environment **ambiente** *m.* 12A
environmentalism
  ambientalismo *m.* 12A
epic **racconto** *m.* **epico** 10B
equal **uguale** *adj.* 2B
erase **cancellare** *v.* 4A
eraser **gomma** *f.* 1A
errands: to run errands **fare delle**
  commissioni *v.* 9B
error **errore** *m.* 11B
eruption **eruzione** *f.* 2B
essay **tesina** *f.* 5A; **tema** *m.* 10A

even **pure** *adv.* 3B
  not even **non… neanche** *adv.*
  9B; **non… nemmeno** *conj.* 9B;
  non… neppure *conj.* 9B
evening **sera** *f.* 1B, **serata** *f.* 3B
  Good evening. **Buonasera.** 1A
  this evening. **stasera** *adv.* 5A
ever **mai** *adv.* 2B
every **ogni** *adj.* 9B
everything **tutto** *pron.* 9B
  Everything OK? **Tutto bene?** 1A
exam **esame** *m.* 1A
excuse **scusare** *v.* 1A
  Excuse me. **Scusi/a.** (*form./*
  fam.) 1A
executive **dirigente** *m., f.* 11A
exercise **fare esercizio** *v.* 6B
exhaust **scappamento** *m.* 12A
exhibit **esposizione** *f.* 10B
exit **uscita** *f.* 8B
expensive **caro/a** *adj.* 4B;
  costoso/a *adj.* 4B
experience: professional experience
  esperienza *f.* **professionale** 11B
explain **spiegare** *v.* 2A
explore **esplorare** *v.* 12A
expression **espressione** *f.* 5A
exquisite **squisito/a** *adj.* 2A
extreme sports **sport** *m., pl.*
  estremi 2A
eye **occhio** *m.* 6A
eyebrow **sopracciglio** (*pl.*
  sopracciglia *f.*) *m.* 6A
eyelash **ciglio** (*pl.* **ciglia** *f.*) *m.* 6A

F

face **faccia** *f.* 6A
factory **fabbrica** *f.* 12A
factory worker **operaio/a**
  m., f. 11A
faculty **facoltà** *f.* 1B
fail **fallire** *v.* 11A
  to fail (*exam*) **bocciare** *v.* 1B
fairy tale **favola** *f.* 10B
faithful **fedele** *adj.* 3B
fall **autunno** *m.* 2B; **cadere** *v.* 5A
  to fall asleep **addormentarsi** *v.* 6A
  to fall in love **innamorarsi** *v.* 6A
family **famiglia** *f.* 3A
  family doctor **medico** *m.* **di**
  famiglia 6B
far (from) **lontano/a (da)** *adj.* 9A
  not far from **a due passi da** 9A
fare **tariffa** *f.* 8A
  excess fare **supplemento** *m.* 8A
farm **fattoria** *f.* 12A
farmer **agricoltore/agricoltrice**
  m., f. 11A
fashion **moda** *f.* 4B
  to be/not be in fashion **(non)**
  andare di moda *v.* 4B

fast **veloce** *adj.* 3B
fat **grasso/a** *adj.* 3B
father **padre** *m.* 3A
father-in-law **suocero** *m.* 3A
favorite **preferito/a** *adj.* 3B
fax **fax** *m.* 4A
fear **paura** *f.* 2B; **temere** *v.* 10A
February **febbraio** *m.* 2B
feel **sentire** *v.* 3A; **sentirsi** *v.* 6A
  to feel like **avere voglia di** *v.* 2B
female **femmina** *f.* 3A
feminist **femminista** *adj.* 3B
ferry **traghetto** *m.* 8A
festival **festival** *m.* 10A
fever **febbre** *f.* 6B
  to have a fever **avere la**
  febbre *v.* 6B
few: a few **alcuni/e** *indef. adj.,*
  pron. 5A, 9B; **qualche** *adj.* 5A,
  9B; **pochi/e** *adj.* 5B, 9B
fiancé **fidanzato** *m.* 3A
fiancée **fidanzata** *f.* 3A
field **campo** *m.* 2A; **settore** *m.* 11B
fifteen **quindici** *m., adj.* 1A
fifth **quinto/a** *adj.* 10B
fifty **cinquanta** *m., adj.* 1A
fill: to fill out a form **riempire**
  un modulo *v.* 9B
film **film** *m.* 10B; **girare** *v.* 10B
  horror/sci-fi film **film** *m.* **di**
  fantascienza/dell'orrore 10B
find **trovare** *v.* 2A
fine **multa** *f.* 8A
fine arts **belle arti** *f., pl.* 10B
finger **dito** (*pl.* **dita** *f.*) *m.* 6A
finish **finire** *v.* 3A
fir **abete** *m.* 12A
fire **licenziare** *v.* 11A
firefighter **pompiere/a** *m., f.* 9A
firm **azienda** *f.* 11B
first **primo** *m.* 2B; **primo/a** *adj.* 10B;
  prima *adv.* 5B
  at first **all'inizio** *adv.* 2A
  first class **prima classe** *f.* 8A
  first of all **innanzitutto** *adv.* 9A
first aid **pronto soccorso** *m.* 6B
first-born **primogenito/a** *m., f.* 3A
fish **pesce** *m.* 3A
  to go fishing **pescare** *v.* 2A
fish shop **pescheria** *f.* 5A
five **cinque** *m., adj.* 1A
five hundred **cinquecento** *m.,*
  adj. 2B
five thousand **cinquemila** *m.,*
  adj. 2B
five-hundredth
  cinquecentesimo/a *adj.* 10B
fix **aggiustare** *v.* 4A
flash of lightning **lampo** *m.* 2B
flat: to get a flat tire **bucare**
  una gomma *v.* 8A

flavor **gusto** *m.* 5B
flavoring **aroma** *m.* 10A
flight **volo** *m.* 8B
flood **alluvione** *f.* 12A;
   ingolfare *v.* 12B
floor **pavimento** *m.* 6B
florist **fiorista** *m., f.* 9B
flower **fiore** *m.* 7A
flower bed **aiuola** *f.* 9A
flower shop **fiorista** *m.* 9B
flu **influenza** *f.* 6B
flute **flauto** *m.* 10A
folder **cartella** *f.* 4A
follow **seguire** *v.* 3A
food **cibo** *m.* 5A
fool: to act the fool **fare il
   buffone** *v.* 10A
foot **piede** *m.* 6A
   on foot **a piedi** 3A
football **football** *m.* **americano** 2A
for **per** *prep.* 3A
   For how long . . .? **Da quanto
   tempo…?** 2B
   for rent **affittasi** 7A
   for sale **vendesi** 7A
force **obbligare** *v.* 10A
foreign **straniero/a** *adj.* 3B
forest **foresta** *f.* 12A
forget **dimenticare** *v.* 2A;
   dimenticarsi *v.* 10A
fork **forchetta** *f.* 5B
form **modulo** *m.* 9B
forty **quaranta** *m., adj.* 1A
forty-sixth **quarantaseiesimo/a**
   adj. 10B
fountain **fontana** *f.* 9A
four **quattro** *m., adj.* 1A
four hundred **quattrocento** *m.,*
   adj. 2B
fourteen **quattordici** *m., adj.* 1A
fourth **quarto/a** *adj.* 10B
fraction **miseria** *f.* 10B
fracture **frattura** *f.* 6B
free **gratis** *adj., invar.* 10A
freezer **congelatore** *m.* 7B
French **francese** *adj.* 1B
frequently **frequentemente** *adv.* 5B
fresh **fresco/a** *adj.* 2B
Friday **venerdì** *m.* 1B
fridge **frigo(rifero)** *m.* 7B
fried **fritto/a** *adj.* 5A
friend **amico/a** *m., f.* 1A
friendly **socievole** *adj.* 3B
from **da** *prep.* 1B; **di (d')** *prep.* 3A
front: in front of **davanti (a)**
   prep. 7A
fruit **frutta** *f.* 5A
fry **friggere** *v.* 5B
   to fry lightly **soffriggere** *v.* 5A
full **pieno/a** *adj.* 11A

full price ticket
   biglietto *m.* **intero** 10A
full-time **a tempo
   pieno** *adj.* 11A
   no vacancies **al completo** *adj.* 8B
fun **divertente** *adj.* 1B
   to have fun **divertirsi** *v.* 6A
function **funzionare** *v.* 4A
funny **buffo/a** *adj.* 3B; **spiritoso/a**
   adj. 3B
furnished apartment
   appartamento *m.* **arredato** 7A
furniture **mobili** *m., pl.* 7A
future **futuro** *m.* 7A
Futurist **futurista** *adj.* 10B

G

gallery **galleria** *f.* 10A
game **partita** *f.* 2A
garage **garage** *m., invar.* 7A
garbage **spazzatura** *f.* 7B;
   rifiuti *m., pl.* 12A
garbage collector **netturbino/a**
   m., f. 12A; **spazzino/a** *m., f.* 9A
garbage truck **camion** *m.* **della
   nettezza urbana** 12A
gardener **giardiniere/a** *m., f.* 11A
garden-level apartment
   seminterrato *m.* 7A
garlic **aglio** *m.* 5A
gas **benzina** *f.* 8B
   to get gas **fare benzina** *v.* 8B
generally **in genere** *adv.* 3A
generous **generoso/a** *adj.* 1B
genius **genio/a** *m., f.* 4A
genre **genere** *m.* 10B
German **tedesco/a** *adj.* 1B
get **ottenere** *v.* 11B
   get on (*bus, train*) **salire** *v.* 5A
get up **alzarsi** *v.* 6A
gift **dono** *m.* 10A
gifted **dotato/a** *adj.* 10B
girl **ragazza** *f.* 1A
girlfriend **ragazza** *f.* 3A;
   fidanzata *f.* 3A
give **dare** *v.* 2A
   to give (*gift*) **regalare** *v.* 5B
   to give back **restituire** *v.* 5B
   to give (someone) a ride **dare
   un passaggio** *v.* 9A
   to give to each other **darsi** *v.* 6A
   to give up **arrendersi** *v.* 2B
glass **bicchiere** *m.* 5B
glasses **occhiali** *m., pl.* 4B
global warming **riscaldamento**
   m. **globale** 12A
glove **guanto** *m.* 4B
go **andare** *v.* 2A
   to go down (the stairs) **scendere
   (le scale)** *v.* 9A

   to go out **uscire** *v.* 4A
   to go up **salire** *v.* 5A
goat **capra** *f.* 12A
good **buono/a** *adj.* 1B; **bravo/a**
   adj. 1B
   good deal **buon affare** *m.* 4B
   Good evening. **Buonasera.** 1A
   Good luck. **In bocca al lupo.**
   (lit. *In the mouth of the wolf.*) 1B
   Good morning. **Buongiorno.** 1A
   Good night. **Buonanotte.** 1A
   to be no good at . . . **essere
   negato/a per...** *v.* 1B
   Good-bye. **ArrivederLa/ci.** 1A;
   Ciao. 1A
Gothic **gotico/a** *adj.* 10B
government **governo** *m.* 12A
grade **voto** *m.* 1B
graduate: to graduate from college
   laurearsi *v.* 6A
granddaughter **nipote** *f.* 3A
grandfather **nonno** *m.* 3A
grandmother **nonna** *f.* 3A
grandson **nipote** *m.* 3A
grapes **uva** *f., sing.* 5A
grass **erba** *f.* 12A
gratitude **gratitudine** *f.* 12A
gray **grigio/a** *adj.* 3B
great grandfather **bisnonno** *m.* 3A
great grandmother **bisnonna** *f.* 3A
greedy **avaro/a** *adj.* 3B
Greek **greco/a** *adj.* 1B
green **verde** *adj.* 3B
green bean **fagiolino** *m.* 5A
greenhouse effect **effetto** *m.*
   serra 12B
greet **salutare** *v.* 6A
   to greet each other **salutarsi** *v.* 6A
greeting **saluto** *m.* 1A
grilled **alla griglia** *adj.* 5A
groceries: to buy groceries **fare
   la spesa** *v.* 2A
grocery store **negozio** *m.*
   d'alimentari 5A
group **gruppo** *m.* 10A
guess **indovinare** *v.* 8A
guitar **chitarra** *f.* 2A
guitarist **chitarrista** *m., f.* 10A
guy **tipo** *m.* 1B
gymnasium **palestra** *f.* 2A
gymnastics **ginnastica** *f.* 4B

H

hail **grandine** *f.* 2B
hair **capelli** *m., pl.* 6A
   to cut one's hair **tagliare
   i capelli** *v.* 6A
hair dryer **asciugacapelli**
   m., invar. 6A
hairbrush **spazzola** *f.* 6A

hairdresser **parrucchiere/a** *m.,*
f. 3B
half brother **fratellastro** *m.* 3A
half hour **mezzo/a** *m., f.* 1B
half sister **sorellastra** *f.* 3A
hall **sala** *f.* 1A
hallway **corridoio** *m.* 7A
ham **prosciutto** *m.* 5A
hand **mano** (*pl.* **le mani**) *f.* 6A
little hand **manina** *f.* 10B
on the other hand **invece** *adv.* 1B
handbag **borsa** *f.* 4B
handsome **bello/a** *adj.* 1B
hang: to hang up the phone
riattaccare il telefono *v.* 11B
happen **accadere** *v.* 12A;
succedere *v.* 6A
happy **contento/a** *adj.* 1B;
felice *adj.* 1B
hard **duro/a** *adj.* 3B
hard drive **disco** *m.* **rigido** 4A
hardly **appena** *adv., conj.* 6B
hardworking **laborioso/a** *adj.* 3B
hat **cappello** *m.* 4B
hate **odiare** *v.* 6A
to hate each other **odiarsi** *v.* 6A
have **avere** *v.* 2B
Have a nice day! **Buona**
giornata! 1A
to have to **dovere** *v.* 4A
hay **fieno** *m.* 12A
he **lui** *sub. pron.* 1B
head **testa** *f.* 6A; **principale**
m., f. 11A
headache **mal** *m.* **di testa** 6B
headlight **faro** *m.* 8A
headphones **cuffie** *f., pl.* 4A
heal **curare** *v.* 6B
health **salute** *f.* 6B
to be in good health **essere**
in buona salute *v.* 6B
healthy **sano/a** *adj.* 6B
hear **sentire** *v.* 3A
heart **cuore** *m.* 6A
heartburn **bruciore** *m.* **di**
stomaco 6B
heat wave **ondata** *f.* **di caldo** 2B
heavy **pesante** *adj.* 5B
height: of average height **di media**
statura *adj.* 3B
Hello. **Salve.** 1A; **Buongiorno.** 1A
(*on the phone*) **Pronto?** 1A, 11B
help **aiutare** *v.* 2A
to help each other **aiutarsi** *v.* 6A
helpful **disponibile** *adj.* 3B
her **la** *d.o. pron., f., sing.* 5A; **lei** *disj.*
pron., f., sing. 4A; **glielo/a/i/e/ne**
dbl.o. pron., m., f., sing. 7A; **le**
i.o. pron., f., sing. 5B; **suo/a, suoi,**
sue *poss. adj., m., f.* 3A
here **ecco** *adv.* 1A; **qua** *adv.* 1A;
qui *adv.* 1A

herself **sé** *disj. pron., f., sing.* 4A;
si *ref. pron. m., f., sing., pl.* 6A
Hey there! **Ehilà!** 1A
Hi. **Ciao.** 1A
high **elevato/a** *adj.* 11B
high school **liceo** *m.* 1B
highway **autostrada** *f.* 8A
him **lo** *d.o. pron., m. sing.* 5A; **lui**
disj. pron., m., sing. 4A; **glielo/**
a/i/e/ne *dbl.o. pron., m., f.,*
sing. 7A; **gli** *i.o. pron., m., sing.* 5B
himself **sé** *disj. pron., m., f., sing., pl.*
4A; **si** *ref. pron. m., f., sing., pl.* 6A
hire **assumere** *v.* 11A
hiring **assunzione** *f.* 11B
his **suo/a, suoi, sue** *poss. adj., m.,*
f. 3A
history **storia** *f.* 1B
hit **colpire** *v.* 8A
hives **orticaria** *f.* 6B
hold: to be on hold **restare in**
attesa *v.* 11B
Please hold. **Attenda in linea,**
per favore. 11B
holiday: public holiday **giorno** *m.*
festivo 8B
home **casa** *f.* 3A
single-family home **villa** *f.* 7A
homemade **fatto/a in casa** *adj.* 5B
homework **compiti** *m., pl.* 1B
honest **onesto/a** *adj.* 1B
hood **cofano** *m.* 8A
hope **sperare** *v.* 10A
horizon **orizzonte** *m.* 12A
horror film **film** *m.* **dell'orrore**
10B
horse **cavallo** *m.* 2A
to go horseback riding **andare**
a cavallo *v.* 2A
hospital **ospedale** *m.* 6B
hot **caldo/a** *adj.* 2B
It's hot. **Fa caldo.** 2B
to feel hot **avere caldo** *v.* 2B
hotel **albergo** *m.* 8B
five-star hotel **albergo** *m.* **a**
cinque stelle 8B
hour **ora** *f.* 1B
house **casa** *f.* 1A
househusband **casalingo** *m.* 11A
housewife **casalinga** *f.* 11A
how **come** *adv.* 3B
For how long . . . ? **Da quanto**
tempo...? 2B
How are things? **Come va?** 1A
How are you getting along?
Come te la passi? 1A
How are you? **Come sta/stai?**
(*form./fam.*) 1A
How do you get to . . . ? **Come**
si va... 9A
how many **quanti/e** *adj.* 1A

how much **quanto/a** *adj., pron.,*
adv. 3B
How much is . . . ? **Quanto**
costa...? 5A
however **comunque** *conj., adv.* 4A
hug **abbracciare** *v.* 6A
to hug each other **abbracciarsi**
v. 6A
human resources **risorse** *f., pl.*
umane 11B
humanities **lettere** *f., pl.* 1B
humid **umido/a** *adj.* 2B
humidity **umidità** *f.* 2B
hunger **fame** *f.* 2B
hungry: to be hungry **avere**
fame *v.* 2B
hurry: to be in a hurry **avere**
fretta *v.* 2B
to hurry up **sbrigarsi** *v.* 4A
hurt: to hurt oneself **farsi male**
v. 6A
husband **marito** *m.* 3A
first/second husband **primo/**
secondo marito *m.* 3A
hybrid car **macchina** *f.* **ibrida** 12A

I

I **io** *sub. pron.* 1B
ice cream **gelato** *m.* 11A
ice cream shop **gelateria** *f.* 5A
ID **documento** *m.* 8B
idea **idea** *f.* 1A
if **se** *conj.* 12A
ill **malato/a** *adj.* 6B
IM **messaggio** *m.* **istantaneo** 4A
imagine **immaginare** *v.* 11B
impeccable **impeccabile** *adj.* 5B
immediately **subito** *adv.* 5B
important **importante** *adj.* 1B
impossible **impossibile** *adj.* 11A
impression **impressione** *f.* 11B
improve **migliorare** *v.* 12A
in **fra** *prep.* 3A; **tra** *prep.* 3A; **a** *prep.*
1B; **su** *prep.* 3A; **in** *prep.* 3A
in order to **per** *prep.* 3A
inappropriate **inopportuno/a**
adj. 11A
incredible **incredibile** *adj.* 11B
independent **indipendente**
adj. 1B
infection **infezione** *f.* 6B
information booth **chiosco** *m.*
per le informazioni 9A
injury **ferita** *f.* 6B
in-laws **parenti** *m., pl.* **acquisiti** 3A
innovative **innovativo/a** *adj.* 10B
insect **insetto** *m.* 12A
insensitive **insensibile** *adj.* 3B
inside **dentro** *prep.* 7A
insist **insistere** *v.* 11B

insomnia **insonnia** *f.* 6B
installment **rata** *f.* 9B
instant message **messaggio** *m.* **istantaneo** 4A
instead **invece** *adv.* 1B
instructor **insegnante** *m., f.* 1B
instrument: musical instrument **strumento** *m.* **musicale** 10A
insurance: life insurance **assicurazione** *f.* **sulla vita** 11A
intelligent **intelligente** *adj.* 1B
interest rate **tasso** *m.* **di interesse** 9B
interested: to be interested in **occuparsi** *v.* 12B
interesting **interessante** *adj.*
intermission **intervallo** *m.* 10A
intern **stagista** *m., f.* 2A
Internet café **Internet café** *m.* 9B
internship **stage** *m.* 11B
intersection **incrocio** *m.* 9A
interview: job interview **colloquio** *m.* **di lavoro** 11B
introduce **presentare** *v.* 1A
I would like to introduce [*name*] to you. **Le/Ti presento…** (*form./fam.*) 1A
introduction **presentazione** *f.* 1A
invent **inventare** *v.* 10A
investment **investimento** *m.* 9B
invite **invitare** *v.* 10A
iron **ferro** *m.* **da stiro** 7B; **stirare** *v.* 7B
ironing board **asse** *f.* **da stiro** 7A
irresponsible **irresponsabile** *adj.* 3B
island **isola** *f.* 12A
it **la** *d.o. pron., f., sing.* 5A; **lo** *d.o. pron. m., sing.,* 5A
some/any of it/them **ne** *pron.* 6A
Italian **italiano/a** *adj.* 1B
its **suo/a, suoi, sue** *poss. adj., m., f.* 3A
itself **sé** *disj. pron., m., f., sing.* 4A; **si** *ref. pron. m., f., sing., pl.* 6A

J

jacket **giacca** *f.* 4B
jam **marmellata** *f.* 5A
January **gennaio** *m.* 2B
Japanese **giapponese** *adj.* 1B
jealous **geloso/a** *adj.* 3B
jeans **jeans** *m., pl.* 4B
jerk **cretino/a** *m., f.* 7A
jewelry store **gioielleria** *f.* 9B
job **lavoro** *m.* 11B
first job **prima occupazione** *f.* 11B
to find a job **trovare lavoro** *v.* 11B

joke **scherzo** *m.* 8B; **scherzare** *v.* 4B
journalist **giornalista** *m., f.* 3B
judge **giudice** *m., f.* 11A
juice **succo** *m.* 5B
July **luglio** *m.* 2B
jump **saltare** *v.* 1B
June **giugno** *m.* 2B
just **appena** *adv., conj.* 6B

K

keep **tenere** *v.* 10B
key **chiave** *f.* 8B
keyboard **tastiera** *f.* 4A
kilo **chilo** *m.* 5A
kilometric zone ticket **biglietto** *m.* **a fascia chilometrica** 8A
kind **gentile** *adj.* 3B; **genere** *m.* 10B
kiosk **chiosco** *m.* 9A
kiss **baciare** *v.* 6A
to kiss each other **baciarsi** *v.* 6A
kitchen **cucina** *f.* 7A
knee **ginocchio** (*pl.* **ginocchia** *f.*) *m.* 6A
knife **coltello** *m.* 5B
know **sapere** *v.* 4B; **conoscere** *v.* 4B
I don't know. **Non lo so.** 1A
to know by sight **conoscere di vista** *v.* 4B
to know something inside and out **conoscere… a fondo** *v.* 4B
to know the way **conoscere la strada** *v.* 4B

L

lake **lago** *m.* 12A
lamp **lampada** *f.* 7A
land **atterrare** *v.* 8B
landlady **padrona** *f.* **di casa** 7A
landlord **padrone** *m.* **di casa** 7A
landscape **paesaggio** *m.* 10B; **panorama** *m.* 10A
languages **lingue** *f., pl.* 1B
laptop (computer) **(computer) portatile** *m.* 4A
last **scorso/a** *adj.* 4B; **ultimo/a** *adj.* 5A; **durare** *v.* 7B
last name **cognome** *m.* 3A
last night **ieri sera** 4B
late **tardi** *adv.* 5B
later **poi** *adv.* 5B
See you later. **A dopo.** 1A; **A più tardi.** 1A
laundromat **lavanderia** *f.* 9B
laundry **bucato** *m.* 7B
to do the laundry **fare il bucato** *v.* 7B
law **giurisprudenza** *f.* 1B; **legge** *f.* 12A

lawyer **avvocato** *m.* 1A
lazy **pigro/a** *adj.* 1B
leaf **foglia** *f.* 12A
learn (to) **imparare (a)** *v.* 2A
lease **contratto** *m.* 7A
leather **pelle** *f.* 4B
leave **congedo** *m.* 11A; **lasciare** *v.* 10A; **partire** *v.* 2A; **uscire** *v.* 4A
Leave me alone. **Lasciami in pace.** 1A
to leave a message **lasciare un messaggio** *v.* 11B
to leave each other, to split up **lasciarsi** *v.* 6A
to take leave time **prendere un congedo** *v.* 11A
lecture hall **aula** *f.* 1B
lecturer **docente** *m., f.* 11A
left **sinistra** *f.* 7A
leg **gamba** *f.* 6A
legumes **legumi** *m., pl.* 5A
lend **prestare** *v.* 5B
less **meno** *adv.* 8A
lesson **lezione** *f.* 1A
let **lasciare** *v.* 10A
Let me see. **Fammi vedere.** 2B
letter **lettera** *f.* 9B
letter of reference **lettera** *f.* **di referenze** 11B
long letter **letterona** *f.* 10B
lettuce **lattuga** *f.* 5A
level **livello** *m.* 11A
level crossing **passaggio** *m.* **a livello** 8A
library **biblioteca** *f.* 1B
light **chiaro/a** *adj.* 4B; **leggero/a** *adj.* 5B
lightning **fulmine** *m.* 2B
like **piacere** *v.* 2B, 5B
Do you like . . . ? **Ti piace… ?** 2A
I (don't) like . . . **(Non) mi piace…** 2A
I would like . . . **Vorrei…** 5B
likeable **simpatico/a** *adj.* 1B
liked **piaciuto/a (piacere)** *p.p., adj.* 5A
likely **probabile** *adj.* 11A
line **fila** *f.* 8B; **linea** *f.* 4A
to wait in line **fare la fila** *v.* 8B
lip **labbro** (*pl.* **labbra** *f.*) *m.* 6A
lipstick **rossetto** *m.* 6A
listen **ascoltare** *v.* 2A
to listen to music **ascoltare la musica** *v.* 2A
literature **letteratura** *f.* 1A
littering: No littering. **Vietato buttare rifiuti.** 12A
little **piccolo/a** *adj.* 4A; **poco/a** *adj.* 5A, 9B
little (*not much*) (of) **po' (di)** *adj.* 5A

in a little while **fra poco** 7A
little brother **fratellino** m. 3A
little sister **sorellina** f. 3A
live **in diretta** adv. 7B;
  abitare v. 2A; **vivere** v. 2B
live performance
  rappresentazione f. **dal vivo** 10A
  Where do you live? **Dove abiti?** 7A
living room **soggiorno** m. 7A
load **caricare** v. 4A
loan: to ask for a loan **chiedere un prestito** v. 9B
lodgings **alloggi** m., pl. 8B
long **lungo/a** adj. 1B
  no longer **non... più** adv. 5B
look **occhiata** f. 4B
  to take a look **dare un'occhiata** v. 4B
look at **guardare** v. 6A
  to look at oneself/each other **guardarsi** v. 6A
look for **cercare** v. 2A
loose **largo/a** adj. 4B
  loose hair **capelli** m., pl. **sciolti** 6A
lose **perdere** v. 2A
lost **perso/a** p.p., adj. 4B
  to get lost **perdersi** v. 9A
lot: a lot of **molto/a** indef. adj. 5A; **molto** adv. 5B
lotion **crema** f. 6A
love **amare** v. 10A
  to fall in love **innamorarsi** v. 6A
  to love each other **amarsi** v. 6A
luck: Good luck. **In bocca al lupo.** (lit. *In the mouth of the wolf.*) 1B
lunch **pranzo** m. 5B

M

made **fatto/a (fare)** p.p., adj. 4B
magazine **rivista** f. 9B
maid **collaboratrice** f. **domestica** 7B
mail **posta** f. 9B
  to mail a letter **imbucare una lettera** v. 9B
mail carrier **postino/a** m., f. 9B
mailbox **cassetta** f. **delle lettere** 9B
main **principale** adj. 10A
make **fare** v. 2A
  to make the bed **fare il letto** v. 7B
makeup **trucco** m. 6A
  to put on makeup **truccarsi** v. 6A
male **maschio** m. 3A
mall **centro** m. **commerciale** 9A
man **uomo** (*pl.* **uomini**) m. 1A
manage **dirigere** v. 11A; **riuscire** v. 4A
manager **gestore** m., f. 11B; **dirigente** m., f. 11A

Mannerist **manierista** adj. 10B
many **molto/a** adj. 5A; **molto** adv. 5B, 9B
  how many **quanti/e** adj. 1A
  so many **tanti/e** adj. 5A
map **cartina** f. 1B; **mappa** f. 9A
marble **marmo** m. 8B
March **marzo** m. 2B
  It's March 23rd. **È il 23 marzo.** 2B
marital status **stato** m. **civile** 3A
market **mercato** m. 5A
marriage **matrimonio** m. 3A
married **sposato/a** adj. 3A
marry **sposare** v. 6A
  to get married **sposarsi** v. 6A
masterpiece **capolavoro** m. 10B
match **partita** f. 2A
mathematics **matematica** f. 1A
May **maggio** m. 2B
maybe **forse** adv. 3A
mayor **sindaco** m. 9A
me **mi** d.o. pron., sing. 5A; **me** disj. pron., sing. 4A; **mi** i.o. pron., sing. 5B
  Me, too. **Anch'io.** 1A
meadow **prato** m. 12A
meal **pasto** m. 5B
mean **significare** v. 3A
  What does . . . mean? **Cosa vuol dire...?** 4A
means of transportation **mezzo** m. **di trasporto** 8A
measles **morbillo** m. 6B
meat **carne** f. 5A
mechanic **meccanico/a** m., f. 8A
media **media** m., pl. 10B
medicine **medicina** f. 1B
meet **conoscere** v. 4B
  to meet with **incontrare** v. 2A
  to meet each other **incontrarsi** v. 6A
  to meet each other **conoscersi** v. 6A
meeting **riunione** f. 11A
melon **melone** m. 5A
menu **menu** m. 5B
mess: What a mess! **Che casino!** 7B
message **messaggio** m. 11B
Mexican **messicano/a** adj. 1B
microphone **microfono** m. 4A
microwave (oven) **(forno a) microonde** m. 7B
Middle Ages **Medioevo** m. 8B
midnight **mezzanotte** f. 1B
migraine **emicrania** f. 6B
mile **miglio** (*pl.* **miglia** f.) m. 10A
milk **latte** m. 5B
minus **meno** adv. 1B
minute **minuto** m. 7B
  in a minute **fra un attimo** 5A
mirror **specchio** m. 6A

miss **mancare** v. 5B
Miss . . . **signorina...** f. 1A
mist **foschia** f. 2B
mistake: to make a mistake **sbagliarsi** v. 6A
modern **contemporaneo/a** adj. 10B
modest **modesto/a** adj. 3B
mom **mamma** f. 3A
moment **attimo** m. 5A
Monday **lunedì** m. 1B
money **denaro** m. 9B; **soldi** m., pl. 9B
month **mese** m. 2B
moon **luna** f. 12A
more **più** adj., adv. 1A
  no more **non... più** adv. 5B
morning **mattina** f. 1B
  Good morning. **Buongiorno.** 1A
  this morning **stamattina** adv. 6B
Moroccan **marocchino/a** adj. 1B
moss **muschio** m. 12A
most **più** adj., adv. 1A
mother **madre** f. 3A
mother-in-law **suocera** f. 3A
motor **motore** m. 8A
mountain **montagna** f. 12A
mouse (computer) **mouse** m. 4A
mouse: little mouse **topolino** m. 10B
mouth **bocca** f. 6A
move **trasferirsi** v. 7A; **traslocare** v. 7A
movie **film** m. 10B
moving **commovente** adj. 10B
Mr. . . . **signor...** m. 1A
Mrs. . . . **signora...** f. 1A
much **molto/a/i/e** indef. adj., pron. 5A
  how much **quanto** adj., pron., adv. 3B
  How much is . . . ? **Quanto costa...?** 5A
  not much **poco** adv. 5B
  so much **tanto/a** adj. 5A; **tanto** adv. 5B
  too much **troppo/a** adj. 5A; **troppo** adv. 5B
mug **tazza** f. 5B
muscular **muscoloso/a** adj. 3B
mushroom **fungo** m. 5A
music **musica** f. 2A
musician **musicista** m., f. 3B
must **dovere** v. 4A
my **mio/a, miei, mie** poss. adj., m., f. 3A
myself **me** disj. pron., sing. 4A

N

naïve **ingenuo/a** adj. 3B
name: My name is . . . **Mi chiamo...** 1A

last name **cognome** *m.* 3A

nanny **balia** *f.* 7B

napkin **tovagliolo** *m.* 5B

natural **naturale** *adj.* 5B

naughty **cattivo/a** *adj.* 1B

     a little bit naughty **cattivello/a** *adj.* 10B

nausea **nausea** *f.* 6B

near **vicino/a** *adj.* 9A

nearby **qui vicino** *prep.* 9A

necessary **necessario/a** *adj.* 11A

neck **collo** *m.* 6A

necklace **collana** *f.* 4B

need **avere bisogno di** *v.* 2B

neighborhood **quartiere** *m.* 9A

neither . . . nor **non... né... né** *conj.* 9B

Neoclassical **neoclassico/a** *adj.* 10B

nephew **nipote** *m.* 3A

nervous **nervoso/a** *adj.* 1B

never **non... mai** *adv.* 2B

new **nuovo/a** *adj.* 1A

     What's new? **Che c'è di nuovo?** 1A

New Year's Day **capodanno** *m.* 8B

newspaper **giornale** *m.* 8B

     trashy newspaper **giornalaccio** *m.* 10B

newsstand **edicola** *f.* 9B; **chiosco** *m.* 9A

next **prossimo/a** *adj.* 7A

     next to **accanto (a)** *prep.* 7A

     Until next time! **Alla prossima!** 1A

nice **simpatico/a** *adj.* 1B

     Have a nice day **Buona giornata!** 1A

     It's nice out. **È bello.** 2B

niece **nipote** *f.* 3A

night **notte** *f.* 1A

     Good night. **Buonanotte.** 1A

night table **comodino** *m.* 7A

nightclub **locale** *m.* **notturno** 9A

nine **nove** *m., adj.* 1A

nine hundred **novecento** *m., adj.* 2B

nineteen **diciannove** *m., adj.* 1A

ninety **novanta** *m., adj.* 1A

ninth **nono/a** *adj.* 10B

no **nessuno/a** *adj.* 9B; **no** *adv.* 1B

     no more, no longer **non... più** *adv.* 5B

     No way! **Ma quando mai!** 9A

nobody **(non...) nessuno** *pron.* 9B

noon **mezzogiorno** *m.*

nor: neither . . . nor **non... né... né** *conj.* 9B

north **nord** *m.* 9A

nose **naso** *m.* 6A

     little nose **nasino** *m.* 10B

     stuffy nose **naso** *m.* **intasato** 6B

not **nessuno/a** *adj.* 9B; **non** *adv.* 1B

     not at all **non... affatto** *adv.* 9B

     Not bad. **Non c'è male.** 1A

     not even **non... neanche/ nemmeno/neppure** *adv.* 9B

     not far from **a due passi da** 9A

     not yet **non... ancora** *adv.* 4B

notebook **quaderno** *m.* 1A

notes **appunti** *m., pl.* 1B

nothing **niente** *pron.* 9B; **nulla** *pron.* 9B

     Nothing new. **Niente di nuovo.** 1A

novel **romanzo** *m.* 10B

November **novembre** *m.* 2B

now **adesso** *adv.* 5B

nuclear energy **energia** *f.* **nucleare** 12A

nuclear power plant **centrale** *f.* **nucleare** 12A

number **numero** *m.* 11B

nurse **infermiere/a** *m., f.* 6B

O

oak **quercia** *f.* 12A

obtain **ottenere** *v.* 11B

occupation **occupazione** *f.* 11B

ocean **oceano** *m.* 12A

October **ottobre** *m.* 2B

of **di (d')** *prep.* 3A

off: off and on **di tanto in tanto** 4A

offer **offrire** *v.* 3A

offered **offerto/a (offrire)** *p.p., adj.* 4B

office **ufficio** *m.* 1A; **studio** *m.* 7A

often **spesso** *adv.* 2B

oil **olio** *m.* 5A

     in oil **sottolio** *adj., invar.* 5A

old **vecchio/a** *adj.* 3B

     to be . . . years old **avere... anni** *v.* 2B

old-fashioned **superato/a** *adj.* 4B

olive: olive oil **olio d'oliva** *m.* 5A

on **su** *prep.* 3A

one **un(o)** *m., adj.* 1A; **si** *pron.* 9A

     those who, the one(s) who **chi** *rel. pron.* 9A

one hundred **cento** *m., adj.* 1A

one hundred grams **etto** *m.* 5A

one hundred thousand **centomila** *m., adj.* 2B

one million **milione** *m., adj.* 2B

one thousand **mille** *m., adj.* 2B

one way **senso** *m.* **unico** 8A

oneself **si** *ref. pron. m., f., sing., pl.* 6A

one-thousandth **millesimo/a** *adj.* 10B

onion **cipolla** *f.* 5A

online **su Internet** 3A

     to be online **essere in linea** *v.* 4A

only **soltanto** *adv.* 2A

     only child **figlio/a** *m., f.* **unico/a** 3A

on-time **puntuale** *adj.* 8B

open **aperto/a** *adj.* 4B; **aprire** *v.* 3A

opened **aperto** *p.p.* 4B

opening: job openings **offerte** *f., pl.* **di lavoro** 11B

opera **opera** *f.* **(lirica)** 10A

optimistic **ottimista** *adj.* 3B

or **o** *conj.* 12A; **oppure** *conj.* 12A

orange **arancione** *adj.* 4B; **arancia** *f.* 5A

     orange juice **succo** *m.* **d'arancia** 5B

orchestra **orchestra** *f.* 10A

order **ordinare** *v.* 5B

organic farming **agricoltura** *f.* **biologica** 12A

other **altro/a/i/e** *indef. adj.* 9B

others **altri/e** *indef. pron.* 9B

our **nostro/a/i/e** *poss. adj., m., f.* 3A

ourselves **noi** *disj. pron., m., f., pl.* 4A

outfit: matching outfit **completo** *m.* 4B

outing **escursione** *f.* 12A

outside **fuori** *prep.* 7A

oven **forno** *m.* 7B

over **sopra** *prep.* 7A

     to overdo things **strafare** *v.* 8A

overcast **coperto/a** *adj.* 2B

overcoat **cappotto** *m.* 4B

overcome **superare** *v.* 12B

overpopulation **sovrappopolazione** *f.* 12A

owe **dovere** *v.* 4A

own **possedere** *v.* 10B

owner **proprietario/a** *m., f.* 3B

P

pack: to pack a suitcase **fare la valigia** *v.* 8B

package **pacco** *m.* 9B

paid: to be well/poorly paid **essere ben/mal pagato/a** *v.* 11A

pain **male** *m.* 6A; **dolore** *m.* 6B

paint **pittura** *f.* 10B; **dipingere** *v.* 2B

painter **imbianchino** *m.* 7B; **pittore/pittrice** *m., f.* 10B

painting **pittura** *f.* 10B; **quadro** *m.* 7A

pair **paio** (*pl.* **paia** *f.*) *m.* 10A

pajamas **pigiama** *m.* 6A

palace **palazzo** *m.* 7A

panorama **panorama** *m.* 10A

pantry **dispensa** *f.* 7A

pants **pantaloni** *m., pl.* 4B

paper **carta** *f.* 2A

paper clip **graffetta** *f.* 11B

paragliding **parapendio** *m.* 2A

parents **genitori** *m., pl.* 3A
  my parents **i miei** *m., pl.* 3A
  your parents **i tuoi** *m., pl.* 3A
park **parcheggiare** *v.* 8A
part **parte** *f.* 7A; **riga** *f.* 6A
partial **parziale** *adj.* 11A
partner **socio/a** *m.,f.* 8B
  business partner **socio/a** *m., f.*
  d'affari 8B
part-time **a tempo parziale**
  adj. 11A
party **festa** *f.* 8B
pass **passo** *m.* 2A; **abbonamento**
  m. 8A
  to pass (*exam*) **superare** *v.* 1B
  to pass by **passare** *v.* 12A
passenger **passeggero** *m.* 8B
passport control **controllo** *m.*
  passaporti 8B
password **password** *f.* 4A
pasta **pasta (asciutta)** *f.* 5A
pastry shop **pasticceria** *f.* 5A
path **sentiero** *m.* 12A
patient **paziente** *adj.* 3B;
  paziente *m., f.* 6B
pay **pagare** *v.* 2A
  to pay attention **fare attenzione**
  v. 2A
  to pay by check **pagare con**
  assegno *v.* 9B
  to pay in cash **pagare in**
  contanti *v.* 9B
  to pay the bills **pagare le**
  bollette *v.* 9B
  to pay with a credit/debit card
  pagare con carta di credito/
  debito *v.* 9B
paycheck: monthly paycheck
  mensilità *f.* 11A
payment **rata** *f.* 9B
peach **pesca** *f.* 5A
pear **pera** *f.* 5A
pedestrian **pedone** *m.* 9A
pen **penna** *f.* 1B
pencil **matita** *f.* 1B
pension **pensione** *f.* 11A
people **gente** *f.* 1B
pepper (*spice*) **pepe** *m.* 5B
  (red, green) pepper **peperone**
  (rosso, verde) *m.* 5A
percent **percento** *m.* 2B
perform **interpretare** *v.* 10A
performance **esibizione** *f.* 10A
perfume shop **profumeria** *f.* 9B
permit **permettere** *v.* 10A
person **persona** *f.* 1A
personal descriptions **descrizioni**
  f., pl. **personali** 3B
personnel manager **direttore/**
  direttrice *m., f.* **del**
  personale 11B

pessimistic **pessimista** *adj.* 3B
pet **animale** *m.* **domestico** 3A
pharmacist **farmacista** *m., f.* 6B
pharmacy **farmacia** *f.* 6A
phone booth **cabina** *f.* **telefonica** 9A
phone number **numero** *m.* **di**
  telefono 11B
photo shop **fotografo** *m.* 9B
photo(graph) **foto(grafia)** *f.* 1A
photocopy **fotocopiare** *v.* 11B
photographer **fotografo/a** *m., f.* 9B
pianist **pianista** *m., f.* 10A
piano **piano** *m.* 2A
pickled **sottaceto** *adj., invar.* 5A
picnic: to have a picnic **fare un**
  picnic *v.* 12A
pie **crostata** *f.* 5A
pigsty: It's a pigsty! **È un porcile!** 7B
pill **pillola** *f.* 6B
pillow **cuscino** *m.* 7B
pimple **foruncolo** *m.* 6B
pinch **pizzico** *m.* 5B
pine forest **pineta** *f.* 12A
pineapple **ananas** *m.* 5A
pink **rosa** *adj., invar.* 4B
pity **peccato (che)** 11A
pizza shop **pizzeria** *f.* 5B
place **luogo** *m.* 1B
plan **programma** *m.* 10A
  to make plans **fare progetti**
  v. 11B
planet **pianeta** *m.* 12A
planner **agenda** *f.* 1B
plant **pianta** *f.* 12A
plate **piatto** *m.* 5B
plus **più** *m.* 2B
play **dramma** *m.* 10A; **giocare,**
  praticare *v.* 2A
  to play (*instrument*) **suonare**
  v. 2A
  to play a role **recitare un ruolo**
  v. 10A
  to put on a play **mettere in**
  scena *v.* 10A
player **giocatore/giocatrice**
  m., f. 2A
playful **scherzoso/a** *adj.* 3B
playwright **drammaturgo/a**
  m., f. 10A
please **per favore** *adv.* 1A
pleasure **piacere** *m.* 1A
  A real pleasure. **Molto**
  piacere. 1A
  My pleasure. **Piacere mio.** 1A
  Pleased to meet you. **Piacere di**
  conoscerLa/ti. (*form./fam.*) 1A
plot **trama** *f.* 10B
plumber **idraulico** *m.* 7B
poem **poesia** *f.* 10B; **poema** *m.* 10A
poet **poeta/poetessa** *m.,*
  f. 10Bpoetry **poesia** *f.* 10B

police headquarters **questura** *f.* 9B
police officer **poliziotto/a** *m., f.* 9A
polite expressions **forme** *f., pl.*
  di cortesia 1A
pollution **inquinamento** *m.* 12A
ponytail **coda** *f.* 6A
pool **piscina** *f.* 9A
poor **povero/a** *adj.* 3B
  poor man **poveraccio** *m.* 10B
pork **carne** *f.* **di maiale** 5A
portable **portatile** *adj.* 4A
portrait **ritratto** *m.* 10B
position **posizione** *f.* 7A
possess **possedere** *v.* 10B
possible **possibile** *adj.* 11A
  it's possible **può darsi** 11B
postcard **cartolina** *f.* 9B
post office **ufficio** *m.* **postale** 9B
poster **poster** *m.* 7A
potato **patata** *f.* 5A
pratice **praticare** *v.* 2A
prefer **preferire** *v.* 3A
preferable **preferibile** *adj.* 11B
pregnant: to be pregnant **essere**
  incinta *v.* 6B
prepare **preparare** *v.* 5B
prescription **ricetta** *f.* 6B
present **presentare** *v.* 1A
preserve **conservare** *v.* 12A;
  preservare *v.* 12A
pretend **fingere** *v.* 10A
pretty **bellino/a** *adj.* 10B
  Pretty well. **Abbastanza bene.** 1A
print **stampare** *v.* 4A
printer **stampante** *f.* 4A
priority mail **posta** *f.* **prioritaria** 9B
prize **premio** *m.* 2A
problem **problema** *m.* 10A
profession **professione** *f.* 3B;
  mestiere *m.* 11B
professor **prof** *m., f.* 1B;
  professore(ssa) *m., f.* 1A
program **programma** *m.* 4A
promise **promettere** *v.* 10A
promotion **promozione** *f.* 11A
propose (a solution) **proporre**
  (una soluzione) *v.* 12A
protect **proteggere** *v.* 12B
provide: to provide for oneself
  mantenersi *v.* 11B
provided that **a condizione che,**
  a patto che *conj.* 12A;
  purché *conj.* 12A
psychological drama **dramma** *m*
  psicologico 10B
psychologist **psicologo/a** *m., f.* 11A
pub **birreria** *f.* 5B
public **pubblico** *m.* 10A
  public transportation **trasporto**
  m. **pubblico** 8A
publish **pubblicare** *v.* 10B

publishing industry **editoria** *f.* 10B
pulled back hair **capelli** *m., pl.* **raccolti** 6A
pupil **alunno/a** *m., f.* 1B
purify **depurare** *v.* 12A
purple **viola** *adj., invar.* 4B
purse **borsa** *f.* 4B
  small purse **borsetta** *f.* 10B
put **messo/a (mettere)** *p.p., adj.* 4B; **mettere** *v.* 2B
  to put on **mettersi** *v.* 6A
  to put on a play **mettere in scena** *v.* 10A
  to put together **sistemare** *v.* 11B

Q

qualification **qualifica** *f.* 11B
quandary **dilemma** *m.* 10A
quarter hour **quarto** *m.* 1B
question **domanda** *f.* 1A
  to ask a question **fare una domanda** *v.* 2A
quickly **velocemente** *adv.* 5B; **presto** *adv.* 5B
quiet **zitto/a** *adj.* 2A
  to be/stay quiet **stare zitto/a** *v.* 2A
quit **smettere** *v.* 10A

R

rabbit **coniglio** *m.* 12A
race **corsa** *f.* 3A
rafting **rafting** *m.* 2A
rain **pioggia** *f.* 2B; **piovere** *v.* 2B
  acid rain **pioggia** *f.* **acida** 12B
raincoat **impermeabile** *m.* 2B
rainy **piovoso/a** *adj.* 2B
raise **aumento** *m.* 11A
rarely **raramente** *adv.* 5B
rash **eruzione** *f.* **cutanea** 6B
raspberry **lampone** *m.* 5A
razor **rasoio** *m.* 6A
read **letto/a** *p.p., adj.* 4B; **leggere** *v.* 2A
  to read a map **leggere la mappa** *v.* 8B
reading **lettura** *f.* 1B
ready **pronto/a** *adj.* 3B
  to get oneself ready **prepararsi** *v.* 6A
real estate agency **agenzia** *f.* **immobiliare** 7A
real estate agent **agente immobiliare** *m., f.* 11A
realize **rendersi conto (di)** *v.* 6A, **accorgersi** *v.* 12B
really **davvero** *adv., adj.* 5B
reason **ragione** *f.* 2B
receive **ricevere** *v.* 2B

receiver **cornetta** *f.* 11B
recite **recitare** *v.* 10A
recognize **riconoscere** *v.* 4B; **rivedere** *v.* 4B
recommend **consigliare** *v.* 5B
recommendation **raccomandazione** *f.* 11B
record **registrare** *v.* 4A
recorder **registratore** *m.* 4A
recycle **riciclare** *v.* 12A
recycling **riciclaggio** *m.* 12A
red **rosso/a** *adj.* 3B
reduce: reduced ticket **biglietto** *m.* **ridotto** 10A
referee **arbitro** *m.* 2A
references **referenze** *f., pl.* 11B
refund **rimborso** *m.* 8A
registered letter **raccomandata** *f.* 9B
relatives **parenti** *m., pl.* 3A
relaxation **svago** *m.* 7A
remain **rimanere** *v.* 5A; **restare** *v.* 5A
  remained **rimasto/a** *p.p.* 5A
  remaining **rimasto/a** *adj.* 5A
remember **ricordare** *v.* 2A; **ricordarsi** *v.* 10A
remote control **telecomando** *m.* 4A
Renaissance **rinascimentale** *adj.* 10B
renewable energy **energia** *f.* **rinnovabile** 12A
rent **affitto** *m.* 7A
  for rent **affittasi** 7A
  to rent (*car*) **noleggiare** *v.* 8A
  to rent (*owner*) **affittare** *v.* 7A
  to rent (*tenant*) **prendere in affitto** *v.* 7A
repair **riparare** *v.* 8A
repairman: telephone/TV/computer repairman/woman **tecnico** *m., f.* **del telefono/televisore/computer** 7B
repeat **ripetere** *v.* 2B
reply (to) **rispondere (a)** *v.* 2B
reservation **prenotazione** *f.* 8A
  to make a reservation **prenotare** *v.* 8B
reside **abitare** *v.* 2A
resign **dare le dimissioni** *v.* 11A
resort **villaggio** *m.* **turistico** 8B
  mountain resort **località** *f.* **montana** 8B
  ocean resort **località** *f.* **balneare** 8B
respect **rispettare** *v.* 5B
responsible **responsabile** *adj.* 3B
rest **riposarsi** *v.* 6A
restaurant **ristorante** *m.* 5B
  small restaurant **osteria** *f.* 5B
  small restaurant **trattoria** *f.* 5B

restrain oneself **trattenersi** *v.* 6B
résumé **C.V.** *m.* 11B; **curriculum vitae** *m.* 11B
retiree **pensionato/a** *m., f.* 11A
return **ritornare** *v.* 2A; **tornare** *v.* 2A
review **recensione** *f.* 10B
rice **riso** *m.* 5A
rich **ricco/a** *adj.* 3B; **pesante** *adj.* 5B
rid: to get rid of **sbarazzarsi di** *v.* 12A
ride: to ride a bicycle **andare in bicicletta** *v.* 2A
  to give (someone) a ride **dare un passaggio** *v.* 9A
right **giusto/a** *adj.* 11A; **destra** *f.* 7A
  I'll be right there. **Arrivo subito.** 1A
  right away **subito** *adv.* 5B
  to be right **avere ragione** *v.* 2B
ring (*telephone*) **squillare** *v.* 4A
rise (*sun*) **sorgere** *v.* 12A
river **fiume** *m.* 12A
roasted **arrosto** *adj., invar.* 5A
rock **pietra** *f.* 12A
role **ruolo** *m.* 10A
Romanesque **romanico/a** *adj.* 10B
Romantic **romantico/a** *adj.* 10B
room **camera** *f.* 7A; **stanza** *f.* 7A; **sala** *f.* 1A
  single/double room **camera** *f.* **singola/doppia** 7A
roof **tetto** *m.* 7A
room service **servizio** *m.* **in camera** 8B
roommate **coinquilino/a** *m., f.* 9A
root **radice** *f.* 12A
  to root for a team **tifare** *v.* 2A
rotary **rotonda** *f.* 9A
round trip **andata e ritorno** *adj.* 8B
row **remare** *v.* 12A
run **condurre** *v.* 12A; **correre** *v.* 2B; **corsa** *f.* 3B; **corso/a** *p.p., adj.* 4B
running shoe **scarpa** *f.* **da ginnastica** 4B

S

sad **triste** *adj.* 1B
said **detto** *p.p., adj.* 4B
salad **insalata** *f.* 5B
salary **mensilità** *f.* 11A; **salario** *m.* 11B; **stipendio** *m.* 11A
  high/low salary **salario elevato/basso** *m.* 11B
sale: for sale **vendesi** 7A
sales **saldi** *m., pl.* 4B
salesperson **commesso/a** *m., f.* 4B

salt **sale** *m.* 5B
salty **salato/a** *adj.* 5B
sandwich shop **paninoteca** *f.* 5B
Saturday **sabato** *m.* 1B
save **risparmiare** *v.* 7B;
   salvare *v.* 4A
   to save the planet **salvare il
    pianeta** *v.* 12A
savings account **conto** *m.*
   risparmio 9B
saxophone **sassofono** *m.* 10A
say **dire** *v.* 4A
scarf **sciarpa** *f.* 4B
scene **scena** *f.* 10A
scheme **schema** *m.* 10A
school **scuola** *f.* 3A
   school project **esercitazione** *f.*
   a scuola 10B
science **scienze** *f., pl.* 1B
scientist **scienziato/a** *m., f.* 11A
sci-fi film **film** *m.* **di
   fantascienza** 10B
scooter **motorino** *m.* 8A
screen **schermo** *m.* 4A
screen name **pseudonimo** *m.* 4A
screening **proiezione** *f.* 10A
sculpt **scolpire** *v.* 10B
sculptor **scultore/scultrice**
   m., f. 10B
sculpture **scultura** *f.* 10B
sea **mare** *m.* 8B
seafood **frutti** *m., pl.* **di mare** 5A
seafood shop **pescheria** *f.* 5A
seagull **gabbiano** *m.* 12A
sea-sickness **mal** *m.* **di mare** 6B
season **stagione** *f.* 2B
seat **poltrona** *f.* 10A
   block of seats **settore** *m.* 10A
seatbelt **cintura** *f.* **di sicurezza** 8A
second **secondo/a** *adj.* 10B
   second class **seconda
    classe** *f.* 8A
secretary **segretario/a** *m., f.* 11A
sector **settore** *m.* 11B
see **vedere** *v.* 2B
   Let me see. **Fammi vedere.** 2B
   See you later. **A dopo.** 1A; **A più
    tardi.** 1A
   See you soon! **Ci vediamo!** 1A
   See you soon. **A presto.** 1A
   See you tomorrow. **A domani.** 1A
   to see each other **vedersi** *v.* 6A
seem **parere** *v.* 11A; **sembrare**
   v. 5B
seen **visto/a** *p.p., adj.* 4B
selfish **egoista** *adj.* 3B
sell **vendere** *v.* 2B
send **mandare** *v.* 2A; **spedire** *v.*
   3A; **inviare** *v.* 9B
sensitive **sensibile** *adj.* 3B
separated **separato/a** *adj.* 3A

September **settembre** *m.* 2B
serious **grave** *adj.* 6B; **serio/a**
   adj. 1B
serve **servire** *v.* 3A
service **servizio** *m.* 5B
   service station **stazione** *f.* **di
    servizio** 8A
set (*sun*) **tramontare** *v.* 12A
set: to set the table **apparecchiare
   la tavola** *v.* 7B
settlement **liquidazione** *f.* 11A
seven **sette** *m., adj.* 1A
seven hundred **settecento** *m.,
   adj.* 2B
seventeen **diciasette** *m., adj.* 1A
seventh **settimo/a** *adj.* 10B
seventy **settanta** *m., adj.* 1A
shampoo **shampoo** *m., invar.* 6A
shape: to be in/out of shape **essere
   in/fuori forma** *v.* 6B
sharp **in gamba** *adj.* 3B
shave **radersi** *v.* 6A
   to shave (*beard*) **farsi la barba**
    v. 6A
shaving cream **schiuma** *f.* **da
   barba** 6A
she **lei** *sub. pron.* 1B
sheep **pecora** *f.* 12A
sheet **lenzuolo** (***pl.** **lenzuola** *f.*)
   m. 7B
   sheet of paper **foglio** *m.* **di
    carta** 1B
ship **nave** *f.* 8A
shoe **scarpa** *f.* 4B
Shoo! **Sciò!** *5B*
shoot **girare** *v.* 10B
shop **fare le spese** *v.* 2A
shopping center **centro** *m.*
   commerciale 9A
shopping: to go shopping **fare
   spese** *v.* 4B
short (*height*) **basso/a** *adj.* 3B
   short (*length*) **corto/a** *adj.* 3B
short film **cortometraggio** *m.*
   10B; **filmino** *m.* 10B
short story **racconto** *m.* 10B
shorts **pantaloncini** *m., pl.* 4B
shot: to give a shot **fare una
   puntura** *v.* 6B
shoulder **spalla** *f.* 6A
show **mostra** *f.* 10B; **spettacolo** *m.*
   10A; **mostrare** *v.* 5B
shower **doccia** *f.* 2A
shrewd **furbo/a** *adj.* 3B
shrimp **gamberetto** *m.* 5A
shy **timido/a** *adj.* 1B
side dish **contorno** *m.* 5B
sidewalk **marciapiede** *m.* 9A
sight: to know by sight **conoscere
   di vista** *v.* 4B
sign **firmare** *v.* 9B

silk **seta** *f.* 4B
since **da** *prep.* 1B
sincere **sincero/a** *adj.* 1B
sing **cantare** *v.* 2A
singer **cantante** *m., f.* 10A
single (*female*) **nubile** *adj., f.* 3A;
   (*male*) **celibe** *adj., m.* 3A
sink **lavello** *m.* 7B
sister **sorella** *f.* 3A
   little/younger sister **sorellina**
    f. 3A
sister-in-law **cognata** *f.* 3A
sit down **sedersi** *v.* 6A
six **sei** *m., adj.* 1A
six hundred **seicento** *m., adj.* 2B
sixteen **sedici** *m., adj.* 1A
sixteenth **sedicesimo/a** *adj.* 10B
sixth **sesto/a** *adj.* 10B
sixty **sessanta** *m., adj.* 1A
size (*clothing*) **taglia** *f.* 4B
skiing **sci** *m.* 2A
skill **capacità** *f.* 11B
skilled **bravo/a** *adj.* 1B
skin **pelle** *f.* 6A
skip: to skip class **saltare la
   lezione** *v.* 1B
skirt **gonna** *f.* 4B
sky **cielo** *m.* 12A
sky blue **azzurro/a** *adj.* 3B
sleep **dormire** *v.* 3A
   to be sleepy **avere sonno** *v.* 2B
   to fall asleep **addormentarsi**
    v. 6A
sleeve **manica** *f.* 4B
slice **fetta** *f.* 5A
slight **leggero/a** *adj.* 6B
slippers **pantofole** *f., pl.* 6A
slob **cafone/a** *m., f.* 7B
   What a slob! **Com'è
    conciato/a!** 4B
slow **lento/a** *adj.* 3B
slowly **lentamente** *adv.* 5B
sly **furbo/a** *adj.* 3B
small **piccolo/a** *m.* 4A
   very small **piccolino/a** *adj.* 10B
smaller **minore** *adj.* 8A
smallest **minimo/a** *adj.* 8A
smart **in gamba** *adj.* 3B
smog **smog** *m.* 12A
smoked **affumicato/a** *adj.* 5A
snack **spuntino** *m.* 5B
   afternoon snack **merenda** *f.* 5B
snack bar **tavola** *f.* **calda** 5B
snake **serpente** *m.* 12A
sneeze **starnutire** *v.* 6B
snow **neve** *f.* 2B; **nevicare** *v.* 2B
so **allora** *adv., adj.* 1A; **perciò**
   conj. 9A; **tanto** *adv.* 5B
   so much, so many **tanto/a**
    adj. 5A; **tanto** *adv.* 5B

so that **affinché** *conj.* 12A; **in modo che** *conj.* 12A; **perché** *conj.* 12Asoap sapone *m.* 6A
soccer **calcio** *m.* 2A; **pallone** *m.* 2A
soccer player **calciatore/ calciatrice** *m., f.* 2A
sociable **socievole** *adj.* 3B
sock **calzino** *m.* 4B
soil **sporcare** *v.* 7B
solar energy **energia** *f.* solare 12A
solar panel **pannello** *m.* solare 12A
solid-color **a tinta unita** *adj.* 4B
solo **assolo** *m.* 10A
solution **soluzione** *f.* 12A
some **qualche** *adj.* 5A; **alcuni/e** *indef. adj., pron.* 5A; **dei** *part. art., m., pl.* 5A; **delle** *part. art., f., pl.* 5A; **della** *part. art., f., sing.* 5A; **dello** *part. art., m., sing.* 5A; **degli** *part. art., m., pl.* 5A; **del** *part. art., m., sing.* 5A; **dell'** *part. art., m., f., sing.* 5A; **ne** *pron.* 6A
something else **altro** *indef. pron.* 9B
sometimes **a volte** *adv.* 6A; **qualche volta** *adv.* 5B
son **figlio** *m.* 3A
song **canzone** *f.* 10A
son-in-law **genero** *m.* 3A
soon **presto** *adv.* 5B
See you soon! **Ci vediamo!** 1A
See you soon. **A presto.** 1A
sorry: to be sorry **dispiacere** *v.* 5B
So-so. **Così, così.** 1A
soup **zuppa** *f.* 5B
thick soup **minestrone** *m.* 10B
south **sud** *m.* 9A
Spanish **spagnolo/a** *adj.* 1B
sparkling water **acqua** *f.* **frizzante** 5B
speak **parlare** *v.* 2A
to speak to each other **parlarsi** *v.* 6A
specialist **specialista** *m., f.* 11B
specialization **specializzazione** *f.* 11B
spectator **spettatore/spettatrice** *m., f.* 10A
speed limit **limite** *m.* **di velocità** 8A
spend (*money*) **spendere** *v.* 2B
to spend (*time*) **metterci** *v.* 7B; **passare** *v.* 12A
spent **speso/a** *p.p., adj.* 4B
spicy **piccante** *adj.* 5B
split up **lasciarsi** *v.* 6A
spoon **cucchiaio** *m.* 5B
sport **sport** *m.* 1A
spring **primavera** *f.* 2B
squirrel **scoiattolo** *m.* 12A
stadium **stadio** *m.* 2A
stain **macchiare** *v.* 6B

stained **macchiato/a** *adj.* 7B
stair **scala** *f.* 9A
to climb/go down stairs **salire/ scendere le scale** *v.* 9A
staircase **scala** *f.* 7A
stall **platea** *f.* 10A
stamp **francobollo** *m.* 9B
stand **tribuna** *f.* 10A
stand up **alzarsi** *v.* 6A
staple **graffetta** *f.* 11B
stapler **cucitrice** *f.* 11B
star **stella** *f.* 12A
start **cominciare** *v.* 4A
starter **antipasto** *m.* 5B
station **stazione** *f.* 1A
stationery store **cartoleria** *f.* 9B
statue **statua** *f.* 9A
stay **stare** *v.* 2A; **rimanere** *v.* 5A; **restare** *v.* 5A
steamed **al vapore** *adj.* 5A
steering wheel **volante** *m.* 8A
step **gradino** *m.* 9A; **passo** *m.* 2A
stepbrother **fratellastro** *m.* 3A
stepdaughter **figliastra** *f.* 3A
stepfather **patrigno** *m.* 3A
stepmother **matrigna** *f.* 3A
stepsister **sorellastra** *f.* 3A
stepson **figliastro** *m.* 3A
stereo system **impianto** *m.* **stereo** 4A
stewed **in umido** *adj.* 5A
still **ancora** *adv.* 4B
still water **acqua** *f.* **naturale** 5B
stomach **stomaco** *m.* 6A
stomachache **mal** *m.* **di pancia** 6B
stone **sasso** *m.* 12A
stop **fermare** *v.* 6A; **smettere** *v.* 10A
bus/train stop **fermata** *f.* 8A
stop on request **fermata** *f.* **a richiesta** 8A
to stop oneself **fermarsi** *v.* 6A
store **negozio** *m.* 9A
store specializing in focaccia **focacceria** *f.* 5B
store specializing in homemade pasta **laboratorio** *m.* **di pasta fresca** 5B
store specializing in wine **enoteca** *f.* 5B
storm **temporale** *m.* 2B
It's stormy. **C'è il temporale.** 2B
stovetop **piano** *m.* **cottura** 7A; **fornelli** *m., pl.* 7B
straight **diritto** *prep.* 9A
straight (*hair*) **liscio/a** *adj.* 3B
strange **strano/a** *adj.* 3B
strawberry **fragola** *f.* 5A
stream **ruscello** *m.* 12A
street **strada** *f.* 9A; **via** *f.* 9A

stripe **riga** *f.* 6A
striped **a righe** *adj.* 4B
strong **forte** *adj.* 3B
to be strong in . . . **essere forte in...** *v.* 1B
stubborn **testardo/a** *adj.* 3B
student **alunno/a** *m., f.* 1B; **studente(ssa)** *m., f.* 1A
studies **studi** *m., pl.* 1B
studio apartment **monolocale** *m.* 7A
studious **studioso/a** *adj.* 1B
study **studio** *m.* 7A; **studiare** *v.* 2A
stuffy nose **naso** *m.* **intasato** 6B
subject **materia** *f.* 1B
sublet **subaffittare** *v.* 7A
subscription **abbonamento** *m.* 10A
subway **metro(politana)** *f.* 8A
succeed **riuscire** *v.* 4A
success **successo** *m.* 11A
suggest **suggerire** *v.* 10A
suit (*man's*) **vestito** *m.* 4B; (*woman's*) **tailleur** *m.* 4B; **completo** *m.* 4B
suitcase **valigia** *f.* 1A
to pack a suitcase **fare la valigia** *v.* 8B
summer **estate** *f.* 2B
sun **sole** *m.* 12A
It's sunny. **C'è il sole.** 2B
Sunday **domenica** *f.* 1B
sunglasses **occhiali** *m., pl.* **da sole** 4B
sunny **soleggiato/a** *adj.* 2B
sunrise **alba** *f.* 12A
sunset **tramonto** *m.* 12A
supermarket **supermercato** *m.* 5A
supper **cena** *f.* 5B
supplement **supplemento** *m.* 8A
surf: to surf the Web **navigare in rete** *v.* 4A
surgeon **chirurgo/a** *m., f.* 6B
surrender **arrendersi** *v.* 2B
swallow **rondine** *f.* 12A
sweater **maglione** *m.* 4B
sweatshirt **felpa** *f.* 4B
Swedish **svedese** *adj.* 1B
sweep **spazzare** *v.* 7B
street sweeper **spazzino/a** *m., f.* 9A
sweet **dolce** *adj.* 3B; **caruccio/a** *adj.* 10B; **tenero/a** *adj.* 12A
sweet and sour **agrodolce** *adj.* 5A
swim **nuotare** *v.* 2A
swimming **nuoto** *m.* 2A
Swiss **svizzero/a** *adj.* 1B
symptom **sintomo** *m.* 6B
system **sistema** *m.* 10A

T

table **tạvola** *f.* 3A; **tạvolo** *m.* 1A
  to clear the table **sparecchiare la tạvola** *v.* 7B
tablecloth **tovaglia** *f.* 5B
tablet **compressa** *f.* 6B
take **prẹndere** *v.* 2B
  Take care of yourself. **Mi raccomando.** 1B
  to take (*class*) **seguire** *v.* 3A
  to take (*time*) **volerci** *v.* 7B
  to take a bath/shower **fare il bagno/la doccia** *v.* 2A
  to take a field trip **fare una gita** *v.* 2A
  to take a long weekend **fare il ponte** *v.* 8B
  to take a picture **fare una foto** *v.* 2A
  to take a short walk **fare due passi** *v.* 2A
  to take a trip **fare un viaggio** *v.* 2A
  to take a walk **fare una passeggiata** *v.* 2A
  to take off **decollare** *v.* 8B
  to take out the trash **portare fuori la spazzatura** *v.* 7B
taken **preso/a** *p.p., adj.* 4B
talented **dotato/a** *adj.* 10B
tall **alto/a** *adj.* 3B
tan **abbronzarsi** *v.* 8B
tank top **canottiera** *f.* 4B
taste **assaggiare** *v.* 5B; **gusto** *m.* 5B
tasty **gustoso/a** *adj.* 5B; **saporito/a** *adj.* 5B
taxes **contributi** *m., pl.* 11A
taxi **tassì** *m.* 8A; **taxi** *m.* 8A
taxi driver **tassista** *m., f.* 11A
tea **tè** *m.* 5B
teach **insegnare** *v.* 2A
teacher **professor(essa)** *m., f.* 1B; **docente** *m., f.* 11A
team **squadra** *f.* 2A
tease **prẹndere in giro** *v.* 8B
teaspoon **cucchiaịno** *m.* 5B
technician **tẹcnico** *m., f.* 11A
technology **tecnologịa** *f.* 4A
telephone **telẹfono** *m.* 11B; **telefonare (a)** *v.* 2A
  to answer the phone **rispọndere al telẹfono** *v.* 11B
  to phone each other **telefonarsi** *v.* 6A
television **televisione** *f.* 1A
television set **televisore** *m.* 4A
tell **dire** *v.* 4A
temp agency **agenzịa** *f.* **di somministrazione lavoro** 11B

ten **dieci** *m., adj., invar.* 1A
tenacious **tenace** *adj.* 3B
tenant **inquilino/a** *m., f.* 7A
tender **tẹnero/a** *adj.* 12A
tennis **tennis** *m.* 2A
tenth **dẹcimo/a** *adj.* 10B
term **tẹrmine** *m.* 4A
term paper **tesina** *f.* 5A
terminus **capolịnea** *m.* 8A
terrace **terrazza** *f.* 7A
text message **SMS** *m.* 4A
textbook **testo** *m.* 1B
Thank you. **Grazie.** 1A
  Thanks a lot. **Grazie mille.** 1A
  Thanks. (*answer to **In bocca al lupo.***) **Crepi.** (lit. *May the wolf die.*) 1B
that **quello/a** *adj.* 3B; **che** *rel. pron.* 9A
  that which, what **ciò che** *rel. pron.* 9A; **quel che** *rel. pron.* 9A
the **le** *def. art., f., pl.* 1A; **la** *def. art., f., sing.* 1A; **l'** *def. art., m., f., sing.* 1A; **gli** *def. art., m., pl.* 1A; **i** *def. art., m., pl.* 1A; **il** *def. art., m., sing.* 1A; **lo** *def. art., m., sing.* 1A
theater **teatro** *m.* 3A
theatrical **teatrale** *adj.* 10A
their **loro** *poss. adj., m., f.* 3A
them **le** *d.o. pron., f., pl.* 5A; **li** *d.o. pron., m., pl.* 5A; **gli** *i.o. pron. m., f., pl.* 5B; **loro** *i.o. pron., m., f., pl.* 5B; **loro** *disj. pron., m., f., pl.* 4A
  some/any of it/them **ne** *pron.* 6A
theme **tema** *m.* 10A
themselves **loro** *disj. pron., m., f., pl.* 4A; **sé** *disj. pron., m., f., sing., pl.* 4A; **si** *ref. pron. m., f., sing., pl.* 6A
then **poi** *adv.* 5B; **allora** *adv.* 1A
theorem **teorema** *m.* 10A
there **ci** *adv.* 6A; **là** *adv.* 1A; **lì** *adv.* 1A
  I'll be right there **Arrivo sụbito.** 1A
  Is Mr./Mrs. . . . There? **C'è il/la signor(a)…?** 11B
  there are **ci sono** 1A
  there is **c'è** 1A
thermal energy **energịa** *f.* **tẹrmica** 12A
thermometer **termọmetro** *m.* 6B
they **loro** *sub. pron.* 1B
thick **tonto/a** *adj.* 3B
thin **magro/a** *adj.* 3B
think (about/of doing) **pensare (a/di)** *v.* 2A
third **terzo/a** *adj.* 10B
thirst: to be thirsty **avere sete** *v.* 2B
thirteen **trẹdici** *m., adj.* 1A
thirty **trenta** *m., adj.* 1A

thirty-third **trentatrẹesimo/a** *adj.* 10B
this **questo/a** *adj., pron.* 3B
those **quelli/e** *rel. pron.* 9A
three **tre** *m., adj.* 1A
three hundred **trecento** *m., adj.* 2B
throat **gola** *f.* 6A
  sore throat **mal** *m.* **di gola** 6B
through **per** *prep.* 3A
throw **gettare** *v.* 12A
  to throw away **buttare vịa** *v.* 12A
thunder **tuono** *m.* 2B
Thursday **giovedì** *m.* 1B
ticket **biglietto** *m.* 8A
ticket collector **controllore** *m.* 8A
ticket office/window **biglietterịa** *f.* 8A
tidal wave **onda** *f.* **di marea** 2B
tidy: to tidy up **mẹttere in ọrdine** *v.* 7B
tie **cravatta** *f.* 4B
tier **gradinata** *f.* 10A
tight-fitting **stretto/a** *adj.* 4B
time **volta** *f.* 6A
  free time **tempo** *m.* **lịbero** 2A
  What time? **A che ora?** 1B
  What time is it? **Che ora è?/Che ore sono?** 1B
times **per** *adv.* 2B
timetable **orario** *m.* 8A
timid **tịmido/a** *adj.* 1B
tip **mancia** *f.* 5B
tire **gomma** *f.* 8A
tired **stanco/a** *adj.* 3B
to **in** *prep.* 3A; **a** *prep.* 1B
toast **far tostare** *v.* 5A, **brindisi** *m.* 4A
toaster **tostapane** *m.* 7B
today **oggi** *adv.* 1B
toe **dito** *m.* **del piede** (*pl.* **dita** *f.*) 6A
together **insieme** *adv.* 2A
toilet **gabinetto** *m.* 7A
tomato **pomodoro** *m.* 5A
tomorrow **domani** *adv.* 1A
  See you tomorrow. **A domani.** 1A
  the day after tomorrow **dopodomani** *adv.* 7A
ton (of) **sacco (di)** *adj.* 5A
tonight **stasera** *adv.* 5A
too **anche** *conj.* 1A; **troppo** *adv.* 5B
  too much **troppo** *adj.* 5A; **troppo** *adv.* 5B
tooth **dente** *m.* 6A
  to brush one's teeth **lavarsi i denti** *v.* 6A
toothbrush **spazzolino (da denti)** *m.* 6A
toothpaste **dentifricio** *m.* 6A
tornado **tornado** *m.* 2B

torrential downpour **diluvio** *m.* 2B

touch **toccare** *v.* 3A

touching **commovente** *adj.* 10B

tough **duro/a** *adj.* 3B

tour **giro** *m.* 4B

to be on tour **essere in tour** *v.* 10A

tourist: tourist class **classe** *f.* **turistica** 8B

tourist information office **ufficio** *m.* **informazioni** 9B

toward **verso** *prep.* 9A

towel **asciugamano** *m.* 6A

town **paese** *m.* 9A

in town **in centro** 3A

town hall **comune** *m.* 9B

toxic waste **rifiuti** *m., pl.* **tossici** 12A

track **binario** *m.* 8A

track and field **atletica** *m.* 2A

traffic **traffico** *m.* 8A

traffic circle **rotonda** *f.* 9A

traffic light **semaforo** *m.* 9A

traffic officer **vigile** *m., f.* **urbano/a** 8A

tragedy **tragedia** *f.* 10A

train **treno** *m.* 8A

training **formazione** *f.* 11B

professional training **tirocinio** *m.* 11B

tranquil **tranquillo/a** *adj.* 1B

transportation **trasporto** *m.* 8A

trash **immondizia** *f.* 12A

to take out the trash **portare fuori la spazzatura** *v.* 7B

trauma **trauma** *m.* 10A

travel **viaggiare** *v.* 2A

travel agent **agente** *m., f.* **di viaggio** 8B

traveler **viaggiatore/ viaggiatrice** *m., f.* 8B

tree **albero** *m.* 12A

trendy **trendy** *adj., invar.* 3B

It's very trendy now! **Va moltissimo ora!** 4B

trim (one's hair) **spuntare (i capelli)** *v.* 6A

trip **viaggio** *m.* 2A

truck **camion** *m.* 8A

truck driver **camionista** *m., f.* 11A

truly **veramente** *adv.* 5B

trunk **baule** *m.* 8A

trust **fiducia** *f.* 11A; **fidarsi** *v.* 11A

try **cercare** *v.* 10A; **provare** *v.* 10A

T-shirt **maglietta** *f.* 4B

short-/long-sleeved T-shirt **maglietta** *f.* **a maniche corte/ lunghe** 4B

Tuesday **martedì** *m.* 1B

tuft of hair **ciuffo** *m.* 6A

tuna **tonno** *m.* 5A

turn **volta** *f.* 6A; **giro** *m.* 4B; **girare** *v.* 9A

My turn. **Tocca a me.** 3A

to turn off **spegnere** *v.* 4A

to turn on **accendere** *v.* 4A

turned off **spento/a** *p.p., adj.* 4B

turned on **acceso/a** *p.p., adj.* 4B

TV **TV** *f.* 2A

Twelfth Night **epifania** *f.* 8B

twelve **dodici** *m., adj.* 1A

twentieth **ventesimo/a** *adj.* 10B

twenty **venti** *m., adj.* 1A

twenty-eight **ventotto** *m., adj.* 1A

twenty-five **venticinque** *m., adj.* 1A

twenty-four **ventiquattro** *m., adj.* 1A

twenty-nine **ventinove** *m., adj.,* 1A

twenty-one **ventun(o)** *m., adj.* 1A

twenty-seven **ventisette** *m., adj.* 1A

twenty-six **ventisei** *m., adj.* 1A

twenty-three **ventitré** *m., adj.* 1A

twenty-two **ventidue** *m., adj.* 1A

twins **gemelli/e** *m., f., pl.* 3A

two **due** *m., adj.* 1A

two hundred **duecento** *m., adj., invar.* 2B

two thousand **duemila** *m., adj.* 2B

U

ugly **brutto/a** *adj.* 3B

umbrella **ombrello** *m.* 2B

uncle **zio** *m.* 3A

under **sotto** *prep.* 4A

understand **capire** *v.* 3A

underwear **biancheria** *f.* **intima** 4B

undress **spogliarsi** *v.* 6A

unemployed **disoccupato/a** *adj.* 11A

to be unemployed **essere disoccupato/a** *v.* 11A

union **sindacato** *m.* 11A

united **unito/a** *adj.* 4B

university **università** *f.* 1B

unless **a meno che… non** *conj.* 12A

unlikely **improbabile** *adj.* 11A

unpleasant **antipatico/a** *adj.* 1B

until **fino a** *prep.* 2B

Until next time! **Alla prossima!** 1A

upper circle **loggione** *m.* 10A

us **ci** *d.o. pron., pl.* 5A; **noi** *disj. pron., m., f., pl.* 4A; **ci** *i.o. pron., pl.* 5B

use **usare** *v.* 2A

usual **solito/a** *adj.* 5B

as usual **al solito suo** 8A

The usual. **La solita cosa.** 1A

usually **di solito** *adv.* 5B

V

vacancy **posto** *m.* **disponibile** 8B

no vacancies **al completo** *adj.* 8B

vacation **vacanza** *f.* 8B

paid vacation **ferie** *f., pl.* 11A

ski vacation **settimana** *f.* **bianca** 8B

to go on vacation **partire in vacanza** *v.* 8B

vacuum cleaner **aspirapolvere** *m.* 7B; **passare l'aspirapolvere** *v.* 7B

validate (*ticket*) **convalidare** *v.* 8A

valley **valle** *f.* 12A

vase **vaso** *m.* 7A

vegetable **verdura** *f.* 5A

Verismo: belonging to the *Verismo* movement **verista** *adj.* 10B

veterinarian **veterinario/a** *m., f.* 11A

very **molto** *adv.* 5B

not very **poco** *adv.* 5B

video store **videoteca** *f.* 9B

villa **villa** *f.* 7A

violin **violino** *m.* 10A

violinist **violinista** *m., f.* 10A

visa **visto** *m.* 8B

visit **visitare** *v.* 10B

to visit an art gallery **visitare una galleria d'arte** *v.* 10B

voicemail **segreteria** *f.* **telefonica** 4A

volcanic eruption **eruzione** *f.* **vulcanica** 2B

volleyball **pallavolo** *f.* 2A

W

wage **stipendio** *m.* 11A

waist **vita** *f.* 6A

wait (for) **aspettare** *v.* 2A; **attendere** *v.* 11B

I can't wait. **Non vedo l'ora.** 5B

to wait in line **fare la fila** *v.* 8B

waiter **cameriere/a** *m., f.* 3B

waiting **attesa** *f.* 11B

wake **svegliare** *v.* 6A

to wake up **svegliarsi** *v.* 6A

walk **passeggiata** *f.* 2A; **camminare** *v.* 2A

wall **parete** *f.* 7A

want **volere** *v.* 4A; **desiderare** *v.* 2A

wash **lavare** *v.* 7B

to wash oneself **lavarsi** *v.* 6A

to wash the dishes **lavare i piatti** *v.* 7B

washing machine **lavatrice** *f.* 7B

waste **scoria** *f.* 12A; **sprecare** *v.* 12A

wastebasket **cestino** *m.* 1B
watch **orologio** *m.* 1B; **guardare** *v.* 2A
   to watch one's weight **controllare la linea** *v.* 6B
   to watch TV **guardare la TV** *v.* 2A
water **acqua** *f.* 5B
waterfall **cascata** *f.* 12A
wavy **mosso/a** *adj.* 3B
way **modo** *m.* 12A
   No way! **Ma quando mai!** 9A
   This way. **Da questa parte.** 1A
   to know the way **conoscere la strada** *v.* 4B
we **noi** *sub. pron.* 1B
weak **debole** *adj.* 3B
wear **portare; indossare** *v.* 4B
   to wear a suit **portare un vestito** *v.* 4B
weather **tempo** *m.* 2B
   The weather is dreadful. **Il tempo è pessimo.** 2B
   The weather is nice/bad. **Fa bel/brutto tempo.** 2B
Web site **sito** *m.* **Internet** 4A
wedding **matrimonio** *m.* 3A
Wednesday **mercoledì** *m.* 1B
week **settimana** *f.* 1B
weekend **fine** *m.* **settimana** 1A; **weekend** *m.* 7A
weight **peso** *m.* 9A
weird **strano/a** *adj.* 3B
Welcome! **Benvenuto!** *1A*
well **bene** *adj.* 1A; **beh** *inter.* 2A; **mah** *inter.* 3A
   I am (very) well. **Sto (molto) bene.** 1A
   I am not well. **Sto male.** 1A
   Pretty well. **Abbastanza bene.** 1A
west **ovest** *m.* 9A
what **quale** *adj., pron., adv.* 3B; **che** *interr. pron.* 3B; **che cosa** *interr. pron.* 3B; **cosa** *interr. pron.* 3B
   that which, what **ciò che** *rel. pron.* 9A; that which, what **quello/quel che** *rel. pron.* 9A
   What color? **Di che colore?** 4B
   What does . . . mean? **Cosa vuol dire...?** 4A
   What is it? **(Che) cos'è?** 1B
   What is the temperature? **Quanti gradi ci sono?** 2B
   What is the weather like? **Che tempo fa?** 2B
   What is your name? **Come si/ti chiama/i?** *(form./fam.)* 1A
   What's new? **Che c'è di nuovo?** 1A

What's the date? **Che giorno è oggi?** 2B
What's wrong? **Che cosa c'è?** 1B
wheel: steering wheel **volante** *m.* 8A
when **quando** *conj., adv.* 3B
   When is your birthday? **Quando è il tuo compleanno?** 2B
where **dove** *prep.* 3B
   Where are you from? **Di dove sei?** 1B
   Where do you live? **Dove abiti?** 7A
   Where is . . . ? **Dove si trova...?** 9A
wherever **ovunque** *adv.* 11A
which **quale** *adj., pron., adv.* 3B; **che** *rel. pron.* 9A; **cui** *rel. pron.* 9A
   that which **quello/quel che, ciò che** *rel. pron.* 9A
while **mentre** *conj.* 6B
whiner **lagna** *f.* 7B
whiny **lamentoso/a** *adj.* 3B
white **bianco/a** *adj.* 3B
who **chi** *interr. pron.* 3B; **che** *rel. pron.* 9A
   those who, the one(s) who **chi** *rel. pron.* 9A
   Who is it? **Chi è?** 1B
   Who's calling? **Chi parla?** 11B
whom **chi** *interr. pron.* 3B; **che** *rel. pron.* 9A; **cui** *rel. pron.* 9A
why **perché** *conj.* 3B
widowed **vedovo/a** *adj.* 3A
wife **moglie** *f.* 3A
win **vincere** *v.* 2A
wind **vento** *m.* 2B
   It's windy. **C'è vento.** 2B
wind power **energia** *f.* **eolica** 12A
window **finestra** *f.* 1B
   shop window **vetrina** *f.* 4B
   window *(teller)* **sportello** *m.* 9B
window cleaner **lavavetri** *m.* 7B
windshield **vetro** *m.* 8A
windshield wiper **tergicristallo** *m.* 8A
windsurfing **windsurf** *m.* 2A
windy **ventoso/a** *adj.* 2B
wine **vino** *m.* 5B
winter **inverno** *m.* 2B
wish **desiderare** *v.* 10A
with **con** *prep.* 3A
withdraw: to withdraw money **ritirare dei soldi** *v.* 9B
without **senza che** *conj.* 12A; **senza** *prep.* 4A
woman **donna** *f.* 1A
won **vinto/a** *p.p., adj.* 4B
wool **lana** *f.* 4B
work **opera** *f.* 10B; **lavoro** *m.* 8B;

lavorare *v.* 2A; **funzionare** *v.* 4A
   work of art **opera** *f.* **d'arte** *f.* 10B
worker **operaio/a** *m., f.* 11A
worried **preoccupato/a** *adj.* 3B
worry **preoccuparsi (di)** *v.* 6A
worse **peggiore** *adj.* 8A; **peggio** *adv.* 8A
worst **peggior(e)** *adj.* 8A
wound **ferita** *f.* 6B
Wow! **Accidenti!** 4B
write **scrivere** *v.* 2B
   to write to each other **scriversi** *v.* 6A
writer **scrittore/scrittrice** *m., f.* 10B
written **scritto/a** *adj.* 4B
wrong **sbagliato/a** *adj.* 6A
   to be wrong **avere torto** *v.* 2B

Y

yawn **sbadigliare** *v.* 6A
year **anno** *m.* 1A
   to be . . . years old **avere... anni** *v.* 2B
year-end bonus **tredicesima** *f.* 11A
yellow **giallo/a** *adj.* 4B
yesterday **ieri** *adv.* 4B
   the day before yesterday **l'altro ieri** *adv.* 4B
yet **ancora** *adv.* 4B
   not yet **non... ancora** *adv.* 4B
yogurt **yogurt** *m.* 5A
you **vi** *d.o. pron., pl., fam., form.* 5A; **ti** *d.o. pron., sing., fam.* 5A; **La** *d.o. pron., sing., form.* 5A; **voi** *disj. pron., pl., fam., form.* 4A; **te** *disj. pron., sing., fam.* 4A; **vi** *i.o. pron., pl., fam., form.* 5B; **ti** *i.o. pron., sing., fam.* 5B; **Le** *i.o. pron., sing., form.* 5B; **voi** *sub. pron., pl., fam.* 1B; **Loro** *sub. pron., pl., form.* 1B; **tu** *sub. pron., sing., fam.* 1B; **Lei** *sub. pron., sing., form.* 1B; **Lei** *disj. pron., sing., form.* 4A
   You're welcome. **Di niente., Prego.** 1A
young **giovane** *adj.* 3B
younger **minore** *adj.* 3A
   younger brother **fratellino** *m.* 3A
   younger sister **sorellina** *f.* 3A
your **tuo/a, tuoi, tue** *poss. adj., m., f.* 3A; **Suo/a, Suoi, Sue** *poss. adj., m., f., sing., form.* 3A; **vostro/a/i/e** *poss. adj., m., f.* 3A
yourself **sé** *disj. pron., sing., form.* 4A; **te** *disj. pron., sing., fam.* 4A
yourselves **voi** *disj. pron., pl., fam., form.* 4A
youth hostel **ostello** *m.* **della gioventù** 8B

About the Author

Julia Cozzarelli received her PhD and MA degrees in Italian Language and Literature from Yale University. She is an Associate Professor of Italian Studies at Ithaca College, where she teaches courses on Italian language, literature, and culture at all levels and leads a summer study-abroad program in Siena, Italy. She has also taught at Cornell University, Wells College, and the State University of New York at Buffalo. Professor Cozzarelli's prior publications include her contributions to an intermediate-level Italian text and its ancillaries as well as journal articles on the literature of Boccaccio, Ficino, Ariosto, and Tasso. In addition to language pedagogy, her research interests in Italian include Renaissance literature and the modern novel.

Text Credits

416 "Se una notte d'inverno un viaggiatore" by Italo Calvino © 2002 by the Estate of Italo Calvino, reprinted with permission of the Wylie Agency LLC. **454** © RCS Libri S.p.A. - Milano, Bompiani 1992-2007.

Photography Credits

All images ©Vista Higher Learning unless otherwise noted.

Special thanks to: Isabelle Alouane, Martin Bernetti, Vanessa Bertozzi, José Blanco, Ali Burafi, Nancy Camley, María Eugenia Corbo, John DeCarli, Rachel Distler, Janet Dracksdorf, Ray Levesque, Rossy Llano, Anne Loubet, Ana Cabezas Martín, Pamela Martinoli, Andrew Paradise, Pascal Pernix, Jules Perrier, Rafael Ríos, Oscar Artavia Solano, Dario Eusse Tobon, Katie Wade, Brian Waite.

Cover/Frontmatter: **Cover** © Veronique Leplat/Grand Tour/Corbis; Frontmatter: ii/**iii** © Andresr/Shutterstock;

Unit One: **8** (tl) © Robert Fried/Alamy; **8** (tb) © Stephen Coburn/Shutterstock; **9** (t) © Jorge Villegas/Age Fotostock; **22** © Vaklav/Shutterstock; **23** (tr) © PhotoBliss/Alamy; **23** (cl) © Directphoto.org; **23** (br) © Megapress/Alamy; **24** (tr) © Marc Hauser Photography Ltd/Getty Images; **31** © Herreneck/fotolia; **32** © (tl) Vaclav Volrab/Shutterstock; **32** © (bt) thekekster/istockphoto.com; **32** © (bb) Vaclav peeterv/istockphoto.com; **33** (br) © NICOLAS ASFOURI/AFP/Getty Images; **37** © Zsolt Nyulaszi/Shutterstock.

Unit Two: **46** (tr) © IVAN TORTORELLA/Associated Press; **47** (tr) © Ezra Shaw/Staff/Getty Images; **47** (bl) © Anyka/Shutterstock; **60** (tr) © Ekspansio/iStockphoto.com; **61** (tl) © Stefano Oppo/Getty Images; **61** (tr) © GOPAL CHITRAKAR/Reuters/Corbis; **62** (br) © Orange Line Media/Shutterstock; **68** (r) © 2009 Jupiterimages Corporation; **71** (tr) © Terry Smith Images/Alamy; **71** (tl) © Per Andersen/Alamy; **72-73** (bkgd) © anistidesign/Shutterstock; **72** (bl) © Clodio/Dreamstime.com; **72** (bcl) © Zocchi2/Dreamstime.com; **72** (bcr) © Forcdan/Dreamstime.com; **72** (bl) Duncancamp/Dreamstime.com; **73** (bt) © Clodio/Dreamstime.com; **74** (tr) © David R. Frazier Photolibrary, Inc./Alamy; **75** (tr) © Yuri Arcurs/Shutterstock.

Unit Three: **85** (tr) © James Leynse/Corbis; **100** (tl) © ImageGap/Alamy; **101** (b) © (tr) Tony Gentile/Reuters/Corbis; **101** (br) © Royalty Free/Corbis; **108** (br) © iStockphoto.com; **109** (tr) © Philip Scalia/Alamy; **109** (br) © Dan Bachman/iStockphoto.com; **109** (bl) © CORBIS SYGMA; **110** (tr) © Alvaro Calero/iStockphoto.com; **112** (t) © THINKSTOCK/Age Fotostock; **113** (t) © Ephraim Ben-Shimon/Corbis.

Unit Four: **117** (tl) © Konstantin Shevtsov/Shutterstock; **117** (tc) © Aleksandr Kurganov/Shutterstock; **123** (tr) © Kevin Fleming/CORBIS; **131** (bm) Baloncici/Shutterstock; **132** © Konstantin Shevtsov/Shutterstock; **136** (tl) © FAN travelstock/Alamy; **137** (tr) © Vittoriano Rastelli/CORBIS; **137** (c) © PeskyMonkey/iStockphoto.com; **138** (cc) © terekhov igor/Shutterstock; **140** (tr) © Simon

Podgorsek.iStockphoto.com; **140** (bc) © Lise Gagne/iStockphoto.com; **143** (br) © C. Varisco; **144** (cl) © E_B_E/iStockphoto.com; **145** (tl) © Karl Prouse/Catwalking/Getty Images; **145** (bl) ©Vincenzo Lombardo/Getty Images; **145** (br) © Amro/Fotolia; **148** (tr) © Pumba1/iStockphoto.com; **149** (t) © PSD photography/Shutterstock.

Unit Five: 158 (b) © C. Varisco; **159** (t) © Foodanddring photos/AgeFotostock; **174** (tl) © Adrian Weinbrecht/Getty Images; **174** (br) © Picture Contact/Alamy; **175** (tr) © Franco Pizzochero/Age Fotostock; **175** (br) © Stockbroker/Age Fotostock **176** (cc) © gresei/Shutterstock; **182** (cl) © Hogar/Shutterstock; **182** (cr) © newphotoservice/Shutterstock **182** (br) © claudio zaccherini/ Shutterstock; **183** (br) © CuboImages srl/Alamy; **183** (br) © Giulio Andreini/Age Fotostock; **184** (background) © Eric Gevaert/ Shutterstock **186** (t) © Doco Dalfiano/Age Fotostock.

Unit Six: 192 (t) © George Dolgikh/Shutterstock; **192** (tl) © Tatiana Popova/Shutterstock; **192** (tcl) © Rafa Irusta/Shutterstock; **192** (tcr) © Sergej Razvodovskij/Shutterstock; **192** (tr) © ZTS/Shutterstock; **192** (bl) © sgame/Shutterstock; **192** (bcl) © HomeStudio /Shutterstock; **192** (bcr) © Ljupco Smokovski/Shutterstock; **192** (br) © Brandon Blinkenberg /Shutterstock; **196** (t) © Yuri Arcurs /Shutterstock; **200** (tr) © Yellowj/Shutterstock; **201** (tr) ©Andresr/Shutterstock; **207** (tl) © Vasily Koval/Shutterstock; **207** (tc) © Gabriel Blaj/Fotolia.com; **207** (tr) © Dmitriy Shironosov/Shutterstock; **207** (bl) © Diana Lundin/Shutterstock; **207** (bc) © Ricardover/ Dreamstime.com; **207** (br) © moodboard/Shutterstock; **212** (tl) © Jochen Tack/Alamy; **212** (tr) © FILIPPO MONTEFORTE/AFP/Getty Images; **213** (tr) © Catherine Cabrol/Kipa/Corbis; **213** (cl) © Jason Stitt/Shutterstock; **218** (bl) © Visual Ideas/camilo M/Age Fotostock; **218** (br) © EUROPHOTO/Age Fotostock; **219** (l) © Olive/Age Fotostock; **219** (r) © Olive/Age Fotostock; **220** (t) © Rob Wilkinson/Alamy; **222** (br) © Marco Albonico/Age Fotostock; **223** (tr) © Gianni Furlan/123RF; **223** (bl) © Vuk8691/Dreamstime.com; **223** (br) © Vladimir Daragan/Shutterstock; **224** (t) © Monkey Business Images/Shutterstock; **224** (b) © Kurhan /Shutterstock; **225** (t) © Andresr /Shutterstock; **226** (t) © Directphoto Collection/Alamy; **227** (t) © Danwer Productions/ Alamy.

Unit Seven: 236 (t) © Photoroller /Shutterstock; **237** (t) © Thomas M Perkins /Shutterstock; **239** (tl) © Ligak /Shutterstock; **239** (bl) © Ivonne Wierink /Shutterstock; **243** (b) © Supertrooper /Shutterstock; **244** (t) © Alamy; **252** (t) © Hannamariah/Shutterstock; **253** (c) © Anna Kaminska/Shutterstock; **253** (b) © ACE STOCK LIMITED/Alamy; **260** (t) © Dean Tomlinson/iStockphoto.com; **262** (t) © Karel Gallas/Shutterstock; **262** (cr) © ollirg /Shutterstock; **262** (cl) © Gmv/Dreamstime.com; **262** (b) ©MARCELLO PATERNOSTRO/Stringer/Getty Images; **263** (tl) © Seaficus/istockphoto.com; **263** (tr) © Lucamoi/Dreamstime.com; **263** (bl) © Cartographer/Fotolia; **263** (br) © Sarah Bossert /Shutterstock; **264** (t) © ROMAOSLO/istockphoto.com; **265** (b) © roccomontoya /iStockphoto.com.

Unit Eight: 277 (t) © Keystone/Stringer/Getty Images; **278** (tl) © Jaimie Duplass /Shutterstock; **281** (bl) © Pinosub /Shutterstock; **292** (l) © Atlantide Phototravel/Corbis; **293** (t) © San Clemente Palace Hotel & Resort/THI Collection-Luxury Hotels & Resorts; **296** (l) © Yuliya Gagina/Fotolia; **296** (r) © Yuliya Gagina/Fotolia; **297** (tl) © Daltonartworks/Big Stock Photo; **297** (tr) © Bonniemari/Dreamstime.com; **301** (bl) © William Whitehurst/CORBIS; **302** (cl) © Stepen B. Goodwin /Shutterstock; **302** (t) ©Evgeniapp /Shutterstock; **302** (cl) © Stepen B. Goodwin/Shutterstock; **302** (cr) © Andrei Nekrassov /Shutterstock; **302** (b) © wildimage/Alamy; **303** (tl) © E.T./Fotolia; **303** (tr) © Luciano Mortule/Shutterstock; **303** (bl) © Carolyn M Carpenter / Shutterstock; **303** (br) © Drazen Vukelic /Shutterstock; **307** right column © Dreamlight/Getty Images.

Unit Nine: 317 (t) © Rolf Richardson/Alamy; **317** (b) © Scala/Art Resources; **325** (tc) © JTB Photo/AGE Fotostock; **331** (t) © Vittoriano Rastelli/CORBIS; **331** (b) Giulio Andreini/Age Fotostock; **337** (br) © matsou/istockphoto.com; **338** (tr) © Alfio Garozzo/CuboImages srl/Alamy; **338** (tl) © Vincenzo Vergelli/iStockphoto.com; **338** (bl) Richard Osbourne/Alamy; **338** (br) © Atlantide Phototravel/Corbis; **339** (tl) © Justin Guariglia/Corbis; **339** (bl) © Scala/Art Resource, NY; **339** (br) © jaxpix/Alamy; **340** © Rob Bouwman/iStockphoto.com; **343** (t) © Dmitriy Shironosov /Shutterstock.

Unit Ten: 352 (t) © Siepmann/Age Fotostock; **353** (t) © MARKA/Alamy; **353** (b) © Associazione Umbria Jazz; **356** (tl) © karbunar /Shutterstock; **356** (tc) ©Infomages/Shutterstock; **356** (tr) © Eric Robert/Corbis; **364** (t) © Jeff Greenberg/Alamy; **368** (t) © Reeed/ Shutterstock; **369** (tr) © Stock Montage/Getty Images; **376** (cl) © Rafael Ramirez Lee /Shutterstock; **376** (bl) © Carlos Muñoz / Shutterstock; **376** (b) © Werner Hilpert/Fotoli.com; **377** (tr) © Florentine paper/Shutterstock; **377** (bl) © Art Kowalsky/Alamy; **378-379** (t) © Bildarchiv Preussischer Kulturbesitz/Art Resources, NY; **380** (t) © Michael Ventura/Alamy; **381** © Roberto Benzi/ Marka/Age Fotostock.

Unit Eleven: 390/399 (b)/(ct) © Paolo Cavalli/Marka/Age Fotostock; **391** (t) © Courtesy of Premio Giornalistico Televisivo Ilaria Alpi; **391** (b) © Giulio Paolicchi/Alamy; **392** (bl) © kaarsten /Shutterstock; **392** (br) © amana images inc./Alamy; **393** (tl) © Robert Gebbie Photography /Shutterstock; **393** (tr) ©Monkey Business Images/Shutterstock; **395** (b) © Damir Karan/iStockphoto.com; **401** (tl) © Ragnarock/Shutterstock; **401** (tc) © Marfot/Shutterstock; **401** (tr) © Dmitry Lavrenyuk/Shutterstock; **401** (bl) © Dusan Bartolovic/Shutterstock; **401** (bc) © Sergey Fedenko/Shutterstock; **401** (br) © Ewa Walicka/Shutterstock; **402** (cr) © Georgy Markov/Shutterstock; **402** (br) ©AVAVA/Shutterstock; **407** (t) © ETTORE FERRARI/epa/Corbis; **407** (b) © GeoM/Shutterstock; **413** (tl) © Rafael Ramirez Lee/Shutterstock; **414** (cl) © newphotoservice/Shutterstock; **414** (cr) © Pool/Pool/Getty Images; **414** (tr) © Giovanni /Shutterstock; **414** (br) © Danilo Donadoni/Marka/Age Fotostock; **415** (tr) © Barbara Pheby/Shutterstock; **415** (bl) © alberto ramella/Marka/Age footstock; **415** (br) © Maksim Toome/Shutterstock; **416** (l) © Jean-Paul Guilloteau/Kipa/Corbis; **416–417** (c) © Frederic Cirou/PhotoAlto/Corbis; **418** (t) © Image Source Pink/Alamy; **419** (t) © tonobalaguerf/Shutterstock.

Unit Twelve: 424 (tr) © Giovanni Benintende/Shutterstock; **428** (tl) © Roca/Shutterstock; **429** (t) © Pro Natura Italy/Best efforts made; **429** (b) ©Jakub Pavlinec/Shutterstock; **439** (tr) ©Antonio S./Shutterstock; **439** (br) ©epsylon_lyrae/Shutterstock; **444** (tl) © GUIZIOU Franck/hemis/Age Fotostock; **444** (br) © Paolo Bona/Marka/Age Fotostock; **445** (tr) © Frank Rothe/Alamy; **450** (tl) © Stephane Ruet/Corbis Sygma; **450** (tr) © Stephanie Maze; **453** (tl) © vito arcomano/Age Fotostock; **453** (tr) © The Print Collector/Alamy; **453** (br) © inacio pires /Shutterstock; **454** (l) © Gianni Giansanti/Sygma/Corbis; **455** (t) © Will Parson/Shutterstock; **456** (t) © VINCENZO PINTO/Getty Images; **457** (t) © Ciro Fusco/Corbis.

Video Credits

Executive Video Producer: Marlea Regan
Director: Leonardo Ferrantini
Script Writer: Ilene A. Fischer
Script Adaptation into Italian: Alessandro Zafarana
Video Editor: Maria Mobilia
Photographers: José Blanco, Rafael Ríos, Katie Wade

Film Credits

359 *A piedi nudi sul palco* © SKY Cinema/Premium Films
397 *La cosa più bella del mondo* © Hellfish Films/Queenfig Films
435 *Lo sguardo ritrovato* © e.Motion Films

Lo zapping Credits

15 Pocket Coffee © Ferrero Permission requested. Best efforts made.
53 Buzz quiz! © Sony Computer Entertainment Europe Permission requested. Best efforts made.
93 © Galletto Vallespluga
129 © Nortek Permission requested. Best efforts made.
167 © SKY TV Permission requested. Best efforts made.
205 © SKY Cinema Permission requested. Best efforts made.
245 © emmelunga
285 © e.t.m. S.p.A.
323 Le città i mercati © Comune Cesena Permission requested. Best efforts made.